2017

中国农村统计年鉴

CHINA RURAL STATISTICAL YEARBOOK

国家统计局农村社会经济调查司　编

图书在版编目（CIP）数据

中国农村统计年鉴 . 2017 / 国家统计局农村社会经济调查司编 . -- 北京 : 中国统计出版社 , 2017.11
ISBN 978-7-5037-8411-8

Ⅰ . ①中 … Ⅱ . ①国 … Ⅲ . ①农村经济 – 统计资料 – 中国 – 2017 – 年鉴 Ⅳ . ① C832-54

中国版本图书馆 CIP 数据核字 (2017) 第 270388 号

中国农村统计年鉴—2017

编　　者 / 国家统计局农村社会经济调查司
责任编辑 / 尹　伊
封面设计 / 李雪燕
出版发行 / 中国统计出版社
通信地址 / 北京市丰台区西三环南路甲 6 号　邮政编码 /100073
电　　话 / 邮购（010）63376909　书店（010）68783171
网　　址 / http://www.zgtjcbs.com/
印　　刷 / 三河双峰印刷装订有限公司
经　　销 / 新华书店
开　　本 / 880×1230mm　1/16
字　　数 / 842 千字
印　　张 / 27.25
版　　别 / 2017 年 11 月第 1 版
版　　次 / 2017 年 11 月第 1 次印刷
定　　价 / 248.00 元

如有印装差错，由本社发行部调换。

《中国农村统计年鉴—2017》编辑委员会

编 者 说 明

《中国农村统计年鉴—2017》由17部分组成：一、发展综述；二、综合与概要；三、农村基本情况与农业生产条件；四、农业生态与环境；五、农村投资；六、农林牧渔业总产值、中间消耗及增加值；七、主要农产品种植(养殖)面积与产量；八、农村市场与物价；九、农产品进出口；十、农产品成本与收益；十一、收入与消费；十二、农村文化、教育、卫生及社会服务；十三、国有农场；十四、西部大开发12省（区、市）农村经济情况；十五、各地区主要农村经济指标排序；十六、国外主要农业指标；十七、如何使用《中国农村统计年鉴》。

《中国农村统计年鉴—2017》收录了2016年农村社会经济统计资料及建国以后各关键历史年份全国主要统计数据。本年鉴中所涉及的全国性数据均未包括台湾省及港澳地区。

《中国农村统计年鉴—2017》中，执行新国民经济行业分类标准，自2003年起，农林牧渔业包括农林牧渔服务业。

《中国农村统计年鉴—2017》第十六部分的资料，因国际组织数据库进行了调整，所以往年部分数据也随之做了修正，指标设置也有调整。

《中国农村统计年鉴—2017》中的符号："…"表示数据不足本表最小单位；"空格"表示缺或无该项数据；"#"表示其中项，未标年份的数据均为当年数据。

在本书的编辑过程中，得到了国务院有关部门、各省（自治区、直辖市）统计局和国家统计局各调查总队的大力支持，在此谨致谢意。

目录

第一部分　发展综述

第二部分　综合与概要

第三部分　农村基本情况与农业生产条件

第四部分　农业生态与环境

第五部分 农村投资

第六部分 农林牧渔业总产值、中间消耗及增加值

第七部分　主要农产品种植（养殖）面积与产量

第八部分 农村市场与物价

第九部分 农产品进出口

第十部分 农产品成本与收益

第十一部分 收入与消费

第十二部分 农村文化、教育、卫生及社会服务

第十三部分 国有农场

第十四部分 西部大开发 12 省（区、市）农村经济情况

第十五部分　各地区主要农村经济指标排序

第十六部分　国外主要农业指标

第十七部分　如何使用《中国农村统计年鉴》

1

发展综述

2016年农业生产发展情况综述

2016年是“十三五”规划的开局之年，党中央、国务院坚持把“三农”工作作为全党工作重中之重的地位不动摇，坚持强农惠农富农政策力度不减弱，坚持稳中求进工作总基调，以农业供给侧结构性改革为主线，从供给端发力，调整优化农业产业产品结构，农业保持稳定健康发展良好势头，为“十三五”经济社会发展实现开门红做出了突出贡献，为促进国民经济稳定健康增长和社会大局稳定提供了强大支撑。

一、粮食生产和市场发展状况

手中有粮，心中不慌。作为拥有十三亿多人的大国，抓好粮食生产始终都是治国理政的头等大事。针对全国粮食总产量“十二”连增、粮食进口量较大、库存高企的新形势，2016年，党和政府及时转变工作重心，推进农业供给侧结构性改革，稳定粮食生产，确保口粮绝对安全；调整粮食品种结构，主动调减非优势产区籽粒玉米种植面积，增加大豆、杂粮杂豆、薯类生产；调整粮食品质结构，重点发展优质专用粮食，推动粮食生产由满足量的需求为主，向更加注重满足质的需求转变。2016年粮食生产和市场运行呈现出总量丰收、结构优化、供给充足、价格回落的总体特征。

（一）粮食生产和价格变动情况

1. 全国粮食总产量小幅下降，但仍是历史第二高产年份

2016年全国粮食总产量12325亿斤，比上年减少104亿斤，减少0.8%。全国粮食播种面积169552万亩，比上年减少463万亩，减少0.3%。全国粮食作物平均单产363公斤/亩，比上年减少2公斤/亩，减少0.6%。2016年粮食生产虽然减产,但减幅不大,仍属历史第二高产年份。

2016年粮食生产表现出三个较为明显的特点：一是分季节看，夏粮、早稻、秋粮均减产，这是十几年来的首次。2016年全国夏粮产量为2784亿斤，减产34亿斤；早稻656亿斤，减产18亿斤；秋粮8885亿斤，减产52亿斤。二是分作物看，一减两增，谷物减产，豆类和薯类增产。2016年，全国谷物产量11308亿斤，减产138亿斤；豆类346亿斤，增产28亿斤；薯类671亿斤，增产6亿斤。

三是分地区看，全国过半地区粮食减产。2016年，全国有18个省（市、区）粮食减产。其中，黑龙江因高产作物玉米种植面积减少，且西部地区遭遇较为严重的干旱，全年粮食产量比上年减少53亿斤，下降4.2%。湖北因受近十年来最为严重的洪涝灾害影响，全年粮食产量比上年减少30亿斤，下降5.5%。2016年全年粮食产量减产10亿斤以上的省份还有安徽、河南、江苏和湖南。其他13个省（市、区）粮食增产，其中辽宁、河北、吉林和山西均增产10亿斤以上。

粮食减产的主要原因：2016年粮食产量下降同时受到播种面积减少和单产下降的影响。2016年，全国粮食产量因播种面积减少而减产34亿斤，占粮食减产总量的33.2%；全国粮食产量因单产下降而减产70亿斤，占粮食减产总量的66.8%。粮食播种面积减少的主要原因：国家针对粮食品种的供需矛盾，主动优化农业生产结构和区域布局，主动调减非优势区籽粒玉米种植面积，采取“玉米改大豆”、“粮改饲”和“粮改油”等措施调整农业种植结构。

粮食单产下降的主要原因：一是高产作物面积减少。按可食用的籽粒玉米统计，玉米播种面积5.51亿亩，比上年减少2039万亩，减少3.6%。低产作物大豆播种面积1.08亿亩，比上年增加1046万亩，增长10.7%。玉米平均亩产是大豆的3倍多，仅玉米改种大豆就拉低粮食亩产约1.7公斤。二是全国农业气象灾害较上年偏重，部分地区受灾较重。例如秋粮生长前期，南方多地遭受强降水，湖北、安徽等地受灾较重，部分农田反复受淹，作物倒伏严重，中后期北方部分地区发生旱灾，使得作物灌浆受到影响。据民政部统计，2016年1-12月，全国农作物受灾面积26221千公顷，比2015年增加4451

千公顷，增长 20%；绝收面积 2902 千公顷，增加 670 千公顷，增长 30%。

2. 粮食价格下跌

受前期“十二”连增和进口较多的影响，粮食库存较多，国内粮食市场总体供过于求，粮食价格下跌。从生产者价格变动看来看，2016 年粮食价格下跌 6.9%。分季度看，1-4 季度粮食生产者价格分别下降 8.5%、8.8%、5.7%和 3.0%，季度同比降幅总体呈逐渐减小趋势。分区域看，2016 年粮食主产区①生产者价格下降 7.4%，主销区生产者价格下降 5.8%，其他地区下降 6.4%，粮食主产区价格下降幅度明显高于主销区和其他地区。

3. 粮食收益下降

2016 年全国粮食亩均生产投入②费用稳中有增，亩均收益③下降幅度较大。粮食亩均生产投入费用 374.4 元，比上年增长 1.0%。其中，物质投入费用 259.7 元，下降 0.9%；生产服务支出费用 114.7 元，增长 5.8%。生产服务支出费用占生产投入费用的比重为 30.6%，比上年提高 1.4 个百分点。具体来看，2016 年粮食亩均种子费用 58.0 元，比上年增长 3.6%。其中，购买良种费用 54.6 元，增长 3.6%。化肥投入费用 134.3 元，比上年下降 3.6%。农药投入费用为 30.4 元，比上年下降 2.5%。外雇机械作业费用为 95.7 元，比上年增长 6.6%。2016 年全国粮食亩均总收入④为 1016.5 元，比上年下降 6.6%。扣除生产投入费用，全国粮食亩均收益（未扣除人工费用、土地费用和折旧，下同）为 642.1 元，下降 10.4%。

（二）小麦生产和价格变动情况

1. 小麦减产

2016 年小麦种植面积为 36280 万亩，和上年相比，稳中略增，增加 68 万亩，增长 0.2%；小麦单产为 355 公斤/亩，比上年减少 4 公斤/亩，下降 1.2%；小麦产量为 2577 亿斤，比上年减少 27 亿斤，下降 1.0%。单产下降是小麦减产的主要影响因素。小麦单产下降的主要原因是气象条件较上年差、病虫害和自然灾害偏重。小麦麦播后北方麦区光温水配合略差，冬前生长不足，返青期略早于常年，返青后苗情基础偏差；江淮麦区遭遇连续阴雨和低温天气，导致小麦播期推迟。受冬前不利气象条件的影响，小麦个体生长发育较弱，有效生长量不足，分蘖偏少。在小麦成熟期，部分地区遭受强降雨，影响了小麦产量和小麦品质。例如安徽、河南等地区赤霉病偏重发生，小麦生长受到影响。

2. 小麦价格下跌

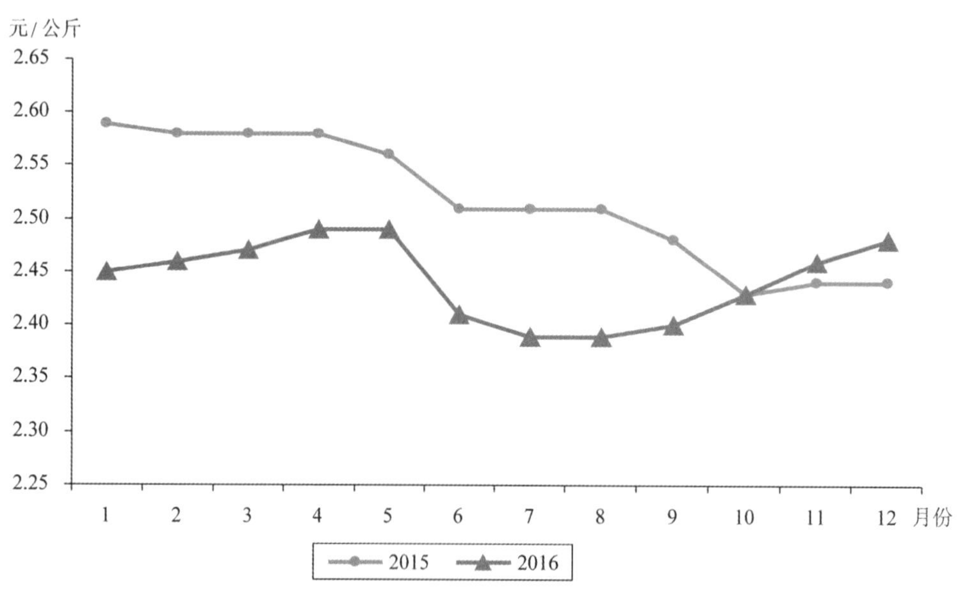

图 1　2015-2016 年小麦集贸市场价格

资料来源：《中国农产品价格调查年鉴 2016》和国家统计局集贸市场价格调查结果。

① 粮食主产区包括河北、内蒙古、辽宁、吉林、黑龙江、江苏、安徽、江西、山东、河南、湖北、湖南、四川等 13 个省（区）；粮食主销区包括北京、天津、上海、浙江、福建、广东、海南等 7 个省（市）；其他地区指除上述主产区、主销区以外的省（市、区）。

② 生产投入，是指农业生产过程中所消耗的货物和服务的价值，包括物质投入和生产服务支出两个部分，不包括人工费用、土地费用和折旧。物质投入是指在生产过程中因消耗各种农业生产资料而发生的支出费用。生产服务支出是指生产过程中各部门对农业生产提供服务而发生的支出费用。

③ 收益，为总收入扣除生产投入费用之后的余额。

④ 总收入，为主产品产值和副产品产值之和。

从生产者价格来看，2016 年小麦价格下跌 5.9%。分季度看，1-4 季度小麦生产者价格同比下跌幅度分别为 6.2%、8.6%、4.2%和 1.2%，降幅总体呈缩小走势。从集贸市场价格月度同比情况来看，2016年小麦集贸市场价格1-9月份均低于上年同期，10 月份与上年持平，11 和 12 月价格略高于上年同期。从环比情况看，1-5 月小麦集贸市场价格温和上扬，由 1 月份的 2.45 元/公斤上涨到 5 月份的 2.49 元/公斤；6 月份新麦上市后，价格持续回落，7 和 8 月价格仅有 2.39 元/公斤；9 月以后，小麦价格回升，12 月价格达到 2.48 元/公斤。

3. 小麦收益下降

2016 年小麦亩均生产投入费用稳中略降，亩均收益大幅下降。小麦亩均生产投入费用 393.9 元，比上年下降 1%。其中，物质投入费用 268.2 元，下降 1.7%；生产服务支出费用 125.7 元，增长 0.7%。亩均种子投入费用为 66 元，比上年增长 2.5%。其中，购买良种费用为 60.7 元，增长 3%；自留种费用为 5.3 元，下降 2.3%。化肥投入费用为 150.4 元，比上年减少 5.5 元，下降 5.3%。其中，复合肥投入费用为 113.3 元，和上年相比稳中略增，增长 0.3%；氮肥投入费用为 24.3 元，比上年下降 1.4%；磷肥投入费用 3.8 元，增长 13.9%。在化肥投入结构中，复合肥投入费用占比提高。复合肥投入费用占化肥投入费用的比重为 75.4%，比上年提高 2.9 个百分点。亩均农药投入费用为 22.8 元，比上年增加 1.3 元，增长 5.9%。亩均水电费合计为 15.8 元，比上年增加 1 元，增长 6.5%。亩均外雇机械作业费用为 108.9 元，比上年增长 1.2 元，增长 1.1%。2016 年全国冬小麦亩均总收入为 903.4 元，比上年减少 81.5 元，下降 8.3%。扣除生产投入费用，全国冬小麦亩均收益为 509.5 元，比上年减少 77.6 元，下降 13.2%。

（三）稻谷生产和价格变动情况

1. 稻谷产量略减

2016 年稻谷播种面积为 45267 万亩，比上年减少 56 万亩，下降 0.1%，稳中略减；稻谷单产为 457 公斤/亩，比上年减少 2 公斤，下降 0.4%；稻谷总产为 4142 亿斤，比上年减产 23 亿斤，下降 0.6%。稻谷种植面积和单产均有所下降，导致稻谷产量稳中略减。

2. 稻谷价格稳中略降

从生产者价格来看，2016 年稻谷价格比上年下跌 1.2%。分季度看，1-4 季度稻谷生产者价格同比分别下跌 0.6%、1.9%、2.5%和 0.5%。从集贸市场价格月度同比情况来看，除 1、2 月价格略高于上年同期外，2016 年其他各月籼稻和粳稻集贸市场价格均低于上年同期。从环比情况看，1-10 月籼稻和粳稻集贸市场价格总体呈持续下跌运行态势，11 和 12 月有所回升。

3. 稻谷收益下降

2016 年稻谷亩均生产投入费用增加，亩均收益下降。2016 年稻谷亩均生产投入费用为 465.4 元，

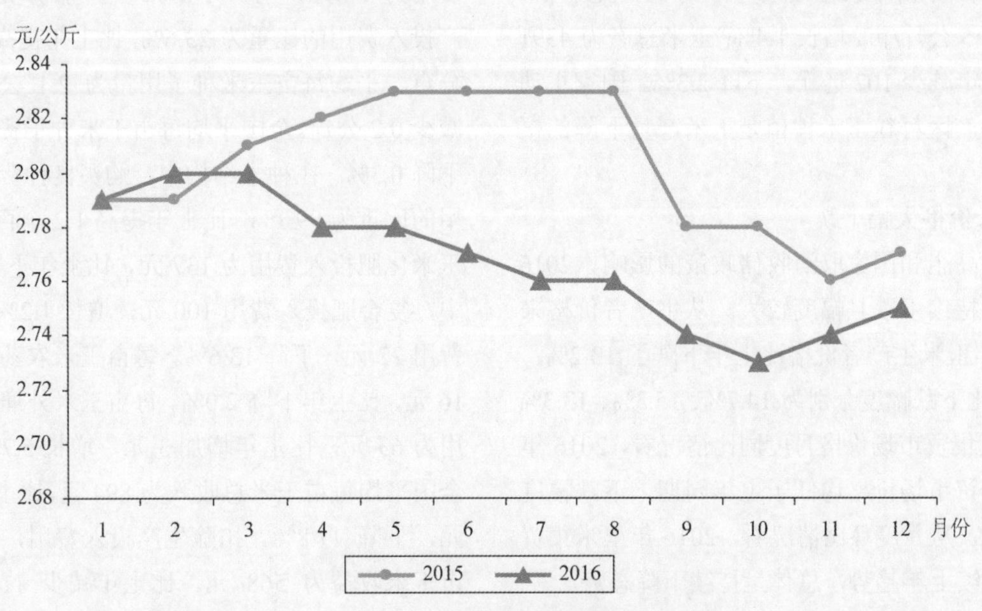

图 2 2015-2016 年籼稻集贸市场价格

资料来源：《中国农产品价格调查年鉴 2016》和国家统计局集贸市场价格调查结果。

比上年增长 5.3%。其中，物质投入费用 301.1 元，增长 2.4%；生产服务支出费用 164.3 元，增长 11.1%。亩均种子投入费用 59.3 元，比上年增长 8.7%。其中，购买良种费用为 54.7 元，增长 8.0%。亩均化肥投入费用为 141.0 元，与上年基本持平。其中，复混肥投入费用 102.0 元，增长 5.3%。在化肥投入结构中，复混肥投入费用占比提高。亩均稻谷复混肥投入费用占化肥投入费用的比重为 72.4%，比上年提高 3.2 个百分点。亩均农药投入费用为 54.7 元，下降 5.9%。稻谷亩均生产服务支出费用中，外雇机械作业费用为 134.6 元，增长 10.4%。2016 年全国稻谷亩均总收入为 1367.1 元，下降 1.6%。扣除生产投入费用，全国稻谷亩均收益为 901.7 元，下降 4.8%。

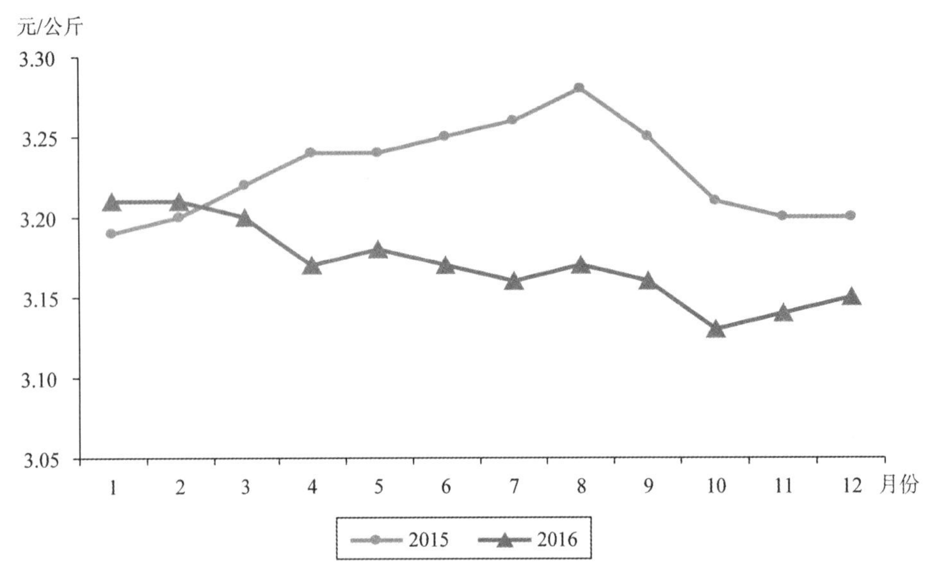

图 3　2015-2016 年粳稻集贸市场价格

资料来源：《中国农产品价格调查年鉴 2016》和国家统计局集贸市场价格调查结果。

（四）玉米生产和价格变动情况

1. 玉米产量下降

2016 年玉米播种面积为 55152 万亩，比上年减少 2027 万亩，下降 3.5%；玉米单产为 398 公斤/亩，比上年增加 5 公斤/亩，增长 1.4%；玉米总产为 4391 亿斤，比上年减少 102 亿斤，下降 2.3%。国家主动调减非优势产区籽粒玉米种植是玉米产量下降的根本原因。

2. 玉米价格大幅下跌

受库存高企和国家取消收储政策的影响，2016 年玉米价格持续下跌且幅度较大。从生产者价格来看，2016 年玉米生产者价格比上年下跌了 13.2%，1-4 季度同比下跌幅度分别为 14.7%、15.3%、13.3% 和 8.6%。从集贸市场价格月度同比情况看，2016 年各月玉米集贸市场价格均低于上年同期，下跌幅度在 10%以上。从月度环比情况看，2016 年玉米集贸市场价格延续上年趋势，总体呈持续下降态势。

3. 玉米收益大幅下降

2016 年全国平均每亩玉米生产投入费用下降，收益大幅降低。2016 年全国平均每亩玉米生产投入费用为 326 元，比上年减少 7 元，下降 2.2%。其中，物质投入费用为 249 元，下降 3.6%；生产服务支出费用为 77 元，增长 1.8%。生产服务支出费用占生产投入费用的比重为 23.6%，比上年提高了 1.0 个百分点。平均每亩玉米种子用量为 2.1 公斤，比上年减少 0.2 公斤。全国平均每亩玉米种子费用为 56 元，下降 0.3%。在种子结构中，购买良种费用占种子费用的比重为 99.1%，比上年提高 1.2 个百分点。每亩玉米化肥投入费用为 137 元，比上年下降 3.4%。其中，复合肥投入费用 100 元，增长 1.2%；氮肥投入费用 22 元，下降 13.6%。每亩玉米农药投入费用为 16 元，比上年下降 2.0%。每亩玉米外雇机械作业费用为 63 元，比上年增加 3 元，增长 5.7%。2016 年全国平均每亩玉米总收入为 894 元，比上年减少 120 元，下降 11.8%。扣除生产投入费用，全国平均每亩玉米收益为 568 元，比上年减少 113 元，下降 16.6%。

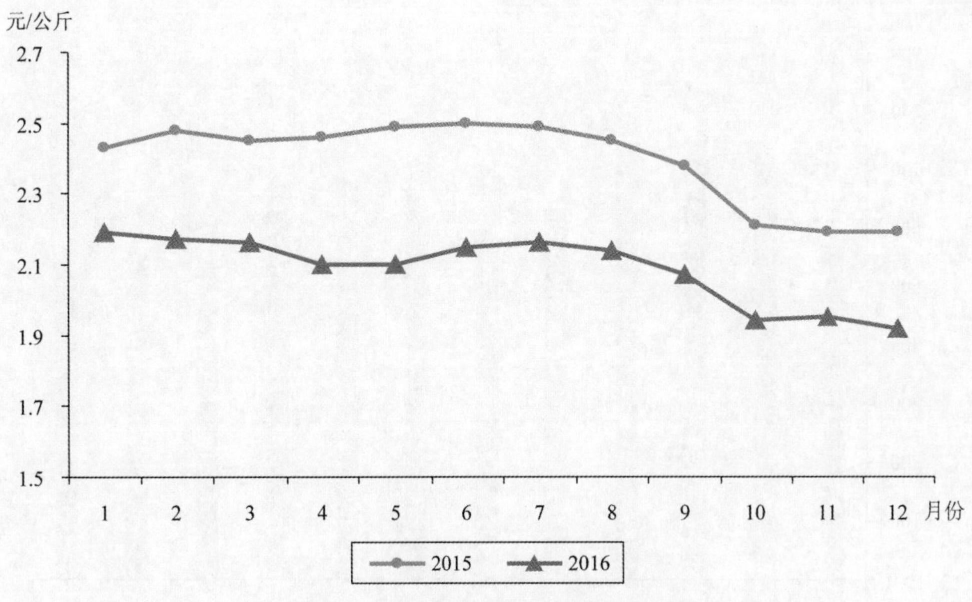

图4　2015-2016 年玉米集贸市场价格

资料来源：《中国农产品价格调查年鉴 2016》和国家统计局集贸市场价格调查结果。

二、经济作物生产和市场发展状况

（一）棉花生产和市场发展状况

1. 棉花生产情况

2016 年全国棉花总产量为 529.9 万吨，比 2015 年减产 30.4 万吨，减少 5.4%。

全国棉花播种面积减少。2016 年全国棉花播种面积 5017.1 万亩，比 2015 年减少 677.9 万亩，减少 11.9%。新疆棉花播种面积比上年减少 148.7 万亩；其他地区合计减少 529.2 万亩，其中河北减少 106.0 万亩、湖北减少 93.3 万亩、山东减少 75.4 万亩、安徽减少 73.6 万亩、江苏减少 46.4 万亩。因播种面积减少使得棉花减产 66.7 万吨。棉花播种面积减少，主要是因为棉花收益下降导致播种意愿降低。

全国棉花单产增加。2016 年全国棉花每亩产量为 105.6 公斤，每亩比上年增加 7.2 公斤，提高 7.4%，因单产增加使得全国棉花产量增加 36.3 万吨。全国棉花单产提高的主要原因：一是新疆棉花亩产提高 10.1 公斤；二是新疆棉花播种面积占全国的比例，从 2015 年的 50.2%进一步扩大到 2016 年的 54.0%，新疆棉花亩产 132.7 公斤，远高于国内其他棉区平均 74.2 公斤的亩产水平，新疆棉花面积占全国比重的提高也拉高了全国棉花亩产；三是 2016 年其他棉区棉花平均亩产比上年增加了 0.3 公斤。

新疆棉花产量略增，其他多数棉区产量减幅较大。2016 年新疆棉花播种面积下降 5.2%，但由于亩产增加，因而产量比上年增加 9.1 万吨，达到 359.4 万吨，增产 2.6%；其他地区棉花产量 170.6 万吨，比上年减产 39.5 万吨，减少 18.8%。其中主要棉花生产省中湖北、河北、安徽和江苏减产较多，分别减产 10.9 万吨、7.4 万吨、4.9 万吨、4.3 万吨，减产幅度分别为 36.6%、19.8%、20.9%、36.8%。

2. 棉花价格变动情况

受国际棉价上涨、前期棉花收益低使得种植积极性连年下降、国家控制进口并合理把握储备棉轮出的规模和节奏等因素的综合影响，2016 年棉花价格大幅上涨。从生产者价格来看，2016 年棉花（籽棉）价格比上年上涨了 18.4%。从集贸市场价格月度同比来看，1-7 月棉花（籽棉）价格低于上年同期，8 月份后随价格上涨，棉价均高于上年同期，12 月达到 7.22 元/公斤，比上年同期高 10.7%。从集贸市场价格月度环比来看，2016 年棉花价格呈先抑后扬走势，1-3 月棉价持续下跌，4 月份后逐渐小幅上扬，10 月份后棉价加速上涨。

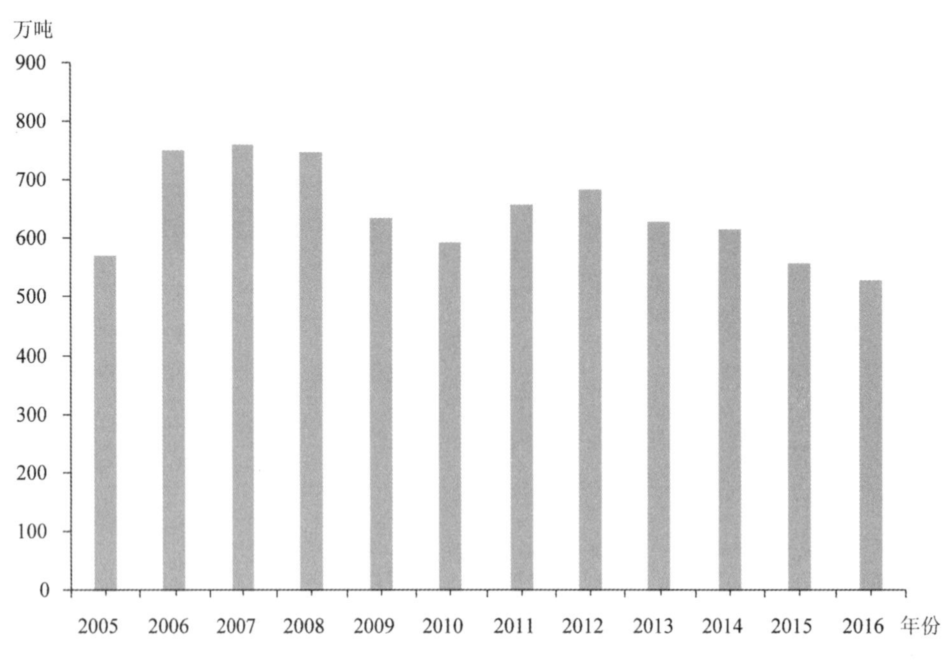

图 5　2005 年以来全国棉花产量

资料来源：《中国统计年鉴 2016》和国家统计局调查结果。

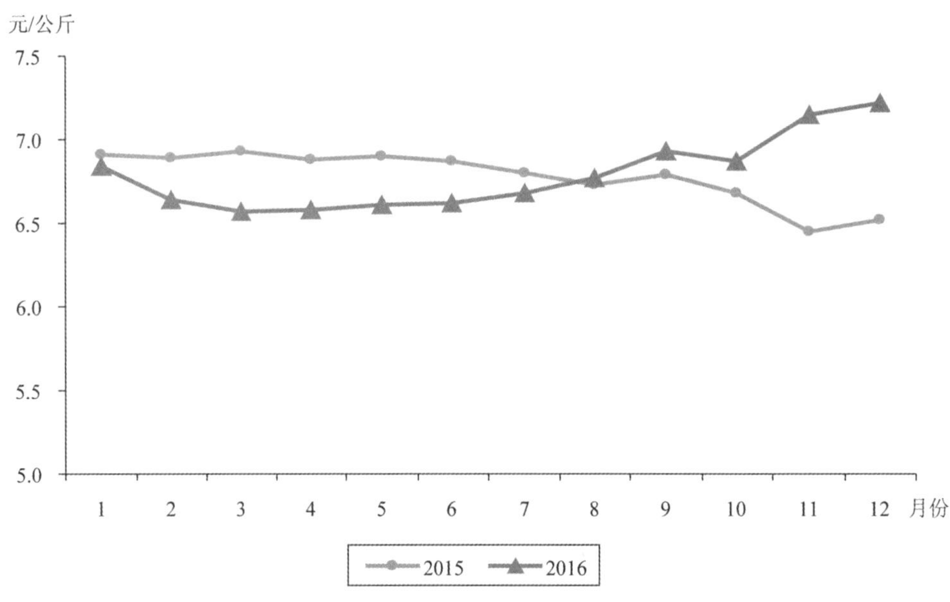

图 6　2015-2016 年棉花（籽棉）集贸市场价格

资料来源：《中国农产品价格调查年鉴 2016》和国家统计局集贸市场价格调查结果。

（二）油料生产和市场发展状况

1. 油料生产

2016 年全国油料播种面积为 14138 千公顷，比上年增加 104 千公顷，增长 0.7%；单产为 2567 公斤/公顷，比上年增加 47 公斤/公顷，增长 1.9%；总产量为 3629 万吨，比上年增加 92.5 万吨，增长 2.6%。因播种面积增加，油料增产 26.2 万吨，对油料总产量增加的贡献率为 28%；因单产提高，油料增产 66.3 万吨，对油料总产量增加的贡献率为 72%。

从历史变化情况来看，2007 年油料产量处于新世纪以来的最低水平。此后，国家采取多种政策措施促进油料生产发展，例如，依靠科技进步，推进适度规模化经营，扩大油料良种推广补贴规模和作物范围，实施油料生产大县奖励政策，对油菜籽实施临时收储政策等，全国油料总产量稳步增长。全国油料总产量继 2013 年突破 3500 万吨后，连续 4 年站稳 3500 万吨台阶。

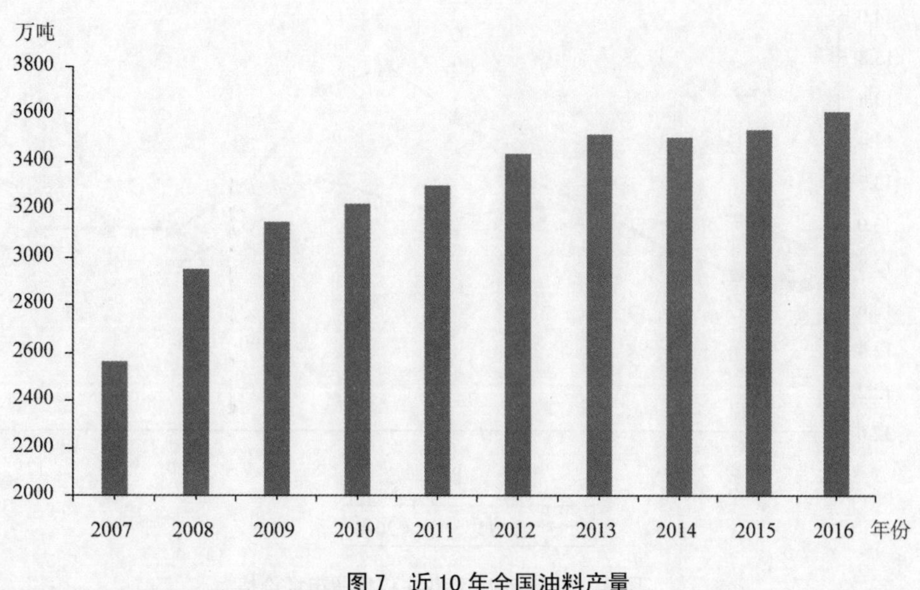

图 7 近 10 年全国油料产量

资料来源：《中国统计年鉴 2016》和国家统计局调查结果。

2. 油料价格变动情况

2016 年油料市场总体平稳运行，油料价格稳中略升。从生产者价格来看，2016 年油料价格比上年上涨 1.1%。分季度看，油料生产者价格先抑后扬，1 和 2 季度油料生产者价格分别下跌 2.3%和 0.1%，3 和 4 季度同比分别上涨 0.4%和 1.3%。

从集贸市场价格来看，2016 年主要油料品种油菜籽和花生仁价格走势出现分化。从同比情况看，1-12 月油菜籽集贸市场价格均低于上年同期，其中，1 月和 12 月价格分别为 5.01 元/公斤和 5.02 元/公斤，比上年同期分别下跌 6.9%和 2.3%；花生仁集贸市场价格除 1-3 月低于上年同期外，其他月份均高于上年同期，其中 7 月花生仁价格达到 2016 年最高水平，为 13.74 元/公斤，比上年上涨 4.8%。从环比变动情况看，油菜籽集贸市场价格先抑后扬，上半年持续下跌，下半年稳中有升；花生仁集贸市场价格先扬后抑，1-7 月持续上扬，8-10 月份快速下跌，11、12 月基本稳定。

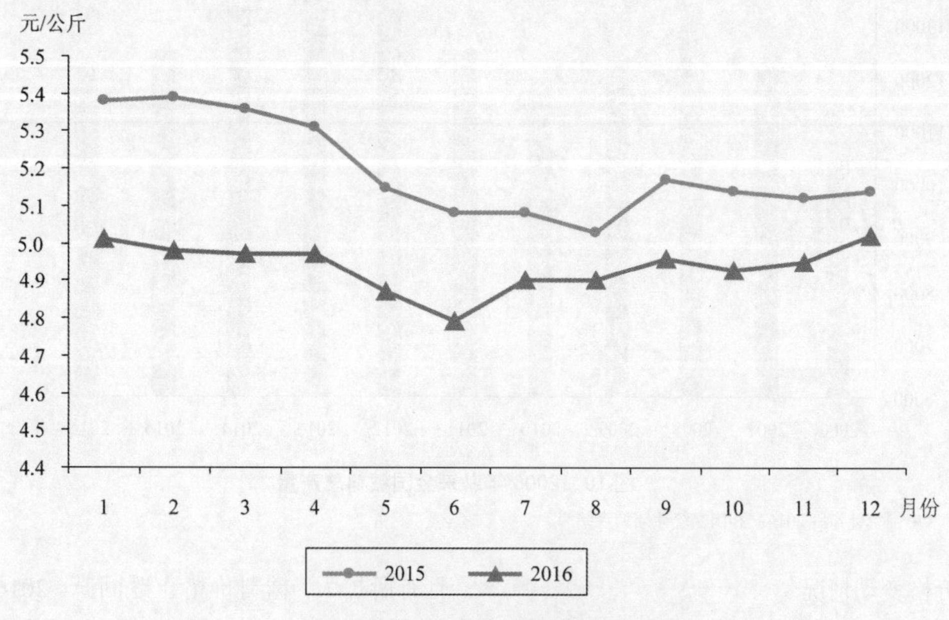

图 8 2015-2016 年油菜籽集贸市场价格

资料来源：《中国农产品价格调查年鉴 2016》和国家统计局集贸市场价格调查结果。

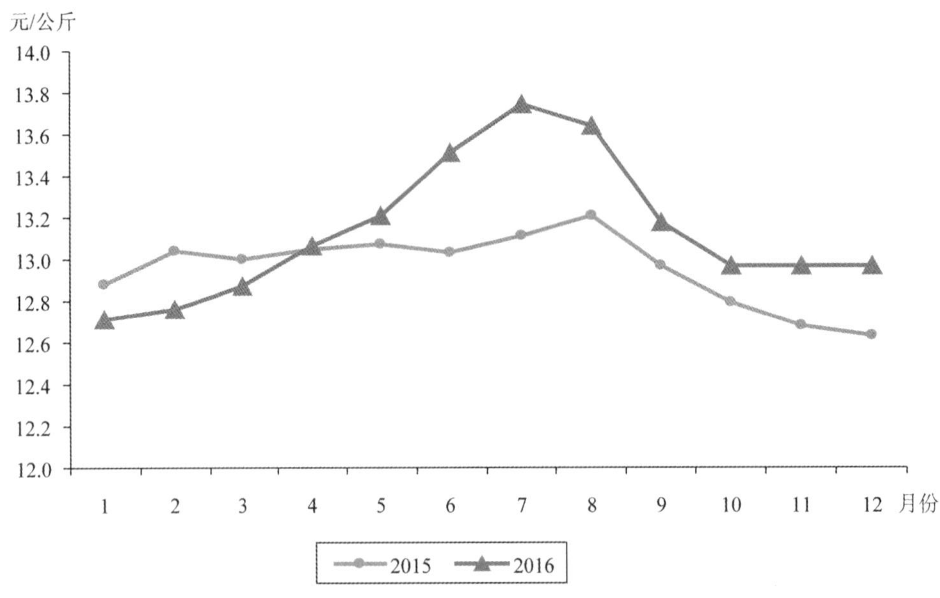

图 9　2015-2016 年花生仁集贸市场价格

资料来源：《中国农产品价格调查年鉴 2016》和国家统计局集贸市场价格调查结果。

（三）糖料生产和市场发展状况

1. 糖料生产情况

2016 年糖料播种面积为 1696 千公顷，比上年减少 40 千公顷，减少 2.3%；单产为 72755 公斤/公顷，比上年增加 773 公斤/公顷，增长 1.1%；全国糖料总产量为 12341 万吨，比上年减产 159 万吨，下降 1.3%。广西、云南和广东三省糖料产量继续保持全国前三，三省糖料产量合计占全国糖料产量的比重继续在 85%以上。从糖料生产历史数据来看，2013 年全国糖料总产量达到创历史记录的 13746 万吨，此后，糖料生产连续三年减产，2016 年糖料总产比 2013 年低 10.2%。

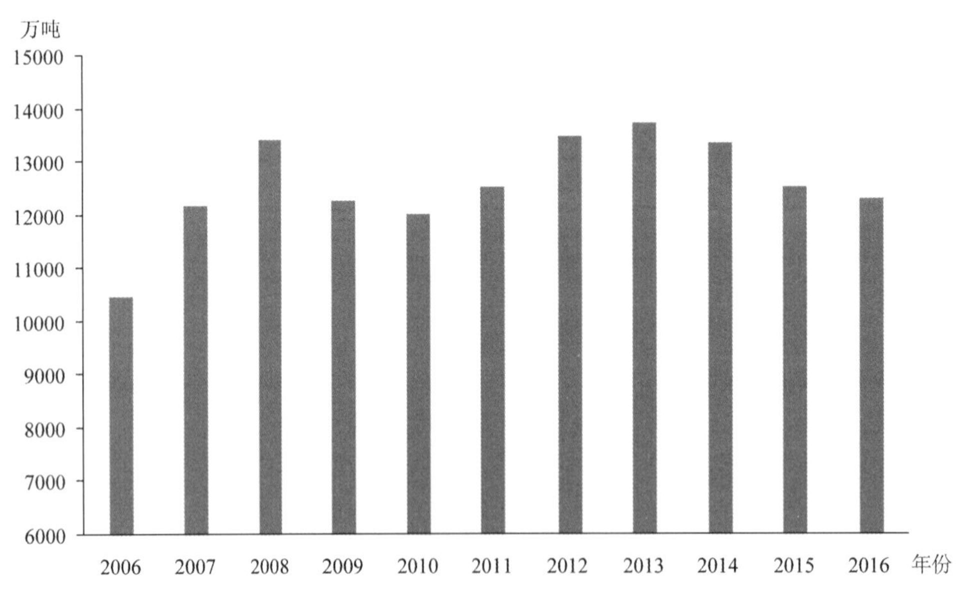

图 10　2006 年以来全国糖料总产量

资料来源：《中国统计年鉴 2016》和国家统计局调查结果。

2. 糖料价格变动情况

受国际糖料当季供给下降、价格高企，国内糖料生产成本增加、种植效益低迷、糖料生产连续三年下滑，国内外价差缩小、食糖进口大幅下降等因素的综合影响，2016 年国内糖料供求继续存在缺口且有所扩大，糖料价格止跌回升。2016 年糖料生产者价格比上年同期上涨 6.5%，其中，1 和 2 季度同比上涨 1.6%和 1.7%，4 季度大幅上涨，同比上涨 16.3%。

三、畜产品生产和市场发展状况

（一）生猪生产和市场发展状况

1. 生猪生产情况

生猪出栏减少，猪肉产量下降。2016 年全国生猪出栏 6.9 亿头，比上年同期减少 2323 万头，下降 3.3%；猪肉产量 5299 万吨，同比减少 187 万吨，下降 3.4%。

生猪存栏同比下降，环比上升。12 月底全国生猪存栏 4.4 亿头，比上年同期减少 1609 万头，下降 3.6%；比三季度末增加 340 万头，环比上升 0.8%。能繁殖母猪存栏 4456 万头，比上年同期减少 237 万头，下降 5.0%；比三季度末增加 180 万头，环比上升 4.2%。

从全国生猪产量历史变动情况来看，除 2011 年稳中略降外，2008-2014 年生猪产量持续增长，2014 年达到创记录的 5671 万吨，比 2007 年增长 32.3%。受周期性变动因素影响，2015 和 2016 年生猪产量连续下滑，2016 年产量比 2014 年下降 6.7%。

2. 生猪价格变动情况

2016 年生猪价格高位运行，养殖收益大幅攀升。从生产者价格来看，2016 年生猪价格同比上涨 19.4%，其中 1-4 季度涨幅分别为 32.0%、38.1%、9.9%和 2.7%，季度同比涨幅总体呈先扬后抑态势。

从集贸市场价格月度同比变动情况看，2016 年 1-12 月生猪价格均高于上年同期，其中 5 月份达到 20.45 元/公斤，为本轮价格上涨的最高水平，也创集贸市场价格新高，比 2015 年 3 月份本轮周期的最低点上涨了 61.8%。从集贸市场价格月度环比变动情况来看，2016 年 1-5 月生猪价格持续上扬，累计上涨 15.5%；6-10 月份猪价连续回落 5 个月，累计回落 16%；11-12 月因节日因素有所反弹，12 月份生猪价格回升到 17.52 元/公斤。

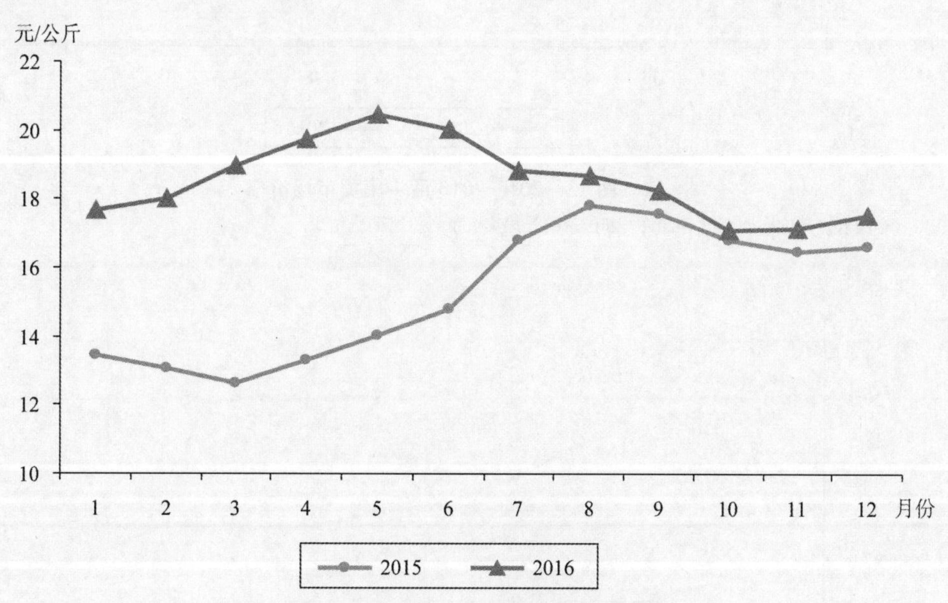

图 11 2015-2016 年生猪集贸市场价格

资料来源：《中国农产品价格调查年鉴 2016》和国家统计局集贸市场价格调查结果。

（二）牛羊生产和市场发展状况

1. 牛和羊生产情况

牛出栏增加，存栏减少。2016 年全国牛出栏 5110 万头，比上年同期增加 107 万头，增长 2.1%；牛肉产量 717 万吨，同比增加 17 万吨，增长 2.4%。12 月底全国牛存栏 1.1 亿头，同比减少 149 万头，下降 1.4%。

羊出栏增加，存栏下降。2016 年全国羊出栏 3.1 亿只，比上年同期增加 1222 万只，增长 4.1%；羊肉产量 459 万吨，同比增加 19 万吨，增长 4.2%。12 月底全国羊存栏 3.0 亿只，同比减少 988 万只，下降 3.2%。

2. 牛和羊价格变动情况

受前期牛羊肉产量持续增长和进口扩大的影响，2016 年活牛和活羊价格继续回落。从生产者价格来看，2016 年活牛和活羊价格比上年分别下跌了 1.3%和 6.4%。分季度看，1-4 季度活牛生产者价格除 2 季度同比略涨 2.1%外，其他三个季度均下跌，同比分别下跌了 1.5%、2.8%和 2.7%；1-4 季度活羊生产者价格均下跌，同比跌幅分别为 3.1%、5.1%、

6.8%和 0.3%。

从集贸市场价格月度同比来看，活牛价格除 5、6 月等于或略高于上年同期水平外，其他月份均低于上年同期；而活羊集贸市场价格 1-12 月均低于上年同期，且跌幅明显高于活牛跌幅，10 月份活羊价格仅为 25.31 元/公斤，比上年最高价格水平下跌了 14.9%。从月度环比情况来看，1-12 月活牛价格波动不大，维持窄幅震荡走势，12 月活牛价格为 26.84 元/公斤，和 1 月份相比，仅下降了 0.2 元/公斤；而活羊价格呈现先抑后扬走势，1-10 月份价格持续小幅下跌，10 月份价格为 25.31，比 1 月份累计下跌了 5.2%，11-12 月受季节性因素影响，活羊价格有所回升。

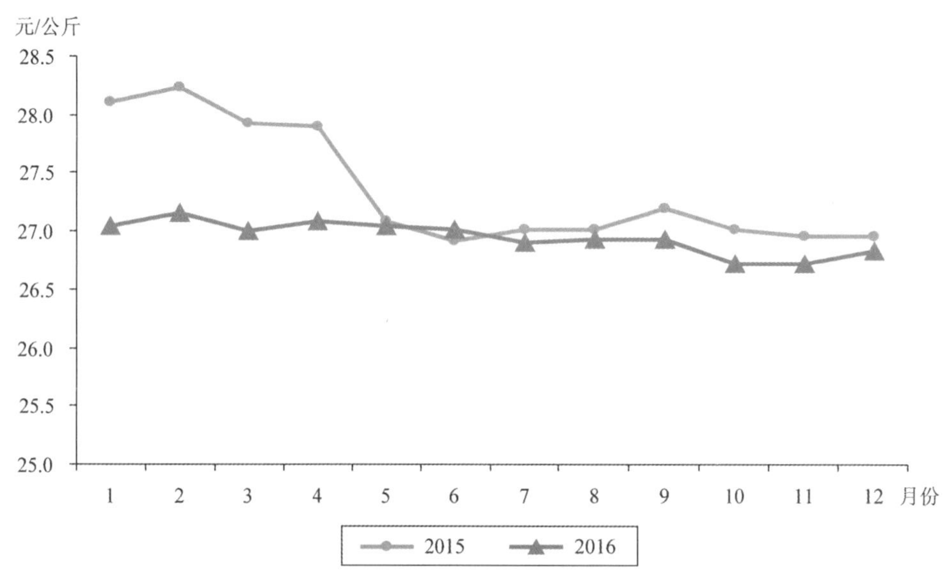

图 12　2015-2016 活牛集贸市场价格

资料来源：《中国农产品价格调查年鉴 2016》和国家统计局集贸市场价格调查结果。

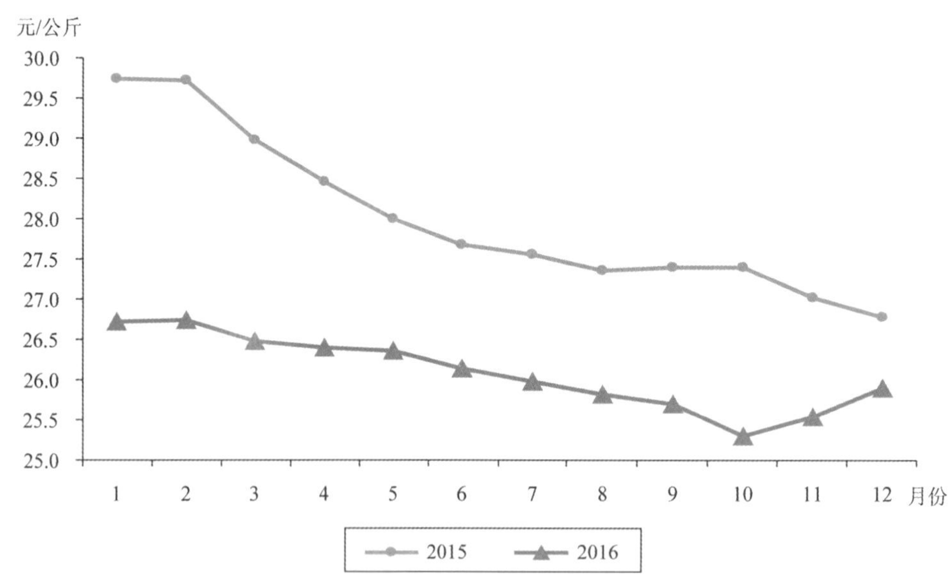

图 13　2015-2016 活羊集贸市场价格

资料来源：《中国农产品价格调查年鉴 2016》和国家统计局集贸市场价格调查结果。

（三）禽类生产和市场发展状况

1. 家禽生产情况

2016 年家禽生产保持增长，产品产量稳定增加。全国家禽出栏 123.7 亿只，比上年同期增加 3.9 亿只，增长 3.2%；禽肉产量 1888 万吨，同比增加 62 万吨，增长 3.4%。12 月底全国家禽存栏 59.0 亿只，同比增加 0.3 亿只，增长 0.5%。

2. 家禽价格变动情况

从生产者价格来看，2016 年活家禽价格与上年基本持平，活家禽生产者价格指数为 99.6（上年为

100)，比上年下降了 0.4%。分季度看，1 季度活家禽生产者价格略涨，比上年上涨 0.7%，2-4 季度则分别下跌了 0.3%、0.8%和 1.2%。

从集贸市场价格月度同比情况来看，2016 年活鸡月度价格与上年同期水平差距总体不大，呈时高时低、窄幅震荡走势。从月度环比来看，活鸡集贸市场价格总体呈稳中略降走势，12 月活鸡价格为 18.49 元/公斤，比 1 月份累计下降 0.33 元/公斤。

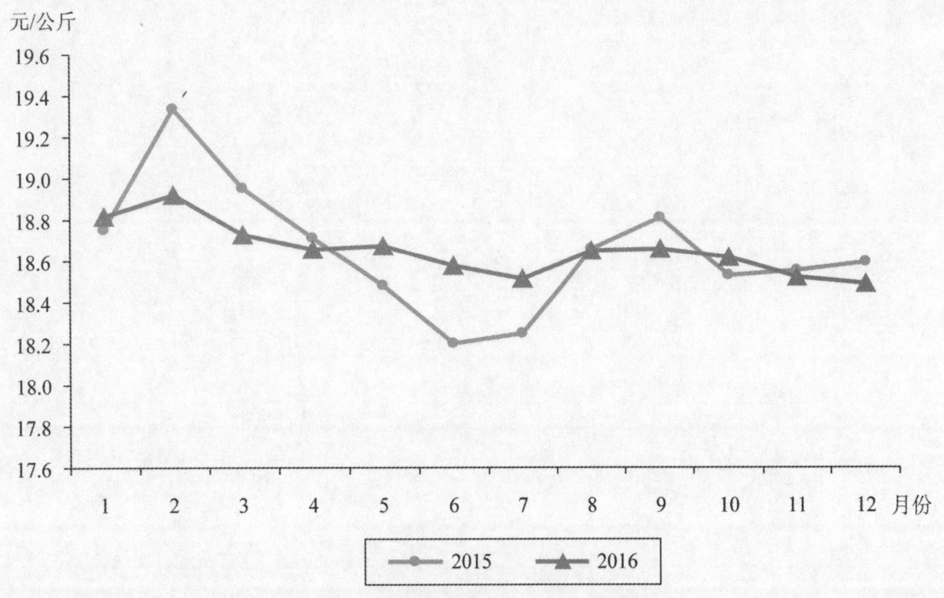

图 14　2015-2016 年活鸡集贸市场价格

资料来源：《中国农产品价格调查年鉴 2016》和国家统计局集贸市场价格调查结果。

四、农业生产和市场发展存在的突出问题及解决建议

（一）种粮收益下降与农民增收的矛盾突出

近年来，虽然适度规模化经营快速发展，但千家万户小规模生产仍是我国农业生产经营方式的主体，种粮收益受到经营规模的严重制约，农民家庭经营性收入占家庭可支配收入的比重下降。2016 年，粮食价格下跌，亩均收益下降，对农民家庭经营性收入产生了较为不利的影响，同时，粮食种植收益下降也会影响种粮积极性，给国家粮食安全带来隐患。提高粮食种植收益，一是要加快推进新型城镇化进程，推动农民市民化，减少农民数量，；二是深化土地“三权分置”改革，大力发展适度规模化经营；三是要依靠科技进步，提高科技贡献率；四是要延长农业产业链条，推动农民分享加工和销售利益；五是加大投入，改善农业基础设施条件；六是完善农业政策体系，加快推进粮食目标价格改革，充分发挥市场机制在价格形成中的作用，实施收入支持政策。

（二）农产品供求结构不平衡

我国人均资源少、生态环境脆弱，过去长期依靠资源要素投入追求满足产品量的需求，有一定的合理性，但也带来了不可持续的问题。同时，由于市场机制没有充分发挥作用，导致农产品供求结构不平衡，一方面一些产品如大豆、专用面粉等，有大量的市场需求，国内生产没法满足，需要依靠大量进口；另一方面，一些产品如玉米、棉花等，国内生产严重过剩，库存高企，不仅浪费了宝贵的资源，也带来沉重的财政负担。解决农产品供求结构不平衡的问题，要坚持市场导向，充分发挥市场机制的作用，要坚持农业供给侧结构性改革的工作主线，从供给端发力，调整优化产品产业结构。

（三）生猪市场波动较大

本轮价格生猪价格自2015 年 4 月份后开始快速上扬，直至 2016 年 5 月份创历史最高纪录价格水平，此后又持续回落。新世纪以来，生猪市场已经多次出现了价格暴涨暴跌现象，表明生猪市场周期性波动加强。要增强和改善生猪市场宏观调控，深入实施“逆周期”政策措施，充分考虑政策时滞，合理把握各种政策时机和力度，逐渐熨平“猪周期”；要加强对养殖场（户）的信息服务，合理引导安排生产经营决策；要加强疫情防治，防止发生大的疫情疫病，减轻不确定外部事件的冲击。

2

综合与概要

2-1 农村经济主要指标

指 标	单位	1990年	1995年	2000年	2014年	2015年	2016年
一、农业机械总动力	**亿瓦特**	**2870.8**	**3611.8**	**5257.4**	**10805.7**	**11172.8**	**9724.6**
二、农林牧渔业总产值	**亿元**	**7662.1**	**20340.9**	**24915.8**	**102226.1**	**107056.4**	**112091.3**
三、农林牧渔业增加值	**亿元**	**5062.0**	**12135.8**	**14944.7**	**60158.0**	**62904.1**	**65967.9**
四、主要农产品产量							
粮食	万吨	44624.3	46661.8	46217.5	60702.6	62143.9	61625.0
棉花	万吨	450.8	476.8	441.7	617.8	560.3	529.9
油料	万吨	1613.2	2250.3	2954.8	3507.4	3537.0	3629.5
糖料	万吨	7214.5	7940.1	7635.3	13361.2	12500.0	12340.7
黄红麻	万吨	72.6	37.1	12.6	5.6	5.3	5.3
烤烟	万吨	225.9	207.2	223.8	279.5	260.6	255.5
猪牛羊肉	万吨	2513.5	4265.3	4743.2	6788.8	6627.5	6475.3
牛奶	万吨	415.7	576.4	827.4	3724.6	3754.7	3602.2
禽蛋	万吨	794.6	1676.7	2182.0	2893.9	2999.2	3094.9
水产品	万吨	1237	2517.2	3706.2	6461.5	6699.6	6901.3
水果	万吨	1874.4	4214.6	6225.1	26142.2	27375.0	28351.1
五、农村物价总指数(上年=100)							
农产品生产价格总指数	%	97.4	119.9	96.4	99.8	101.7	103.4
农村商品零售价格指数	%	103.2	116.4	98.5	101.0	100.3	100.9
农业生产资料价格指数	%	105.5	127.4	99.1	99.1	100.4	100.1
农村居民消费价格指数	%	104.5	117.5	99.9	101.8	101.3	101.9
六、农村居民人均可支配收入	**元**				**10488.9**	**11421.7**	**12363.4**
农村居民人均消费支出	元				8382.6	9222.6	10129.8
七、农村教育、卫生							
在校学生数							
#普通中学	万人	2739.0	2773.0	3586.3	827.1	779.5	742.7
普通小学	万人	9595.6	9306.2	8503.7	3049.9	2965.9	2891.7
乡镇卫生院床位数	万张	72.3	73.3	73.5	116.7	119.6	122.4
乡镇卫生人员	万人		105.2	117.0	125.7	127.8	132.1

注：1.2000年以前农产品生产价格总指数为农副产品收购价格指数。
2.从2003年起，农林牧渔业总产值、增加值、中间消耗核算执行新国民经济行业分类标准,包括农林牧渔服务业。
3.从2003年起，水果产量含果用瓜。
4.从2016年开始，农业机械总动力不包括三轮汽车和低速载货汽车动力。
5.2011年新疆生猪数据调整，全国生猪存栏、出栏、肉产量等指标相应变化，下同。
6.从2013年起,国家统计局开展了住户收支与生活状况抽样调查,本表中的农村居民收入与支出数据来源于此调查，与2012年及以前的农村住户抽样调查的调查范围、调查方法、指标口径有所不同，数据来源于实施城乡一体化调查后的住户收支与生活状况抽样调查。

2-2 按人口平均的主要农产品产量

单位：千克/人

年 份	粮食	棉花	油料	糖料	猪牛羊肉	水产品
1949	208.9	0.8	4.7	5.2		0.8
1952	288.1	2.3	7.4	13.4		2.9
1957	306.0	2.6	6.6	18.7		4.9
1962	231.9	1.1	3.0	5.7		3.4
1965	272.0	2.9	5.1	21.5		4.2
1970	293.2	2.8	4.6	19.0		3.9
1975	310.5	2.6	4.9	20.9		4.8
1978	318.7	2.3	5.5	24.9		4.9
1980	326.7	2.8	7.8	29.7		4.6
1985	360.7	3.9	15.0	57.5		6.7
1990	393.1	4.0	14.2	63.6		10.9
1991	378.3	4.9	14.2	73.2		11.7
1992	380.0	3.9	14.1	75.6		13.4
1993	387.4	3.2	15.3	64.7		15.5
1994	373.5	3.6	16.7	61.6		17.9
1995	387.3	4.0	18.7	65.9		20.9
1996	414.4	3.5	18.2	68.7	30.3	23.1
1997	401.7	3.7	17.5	76.3	34.6	25.4
1998	412.5	3.6	18.6	78.8	37.0	27.2
1999	405.8	3.1	20.8	66.5	38.0	28.5
2000	366.0	3.5	23.4	60.5	37.6	29.4
2001	355.9	4.2	22.5	68.1	38.0	29.9
2002	357.0	3.8	22.6	80.4	38.5	30.9
2003	334.3	3.8	21.8	74.8	39.5	31.6
2004	362.2	4.9	23.7	73.8	40.4	32.8
2005	371.3	4.4	23.6	72.5	42.0	33.9
2006	379.9	5.7	20.2	79.8	42.7	35.0
2007	380.6	5.8	19.5	92.5	40.1	36.0
2008	399.1	5.7	22.3	101.3	42.4	37.0
2009	398.7	4.8	24.0	92.2	44.4	38.4
2010	408.7	4.5	24.2	89.8	45.8	40.2
2011	425.2	4.9	24.6	93.2	45.4	41.7
2012	436.5	5.1	25.4	99.8	47.4	43.7
2013	443.5	4.6	25.9	101.3	48.6	43.7
2014	445.0	4.5	25.7	97.9	49.8	47.4
2015	453.2	4.1	25.8	91.2	48.3	49.1
2016	447.0	3.8	26.3	89.5	47.0	50.6

注：按年平均人口计算。

2-2 续表 单位：千克/人

年 份	黄红麻	烤烟	水果	牛奶	禽蛋	茶叶
1952	0.3	0.4	4.3			0.14
1957	0.2	0.4	5.1			0.18
1962	0.1	0.2	4.1			0.11
1965	0.4	0.5	4.5			0.14
1970	0.2	0.5	4.6			0.17
1975	0.4	0.8	5.9	1.0		0.23
1978	1.1	1.1	6.9	0.9		0.28
1980	1.1	0.7	6.9	1.2		0.31
1985	3.9	2.0	11.1	2.4	5.1	0.41
1990	0.6	2.0	16.5	3.7	7.0	0.48
1991	0.4	2.3	18.9	4.0	8.0	0.47
1992	0.5	2.7	20.9	4.3	8.8	0.48
1993	0.6	2.6	25.6	4.2	10.0	0.51
1994	0.3	1.6	29.4	4.4	12.4	0.49
1995	0.3	1.6	35.0	4.8	13.9	0.49
1996	0.3	2.4	38.2	5.2	16.1	0.49
1997	0.3	3.2	41.4	4.9	15.4	0.50
1998	0.2	1.7	43.9	5.3	16.3	0.54
1999	0.1	1.7	49.8	5.7	17.0	0.54
2000	0.1	1.8	49.3	6.6	17.3	0.54
2001	0.1	1.6	52.3	8.1	17.4	0.55
2002	0.1	1.7	112.3	10.2	17.7	0.58
2003	0.1	1.6	112.7	13.6	18.1	0.60
2004	0.1	1.7	118.4	17.4	18.3	0.64
2005	0.1	1.9	123.6	21.1	18.7	0.72
2006	0.1	1.7	130.4	24.4	18.5	0.78
2007	0.1	1.7	137.6	26.7	19.2	0.88
2008	0.1	2.0	145.1	26.8	20.4	0.95
2009	0.1	2.1	153.2	26.4	20.6	1.02
2010	0.1	2.0	160.0	26.7	20.7	1.10
2011	0.1	2.1	169.5	27.2	20.9	1.21
2012	0.1	2.3	178.1	27.7	21.2	1.33
2013	0.1	2.3	184.9	26.1	21.3	1.32
2014	0.1	2.0	191.6	27.3	21.2	1.54
2015	0.0	1.9	199.6	27.4	21.9	1.64
2016	0.0	2.0	205.6	26.1	22.4	1.74

注：从2002年起，水果产量含果用瓜。

2-3 农村经济在国民经济中的地位

单位：亿元、%

年 份	国内生产总值	#第一产业	所占比重	社会消费品零售额	#县及县以下	所占比重
1952	679.0	342.9	50.5	276.8		
1957	1068.0	430.0	40.3	474.2		
1962	1149.3	453.1	39.4	604.0		
1965	1716.1	651.1	37.9	670.3		
1970	2252.7	793.3	35.2	858.0		
1975	2997.3	971.1	32.4	1271.1		
1978	3678.7	1018.5	27.7	1558.6	1053.4	67.6
1980	4587.6	1359.5	29.6	2140.0	1406.4	65.7
1981	4935.8	1545.7	31.3	2350.0	1506.7	64.1
1982	5373.4	1761.7	32.8	2570.0	1649.5	64.2
1983	6020.9	1960.9	32.6	2849.4	1792.1	62.9
1984	7278.5	2295.6	31.5	3376.4	2027.7	60.1
1985	9098.9	2541.7	27.9	4305.0	2430.5	56.5
1986	10376.2	2764.1	26.6	4950.0	2932.0	59.2
1987	10376.2	3204.5	30.9	5820.0	3393.0	58.3
1988	15180.4	3831.2	25.2	7440.0	4179.2	56.2
1989	17179.7	4228.2	24.6	8101.4	4434.6	54.7
1990	18872.9	5017.2	26.6	8300.1	4411.5	53.1
1991	22005.6	5288.8	24.0	9415.6	4885.8	51.9
1992	27194.5	5800.3	21.3	10993.7	5523.4	50.2
1993	35673.2	6887.6	19.3	12462.1	5237.2	42.0
1994	48637.5	9471.8	19.5	16264.7	6603.5	40.6
1995	61339.9	12020.5	19.6	20620.0	8243.3	40.0
1996	71813.6	13878.3	19.3	24774.1	9822.9	39.6
1997	79715.0	14265.2	17.9	27298.9	10648.5	39.0
1998	85195.5	14618.7	17.2	29152.5	11327.3	38.9
1999	90564.4	14549.0	16.1	31134.7	12043.1	38.7
2000	100280.1	14717.4	14.7	34152.6	13042.3	38.2
2001	110863.1	15502.5	14.0	37595.2	14051.8	37.4
2002	121717.4	16190.2	13.3	42027.0	15041.0	35.8
2003	137422.0	16970.2	12.3	45842.0	16065.0	35.0
2004	161840.2	20904.3	12.9	59501.0	19805.0	33.3
2005	187318.9	21806.7	11.6	67176.6	22082.0	32.9
2006	219438.5	23317.0	10.6	76410.0	24867.4	32.5
2007	270232.3	27788.0	10.3	89210.0	28799.3	32.3
2008	319515.5	32753.2	10.3	114830.1	34752.8	30.3
2009	349081.4	34161.8	9.8	132678.4	43584.2	32.8
2010	413030.3	39362.6	9.5	156998.4	50020.7	31.9
2011	489300.6	46163.1	9.4	183918.6	58499.1	31.8
2012	540367.0	50902.3	9.4	210307.0	67021.3	31.9
2013	595244.4	55329.1	9.3	237809.9	76896.4	32.3
2014	643974.0	58343.5	9.1	271896.1	90105.8	33.1
2015	689052.1	60862.1	8.8	300930.8	100648.0	33.4
2016	744127.2	63670.7	8.6	332316.3	111115.1	33.4

注：1.社会消费品零售额，1992年及以前为社会商品零售总额数据。
2.根据最新修订的报表制度，2010年以后县及县以下的数据为镇区与乡村之和。
3.国内生产总值依据全国第一次经济普查结果进行了修订。

2-3 续表 1

单位：亿元、%

年 份	全国一般公共预算收入			全国一般公共预算支出		
	合 计	#烟叶税	耕地占用税	合 计	#农林水	所占比重
1970	662.9			649.4		
1975	815.6			820.9		
1978	1132.3			1122.1		
1980	1159.9			1228.8		
1981	1175.8			1138.4		
1982	1212.3			1230.0		
1983	1367.0			1409.5		
1984	1642.9			1701.0		
1985	2004.8			2004.3		
1986	2122.0			2204.9		
1987	2199.4		1.4	2262.2		
1988	2357.2		21.2	2491.2		
1989	2664.9		16.9	2823.8		
1990	2937.1		14.6	3083.6		
1991	3149.5		17.9	3386.6		
1992	3483.4		29.2	3742.2		
1993	4349.0		29.4	4642.3		
1994	5218.1		36.5	5792.6		
1995	6242.2		34.5	6823.7		
1996	7408.0		31.2	7937.6		
1997	8651.1		32.5	9233.6		
1998	9876.0		33.4	10798.2		
1999	11444.1		33.0	13187.7		
2000	13395.2		35.3	15886.5		
2001	16386.0		38.3	18902.6		
2002	18903.6		57.3	22053.2		
2003	21715.3		39.9	24650.0		
2004	26396.5		120.1	28486.9		
2005	31649.3		141.9	33930.3		
2006	38760.2	41.6	171.1	40422.7		
2007	51321.8	47.8	185.0	49781.4	3404.7	6.8
2008	61330.4	67.5	314.4	62592.7	4544.0	7.3
2009	68518.3	80.8	633.1	76299.9	6720.4	8.8
2010	83101.5	78.4	888.6	89874.2	8129.6	9.0
2011	103874.4	91.4	1075.5	109247.8	9937.6	9.1
2012	117253.5	131.8	1620.7	125953.0	11973.9	9.5
2013	129209.6	150.3	1808.2	140212.1	13349.6	9.5
2014	140370.0	141.1	2059.1	151785.6	14173.8	9.3
2015	152269.2	142.8	2097.2	175877.8	17380.5	9.9
2016	159552.1	130.5	2028.9	187841.1	18441.7	9.8

注：2016年数据为预算执行数，以前各年数据为财政决算数。

2-3 续表 2 单位：元/人

年 份	全国居民消费水平			指数(1978年=100)		城乡消费水平对比(农村居民=1)
		城镇居民	农村居民	城镇居民	农村居民	
1978	184	405	138	100	100	2.9
1979	208	425	159	103	107	2.7
1980	238	490	178	110	116	2.7
1981	264	517	202	114	127	2.6
1982	284	504	227	109	141	2.2
1983	315	547	252	116	154	2.2
1984	356	621	280	128	168	2.2
1985	440	750	346	137	192	2.2
1986	496	847	385	146	201	2.2
1987	558	953	427	152	213	2.2
1988	684	1200	506	160	220	2.4
1989	785	1345	588	161	232	2.3
1990	831	1404	627	164	240	2.2
1991	916	1619	661	181	246	2.5
1992	1057	2009	701	212	250	2.9
1993	1332	2661	822	244	262	3.2
1994	1799	3645	1073	261	275	3.4
1995	2330	4769	1344	286	289	3.5
1996	2765	5382	1655	297	329	3.3
1997	2978	5645	1768	303	342	3.2
1998	3126	5909	1778	320	346	3.3
1999	3346	6351	1793	349	354	3.5
2000	3721	6999	1917	383	378	3.7
2001	3987	7324	2032	397	395	3.6
2002	4301	7745	2157	422	421	3.6
2003	4606	8104	2292	437	440	3.5
2004	5138	8880	2521	463	458	3.5
2005	5771	9832	2784	503	489	3.5
2006	6416	10739	3066	536	525	3.5
2007	7572	12480	3538	598	570	3.5
2008	8707	14061	4065	636	610	3.5
2009	9514	15127	4402	687	667	3.4
2010	10919	17104	4941	741	716	3.5
2011	13134	19912	6187	802	809	3.2
2012	14699	21861	6964	860	880	3.1
2013	16190	23609	7773	905	956	3.0
2014	17778	25424	8711	956	1050	2.9
2015	19397	27210	9679	1008	1151	2.8
2016	21228	29219	10752	1061	1255	2.7

注：1.绝对数按当年价格计算，指数按可比价格计算。
2.本表数据来源于国民经济核算资料，与城乡住户抽样调查数据的指标口径不同。

2-3 续表 3 单位：元/人

年 份	农村居民		城镇居民	
	人均纯收入	指数(1978=100)	人均可支配收入	指数(1978=100)
1978	133.6	100.0	343.4	100.0
1980	191.3	139.0	477.6	127.0
1981	223.4	160.4	500.4	129.9
1982	270.1	192.3	535.3	136.3
1983	309.8	219.6	564.6	141.5
1984	355.3	249.5	652.1	158.7
1985	397.6	268.9	739.1	160.4
1986	423.8	277.6	900.9	182.7
1987	462.6	292.0	1002.1	186.8
1988	544.9	310.7	1180.2	182.3
1989	601.5	305.7	1373.9	182.5
1990	686.3	311.2	1510.2	198.1
1991	708.6	317.4	1700.6	212.4
1992	784.0	336.2	2026.6	232.9
1993	921.6	346.9	2577.4	255.1
1994	1221.0	364.3	3496.2	276.8
1995	1577.7	383.6	4283.0	290.3
1996	1926.1	418.1	4838.9	301.6
1997	2090.1	437.3	5160.3	311.9
1998	2162.0	456.1	5425.1	329.9
1999	2210.3	473.5	5854.0	360.6
2000	2253.4	483.4	6280.0	383.7
2001	2366.4	503.7	6859.6	416.3
2002	2475.6	527.9	7702.8	472.1
2003	2622.2	550.6	8472.2	514.6
2004	2936.4	588.0	9421.6	554.2
2005	3254.9	624.5	10493.0	607.4
2006	3587.0	670.7	11759.5	670.7
2007	4140.4	734.4	13785.8	752.3
2008	4760.6	793.2	15780.8	815.7
2009	5153.2	860.6	17174.7	895.4
2010	5919.0	954.4	19109.4	965.2
2011	6977.3	1063.2	21809.8	1046.3
2012	7916.6	1176.9	24564.7	1146.7
2013	8895.9	1286.4	26955.1	1227.0
2014	9892.0	1404.7	29381.0	1310.5
2015	10772.0	1510.1	31790.3	1396.9

注：本表1978-2012年数据来源于分别开展的农村住户调查和城镇住户调查，2013-2015年数据是为满足“十二五”规划需要，根据全国住户收支与生活状况调查数据，按可比口径推算获得，收入指数按可比价格计算，2016年起不再推算。

2-4 各地区农村经济在国民经济中的地位

单位：%

地区	第一产业增加值占地区生产总值比重	镇区及乡村消费品零售额占全社会消费品零售额的比重
北京	0.5	7.6
天津	1.2	20.5
河北	11.0	50.0
山西	6.1	45.4
内蒙古	8.7	34.0
辽宁	9.9	20.9
吉林	10.1	26.2
黑龙江	17.4	27.0
上海	0.4	7.1
江苏	5.4	30.4
浙江	4.2	39.3
安徽	10.6	44.8
福建	8.3	35.5
江西	10.4	46.7
山东	7.4	38.9
河南	10.7	42.7
湖北	10.8	32.9
湖南	11.5	41.9
广东	4.6	23.4
广西	15.3	42.6
海南	24.0	31.6
重庆	7.4	33.6
四川	12.0	42.0
贵州	15.7	36.5
云南	14.8	38.0
西藏	9.1	43.1
陕西	8.8	33.7
甘肃	13.6	40.4
青海	8.6	37.7
宁夏	7.6	40.8
新疆	17.1	25.7

2-5 各地区社会消费品零售额（按当年价计算）

单位：亿元

地 区	社会消费品零售额	#镇区零售额	#乡村零售额
全国合计	**332316.3**	**64612.5**	**46502.6**
北 京	11005.1	505.1	329.0
天 津	5635.8	942.1	213.8
河 北	14364.7	3867.3	3309.0
山 西	6480.5	1746.0	1196.0
内蒙古	6700.8	1433.5	845.4
辽 宁	13414.1	1498.9	1301.7
吉 林	7310.4	1060.9	855.9
黑龙江	8402.5	1215.3	1053.5
上 海	10946.6	309.4	466.1
江 苏	28707.1	5793.4	2939.1
浙 江	21970.8	4943.0	3690.2
安 徽	10000.2	2540.4	1935.5
福 建	11674.5	2967.6	1172.8
江 西	6634.6	1955.2	1142.8
山 东	30645.8	5730.9	6197.9
河 南	17618.4	4302.6	3218.5
湖 北	15649.2	2643.9	2499.6
湖 南	13436.5	4341.9	1289.9
广 东	34739.1	3807.9	4320.8
广 西	7027.3	2160.6	833.8
海 南	1453.7	235.5	224.5
重 庆	7271.4	2075.8	365.6
四 川	15601.9	3483.3	3066.5
贵 州	3709.0	674.8	678.3
云 南	5722.9	1385.8	786.2
西 藏	459.4	120.0	78.0
陕 西	7367.6	1602.9	877.3
甘 肃	3184.4	639.0	648.5
青 海	767.3	188.5	101.0
宁 夏	850.1	277.7	69.2
新 疆	2825.9	470.1	256.8

2-6 2016年各地区城乡居民收入水平

单位：元/人

地 区	农村居民 人均可支配收入	城镇居民 人均可支配收入	城乡居民收入水平对比 (农村居民=1)
全国总计	**12363.4**	**33616.2**	**2.72**
北 京	22309.5	57275.3	2.57
天 津	20075.6	37109.6	1.85
河 北	11919.4	28249.4	2.37
山 西	10082.5	27352.3	2.71
内蒙古	11609.0	32974.9	2.84
辽 宁	12880.7	32876.1	2.55
吉 林	12122.9	26530.4	2.19
黑龙江	11831.9	25736.4	2.18
上 海	25520.4	57691.7	2.26
江 苏	17605.6	40151.6	2.28
浙 江	22866.1	47237.2	2.07
安 徽	11720.5	29156.0	2.49
福 建	14999.2	36014.3	2.40
江 西	12137.7	28673.3	2.36
山 东	13954.1	34012.1	2.44
河 南	11696.7	27232.9	2.33
湖 北	12725.0	29385.8	2.31
湖 南	11930.4	31283.9	2.62
广 东	14512.2	37684.3	2.60
广 西	10359.5	28324.4	2.73
海 南	11842.9	28453.5	2.40
重 庆	11548.8	29610.0	2.56
四 川	11203.1	28335.3	2.53
贵 州	8090.3	26742.6	3.31
云 南	9019.8	28610.6	3.17
西 藏	9093.8	27802.4	3.06
陕 西	9396.4	28440.1	3.03
甘 肃	7456.9	25693.5	3.45
青 海	8664.4	26757.4	3.09
宁 夏	9851.6	27153.0	2.76
新 疆	10183.2	28463.4	2.80

注：本表数据来源于国家统计局开展的全国住户收支与生活状况调查。

2-7 各地区城乡居民消费水平

单位：元/人

地　区	居民消费水平	城镇居民	农村居民	城乡居民消费水平对比（农村居民=1）
北　京	48883	52721	24285	2.2
天　津	36257	39181	22194	1.8
河　北	14328	19276	8897	2.2
山　西	15065	19724	9226	2.1
内蒙古	22293	28289	13013	2.2
辽　宁	23670	29254	12145	2.4
吉　林	13786	18144	8390	2.2
黑龙江	17393	22318	10305	2.2
上　海	49617	53240	23660	2.3
江　苏	35875	41957	23459	1.8
浙　江	30743	35152	22028	1.6
安　徽	15466	22030	8565	2.6
福　建	23355	27859	15653	1.8
江　西	16040	20335	11320	1.8
山　东	25860	33016	15970	2.1
河　南	16043	23454	9291	2.5
湖　北	19391	25703	10860	2.4
湖　南	17490	24025	10461	2.3
广　东	28495	34667	14784	2.3
广　西	15013	22491	8225	2.7
海　南	18431	24664	10512	2.3
重　庆	21032	28209	9433	3.0
四　川	16013	21246	11094	1.9
贵　州	14666	22301	8887	2.5
云　南	14534	22365	8336	2.7
西　藏	9743	18775	5952	3.2
陕　西	16657	23206	8768	2.6
甘　肃	13086	21128	6781	3.1
青　海	16751	22761	10505	2.2
宁　夏	18570	25384	9980	2.5
新　疆	15247	22272	8816	2.5

注：本表数据来源于国民经济核算资料，与城乡住户抽样调查数据的指标口径不同。

2-8 主要农产品供需情况

一、粮食

年 份	生产量（万吨）	进口量（万吨）	出口量（万吨）	城镇居民人均消费（千克/人）	农村居民人均消费（千克/人）
1980	32056	1343	162		257.2
1981	32502	1481	126	145.4	256.1
1982	35450	1612	125	144.6	260.0
1983	38728	1344	196	144.5	259.9
1984	40731	1045	357	142.1	266.5
1985	37911	600	932	134.8	257.5
1986	39151	773	942	137.9	259.3
1987	40298	1628	737	133.9	259.4
1988	39408	1533	717	137.2	259.5
1989	40755	1658	656	133.9	262.3
1990	44624	1372	583	130.7	262.1
1991	43529	1345	1086	127.9	255.6
1992	44266	1175	1364	111.5	250.5
1993	45649	752	1535	97.8	251.8
1994	44510	920	1346	101.7	257.6
1995	46662	2081	214	97.0	256.1
1996	50450	1200	144	94.7	256.2
1997	49417	705	859	88.6	250.7
1998	51230	708	906	86.7	248.9
1999	50839	772	758	84.9	247.5
2000	46218	1357	1400	82.3	250.2
2001	45264	1738	903	79.7	238.6
2002	45706	1417	1514	78.5	236.5
2003	43070	2283	2230	79.5	222.4
2004	46947	2298	514	78.2	218.3
2005	48402	3286	1141	77.0	208.9
2006	49804	3186	723	75.9	205.6
2007	50160	3237	1118	77.6	199.5
2008	52871	4131	379	58.5	199.1
2009	53082	5223	329	81.3	189.3
2010	54648	6695	275	81.5	181.4
2011	57121	6390	288	80.7	170.7
2012	58958	8025	277	78.8	164.3
2013	60194	8645	243	121.3	178.5
2014	60703	10042	211	117.2	167.6
2015	62144	12477	164	112.6	159.5
2016	61625	11468	190	111.9	157.2

注：①从2013年起,国家统计局开展了住户收支与生活状况抽样调查,本年鉴中的2013年及之后年 份的城乡居民消费粮油糖数据来源于此调查，与2012年及以前的农村住户抽样调查的调查范围、调查方法、指标口径有所不同，后表同。

②城乡居民人均粮食消费量为原粮，但城镇居民1980-2012年人均粮食消费量为加工粮。

2-8 续表 1 二、食用植物油

年 份	生产量(万吨)	进口量(万吨)	出口量(万吨)	城镇居民人均消费(千克/人)	农村居民人均消费(千克/人)
1980	222		3.1		1.4
1981	292	4.4	6.3	4.8	1.9
1982	345	5.6	10.2	5.8	2.1
1983	360	3.5	15.6	6.5	2.2
1984	382	1.4	13.1	7.1	2.5
1985	401	3.5	16.2	5.8	2.6
1986	441	19.8	16.6	6.2	2.6
1987	478	51.1	5.6	6.5	3.1
1988	480	21.4	2.6	7.0	3.3
1989	496	105.6	6.2	6.2	3.3
1990	544	112.0	14.0	6.4	3.5
1991	644	61.0	9.9	6.9	3.9
1992	661	42.0	6.8	6.7	4.1
1993	965	24.0	13.6	7.1	4.1
1994	723	163.0	27.0	7.5	4.1
1995	1144	353.0	49.6	7.1	4.3
1996	947	264.0	47.3	7.1	4.5
1997	894	285.8	86.1	7.2	4.7
1998	602	205.5	30.9	7.6	4.6
1999	734	208.0	9.7	7.8	4.6
2000	835	179.0	11.2	8.2	5.5
2001	1383	165.0	13.4	8.1	7.0
2002	1531	319.0	9.8	8.5	7.5
2003	1584	541.0	6.0	9.2	6.3
2004	1235	676.0	6.5	9.3	5.3
2005	1612	621.0	22.5	9.3	6.0
2006	1986	671.0	39.9	9.4	5.8
2007	2319	838.0	16.6	9.6	6.0
2008	2419	817.1	24.9	10.3	6.2
2009	3280	816.0	11.4	9.7	5.4
2010	3916	687.0	9.2	8.8	5.5
2011	4332	657.0	12.2	9.3	6.6
2012	5176	845.0	10.0	9.1	6.9
2013	6219	810.0	11.5	10.5	9.3
2014	6534	650.0	13.4	10.6	9.0
2015	6734	676.0	13.5	10.7	9.2
2016	6908	553.0	11.4	10.6	9.3

注：本表生产量为规模以上企业产量的快报数据。

2-8 续表 2　　三、棉花

年 份	生产量 (万吨)	进口量 (万吨)	出口量 (万吨)	全国人均产量 (千克/人)
1980	270.7	88.5	0.9	2.8
1981	296.8	80.1	0.1	3.0
1982	359.8	47.3	0.4	3.5
1983	463.7	23.0	5.8	4.4
1984	625.8	4.0	18.9	5.9
1985	414.7	…	34.7	3.9
1986	354.0	…	55.8	3.2
1987	424.5	0.6	75.5	3.8
1988	414.9	3.5	46.8	3.7
1989	378.8	51.9	27.2	3.3
1990	450.8	42.0	16.7	3.9
1991	567.5	37.0	20.0	4.8
1992	450.8	28.0	14.5	3.8
1993	373.9	1.0	15.0	3.1
1994	434.0	52.6	11.1	3.6
1995	476.8	74.0	2.2	3.9
1996	420.0	6.5	0.4	3.4
1997	460.3	78.3	0.1	3.7
1998	450.1	20.9	4.5	3.6
1999	382.9	5.0	23.6	3.1
2000	441.7	4.7	29.2	3.5
2001	532.4	6.0	5.2	4.2
2002	491.6	18.0	15.0	3.8
2003	486.0	87.0	11.2	3.8
2004	632.0	191.0	0.9	4.9
2005	571.4	257.0	0.5	4.4
2006	753.3	364.0	1.3	5.2
2007	762.4	246.0	2.1	5.8
2008	749.2	211.0	1.6	5.7
2009	637.7	153.0	0.8	4.8
2010	596.1	284.0	0.6	4.5
2011	658.9	336.0	2.6	4.9
2012	683.6	513.0	1.8	5.1
2013	629.9	415.0	0.7	4.6
2014	617.8	244.0	1.3	4.5
2015	560.3	147.0	2.9	4.1
2016	529.9	90.0	0.8	3.8

2-8 续表 3

四、糖料

年 份	糖料生产量(万吨)	食糖进口量(万吨)	食糖出口量(万吨)	城镇居民人均食糖消费(千克/人)	农村居民人均食糖消费(千克/人)
1980	2911.2	91.2	30.1		1.1
1981	3602.8	102.9	12.5	2.9	1.1
1982	4359.4	217.7	6.7	2.8	1.2
1983	4103.3	190.0	6.0	2.8	1.3
1984	4780.3	123.0	5.2	2.9	1.3
1985	6046.8	191.0	18.4	2.5	1.5
1986	5852.5	118.0	26.6	2.6	1.6
1987	5550.3	183.0	45.2	2.5	1.7
1988	6187.4	371.0	24.8	2.6	1.4
1989	5803.8	158.0	43.0	2.4	1.5
1990	7214.5	113.0	57.0	2.1	1.5
1991	8418.7	101.0	34.3	1.8	1.4
1992	8808.0	110.0	167.0	1.9	1.5
1993	7624.2	45.0	185.0	1.8	1.4
1994	7346.0	155.2	94.7	1.9	1.3
1995	7940.0	295.0	48.0	1.7	1.3
1996	8360.0	125.0	66.5	1.7	1.4
1997	9380.0	78.3	37.9	1.6	1.4
1998	9790.4	50.8	43.6	1.8	1.4
1999	8334.1	42.0	36.7	1.8	1.5
2000	7635.3	64.1	41.5	1.7	1.3
2001	8655.1	120.0	19.6	1.7	1.4
2002	10293.0	118.3	32.6	—	1.6
2003	9642.0	78.0	10.3	—	1.2
2004	9528.0	121.0	8.5	—	1.1
2005	9451.9	139.0	35.8	—	1.1
2006	10460.0	137.0	15.4	—	1.1
2007	12188.2	119.0	11.1	—	1.1
2008	13419.6	78.0	6.2	—	1.1
2009	12276.6	106.0	6.4	—	1.1
2010	12008.5	177.0	9.4	—	1.0
2011	12516.5	292.0	5.9	—	1.0
2012	13485.4	375.0	4.7	—	1.2
2013	13746.1	455.0	4.8	1.3	1.2
2014	13361.1	349.0	4.6	1.3	1.3
2015	12500.0	485.0	7.5	1.3	1.3
2016	12340.7	306.0	14.9	1.3	1.4

农村基本情况与农业生产条件

3-1 全国乡村人口和乡村就业人员情况

单位：万人、%

年 份	乡村人口		乡村就业人员数(年末)		
	人口数	占总人口比重		第一产业	第一产业人员所占比重
1978	79014	82.1	30638	28318	92.4
1980	79565	80.6	31836	29122	91.5
1985	80757	76.3	37065	31130	84.0
1990	84138	73.6	47708	38914	81.6
1991	84620	73.1	48026	39098	81.4
1992	84996	72.5	48291	38699	80.1
1993	85344	72.0	48546	37680	77.6
1994	85681	71.5	48802	36628	75.1
1995	85947	71.0	49025	35530	72.5
1996	85085	69.5	49028	34820	71.0
1997	84177	68.1	49039	34840	71.0
1998	83153	66.7	49021	35177	71.8
1999	82038	65.2	48982	35768	73.0
2000	80837	63.8	48934	36043	73.7
2001	79563	62.3	48674	36399	74.8
2002	78241	60.9	48121	36640	76.1
2003	76851	59.5	47506	36204	76.2
2004	75705	58.2	46971	34830	74.2
2005	74544	57.0	46258	33442	72.3
2006	73160	55.7	45348	31941	70.4
2007	71496	54.1	44368	30731	69.3
2008	70399	53.0	43461	29923	68.9
2009	68938	51.7	42506	28890	68.0
2010	67113	50.1	41418	27931	67.4
2011	65656	48.7	40506	26594	65.7
2012	64222	47.4	39602	25773	65.1
2013	62961	46.3	38737	24171	62.4
2014	61866	45.2	37943	22790	60.1
2015	60346	43.9	37041	21919	59.2
2016	58793	42.5	36175	21496	59.4

注：1.本表人口1981年及以前数据为户籍统计数;1982、1990、2000、2010年人口数据为当年人口普查数据推算数；其余年份人口数据为在年度人口抽样调查基础上，根据人口普查数据修订数(下表同)。
2.本表全国乡村就业人员小计1990年及以后的数据为根据劳动力调查、人口普查的推算数，2001年及以后数据根据第六次人口普查重新修订，因此与相应年份的分地区、分登记注册类型、分行业资料的分项数据之和不一致(下表同)。
3.资料来源:《中国统计年鉴》。

3-2 各地区乡村人口和乡村就业人员

单位：万人、%

地区	乡村人口		乡村就业人员数(年末)	
	人口数	占总人口比重		第一产业
全国总计	**58973**	**42.7**	**36175**	**21496**
北京	293	13.5		
天津	267	17.1		
河北	3487	46.7		
山西	1612	43.8		
内蒙古	978	38.8		
辽宁	1428	32.6		
吉林	1203	44.0		
黑龙江	1550	40.8		
上海	293	12.1		
江苏	2582	32.3		
浙江	1845	33.0		
安徽	2974	48.0		
福建	1410	36.4		
江西	2154	46.9		
山东	4076	41.0		
河南	4909	51.5		
湖北	2466	41.9		
湖南	3223	47.3		
广东	3388	30.8		
广西	2512	51.9		
	396	43.2		
海南				
重庆	1140	37.4		
四川	4196	50.8		
贵州	1985	55.9		
云南	2623	55.0		
西藏	233	70.4		
陕西	1703	44.7		
甘肃	1444	55.3		
青海	287	48.4		
宁夏	295	43.7		
新疆	1239	51.7		

注：本表人口数据根据2013年人口变动情况抽样调查数据推算。

3-3 农村居民家庭劳动力文化状况

指 标	单位	1990年	1995年	2000年	2011年	2012年	2012年为下列各年百分比(%)	
							1990年	2011年
平均每百个劳动力中:								
不识字或识字很少	人	20.73	13.47	8.09	5.47	5.30	25.6	96.9
小学程度	人	38.86	36.62	32.22	26.51	26.07	67.1	98.4
初中程度	人	32.84	40.10	48.07	52.97	53.03	161.5	100.1
高中程度	人	6.96	8.61	9.31	9.86	10.01	143.8	101.5
中专程度	人	0.51	0.96	1.83	2.54	2.66	522.0	104.9
大专及大专以上	人	0.10	0.24	0.48	2.65	2.93	2929.6	110.4

注：本表数据来源于国家统计局农村住户调查。

3-4 主要农业机械年末拥有量

年 份	农用机械总动力（亿瓦）	大中型拖拉机（台）	小 型拖拉机（万台）	大中型拖拉机配套农具（万部）	联 合收获机（台）
1957	12.1	14674			1789
1962	75.7	54938	0.1	19.2	5906
1965	109.9	72599	0.4	25.8	6704
1970	216.5	125498	7.8	34.6	8002
1975	747.9	344518	59.9	90.8	12551
1978	1175.0	557358	137.3	119.2	18987
1979	1337.9	666823	167.1	131.3	23026
1980	1474.6	744865	187.4	136.9	27045
1981	1568.0	792032	203.7	139.0	31268
1982	1661.4	812447	228.7	137.4	33904
1983	1802.2	840776	275.0	130.8	35728
1984	1949.7	853914	329.8	117.0	35861
1985	2091.3	852357	382.4	112.8	34573
1986	2295.0	866463	452.6	100.6	30945
1987	2483.6	880952	530.0	103.5	33802
1988	2657.5	870187	595.8	97.1	35004
1989	2806.7	848220	654.3	99.1	36582
1990	2870.8	813521	698.1	97.4	38719
1991	2938.9	784466	730.4	99.1	43996
1992	3030.8	758904	750.7	104.4	51075
1993	3181.7	721216	788.3	100.1	56304
1994	3380.3	693154	823.7	98.0	63918
1995	3611.8	671846	864.6	99.1	75351
1996	3854.7	670848	918.9	105.0	96378
1997	4201.6	689051	1048.5	115.7	141312
1998	4520.8	725215	1122.1	120.4	182629
1999	4899.6	784216	1200.3	132.0	226036
2000	5257.4	974547	1264.4	140.0	262578
2001	5517.2	829900	1305.1	146.9	282871
2002	5793.0	911670	1339.4	157.9	310147
2003	6038.7	980560	1377.7	169.8	365041
2004	6402.8	1118636	1454.9	188.7	410520
2005	6839.8	1395981	1526.9	226.2	480378
2006	7252.2	1718247	1567.9	261.5	565578
2007	7659.0	2062731	1619.1	308.3	633784
2008	8219.0	2995214	1722.4	435.4	743474
2009	8749.6	3515757	1750.9	542.1	858372
2010	9278.0	3921723	1785.8	612.9	992062
2011	9773.5	4406471	1811.3	699.0	1113708
2012	10255.9	4852400	1797.2	763.5	1278821
2013	10390.7	5270200	1752.3	826.6	1421000
2014	10805.7	5679500	1729.8	889.6	1584600
2015	11172.8	6072900	1703.0	962.0	1739000
2016	9724.6	6453546	1671.6	1028.1	1902008

注：1.自2000年起，大中型拖拉机、联合收获机统计口径变化，数字有调整。
2.自2008年起使用农业部农机化司统计数字，取消渔用机动船指标(以下表同)。

3-5 主要农业机械年末拥有量及增长情况

指　　标	单　位	1990年	1995年	2000年	2015年	2016年	2016年为2015年百分比(%)
一、农业机械总动力	**万千瓦**	**28707.7**	**36118.1**	**52573.6**	**111728.1**	**97245.6**	**87.0**
柴油发动机动力	万千瓦		24176.3	39140.0	89783.8	75220.3	83.8
汽油发动机动力	万千瓦		3433.9	3128.9	3669.8	3640.7	99.2
电动机动力	万千瓦		8443.7	10126.7	18189.3	18299.7	100.6
其他机械动力	万千瓦		64.2	89.9	85.0	84.9	99.9
二、主要农业机械与设备							
大中型拖拉机	万台	81.4	67.2	97.5	607.3	645.4	106.3
小型拖拉机	万台	698.1	864.6	1264.4	1703.0	1671.6	98.2
大中型拖拉机配套农具	万部	97.4	99.1	140.0	962.0	1028.1	106.9
小型拖拉机配套农具	万部	648.8	958.0	1788.8	3041.5	2994.0	98.4
农用排灌电动机	万台	430.8	535.2	741.3	1303.0	1313.9	100.8
农用排灌柴油机	万台	411.1	491.2	688.1	939.9	940.8	100.1
联合收获机	万台	3.9	7.5	26.2	173.9	190.2	109.4
机动脱粒机	万台	493.3	605.9	876.2	1061.8	1063.8	100.2
机电井	万眼			435.8	483.2	487.2	100.8
节水灌溉类机械	万套	39.3	58.6	91.9	222.9	226.0	101.4
农用水泵	万台	723.9	903.5	1392.5	2249.2	2241.3	99.6

注：2013年以后机电井包含规模以下机电井，2013年以前不包括。

3-6 各地区主要农业机械年末拥有量

地　　区	农业机械总动力（万千瓦）		大中型拖拉机（台）	
	2015年	2016年	2015年	2016年
全国总计	**111728.1**	**97245.6**	**6072900**	**6453546**
北　京	186.1	144.5	7000	7300
天　津	546.9	470.0	15000	15400
河　北	11102.8	7402.0	274300	298700
山　西	3351.7	1744.3	130700	138100
内蒙古	3805.1	3331.1	723800	767400
辽　宁	2813.9	2168.5	231500	242600
吉　林	3152.5	3105.3	521600	560000
黑龙江	5442.3	5634.3	968000	1015600
上　海	119.0	122.3	7500	7700
江　苏	4825.5	4906.6	167600	179900
浙　江	2360.7	2136.7	12600	14000
安　徽	6581.0	6867.5	220100	246500
福　建	1384.1	1269.1	3900	4800
江　西	2260.8	2201.6	19600	27500
山　东	13353.0	9797.6	535200	571800
河　南	11710.1	9855.0	402300	432700
湖　北	4468.1	4187.8	168400	181800
湖　南	5894.1	6097.5	128800	135700
广　东	2696.8	2390.5	28700	30011
广　西	3803.2	3527.3	42400	47700
海　南	511.6	516.6	43700	41935
重　庆	1299.7	1318.7	4100	5000
四　川	4404.5	4267.3	132200	134800
贵　州	2575.2	2041.1	42800	42400
云　南	3333.0	3440.6	317600	321300
西　藏	619.7	635.1	107700	122300
陕　西	2667.3	2171.9	111100	118200
甘　肃	2685.0	1903.9	160300	175200
青　海	453.9	458.6	16900	17800
宁　夏	831.3	580.5	53200	57300
新　疆	2489.3	2552.2	474300	492100

3-6 续表 1

地 区	小型拖拉机（台）		大中型拖拉机配套农具（部）	
	2015年	2016年	2015年	2016年
全国总计	**17030400**	**16716149**	**9620000**	**10281100**
北 京	1400	1300	10400	10200
天 津	2800	2200	31900	32200
河 北	1362600	1318100	497800	538000
山 西	357900	354100	256900	271700
内蒙古	382100	366700	1167400	1241600
辽 宁	340100	327600	305500	322600
吉 林	646400	629500	858800	899700
黑龙江	603000	570000	1383200	1444000
上 海	3000	2800	20500	21300
江 苏	818600	760500	302500	337100
浙 江	118600	117200	19900	22300
安 徽	2146700	2094500	515100	569500
福 建	98200	97700	5100	5900
江 西	332000	352100	27600	34100
山 东	1909300	1892300	1033000	1079400
河 南	3396200	3295000	948300	1007400
湖 北	1138100	1146700	371300	395400
湖 南	243600	254900	56000	63600
广 东	329600	328049	44500	45700
广 西	486000	506500	65300	73700
海 南	57800	56400	18200	17100
重 庆	8400	8900	3200	3400
四 川	104500	100600	60200	64900
贵 州	99200	103000	17100	16200
云 南	371800	374400	61600	65200
西 藏	144000	134000	85600	130300
陕 西	218100	217300	199300	212700
甘 肃	613200	629000	356400	385400
青 海	258600	257900	14300	18400
宁 夏	161200	155700	90000	94600
新 疆	277400	261200	793100	857500

3-6 续表 2

地　区	小型拖拉机配套农具(部)		农用排灌电动机(台)	
	2015年	2016年	2015年	2016年
全国总计	**30415200**	**29940300**	**13029600**	**13138827**
北　京	1900	2200	36900	34000
天　津	15200	14500	63500	63500
河　北	1803900	1733900	1544600	1529100
山　西	511000	514000	146100	144900
内蒙古	866400	846400	182900	184800
辽　宁	509400	483800	803800	784000
吉　林	1903200	1887200	198600	200800
黑龙江	1129900	1111400	143500	149600
上　海	2300	2200	13600	13600
江　苏	1405900	1318600	425400	432100
浙　江	137100	134200	830700	821400
安　徽	5031900	4907600	1189900	1217700
福　建	133500	136900	71300	72400
江　西	334200	340800	241000	242900
山　东	3246700	3245000	1262100	1255500
河　南	6613700	6415000	1133600	1135200
湖　北	2224400	2234100	737300	759500
湖　南	116200	123600	1122500	1139900
广　东	376600	371900	369800	377399
广　西	691600	712200	306100	317200
海　南	52000	62700	45800	61128
重　庆	3700	4000	772700	774700
四　川	107000	108200	398300	402000
贵　州	30100	28500	272300	297200
云　南	354400	359700	147200	150700
西　藏	107000	82200	1000	1100
陕　西	298600	306000	333400	341200
甘　肃	1279600	1369600	136300	137500
青　海	273000	273200	2300	2400
宁　夏	231100	232000	26700	26600
新　疆	623700	578700	70400	68800

3-6 续表 3 单位：台

地区	农用排灌柴油机		农用水泵		联合收获机	
	2015年	2016年	2015年	2016年	2015年	2016年
全国总计	**9399300**	**9407727**	**22491800**	**22412878**	**1739000**	**1902008**
北京	2600	2000	33200	31000	1500	1500
天津	37900	37200	85200	85800	5800	5800
河北	942700	884700	1697300	1648300	137700	147400
山西	26800	25600	153400	151800	34400	36700
内蒙古	218000	219000	390900	393000	30100	32800
辽宁	225900	226400	1215200	1174700	24500	26600
吉林	265700	266800	595900	597200	63200	73000
黑龙江	249500	250700	493600	480900	118700	129800
上海			13600	13600	2700	2700
江苏	178900	178400	659200	676100	159100	169600
浙江	84700	83700	849400	824300	17800	18100
安徽	391300	393400	1790600	1807400	174200	195800
福建	101600	101000	197400	196700	8200	9100
江西	352400	356400	446700	452800	65600	73700
山东	1807000	1796500	2964400	2915800	269300	291100
河南	541000	526200	2233400	2196800	241500	265500
湖北	264400	259600	1101300	1109700	88700	95700
湖南	1333200	1349200	2334300	2327900	113700	125200
广东	451900	452071	801600	816460	25600	26796
广西	527400	541300	899700	926500	30400	32900
海南	156200	187156	146100	162918	4200	8212
重庆	140600	158800	1013400	1014600	8300	10000
四川	529000	524400	912900	916800	29400	34700
贵州	236800	245500	562200	579200	2300	2500
云南	224600	228400	320500	323800	7200	8100
西藏	7600	7700	5400	5600	5500	4100
陕西	57200	59900	332600	339000	41100	42700
甘肃	26100	27700	127600	131100	8100	9600
青海	500	500	2000	2100	2300	2500
宁夏	4800	4800	38500	35900	8200	8700
新疆	13000	12700	74300	75100	9700	11100

3-6 续表 4

地 区	机动脱粒机(部)		节水灌溉类机械(套)	
	2015年	2016年	2015年	2016年
全国总计	**10618000**	**10637869**	**2228530**	**2260439**
北 京	3900	3800	10300	11600
天 津	20300	20100	2700	2700
河 北	198200	193300	56900	57400
山 西	91400	86100	15700	15800
内蒙古	113100	119000	71700	74000
辽 宁	147500	146300	133300	131600
吉 林	157300	170200	40300	40700
黑龙江	174100	172800	41600	39000
上 海	600	400	7700	8200
江 苏	105000	89300	74100	75200
浙 江	504700	363300	29200	29000
安 徽	342400	331500	206400	207300
福 建	108400	100400	21300	23000
江 西	292400	288000	132200	132800
山 东	395300	390800	523000	523500
河 南	545900	540800	215600	218300
湖 北	352100	378200	120800	122300
湖 南	1278600	1260500	27630	49600
广 东	535600	544900	135000	138208
广 西	951500	963700	131900	134600
海 南	44600	45369	9200	8231
重 庆	749500	754700	1600	1800
四 川	1728300	1731100	24700	26000
贵 州	524600	588900	22900	23000
云 南	402200	419000	27700	33500
西 藏	61300	55600		
陕 西	418500	488900	44100	44600
甘 肃	255200	271500	18700	19600
青 海	36400	43500	1200	1200
宁 夏	21800	20400	7600	7000
新 疆	57300	55500	73500	60700

3-6 续表 5 单位：千公顷

地　区	机耕面积		机播面积		机收面积	
	2015年	2016年	2015年	2016年	2015年	2016年
全国总计	**119876.4**	**121017.7**	**86651.2**	**87917.8**	**87644.4**	**91722.4**
北　京	12.6	10.8	94.2	81.4	81.0	72.7
天　津	372.1	324.5	407.9	388.6	377.0	400.1
河　北	5475.3	5473.0	6624.6	6669.4	5192.4	5397.3
山　西	2737.0	2715.5	2646.6	2606.4	1824.8	1828.7
内蒙古	6490.7	6102.4	7220.2	6836.8	5086.5	5113.9
辽　宁	3887.4	3809.1	3419.2	3468.9	2099.9	2261.3
吉　林	5071.9	5027.0	5158.5	5230.3	3299.0	3891.3
黑龙江	14375.3	14538.4	14202.1	14341.4	12931.1	13291.0
上　海	339.7	295.7	66.0	73.4	157.7	138.3
江　苏	6066.2	5939.6	4576.1	4663.1	5142.8	5199.9
浙　江	1431.3	1407.4	233.7	260.2	869.8	870.0
安　徽	7525.5	7600.5	5003.9	5215.6	6440.6	6582.9
福　建	1071.8	1133.8	135.5	152.7	398.7	443.0
江　西	4206.1	4043.8	956.0	1119.0	3651.3	3550.2
山　东	6050.4	6140.1	8767.6	8312.2	7283.1	7807.4
河　南	9103.9	9262.8	10399.2	10691.7	9789.5	10277.2
湖　北	6004.1	5938.4	2306.6	2493.9	4233.7	4196.4
湖　南	6102.3	6256.0	1244.8	1473.0	4010.6	4416.9
广　东	3741.8	3969.2	264.8	315.8	1654.7	1773.3
广　西	4656.5	4931.6	718.3	984.7	2111.6	2465.8
海　南	528.9	501.0	6.1	8.2	265.8	255.0
重　庆	2168.3	2167.3	128.2	163.2	356.6	475.7
四　川	4855.1	5081.0	858.6	1029.1	2186.0	2322.3
贵　州	1716.0	2267.9	63.8	75.1	309.5	375.1
云　南	2781.3	2815.8	141.4	176.5	440.8	534.9
西　藏	153.4	154.9	129.1	129.4	109.5	110.2
陕　西	2882.9	2774.3	2029.6	2075.8	1821.8	1832.8
甘　肃	2582.2	2763.1	1617.8	1695.0	1096.4	1233.4
青　海	380.6	401.5	295.9	299.4	224.7	232.9
宁　夏	918.5	908.2	711.3	717.3	579.6	588.5
新　疆	6187.6	6262.8	6224.0	6170.4	3617.9	3784.1

3-7　农村电力、灌溉面积、化肥施用量情况

年　份	乡村(农村)办水电站		农村用电量	耕地灌溉面积	化肥施用量
	个　数 (个)	装机容量 (万千瓦)	(亿千瓦时)	(千公顷)	(万吨)
1952	98	0.8	0.5	19959.0	7.8
1957	544	2.0	1.4	27339.0	37.3
1962	7436	25.2	16.1	30545.0	63.0
1965			37.1		194.2
1978	82387	228.4	253.1	44965.0	884.0
1979	83224	276.3	282.7	45003.1	1086.3
1980	80319	304.1	320.8	44888.1	1269.4
1981	74017	336.0	369.9	44573.8	1334.9
1982	66256	353.0	396.9	44176.9	1513.4
1983	62328	346.3	435.2	44644.1	1659.8
1984	60062	361.5	464.0	44453.0	1739.8
1985	55754	380.2	508.9	44035.9	1775.8
1986	54136	387.9	586.7	44225.8	1930.6
1987	51978	394.1	658.8	44403.0	1999.3
1988	51558	461.1	712.0	44375.9	2141.5
1989	50862	416.8	790.5	44917.2	2357.1
1990	52387	428.8	844.5	47403.1	2590.3
1991	49644	456.9	963.2	47822.1	2805.1
1992	48082	478.7	1107.1	48590.1	2930.2
1993	45153	481.9	1244.9	48727.9	3151.9
1994	48722	503.6	1473.9	48759.1	3317.9
1995	40699	519.5	1655.7	49281.6	3593.7
1996	37743	533.7	1812.7	50381.6	3827.9
1997	36117	562.5	1980.1	51238.5	3980.7
1998	33185	634.8	2042.2	52295.6	4083.7
1999	31678	664.1	2173.4	53158.4	4124.3
2000	29962	698.5	2421.3	53820.3	4146.4
2001	29183	896.6	2610.8	54249.4	4253.8
2002	27633	812.2	2993.4	54354.9	4339.4
2003	26696	862.3	3432.9	54014.2	4411.6
2004	27115	993.8	3933.0	54478.4	4636.6
2005	26726	1099.2	4375.7	55029.3	4766.2
2006	27493	1243.0	4895.8	55750.5	4927.7
2007	27664	1366.6	5509.9	56518.3	5107.8
2008	44433	5127.4	5713.2	58471.7	5239.0
2009	44804	5512.1	6104.4	59261.4	5404.4
2010	45815	5924.0	6632.3	60347.7	5561.7
2011	45151	6212.3	7139.6	61681.6	5704.2
2012	45799	6568.6	8104.9	62490.5	5838.8
2013	46849	7118.6	8549.5	63473.3	5911.9
2014	47073	7322.1	8884.4	64539.5	5996.4
2015	47340	7583.0	9026.9	65872.6	6022.6
2016	47529	7791.1	9238.3	67140.6	5984.1

注：2008年起乡村办水电站统计口径变更为农村水电。农村水电是指装机容量5万千瓦及以下水电站和配套电网(以下表同)。

3-8 农村电力和农田水利建设情况

指　　标	单 位	1990年	1995年	2000年	2015年	2016年	2016年为2015年百分比(%)
一、乡村办水电站	**个**	**52387**	**40699**	**29962**	**47340**	**47529**	**100.4**
装机容量	万千瓦	428.8	519.5	698.5	7583.0	7791.1	102.7
发电量	亿千瓦时		134.1	205.0	2351.3	2682.2	114.1
二、农村用电量	**亿千瓦时**	**844.5**	**1655.7**	**2421.3**	**9026.9**	**9238.3**	**102.3**
三、农田水利建设情况							
耕地灌溉面积	千公顷	47403.1	49281.2	53820.3	65872.6	67140.6	101.9

注：2008年起乡村办水电站统计口径变更为农村水电，统计口径与往年不可比。

3-9 农用化肥、农膜、柴油和农药使用量

指　　标	单 位	1990年	1995年	2000年	2015年	2016年	2016年为2015年百分比(%)
一、化肥施用量(折纯量)	**万吨**	**2590.3**	**3593.7**	**4146.4**	**6022.6**	**5984.1**	**99.4**
氮　肥	万吨	1638.4	2021.9	2161.5	2361.6	2310.5	97.8
磷　肥	万吨	462.4	632.4	690.5	843.1	830.0	98.5
钾　肥	万吨	147.9	268.5	376.5	642.3	636.9	99.2
复合肥	万吨	341.6	670.8	917.9	2175.7	2207.1	101.4
二、农用塑料薄膜使用量	**万吨**	**48.2**	**91.5**	**133.5**	**260.4**	**260.3**	**100.0**
#地膜使用量	万吨		47.0	72.2	145.5	147.0	101.1
地膜覆盖面积	千公顷		6493.0	10624.8	18318.4	18401.2	100.5
三、农用柴油使用量	**万吨**		**1087.8**	**1405.0**	**2197.7**	**2117.1**	**96.3**
四、农药使用量	**万吨**	**73.3**	**108.7**	**128.0**	**178.3**	**174.0**	**97.6**

3-10 各地区农村电力和农田水利建设情况

地　　区	乡村办水电站(个)		装机容量(万千瓦)		发　电　量(万千瓦时)		农村用电量(亿千瓦时)	
	2015年	2016年	2015年	2016年	2015年	2016年	2015年	2016年
全国总计	**47340**	**47529**	**7583.0**	**7791.1**	**23512814**	**26821937**	**9026.9**	**9238.3**
北　　京	72	72	4.3	4.3	2046	2417	51.7	54.7
天　　津	1	1	0.6	0.6	1556	1556	102.4	92.2
河　　北	248	250	39.6	39.6	42078	48227	611.8	600.8
山　　西	149	150	19.4	19.6	32425	40244	96.8	97.5
内 蒙 古	40	40	9.5	9.5	16853	19731	72.3	71.1
辽　　宁	187	188	44.3	44.4	55440	88783	457.8	489.8
吉　　林	259	261	58.1	58.6	131114	188684	49.6	51.1
黑 龙 江	84	85	34.9	35.8	74281	87369	72.6	77.5
上　　海							919.2	983.2
江　　苏	29	29	4.0	4.0	5784	6110	1836.2	1869.3
浙　　江	3200	3193	395.9	397.8	1156688	1222584	905.6	926.1
安　　徽	842	844	110.8	111.4	276334	296465	156.7	161.6
福　　建	6585	6554	738.2	740.6	2503915	3512294	381.1	384.4
江　　西	3925	3950	325.5	335.9	926272	1204507	99.9	104.6
山　　东	129	129	8.9	9.0	616	633	482.3	488.8
河　　南	530	530	49.3	49.3	89186	89763	321.0	317.2
湖　　北	1764	1749	360.1	368.5	865115	1009238	149.1	152.9
湖　　南	4472	4524	610.9	628.5	1988720	2160128	123.9	126.7
广　　东	9817	9837	740.0	754.9	1883727	2901420	1326.2	1334.8
广　　西	2402	2411	441.2	453.3	1437663	1434723	83.9	95.4
海　　南	338	341	41.7	43.7	92613	113975	13.0	13.9
重　　庆	1520	1548	243.5	254.7	681142	727992	78.1	78.7
四　　川	4948	4987	1110.3	1162.2	3972823	4132790	174.8	183.1
贵　　州	1512	1509	328.6	337.1	1074656	1046676	80.1	85.3
云　　南	1951	1970	1141.8	1175.8	3784567	4078090	91.4	95.3
西　　藏	365	372	31.8	36.5	85976	85050	1.3	1.2
陕　　西	680	690	138.6	144.9	396987	342794	110.2	118.7
甘　　肃	673	688	248.8	260.5	859026	886317	54.0	54.2
青　　海	245	250	103.3	108.3	395224	416327	5.9	5.9
宁　　夏	3	3	0.5	0.6	460	620	13.8	14.2
新　　疆	366	370	186.6	189.1	629126	648041	104.1	108.2
水利部属	4	4	12.1	12.1	50401	28389		

3-10 续表 单位：千公顷

地 区	耕地灌溉面积					
	2015年	2016年				
			实际耕地灌溉面积	新增耕地灌溉面积	节水灌溉面积	新增节水灌溉面积
全国总计	**65872.6**	**67140.6**	**58107.0**	**1561.4**	**32847.0**	**2495.4**
北 京	137.4	128.5	110.6	0.3	195.0	9.4
天 津	308.9	306.6	277.2		227.5	20.0
河 北	4448.0	4457.6	3703.2	54.8	3314.2	238.9
山 西	1460.3	1487.3	1469.3	37.1	909.1	17.9
内蒙古	3086.9	3131.5	2633.6	49.0	2638.7	168.2
辽 宁	1520.3	1573.0	1402.5	59.8	884.1	84.5
吉 林	1790.9	1832.2	1315.4	41.3	688.6	19.9
黑龙江	5530.8	5932.7	4980.1	535.1	1975.4	352.1
上 海	188.2	189.8	189.8	1.6	145.1	2.4
江 苏	3952.5	4054.1	3860.9	76.0	2422.6	182.0
浙 江	1432.2	1446.3	1357.9	20.6	1084.0	21.6
安 徽	4400.3	4437.5	3569.6	62.8	943.8	38.6
福 建	1061.7	1055.4	899.1	6.7	618.1	50.8
江 西	2027.7	2036.8	1759.5	19.8	525.0	24.7
山 东	4964.4	5161.2	4696.2	65.9	3049.1	205.4
河 南	5210.6	5242.9	4450.2	65.0	1806.6	174.2
湖 北	2899.1	2905.6	2548.1	44.6	407.6	24.5
湖 南	3113.3	3132.4	2489.1	19.1	358.2	10.0
广 东	1771.3	1771.7	1647.0	0.5	301.5	5.8
广 西	1618.8	1646.1	1408.0	30.6	1030.8	98.9
海 南	264.0	290.0	211.4	26.0	85.4	2.0
重 庆	687.2	690.6	424.7	11.2	218.7	19.7
四 川	2735.1	2813.6	2253.0	88.8	1639.8	76.0
贵 州	1065.4	1088.1	920.2	22.2	323.5	8.7
云 南	1757.7	1809.4	1599.7	68.2	794.3	96.5
西 藏	247.8	251.5	227.4	13.4	22.3	84.2
陕 西	1236.8	1251.4	1028.2	32.1	906.9	57.2
甘 肃	1306.7	1317.5	1174.8	12.3	976.2	83.7
青 海	197.0	202.4	181.0	4.1	132.8	10.9
宁 夏	506.5	515.2	491.3	9.9	331.3	20.4
新 疆	4944.9	4982.0	4828.1	83.1	3890.9	286.5

3-11 各地区农用化肥施用量

(按折纯法计算) 单位：万吨

地　区	农用化肥施用量		1. 氮肥		2. 磷肥	
	2015年	2016年	2015年	2016年	2015年	2016年
全国总计	**6022.6**	**5984.1**	**2361.6**	**2310.5**	**843.1**	**830.0**
北　京	10.5	9.7	4.9	4.4	0.6	0.5
天　津	21.8	21.4	10.0	9.0	3.2	2.9
河　北	335.5	331.8	147.9	145.0	46.4	45.2
山　西	118.5	117.1	33.5	31.6	16.0	14.8
内蒙古	229.4	234.6	98.7	98.4	41.4	42.9
辽　宁	152.1	148.1	65.6	60.5	11.8	10.8
吉　林	231.2	233.6	69.1	66.9	7.0	6.9
黑龙江	255.3	252.8	88.5	87.1	52.1	50.7
上　海	9.9	9.2	5.0	4.6	0.7	0.6
江　苏	320.0	312.5	162.1	158.2	42.4	40.9
浙　江	87.5	84.5	46.3	44.2	10.2	9.7
安　徽	338.7	327.0	107.6	104.9	34.1	32.1
福　建	123.8	123.8	47.6	47.5	17.7	17.7
江　西	143.6	142.0	42.2	41.2	22.1	22.1
山　东	463.5	456.5	151.0	146.0	48.1	47.1
河　南	716.1	715.0	238.7	228.3	117.5	113.8
湖　北	333.9	328.0	138.5	134.0	60.3	59.1
湖　南	246.5	246.4	101.6	100.4	26.5	26.6
广　东	256.5	261.0	103.6	104.8	24.4	25.0
广　西	259.9	262.1	74.2	74.9	31.1	31.1
海　南	51.1	50.6	15.3	15.5	4.1	3.3
重　庆	97.7	96.2	49.7	48.4	17.8	17.4
四　川	249.8	249.0	124.7	121.9	49.6	48.9
贵　州	103.7	103.7	52.8	50.9	12.3	12.3
云　南	231.9	235.6	115.3	115.5	34.5	35.0
西　藏	6.0	5.9	2.0	1.9	1.2	1.2
陕　西	231.9	233.1	93.5	92.2	18.5	19.1
甘　肃	97.9	93.4	40.6	38.6	19.1	18.3
青　海	10.1	8.8	4.1	3.6	1.8	1.5
宁　夏	40.1	40.7	17.3	17.4	4.5	4.4
新　疆	248.1	250.2	109.8	112.6	66.2	68.2

3-11 续表　　　　单位：万吨

地　区	3. 钾肥		4. 复合肥	
	2015年	2016年	2015年	2016年
全国总计	**642.3**	**636.9**	**2175.7**	**2207.1**
北　京	0.5	0.5	4.5	4.2
天　津	1.5	1.5	7.1	8.3
河　北	28.1	27.7	113.1	113.9
山　西	10.4	10.4	58.6	60.3
内蒙古	19.3	19.1	70.0	74.2
辽　宁	12.8	11.6	62.0	65.2
吉　林	15.4	15.2	139.8	144.6
黑龙江	37.3	36.4	77.5	78.6
上　海	0.5	0.4	3.8	3.5
江　苏	19.3	18.9	96.3	94.6
浙　江	6.8	6.6	24.3	24.0
安　徽	32.1	30.7	165.0	159.3
福　建	24.9	24.8	33.6	33.8
江　西	21.5	21.2	57.7	57.4
山　东	40.4	39.6	224.0	223.7
河　南	63.6	63.3	296.3	309.6
湖　北	31.1	30.7	104.0	104.3
湖　南	43.2	43.1	75.2	76.3
广　东	50.3	51.1	78.2	80.1
广　西	58.3	59.0	96.2	97.2
海　南	9.1	8.8	22.7	23.0
重　庆	5.6	5.4	24.7	25.0
四　川	17.8	17.9	57.7	60.2
贵　州	10.0	10.1	28.7	30.4
云　南	25.3	26.2	56.7	58.9
西　藏	0.6	0.5	2.3	2.3
陕　西	24.4	24.7	95.5	97.1
甘　肃	8.9	8.4	29.4	28.2
青　海	0.3	0.2	4.0	3.5
宁　夏	2.7	2.7	15.6	16.2
新　疆	20.6	20.1	51.5	49.3

3-12 各地区农用塑料薄膜使用量

地 区	农用塑料薄膜使用量(吨)		地膜使用量(吨)		地膜覆盖面积(公顷)	
	2015年	2016年	2015年	2016年	2015年	2016年
全国总计	**2603561**	**2602609**	**1454828**	**1470110**	**18318355**	**18401203**
北 京	10402	9867	2663	2605	14131	13440
天 津	10552	11644	4493	3942	65468	53740
河 北	137983	138434	65655	65123	1068550	1065312
山 西	47864	48922	32407	32641	588444	587904
内蒙古	95021	95631	69669	73527	1181606	1279544
辽 宁	141942	137273	40582	38114	323675	324903
吉 林	59164	59565	26864	28423	175632	179668
黑龙江	83097	82575	33128	32536	323379	306686
上 海	18030	17062	4728	4536	19590	18152
江 苏	113243	113941	45563	45481	609443	610513
浙 江	67458	67300	29037	29082	162417	157962
安 徽	97943	96966	43539	42728	436963	428897
福 建	62067	62424	30750	31547	141643	139880
江 西	53977	52757	32371	32724	131253	132260
山 东	301575	297961	123397	121014	2171923	2091689
河 南	162001	163149	74406	76081	1032096	1019290
湖 北	71321	67306	40440	38018	407710	405930
湖 南	83989	84679	55860	56630	716791	726204
广 东	46795	45505	26046	26166	138426	134642
广 西	46276	48445	35207	36953	415443	566702
海 南	32433	26704	15481	15057	44213	46174
重 庆	45162	45265	23819	24520	244539	255292
四 川	132170	132384	91857	92191	1002048	1007757
贵 州	49403	51053	29700	30758	307461	312434
云 南	113104	115926	90865	92302	1011227	1046414
西 藏	1866	1784	1117	1510	3522	5003
陕 西	43068	43717	22147	22313	454135	437530
甘 肃	183735	195092	114295	126954	1394900	1372748
青 海	7377	7944	6006	6410	70860	72981
宁 夏	15642	15137	11265	11521	197337	196305
新 疆	268901	266198	231471	228703	3463530	3405247

3-13 各地区农用柴油和农药使用量

地区	农用柴油使用量(万吨)		农药使用量(吨)	
	2015年	2016年	2015年	2016年
全国总计	**2197.7**	**2117.1**	**1782969**	**1740459**
北京	2.8	2.5	3174	3031
天津	15.5	14.9	3528	3307
河北	293.2	218.7	83328	81691
山西	29.8	29.2	31035	30550
内蒙古	80.4	81.0	32961	32339
辽宁	72.5	70.7	59875	56264
吉林	66.7	67.0	62285	58523
黑龙江	145.0	145.5	82949	82474
上海	13.4	13.7	4415	3913
江苏	108.6	108.7	78100	76184
浙江	203.2	203.2	56458	49482
安徽	75.7	75.7	111048	105704
福建	86.2	86.3	55770	55387
江西	28.8	27.8	93873	92188
山东	165.8	162.5	151004	148640
河南	114.7	112.4	128748	127107
湖北	65.6	65.9	120685	117401
湖南	43.6	43.7	122353	118661
广东	78.7	79.9	113782	113652
广西	64.8	63.6	74916	85694
海南	21.7	19.9	39800	34028
重庆	21.4	21.6	18199	17604
四川	46.9	46.9	58912	58038
贵州	11.0	11.2	13722	13677
云南	86.3	84.8	58648	58601
西藏	5.4	6.2	1074	1091
陕西	92.3	92.8	13092	13190
甘肃	42.7	44.2	78848	69915
青海	6.5	6.4	1956	1939
宁夏	22.2	22.5	2593	2587
新疆	86.3	87.8	25838	27596

3-14 2016年各地区农用地情况

单位：千公顷

地 区	农用地数量	耕 地	园 地	林 地	草 地	其 他
全国总计	**645126.6**	**134921.0**	**14266.3**	**252908.1**	**219359.2**	**23672.2**
北 京	1145.6	216.3	133.5	739.7	0.2	55.8
天 津	694.3	436.9	29.7	54.8		172.9
河 北	13069.2	6520.5	834.4	4599.0	401.3	714.1
山 西	10027.0	4056.8	406.4	4856.0	33.8	674.1
内 蒙 古	82882.4	9258.0	56.6	23228.0	49519.9	820.0
辽 宁	11531.5	4974.5	468.2	5615.9	3.2	469.7
吉 林	16599.8	6993.4	65.8	8853.3	236.5	450.9
黑 龙 江	39917.2	15850.0	44.6	21821.4	1095.5	1105.7
上 海	314.0	190.8	16.6	46.4	0.0	60.4
江 苏	6482.1	4571.1	299.1	256.9	0.1	1354.9
浙 江	8598.8	1974.6	580.3	5642.5	0.3	401.1
安 徽	11137.4	5867.5	349.6	3743.3	0.5	1176.5
福 建	10870.1	1336.3	768.8	8332.0	0.3	432.7
江 西	14422.9	3082.2	323.6	10324.2	0.7	692.3
山 东	11514.3	7607.0	717.6	1484.1	5.8	1699.9
河 南	12667.3	8111.0	216.6	3457.0	0.3	882.4
湖 北	15747.5	5245.3	481.5	8595.3	2.0	1423.4
湖 南	18179.2	4148.8	656.5	12210.3	13.5	1150.0
广 东	14945.8	2607.6	1265.9	10027.0	3.1	1042.2
广 西	19542.7	4395.1	1082.7	13305.0	5.2	754.6
海 南	2971.1	722.7	918.2	1200.4	20.1	109.7
重 庆	7065.2	2382.5	271.1	3854.6	45.5	511.4
四 川	42160.6	6733.0	730.1	22153.2	10957.2	1587.2
贵 州	14743.0	4530.2	163.3	8931.9	72.4	1045.2
云 南	32932.4	6207.8	1630.7	23013.4	147.1	1933.3
西 藏	87234.0	444.6	1.5	16024.9	70685.9	77.1
陕 西	18576.8	3989.5	818.3	11171.9	2170.9	426.2
甘 肃	18545.8	5372.4	256.4	6098.1	5919.7	899.2
青 海	45091.8	589.4	6.1	3540.4	40798.9	156.9
宁 夏	3807.2	1288.8	50.1	766.8	1492.5	209.0
新 疆	51709.4	5216.5	622.4	8960.6	35726.8	1183.2

注：本表数据来源于国土资源部。

3-15 各地区耕地面积构成(2016年)

单位：%

地 区	耕地	水田	水浇地	旱地
全国总计	**100.0**	**24.6**	**20.9**	**54.5**
北 京	100.0	0.9	75.7	23.4
天 津	100.0	3.6	77.4	19.0
河 北	100.0	1.4	62.1	36.5
山 西	100.0	0.0	26.3	73.7
内蒙古	100.0	0.9	30.9	68.2
辽 宁	100.0	13.5	3.5	83.0
吉 林	100.0	11.9	0.8	87.3
黑龙江	100.0	20.1	0.2	79.7
上 海	100.0	71.0	26.1	2.9
江 苏	100.0	58.9	10.3	30.9
浙 江	100.0	75.0		25.0
安 徽	100.0	49.0	4.0	47.0
福 建	100.0	83.0	3.2	13.8
江 西	100.0	80.3	0.5	19.2
山 东	100.0	1.3	67.7	31.0
河 南	100.0	9.3	56.1	34.6
湖 北	100.0	50.6	9.2	40.2
湖 南	100.0	78.7	0.1	21.3
广 东	100.0	63.4	4.4	32.2
广 西	100.0	44.4	0.1	55.5
海 南	100.0	53.7	0.1	46.3
重 庆	100.0	40.3	0.0	59.7
四 川	100.0	41.0	1.7	57.3
贵 州	100.0	27.3	0.2	72.5
云 南	100.0	22.9	1.6	75.5
西 藏	100.0	9.4	60.3	30.3
陕 西	100.0	4.0	26.4	69.6
甘 肃	100.0	0.1	24.7	75.2
青 海	100.0		32.0	68.0
宁 夏	100.0	14.4	25.1	60.5
新 疆	100.0	1.1	94.9	4.0

4

农业生态与环境

4-1 全国自然保护区情况

项　目	单 位	1997年	1999年	2000年	2005年	2014年	2015年	2016年
1. 自然保护区数	个	926	1146	1227	2349	2729	2740	2750
国家级	个	124	155	155	243	428	428	
省级	个	392	404	433	773	858	879	
2. 自然保护区总面积	万公顷	7698	8815	9821	14995	14699	14703	14733
国家级	万公顷	2647	5816	5806	8899	9652	9649	
省级	万公顷	4606	2265	3031	4487	3778	3796	

注：2016年数据为初步数。

4-2 农村环境情况

指　标	2000年	2001年	2010年	2011年	2014年	2015年	2016年
农村改水累计受益人口(万人)	88112	86113	90834	89971	91511		
农村改水累计受益率(%)	92.4	91.0	94.9	94.2	95.8		
累计使用卫生厕所户数(万户)	9572	11405	17138	18019	19939	20684	21460
卫生厕所普及率(%)	44.8	46.1	67.4	69.2	76.1	78.4	80.3
累计使用卫生公厕户数(万户)		852.8	2827.7	2972.8	3990.9	3879.5	3502.6
农村沼气池产气量(亿立方米)	25.9	29.8	139.7	152.8	155.0	153.9	144.9
太阳能热水器(万平方米)	1107.8	1319.4	5498.3	6231.9	7782.9	8232.6	8623.7
太阳灶(万台)	33.2	38.9	161.7	213.9	230.0	232.6	227.9

注：因报表主管机关调整,改水部分指标无数，下同。

4-3 各地区自然保护基本情况

地　区	自然保护区个数(个)		自然保护区面积(万公顷)	
	2015年	2016年	2015年	2016年
全国总计	**2740**	**2750**	**14702.8**	**14733.2**
北　京	20	20	13.4	13.6
天　津	8	8	9.1	9.1
河　北	44	45	70.0	71.0
山　西	46	46	110.3	110.3
内蒙古	182	182	1271.0	1270.3
辽　宁	104	105	275.4	267.3
吉　林	51	51	252.5	252.6
黑龙江	251	250	750.2	793.8
上　海	4	4	13.6	13.7
江　苏	30	31	53.0	53.6
浙　江	35	37	20.0	21.2
安　徽	105	106	45.8	51.3
福　建	92	92	44.5	44.5
江　西	200	200	122.6	122.6
山　东	88	88	111.9	111.9
河　南	33	33	74.1	77.7
湖　北	77	80	105.0	105.9
湖　南	128	128	130.9	131.5
广　东	384	384	184.9	185.0
广　西	78	78	141.9	135.0
海　南	49	49	270.7	270.7
重　庆	57	57	82.7	82.7
四　川	168	169	828.6	829.9
贵　州	124	124	89.3	89.5
云　南	159	160	287.3	288.3
西　藏	47	47	4136.9	4136.7
陕　西	60	60	113.1	113.1
甘　肃	60	60	916.8	891.5
青　海	11	11	2166.5	2177.3
宁　夏	14	14	53.3	53.3
新　疆	31	31	1957.5	1958.5

资料来源：环境保护部。
注：2016年数据为初步数。

4-4 各地区农村改水、改厕情况

地区	累计已改水受益人口（万人）	自来水累计受益人口	累计使用卫生厕所户数（万户）	卫生厕所普及率（%）
全国总计			**21460.1**	**80.3**
北京			103.6	99.8
天津			116.2	94.4
河北			1130.8	73.2
山西			418.6	58.8
内蒙古			318.6	71.4
辽宁			523.9	76.9
吉林			345.1	80.6
黑龙江			451.5	80.4
上海			111.2	99.1
江苏			1507.1	97.4
浙江			1164.5	98.3
安徽			1018.9	68.9
福建			707.8	93.9
江西			727.5	89.1
山东			1910.5	92.1
河南			1703.6	79.6
湖北			921.7	83.0
湖南			1227.3	79.5
广东			1409.4	93.7
广西			945.5	85.6
海南			113.2	79.8
重庆			493.3	67.9
四川			1689.8	80.9
贵州			512.0	58.0
云南			712.2	64.8
西藏			23.0	40.4
陕西			407.9	57.6
甘肃			378.7	75.8
青海			66.5	69.2
宁夏			73.1	68.5
新疆			178.5	60.6
新疆兵团			48.7	85.3

资料来源：国家卫生和计划生育委员会。

4-5 各地区农村可再生资源利用情况

地　区	沼气池产气总量（万立方米）	#沼气工程	太阳能热水器（万平方米）	太阳房（万平方米）	太阳灶（台）	生活污水净化沼气池（个）
全国总计	**1448575.7**	**269879.2**	**8623.7**	**2564.0**	**2279387**	**191967**
北　京	1687.6	1674.6	90.6	115.3	120	
天　津	2569.2	1545.8	43.6	0.7		
河　北	70382.3	9764.8	668.6	124.9	51283	135
山　西	8958.6	2473.0	411.0	0.2	69435	28
内蒙古	7484.2	3566.7	70.4	83.6	61277	1
辽　宁	13043.9	5318.3	148.4	540.2	1006	
吉　林	4701.0	545.7	67.2	289.4	731	3
黑龙江	6697.4	5954.1	83.8	532.8	511	
上　海	2045.1	2045.1	90.2	5.0		
江　苏	37197.3	20610.3	906.0	0.9		30027
浙　江	11895.5	8248.0	671.8		40	67239
安　徽	27651.5	4526.9	585.4			1693
福　建	28355.0	9320.0	39.1			1062
江　西	54317.0	10146.1	207.4	0.7		1945
山　东	90846.8	20924.7	1297.6	14.1	4758	147
河　南	141506.5	40352.2	602.8	2.0		480
湖　北	98373.4	13851.5	336.5			1142
湖　南	88947.2	11167.7	227.2			2028
广　东	35588.1	25822.8	80.6	0.1	48	4868
广　西	150707.1	2978.2	115.6			119
海　南	34618.3	11851.9	389.2			
重　庆	43987.7	5960.8	65.8			11736
四　川	216981.7	33260.7	207.7	8.0	121274	68589
贵　州	52438.6	4117.7	86.5			425
云　南	134745.8	1033.7	459.1		264	163
西　藏	5510.0	120.0	150.1		391563	4
陕　西	26090.5	2756.3	219.3	0.2	246628	104
甘　肃	33030.0	3640.9	136.8	319.2	761117	25
青　海	2154.3	187.3	14.9	505.2	258259	
宁　夏	2809.9	1431.8	96.8	12.4	300553	4
新　疆	12080.9	3530.0	53.6	9.4	10520	
新疆兵团	1173.3	1151.7	0.2			

资料来源：农业部。

4-6 全国林业重点生态工程历年完成造林面积

单位：万公顷

年份	合计	天然林保护工程	退耕还林工程		京津风沙源治理工程
			退耕还林工程合计	其中：退耕地造林	
1979～1985年	1010.98				
1986年	110.67				
1987年	106.48				
1988年	106.39				
1989年	100.18				
1990年	166.21				
“七五”小计	589.93				
1991年	208.22				
1992年	230.80				
1993年	234.46				13.28
1994年	250.63				13.98
1995年	261.93				16.86
“八五”小计	1186.04				44.12
1996年	248.17				16.50
1997年	244.94				21.60
1998年	271.80	29.04			23.16
1999年	316.95	47.76	44.79	38.15	21.16
2000年	309.90	42.64	68.36	32.84	28.03
“九五”小计	1391.76	119.43	113.15	70.99	110.43
2001年	307.13	94.81	87.10	38.61	21.73
2002年	673.17	85.61	442.36	203.98	67.64
2003年	824.24	68.83	619.61	308.59	82.44
2004年	478.06	64.15	321.75	82.49	47.33
2005年	309.96	42.48	189.84	66.74	40.82
“十五”小计	2592.56	355.87	1660.66	700.41	259.96
2006年	280.17	77.48	105.05	21.85	40.95
2007年	267.83	73.29	105.60	5.95	31.51
2008年	343.35	100.90	118.97	0.22	46.90
2009年	457.55	136.09	88.67	0.07	43.48
2010年	366.79	88.55	98.26	0.03	43.91
“十一五”小计	1715.68	476.31	516.55	28.12	206.77
2011年	309.30	55.36	73.02	0.01	54.52
2012年	275.39	48.52	65.53		54.17
2013年	256.90	46.03	62.89		62.61
2014年	192.69	41.05	37.86	0.01	23.91
2015年	284.05	64.48	63.60	44.63	22.33
“十二五”小计	1318.32	255.44	302.90	44.64	217.53
2016年	250.55	48.73	68.33	55.85	23.00
“十三五”小计	250.55	48.73	68.33	55.85	23.00

注：1.京津风沙源治理工程1993-2000年数据为原全国防沙治沙工程数据；太行山绿化工程1990年造林面积35.46万公顷系指1984-1990年的造林面积，其中1990年造林面积为10.97万公顷。

2.自2006年起将无林地和疏林地封育面积计入造林总面积，2015年起将有林地和灌木林地封育计入造林总面积。

3.2016年三北及长江流域等重点防护林体系工程造林面积包括林业血防工程3.67万公顷造林面积。

4-6 续表　　单位：万公顷

年 份	三北及长江流域等防护林工程						
	小 计	三北防护林体系工程	长江中上游防护林体系工程	沿海防护林体系工程	珠江流域防护林体系工程	太行山绿化工程	平原绿化工程
1979～1985年	1010.98	1010.98					
1986年	110.67	110.67					
1987年	106.48	106.48					
1988年	106.39	106.39					
1989年	100.18	95.61	4.57				
1990年	166.21	98.33	32.41			35.46	
“七五”小计	589.93	517.49	36.99			35.46	
1991年	208.22	117.05	46.24	22.36		22.57	
1992年	230.80	125.52	58.46	23.58		23.24	
1993年	221.18	116.00	57.30	13.12		27.52	7.24
1994年	236.65	125.55	54.60	15.28		35.82	5.40
1995年	245.07	133.33	53.57	10.33		42.70	5.14
“八五”小计	1141.92	617.44	270.17	84.67		151.86	17.78
1996年	231.67	134.23	46.40	7.22		40.25	3.59
1997年	223.35	126.61	44.78	6.35	5.67	36.63	3.31
1998年	219.60	124.40	44.86	6.03	3.99	34.37	5.96
1999年	203.25	124.54	36.98	4.45	3.21	29.34	4.73
2000年	170.88	105.32	20.69	5.69	3.07	29.85	6.26
“九五”小计	1048.75	615.09	193.71	29.73	15.93	170.44	23.84
2001年	103.49	54.17	16.27	9.09	2.71	14.13	7.13
2002年	77.56	45.38	11.03	5.57	4.66	7.62	3.32
2003年	53.35	27.53	10.88	3.86	4.47	5.00	1.62
2004年	44.83	23.23	11.33	3.02	3.18	3.09	0.98
2005年	36.82	21.79	6.59	2.27	3.07	2.85	0.25
“十五”小计	316.06	172.10	56.10	23.80	18.07	32.69	13.29
2006年	56.68	32.68	7.87	1.70	2.88	11.47	0.09
2007年	57.42	38.15	7.64	2.39	1.74	7.39	0.11
2008年	76.58	49.79	7.23	7.42	3.70	8.03	0.41
2009年	189.31	125.59	22.21	21.22	8.21	11.92	0.17
2010年	136.06	92.82	11.88	17.32	6.68	6.92	0.43
“十一五”小计	516.05	339.04	56.83	50.05	23.21	45.73	1.20
2011年	126.40	73.78	20.48	20.99	7.23	3.66	0.26
2012年	107.18	67.87	15.79	14.54	5.16	3.81	
2013年	85.36	51.86	13.04	11.86	4.40	3.57	0.64
2014年	89.87	59.63	10.74	9.69	2.69	4.92	2.19
2015年	133.64	76.60	23.72	18.85	9.66	4.81	
“十二五”小计	542.46	329.74	83.78	75.92	29.14	20.77	3.10
2016年	110.50	64.85	21.78	10.87	5.73	3.59	
“十三五”小计	110.50	64.85	21.78	10.87	5.73	3.59	

4-7 各地区林业重点生态工程建设情况

单位：公顷

地区	总计	天然林保护工程	退耕还林工程		
			合计	其中：退耕地造林面积	其中：荒山荒地造林面积
全国总计	**2505524**	**487310**	**683270**	**558501**	**124350**
北京	12798				
天津	4104				
河北	126473		20317	3333	16984
山西	193892	37866	51229		51229
内蒙古	360228	93352	47742	36609	11133
辽宁	80705				
吉林	56563	41652	400	400	
黑龙江	70544	14975			
上海					
江苏	5437				
浙江	2807				
安徽	66502		8952	8952	
福建	14116				
江西	69410		1999	1999	
山东	39343				
河南	27332	3332			
湖北	91671	24634	36884	34666	2218
湖南	66781		17309	10143	6747
广东	56661				
广西	44170		20900	20900	
海南	5714	133	193		193
重庆	87659	22001	65658	65658	
四川	59337	29983	29354	28821	533
贵州	93993	6000	86660	86660	
云南	184009	53751	128027	97515	30512
西藏	19081	2200			
陕西	174755	65732	46100	44139	1961
甘肃	119723	7771	82219	79999	2220
青海	77461	28001			
宁夏	53552	7016	13334	13334	
新疆	204177	12385	25993	25373	620
大兴安岭	36526	36526			

4-7 续表　　　　单位：公顷

地　区	三北及长江流域防护林建设工程							京津风沙源治理工程
	合计	三北防护林四期工程	长江流域防护林二期工程	沿海防护林体系二期工程	珠江流域防护林二期工程	太行山绿化防护林二期工程	平原绿化二期工程	
全国总计	**1104982**	**648497**	**217832**	**108702**	**57294**	**35947**		**229962**
北　京	5466	133				5333		7332
天　津	2668	1334		1334				1436
河　北	64087	37650		11824		14613		42069
山　西	69464	63465				5999		35333
内蒙古	87532	87532						131602
辽　宁	80705	64041		16664				
吉　林	14511	14511						
黑龙江	55569	55569						
上　海								
江　苏	5437		891	4546				
浙　江	2807		1865	942				
安　徽	57550		51540					
福　建	14116		3664	10452				
江　西	67411		49276		8133			
山　东	39343		23955	15388				
河　南	24000		13998			10002		
湖　北	30153		21268					
湖　南	49472		29829		8396			
广　东	56661			40697	15964			
广　西	23270			1467	21803			
海　南	5388			5388				
重　庆								
四　川								
贵　州	1333				1333			
云　南	2231				1665			
西　藏	16881		16881					
陕　西	50733	46068	4665					12190
甘　肃	29733	29733						
青　海	49460	49460						
宁　夏	33202	33202						
新　疆	165799	165799						
大兴安岭								

注：三北及长江流域等重点防护林体系工程造林面积包括林业血防工程36710公顷造林面积。

4-8 灌区、水库、除涝、治水情况

指　　标	单 位	1990年	1995年	2000年	2010年	2012年	2015年	2016年
年底万亩以上灌区数	处	5363	5562	5683	5795	7756	7773	7807
#3.3万公顷以上	处	72	74	101	131	176	176	180
2.0 ~ 3.3万公顷	处	76	99	141	218	280	280	281
灌区有效灌溉面积	万公顷	2123.1	2249.9	2449.3	2941.5	3008.7	3230.2	3304.5
#3.3万公顷以上	万公顷	604.7	631.4	788.3	1091.8	624.3	1202.4	1239.4
2.0 ~ 3.3万公顷	万公顷	189.6	244.4	344.0	474.0	501.7	566.3	543.0
水库	座	81527	82915	83260	87873	97543	97988	98461
大型水库	座	366	387	420	552	683	707	721
中型水库	座	2499	2593	2704	3269	3758	3844	3890
小型水库	座	78662	79935	80136	84052	93102	93437	93850
水库库容量	亿立方米	4660	4797	5183	7162	8255	8581	8993
大型水库	亿立方米	3397	3493	3843	5594	6493	6812	7192
中型水库	亿立方米	690	719	746	930	1064	1068	1096
小型水库	亿立方米	573	585	593	638	698	701	705
节水灌溉面积	万公顷			1638.9	2731.4	3121.7	3106.0	3284.7
除涝面积	万公顷	1933.7	2006.5	2098.9	2169.2	2185.7	2271.3	2306.7
水土流失治理面积	万公顷	5300.0	6690.0	8096.0	10680.0	10295.3	11554.7	12041.2
堤防长度	万公里	22.0	24.7	27.0	29.4	27.7	29.1	29.9
堤防保护耕地面积	万公顷	3200.0	3060.9	3960.0	4683.1	4259.7	4084.4	4108.7

注：1.节水灌溉面积2013年与水利普查数据进行了衔接。

2.万亩以上灌区处数与有效灌溉面积统计口径为按有效灌溉面积达到万亩统计，2012、2013年已与水利普查数据进行了衔接,按设计灌溉面积达到万亩进行统计。

3.堤防长度为五级及以上堤防。

4-9 各地区水利设施和除涝、治水面积

地　区	水库数(座)	水库库容量(亿立方米)	除涝面积(千公顷)	水土流失治理面积(千公顷)
全国总计	**98461**	**8993**	**23066.7**	**120412.3**
北　京	87	52	1.2	742.7
天　津	28	26	369.3	98.8
河　北	1065	206	1641.2	5187.9
山　西	609	69	89.1	6171.8
内蒙古	615	103	277.0	13083.3
辽　宁	798	367	931.2	5024.2
吉　林	1623	325	1032.7	1987.1
黑龙江	1130	268	3394.0	4213.4
上　海			60.7	
江　苏	1079	35	3125.6	907.9
浙　江	4339	445	548.3	3699.9
安　徽	5932	325	2357.7	1901.8
福　建	3660	193	156.5	3579.0
江　西	10798	320	411.5	5674.9
山　东	6420	214	2955.2	3879.4
河　南	2650	423	2108.1	3600.8
湖　北	6831	1263	1390.6	5830.6
湖　南	14098	514	430.2	3433.8
广　东	8392	448	542.7	1536.2
广　西	4540	680	237.4	2284.9
海　南	1110	112	21.7	96.1
重　庆	3042	121		3233.9
四　川	8117	476	103.7	8980.3
贵　州	2360	438	99.3	6556.5
云　南	6347	796	276.1	8540.7
西　藏	110	34	336.0	323.3
陕　西	1098	90	133.6	7571.2
甘　肃	383	102	13.6	7864.7
青　海	200	320	0.8	1014.4
宁　夏	321	28		2137
新　疆	679	199	22	1256

4-10 全国农作物受灾和成灾面积

单位：千公顷

年 份	受灾面积	旱灾	洪涝灾	成灾面积	旱灾	洪涝灾
1952	9137	4236	2794	4433	2589	1844
1957	29149	17205	8083	14983	7400	6032
1962	37175	20808	9810	17286	8691	6318
1965	20804	13631	5587	11223	8107	2813
1970	9974	5723	3129	3295	1931	1234
1975	35379	24832	6817	10239	5318	3467
1978	50807	32641	3109	24457	16564	2012
1979	39367	24646	5757	15790	9316	2868
1980	50025	21901	9687	29777	14174	6070
1981	39786	25693	8625	18743	12134	3973
1982	33133	20697	8361	16117	9972	4397
1983	34713	16089	12162	16209	7586	5747
1984	31887	15819	10632	15607	7015	5395
1985	44365	22989	14197	22705	10063	8949
1986	47135	31042	9155	23656	14765	5601
1987	42086	24920	8686	20393	13033	4104
1988	50874	32904	11949	24503	15303	6128
1989	46991	29358	11328	24449	15262	5917
1990	38474	18175	11804	17819	7805	5605
1991	55472	24914	24596	27814	10559	14614
1992	51332	32981	9422	25895	17047	4463
1993	48827	21097	16390	23134	8656	8608
1994	55046	30423	17328	31382	17050	10744
1995	45824	23455	12734	22268	10402	7604
1996	46991	20152	18147	21234	6247	10855
1997	53429	33516	11415	30307	20012	5839
1998	50145	14236	22292	25181	5060	13785
1999	49980	30156	9020	26734	16614	5071
2000	54688	40541	7323	34374	26784	4321
2001	52215	38472	6042	31793	23698	3614
2002	46946	22124	12288	27160	13174	7388
2003	54506	24852	19208	32516	14470	12289
2004	37106	17253	7314	16297	8482	3747
2005	38818	16028	10932	19966	8479	6047
2006	41091	20738	8003	24632	13411	4569
2007	48992	29386	10463	25064	16170	5105
2008	39990	12137	6477	22284	6798	3656
2009	47214	29259	7613	21234	13197	3162
2010	37426	13259	17525	18538	8987	7024
2011	32471	16304	6863	12441	6599	2840
2012	24962	9340	7730	11475	3509	4145
2013	31350	14100	8757	14303	5852	4859
2014	24891	12272	4718	12678	5677	2704
2015	21770	10610	5620	12380	5863	3327
2016	26221	9873	8531	13670	6131	4338

4-11 全国农作物受灾、成灾和绝收面积

单位：千公顷

指　　标	1990年	1995年	2000年	2015年	2016年	2016年为2015年百分比(%)
一、受灾面积	**38474**	**45824**	**54688**	**21770**	**26221**	**120.4**
旱　灾	18175	23455	40541	10610	9873	93.1
洪涝灾	11804	12734	7323	5620	8531	151.8
风雹灾	6354	4479	2307	2918	2908	99.7
冷冻灾	2141	3578	2795	900	2885	320.5
台风灾			1722	1721	2023	117.6
二、成灾面积	**17819**	**22268**	**34374**	**12380**	**13670**	**110.4**
旱　灾	7805	10402	26784	5863	6131	104.6
洪涝灾	5605	7604	4321	3327	4338	130.4
风雹灾	3415	2076	1162	1825	1424	78.1
冷冻灾	994	1791	1032	474	1179	248.7
台风灾			1075	890	598	67.2
三、绝收面积		**5618**	**10148**	**2233**	**2902**	**130.0**
旱　灾		2121	8006	1046	1018	97.3
洪涝灾		2627	1324	660	1297	196.7
风雹灾		561	321	309	269	87.0
冷冻灾		194	260	37	173	473.6
台风灾			237	182	145	80.0

4-12 各地区农作物受灾面积

单位：千公顷

地区	受灾面积合计		旱灾		洪涝灾	
	2015年	2016年	2015年	2016年	2015年	2016年
全国总计	**21770**	**26221**	**10610**	**9873**	**5620**	**8531**
北京	6	35	0.2		1	16
天津		24				24
河北	1799	1447	1113	217	282	954
山西	1143	504	1023	77	31	257
内蒙古	2701	3630	2172	2771	185	256
辽宁	1483	582	1430	401	7	96
吉林	846	748	700	524	24	71
黑龙江	1175	4224	484	2955	482	284
上海	12	3			4	
江苏	616	301		134	200	93
浙江	393	456			24	76
安徽	967	1341		180	691	1107
福建	203	387			77	50
江西	455	786		35	399	417
山东	1379	552	883	212	239	106
河南	225	519		173	53	207
湖北	1116	2741	118	342	874	1870
湖南	765	1376		12	753	1142
广东	846	631	148		78	73
广西	546	301	160	35	222	86
海南	41	509	4	16	1	
重庆	71	190		47	61	128
四川	563	411	223	113	258	139
贵州	224	331	19	7	161	198
云南	1028	868	515	48	231	225
西藏	12	14	1	1	8	13
陕西	744	633	562	240	91	98
甘肃	1011	1343	533	998	81	104
青海	221	135	127	38	10	13
宁夏	219	390	172	279	5	12
新疆	960	808	224	20	90	419

4-12 续表 单位：千公顷

地区	风雹灾		冷冻灾		台风灾	
	2015年	2016年	2015年	2016年	2015年	2016年
全国总计	**2918**	**2908**	**900**	**2885**	**1721**	**2023**
北京	5	19		0		
天津		0.4				
河北	347	262	57	15		
山西	56	104	32	66		
内蒙古	302	419	42	185		
辽宁	47	39				46
吉林	122	61		19		73
黑龙江	147	211	63	100		674
上海					8	3
江苏	97	70	59	4	259	
浙江	1	0.4		266	368	114
安徽	119	35	58	19	99	
福建		2		156	126	179
江西	16	35		291	40	8
山东	208	209	43	27	6	
河南	153	139	20	0.1		
湖北	51	37	74	492		
湖南	12	45	1	173		3
广东	4	2		148	617	407
广西	3	51		94	161	35
海南		1		34	36	459
重庆	10	2		14		
四川	72	72	10	87		
贵州	41	111	4	12		4
云南	112	158	170	418	1	19
西藏	1	1	2	0.3		
陕西	76	287	16	8		
甘肃	263	77	135	164		
青海	50	66	34	16		
宁夏	38	33	4	66		
新疆	569	360	77	10		

4-13 各地区农作物成灾面积

单位：千公顷

地区	成灾面积合计		旱灾		洪涝灾	
	2015年	2016年	2015年	2016年	2015年	2016年
全国总计	**12380**	**13670**	**5863**	**6131**	**3327**	**4338**
北京	5	26	0.2		1	13
天津		21				21
河北	968	562	533	21	236	372
山西	548	207	478	44	23	78
内蒙古	1740	2278	1347	1958	133	61
辽宁	973	123	928	49	2	57
吉林	415	457	330	337	16	43
黑龙江	844	2664	371	2166	320	65
上海	5	2			3	
江苏	285	67		10	93	44
浙江	184	172			9	36
安徽	556	558		127	442	405
福建	116	194			49	29
江西	331	394		30	294	264
山东	664	228	405	85	106	59
河南	73	238		74	17	125
湖北	515	1506	59	158	410	1230
湖南	420	582		5	411	483
广东	495	188	104		30	33
广西	252	92	52	20	127	49
海南	20	98	2	4		
重庆	42	119		30	36	78
四川	228	242	54	68	128	83
贵州	118	170	8	3	85	108
云南	607	437	301	15	164	143
西藏	5	11	1	0.04	2	10
陕西	465	365	335	111	63	62
甘肃	584	815	253	595	64	74
青海	164	110	79	28	6	9
宁夏	167	240	139	175	3	11
新疆	589	506	85	19	55	290

4-13 续表 单位：千公顷

地区	风雹灾		冷冻灾		台风灾	
	2015年	2016年	2015年	2016年	2015年	2016年
全国总计	**1825**	**1424**	**474**	**1179**	**890**	**598**
北京	4	13				
天津		0.2				
河北	167	157	31	12		
山西	20	71	28	14		
内蒙古	221	96	40	162		
辽宁	43	10				7
吉林	69	41		11		26
黑龙江	100	151	53	97		185
上海					2	2
江苏	50	11	27	1	116	
浙江	1	0		78	175	58
安徽	44	10	14	15	57	
福建		1		79	66	84
江西	12	10		83	26	6
山东	144	79	9	5	1	
河南	54	39	2			
湖北	26	20	21	98		
湖南	9	22	1	71		1
广东	1	2		24	360	128
广西	2	5		6	71	12
海南		0.2		16	18	77
重庆	6	1		10		
四川	46	44	0.4	48		
贵州	25	53	1	4		3
云南	76	95	66	175	1	10
西藏	1	0.4	1	0.1		
陕西	53	188	14	4		
甘肃	181	39	86	107		
青海	49	61	30	12		
宁夏	22	13	3	41		
新疆	400	192	49	5		

5

农村投资

5-1 国家财政用于农林水各项支出

单位：亿元

年 份	农 业	林 业	水 利	南水北调	扶 贫	农业综合开发	农村综合改革
1990							
1991							
1992							
1993							
1994							
1996							
1997							
1998							
1999							
2000							
2001							
2002							
2003							
2004							
2005							
2006							
2007							
2008	2278.9	424.0	1122.7		320.4	251.6	
2009	3826.9	532.1	1519.6		374.8	286.8	
2010	3949.4	667.3	1856.5	78.4	423.5	337.8	607.9
2011	4291.2	876.5	2602.8	68.9	545.3	386.5	887.6
2012	5077.4	1019.2	3271.2	45.9	690.8	462.5	987.3
2013	5561.6	1204.3	3338.9	95.6	841.0	521.1	1148.0
2014	5816.6	1348.8	3478.7	69.6	949.0	560.7	1265.7
2015	6436.2	1613.4	4807.9	81.8	1227.2	600.1	1418.8
2016	6250.4	1676.9	4408.6	66.0	2284.4	610.8	1471.3

注：2016年数据为预算执行数，以前各年数据为财政决算数。

5-2 农村住户固定资产投资情况

单位：亿元

指　　标	2013年	2014年	2015年	2016年
农村住户固定资产投资完成额	**10546.7**	**10755.8**	**10409.8**	**9964.9**
一、按投资构成分				
1.建筑工程	8072.6	8620.4	8426.4	7903.0
#水利	34.1	38.4	41.4	36.9
住宅	7387.3	7726.8	7501.7	7010.3
2.安装工程	17.6	13.7	8.8	8.0
3.设备工具器具购置	1778.1	1617.7	1587.4	1529.1
#生产设备	1604.7	1557.2	1562.9	1515.6
4.其他	678.4	503.9	387.2	524.9
二、按投资方向分				
#农林牧渔业	2077.6	1999.8	1980.3	2079.2
采矿业	2.0	1.7	0.6	0.6
制造业	120.5	127.5	137.0	126.1
电力、燃气及水的生产和供应业	5.8	4.7	13.1	11.8
建筑业	137.4	91.7	59.9	37.5
批发和零售业	121.2	247.6	243.5	227.8
交通运输、仓储和邮政业	436.9	326.1	225.2	261.9
住宿和餐饮业	29.9	41.3	42.4	28.9
房地产业	7429.8	7789.9	7578.1	7075.7
租赁和商务服务业	18.6	11.6	12.1	26.2
居民服务和其他服务业	104.9	96.1	102.1	74.3

注：表5-2到5-7数据来源于农村住户固定资产投资抽样调查。

5-3 各地区农村住户固定资产投资完成额

单位：亿元

地　区	2013年	2014年	2015年	2016年
全国总计	**10546.7**	**10755.8**	**10409.8**	**9964.9**
北　京	49.5	50.8	50.0	55.2
天　津	27.2	27.8	17.4	23.0
河　北	564.5	524.7	542.5	409.9
山　西	286.5	319.1	329.6	338.6
内蒙古	145.0	154.0	173.1	186.1
辽　宁	316.3	304.0	277.5	255.9
吉　林	253.5	231.7	196.7	150.0
黑龙江	331.8	291.1	298.7	215.8
上　海	3.7	3.5	3.3	4.2
江　苏	390.8	385.9	341.7	292.4
浙　江	588.0	708.0	658.6	705.1
安　徽	530.7	619.3	582.0	456.0
福　建	281.6	308.1	327.4	309.4
江　西	415.3	432.9	394.2	315.5
山　东	913.2	896.4	931.0	958.4
河　南	899.4	769.9	709.1	661.2
湖　北	510.5	473.6	477.5	507.8
湖　南	616.2	694.4	720.9	664.9
广　东	512.9	450.9	392.6	356.3
广　西	523.7	555.6	572.8	583.8
海　南	72.3	72.8	95.8	143.4
重　庆	144.3	144.6	145.1	116.3
四　川	570.8	656.4	560.3	582.2
贵　州	270.8	247.3	268.8	274.8
云　南	346.5	424.7	431.2	456.9
西　藏				
陕　西	350.6	351.7	351.2	350.4
甘　肃	120.7	124.5	127.6	129.9
青　海	75.8	72.3	66.5	72.5
宁　夏	73.4	79.9	79.0	85.2
新　疆	361.1	380.0	287.6	303.7

5-4 2016年各地区农村住户固定资产投资结构情况

单位：亿元

地区	投资额	建筑工程	#住宅	设备工具器具购置	#生产设备
全国总计	**9964.9**	**7903.0**	**7010.3**	**1529.1**	**1515.6**
北京	55.2	53.4	51.0	0.8	0.8
天津	23.0	12.2	9.7	9.3	9.3
河北	409.9	357.4	295.2	42.8	42.8
山西	338.6	229.7	217.3	93.5	93.5
内蒙古	186.1	121.2	97.4	46.4	46.4
辽宁	255.9	168.2	112.7	57.2	57.2
吉林	150.0	55.4	40.9	64.5	64.5
黑龙江	215.8	53.2	39.2	141.1	141.1
上海	4.2	4.2	4.1	.	.
江苏	292.4	204.7	190.3	44.4	44.4
浙江	705.1	640.0	597.7	56.5	56.5
安徽	456.0	344.2	304.1	106.3	106.3
福建	309.4	232.5	220.1	62.5	62.5
江西	315.5	272.9	253.4	36.9	36.9
山东	958.4	684.2	463.2	261.9	254.9
河南	661.2	584.3	535.0	61.7	61.7
湖北	507.8	423.3	382.6	42.2	42.2
湖南	664.9	578.7	536.5	75.9	75.9
广东	356.3	337.4	325.4	16.4	16.4
广西	583.8	445.5	416.3	85.3	85.3
海南	143.4	130.3	122.8	11.5	11.5
重庆	116.3	104.5	85.0	4.5	4.5
四川	582.2	488.3	434.2	46.0	46.0
贵州	274.8	192.7	185.6	35.3	35.3
云南	456.9	387.4	356.4	30.4	30.4
西藏					
陕西	350.4	322.3	302.9	17.3	17.3
甘肃	129.9	87.5	67.9	35.9	29.5
青海	72.5	63.6	61.0	3.1	3.1
宁夏	85.2	61.1	56.4	17.5	17.5
新疆	303.7	262.7	246.1	21.7	21.7

注：“.”表示数值较小，统计上不显著。

5-5 2016年各地区农村住户固定资产投资投向情况

单位：亿元

地　区	投资额	农林牧渔业	制造业	建筑业	交通运输、仓储和邮政业	房地产业	居民服务和其他服务业
全　国	**9964.9**	**2079.2**	**126.1**	**37.5**	**261.9**	**7075.7**	**74.3**
北　京	55.2	1.7	1.2	0.3	0.2	51.0	0.2
天　津	23.0	3.2	1.3	0.4	7.6	9.7	0.2
河　北	409.9	88.7	1.9	2.5	14.0	295.2	1.0
山　西	338.6	72.9	0.3	0.8	30.9	217.3	3.1
内蒙古	186.1	79.8				101.5	1.3
辽　宁	255.9	113.9			8.5	112.7	0.0
吉　林	150.0	98.5	1.3		7.3	40.9	0.5
黑龙江	215.8	169.6			6.7	39.2	
上　海	4.2	0.1				4.1	
江　苏	292.4	70.8	13.2	1.4	8.7	190.3	
浙　江	705.1	46.8	38.3		4.5	597.7	10.9
安　徽	456.0	120.3	7.5	0.6	14.3	304.1	4.1
福　建	309.4	73.9	0.8	0.9	6.9	220.1	1.3
江　西	315.5	46.8	0.1	6.5	7.1	253.4	0.2
山　东	958.4	308.6	44.4	1.8		495.0	9.7
河　南	661.2	90.7	4.2		9.9	535.0	1.5
湖　北	507.8	71.3		0.4	38.8	382.6	2.8
湖　南	664.9	98.2		7.8		536.5	6.0
广　东	356.3	21.5		1.3		325.4	0.2
广　西	583.8	116.2	2.7	0.7	25.9	416.3	18.5
海　南	143.4	16.1				122.8	0.1
重　庆	116.3	18.9	0.0	2.0	1.8	86.8	0.4
四　川	582.2	99.9	6.6	0.1	33.6	434.2	1.0
贵　州	274.8	45.4	0.7	4.5		190.4	0.7
云　南	456.9	76.9		1.4	17.0	356.4	3.7
西　藏							
陕　西	350.4	29.2	0.1	0.4	8.0	302.9	0.0
甘　肃	129.9	23.7		3.5		89.1	5.5
青　海	72.5	5.2		0.3		62.5	0.2
宁　夏	85.2	16.5	1.5		10.2	56.4	0.1
新　疆	303.7	54.0		0.0		246.3	0.9

5-6 农村住户固定资产投资和建房情况

年 份	投资总额 (亿元)	#竣工房屋投资	#住 宅	房屋施工面积 (万平方米)	房屋竣工面积 (万平方米)	#住 宅	竣工房屋造价 (元/平方米)	#住 宅
1985	478.4	350.1	313.2		78973.0	69542.0	44.0	45.0
1990	876.5	777.1	649.8	76819.0	71136.0	67812.0	109.0	96.0
1991	1042.6	912.5	759.3	85405.0	79501.0	74193.0	115.0	102.0
1992	1005.5	937.5	678.5	83392.0	65338.0	60442.0	143.0	112.0
1993	1137.7	1015.4	760.3	57432.0	56012.0	46129.0	181.0	165.0
1994	1519.2	1315.9	1002.7	72283.0	65390.0	57646.0	201.0	174.0
1995	2007.9	1709.4	1349.9	78192.0	73522.0	66230.0	233.0	204.0
1996	2544.0	2250.9	1766.4	96115.0	87277.0	79531.0	258.0	222.0
1997	2691.2	2405.8	1890.7	89309.0	85888.0	77287.0	280.0	245.0
1998	2681.5	2402.2	1907.2	89099.0	83864.0	77031.0	286.0	248.0
1999	2779.6	1908.2	1799.1	89050.0	83244.0	76758.0	229.2	234.4
2000	2904.3	1969.3	1846.8	88231.8	81270.2	75515.3	242.3	244.6
2001	2976.6	1908.2	1775.0	81048.2	74517.5	68799.3	256.1	258.0
2002	3123.2	1956.5	1858.1	80345.0	75125.7	69841.0	260.4	266.0
2003	3201.0	2053.2	1926.9	81123.7	75683.6	69741.1	271.3	276.3
2004	3362.7	2031.0	1933.4	71112.1	65801.5	62303.5	308.7	310.3
2005	3940.6	2190.6	2083.1	73109.2	66604.2	62292.4	328.9	334.4
2006	4436.2	2620.1	2490.2	76189.4	69237.9	64563.7	378.4	385.7
2007	5123.3	3228.3	3022.0	86665.6	78321.2	72676.4	412.2	415.8
2008	5951.8	3748.5	3547.1	91911.4	84407.0	78585.7	444.1	451.4
2009	7434.5	5029.9	4743.3	116099.4	105683.0	95570.5	475.9	496.3
2010	7886.0	5247.0	4931.7	106679.8	94114.8	87947.1	557.5	560.8
2011	9089.1	5983.7	5636.0	118455.2	103053.2	94939.1	580.6	593.6
2012	9840.6	6395.3	6051.6	105516.6	94187.8	87775.9	679.0	689.4
2013	10546.7	7249.6	6735.9	109242.0	92661.7	85953.0	782.4	783.7
2014	10755.8	7387.5	6843.0	103672.9	90287.4	83769.6	818.2	816.9
2015	10409.8	7157.1	6709.6	98376.7	85316.8	79380.2	838.9	845.2
2016	9964.9	6812.6	6331.3	92039.7	79649.1	73051.4	855.3	866.7

5-7 2016年分地区农村住户固定资产投资和建房情况

地区	投资总额（亿元）	#竣工房屋投资	#住宅	房屋施工面积（万平方米）	房屋竣工面积（万平方米）	#住宅	竣工房屋造价（元/平方米）	#住宅
全国	**9964.9**	**6812.6**	**6331.3**	**92039.7**	**79649.1**	**73051.4**	**855.3**	**866.7**
北京	55.2	50.0	48.9	443.5	417.3	403.7	1198.6	1210.6
天津	23.0	9.5	8.7	104.2	80.2	72.1	1191.1	1211.7
河北	409.9	323.4	281.0	4362.9	3751.9	3279.6	861.9	856.9
山西	338.6	209.0	205.5	3007.9	2851.7	2685.8	732.9	765.2
内蒙古	186.1	104.2	94.8	1096.0	1103.0	959.4	945.1	988.4
辽宁	255.9	121.4	105.7	1403.4	1309.5	925.6	927.3	1141.7
吉林	150.0	42.4	40.7	478.9	463.9	434.0	914.2	938.0
黑龙江	215.8	40.0	35.5	497.6	455.4	365.0	878.5	971.8
上海	4.2	3.4	3.3	35.0	25.9	25.1	1322.9	1325.1
江苏	292.4	174.4	168.2	2215.0	1990.1	1874.0	876.1	897.3
浙江	705.1	440.8	432.9	4332.3	3111.8	3022.3	1416.6	1432.3
安徽	456.0	276.6	257.3	4959.6	3907.5	3596.8	707.8	715.3
福建	309.4	174.0	166.5	2299.6	1521.7	1494.2	1143.7	1114.5
江西	315.5	237.0	227.9	3721.6	3230.1	2932.4	733.6	777.3
山东	958.4	541.4	455.6	10810.0	10461.0	9198.0	517.5	495.3
河南	661.2	526.2	494.0	6686.4	6017.9	5570.1	874.4	886.8
湖北	507.8	372.0	349.9	4305.5	3799.3	3556.2	979.3	984.0
湖南	664.9	534.8	503.6	5406.9	4749.6	4434.7	1126.0	1135.6
广东	356.3	303.7	297.1	3073.2	2453.2	2405.2	1237.9	1235.3
广西	583.8	359.9	353.3	6552.5	5977.5	5769.3	602.1	612.3
海南	143.4	110.4	104.4	1272.3	861.4	783.7	1282.1	1332.3
重庆	116.3	87.1	83.6	1139.1	957.3	872.0	910.2	959.3
四川	582.2	461.5	397.0	5255.6	4569.3	4133.7	1009.9	960.4
贵州	274.8	182.0	177.3	2414.9	2235.8	2164.9	813.9	819.0
云南	456.9	492.7	450.7	7322.6	5777.3	5195.4	852.9	867.4
西藏								
陕西	350.4	261.2	244.5	3039.1	2588.1	2448.5	1009.2	998.5
甘肃	129.9	76.0	67.9	1349.0	1270.0	1123.0	598.5	604.2
青海	72.5	60.3	58.5	717.1	663.9	635.9	908.1	919.9
宁夏	85.2	34.5	26.5	456.0	456.0	399.0	756.2	663.4
新疆	303.7	202.7	190.5	3281.8	2591.6	2291.7	782.2	831.5

农林牧渔业总产值、中间消耗及增加值

6-1 农林牧渔业增加值和指数

年 份	农林牧渔业增加值（亿元）	指 数	
		以1978年为100	以上年为100
1978	1027.5	100.0	104.1
1980	1371.6	104.5	98.5
1985	2564.4	155.4	101.8
1990	5062.0	190.7	107.3
1991	5342.2	195.2	102.4
1992	5866.6	203.1	104.1
1993	6963.8	211.2	104.0
1994	9572.7	219.6	104.0
1995	12135.8	229.5	104.5
1996	14015.4	241.2	105.1
1997	14441.9	251.6	104.3
1998	14817.6	260.4	103.5
1999	14770.0	267.7	102.8
2000	14944.7	274.1	102.4
2001	15781.3	281.8	102.8
2002	16537.0	290.0	102.9
2003	17381.7	297.3	102.5
2004	21412.7	316.0	106.3
2005	22420.0	332.4	105.2
2006	24040.0	349.0	105.0
2007	28627.0	361.9	103.7
2008	33702.2	381.8	105.5
2009	35225.9	397.8	104.2
2010	40533.6	414.9	104.3
2011	47486.1	429.4	104.3
2012	52373.6	448.8	104.5
2013	56966.0	466.7	104.0
2014	60158.0	486.3	104.2
2015	62904.1	505.9	104.0
2016	65967.9	523.6	103.5

注：1.根据新国民经济行业分类标准，对农林牧渔业增加值历史数据进行了调整，农林牧渔业增加值包括农林牧渔服务业增加值。

2.根据第二次农业普查结果，对2005-2006年农林牧渔业增加值进行了修正。

3.农林牧渔业增加值增长速度为可比增长速度。

4.2008年农林牧渔业增加值最终核实数为33702.2亿元。2009年《中国统计年鉴》使用的34000亿元为初步核实数。

6-2 农林牧渔业总产值、增加值、中间消耗及构成

(按当年价格计算)

指 标	总产值	增加值	中间消耗	#农林牧渔业物质消耗	#农林牧渔业生产服务支出
一、绝对数(亿元)					
农林牧渔业合计	**112091.3**	**65967.9**	**46123.4**	**38876.3**	**7247.0**
#农业	59287.8	38152.4	21135.4	17322.7	3812.7
林业	4631.6	3025.3	1606.2	1199.5	406.7
牧业	31703.2	15492.0	16211.1	15000.0	1211.1
渔业	11602.9	6995.6	4607.3	3757.4	849.9
二、构成(%)					
(以农林牧渔业合计为100)					
农林牧渔业合计	**100.0**	**100.0**	**100.0**	**100.0**	**100.0**
#农业	52.9	57.8	45.8	44.6	52.6
林业	4.1	4.6	3.5	3.1	5.6
牧业	28.3	23.5	35.1	38.6	16.7
渔业	10.4	10.6	10.0	9.7	11.7

6-3 各地区农林牧渔业总产值、增加值和中间消耗

(按当年价格计算)　　单位：亿元

地区	农林牧渔业			农业		
	总产值	增加值	中间消耗	总产值	增加值	中间消耗
全　国	**112091.3**	**65967.9**	**46123.4**	**59287.8**	**38152.4**	**21135.4**
北　京	338.1	132.0	206.1	145.2	66.0	79.2
天　津	494.4	222.0	272.4	244.3	121.0	123.3
河　北	6083.9	3644.8	2439.0	3459.4	2359.8	1099.6
山　西	1534.0	827.3	706.7	958.1	545.0	413.1
内蒙古	2794.2	1663.9	1130.3	1415.1	923.1	492.0
辽　宁	4421.8	2296.6	2125.2	1859.5	1051.0	808.6
吉　林	2724.9	1549.3	1175.6	1232.0	812.6	419.4
黑龙江	5197.8	2731.7	2466.1	2873.9	1823.6	1050.3
上　海	285.1	113.5	171.6	148.5	63.2	85.4
江　苏	7235.1	4323.5	2911.5	3714.6	2569.4	1145.3
浙　江	3146.1	2000.2	1145.8	1521.2	1094.5	426.7
安　徽	4655.5	2693.2	1962.3	2234.1	1361.3	872.8
福　建	4155.7	2444.8	1710.9	1782.0	1119.6	662.4
江　西	3130.3	1962.4	1167.9	1446.9	933.8	513.1
山　东	9325.9	5171.1	4154.8	4641.3	2834.9	1806.5
河　南	7799.7	4440.0	3359.7	4577.2	2693.5	1883.6
湖　北	6278.4	3780.8	2497.6	2921.3	1942.2	979.0
湖　南	6081.9	3725.9	2356.0	3255.1	2276.6	978.5
广　东	6078.4	3781.8	2296.6	3134.4	2189.7	944.8
广　西	4591.4	2873.5	1717.9	2347.9	1617.6	730.3
海　南	1470.4	977.6	492.8	695.6	462.6	233.0
重　庆	1968.3	1324.7	643.6	1151.8	862.3	289.5
四　川	6831.1	4005.4	2825.7	3711.0	2390.7	1320.3
贵　州	3097.2	1944.3	1152.9	1888.6	1189.0	699.7
云　南	3633.1	2242.2	1390.9	1943.6	1305.6	638.0
西　藏	173.0	118.7	54.3	52.2	25.8	26.5
陕　西	2985.8	1776.3	1209.5	2027.6	1251.6	776.0
甘　肃	1778.0	1027.7	750.3	1274.7	764.4	510.3
青　海	338.8	224.7	114.1	155.5	91.8	63.8
宁　夏	493.6	256.3	237.3	311.9	175.9	136.0
新　疆	2969.7	1691.8	1277.9	2163.1	1234.6	928.5

6-3 续表 1 单位：亿元

地区	林业			牧业		
	总产值	增加值	中间消耗	总产值	增加值	中间消耗
全国	**4631.6**	**3025.3**	**1606.2**	**31703.2**	**15492.0**	**16211.1**
北京	52.2	25.0	27.2	122.7	35.4	87.3
天津	8.4	5.0	3.4	140.9	54.0	86.8
河北	132.3	93.1	39.2	1939.2	915.2	1024.0
山西	100.3	43.2	57.1	376.2	191.2	185.0
内蒙古	98.6	68.0	30.7	1202.9	624.4	578.5
辽宁	143.7	80.3	63.4	1575.7	640.6	935.2
吉林	107.2	65.4	41.8	1252.8	594.1	658.7
黑龙江	219.9	100.8	119.0	1854.8	697.6	1157.2
上海	13.2	4.3	8.9	62.6	21.4	41.2
江苏	129.3	72.7	56.6	1331.5	543.6	788.0
浙江	158.1	114.2	44.0	434.3	193.8	240.6
安徽	291.1	201.2	89.9	1375.7	667.3	708.4
福建	315.1	201.9	113.2	681.7	355.2	326.5
江西	324.6	233.9	90.7	788.6	422.8	365.8
山东	147.5	103.7	43.7	2540.8	1061.9	1478.9
河南	121.3	79.1	42.2	2611.3	1427.9	1183.4
湖北	203.4	102.3	101.1	1715.2	1005.3	709.9
湖南	321.6	237.8	83.8	1762.7	805.4	957.3
广东	314.7	234.5	80.2	1221.8	554.8	666.9
广西	323.5	242.2	81.3	1266.4	622.6	643.8
海南	100.0	65.3	34.7	267.1	158.5	108.6
重庆	73.4	53.6	19.8	627.4	320.7	306.8
四川	219.1	145.0	74.1	2551.7	1258.7	1293.0
贵州	195.0	133.3	61.7	797.2	480.1	317.1
云南	330.4	217.0	113.4	1141.8	616.2	525.6
西藏	2.4	1.4	1.0	113.8	88.4	25.4
陕西	85.5	51.9	33.6	695.9	375.6	320.3
甘肃	30.8	14.2	16.6	299.7	203.1	96.6
青海	8.3	5.0	3.3	165.7	121.9	43.9
宁夏	10.1	3.6	6.6	131.7	55.7	76.1
新疆	50.3	26.1	24.1	653.2	378.7	274.5

6-3 续表 2 单位：亿元

地 区	渔业		
	总产值	增加值	中间消耗
全 国	**11602.9**	**6995.6**	**4607.3**
		10.6	
北 京	9.2	3.3	6.0
天 津	89.0	40.2	48.8
河 北	211.0	124.7	86.3
山 西	9.9	5.4	4.5
内蒙古	33.0	21.9	11.1
辽 宁	639.6	401.1	238.5
吉 林	43.0	26.4	16.6
黑龙江	129.2	48.4	80.8
上 海	50.2	20.6	29.5
江 苏	1621.9	891.5	730.4
浙 江	962.0	562.8	399.2
安 徽	513.2	337.9	175.3
福 建	1235.5	686.6	548.9
江 西	458.9	314.0	144.9
山 东	1485.6	928.7	556.9
河 南	128.3	85.7	42.6
湖 北	1030.0	609.4	420.6
湖 南	396.7	258.6	138.0
广 东	1195.6	715.4	480.3
广 西	464.2	314.5	149.8
海 南	353.8	261.9	91.9
重 庆	85.3	66.6	18.7
四 川	223.9	134.9	89.0
贵 州	68.7	43.8	24.9
云 南	94.2	56.2	38.0
西 藏	0.2	0.2	0.1
陕 西	26.2	14.8	11.5
甘 肃	2.2	1.6	0.6
青 海	3.3	2.6	0.7
宁 夏	17.0	6.5	10.5
新 疆	22.2	9.5	12.6

6-4 各地区分部门农林牧渔业增加值

(按当年价格计算) 单位：亿元

地　　区	合计	#农业	林业	牧业	渔业
全国总计	**65967.9**	**38152.4**	**3025.3**	**15492.0**	**6995.6**
北　　京	132.0	66.0	25.0	35.4	3.3
天　　津	222.0	121.0	5.0	54.0	40.2
河　　北	3644.8	2359.8	93.1	915.2	124.7
山　　西	827.3	545.0	43.2	191.2	5.4
内 蒙 古	1663.9	923.1	68.0	624.4	21.9
辽　　宁	2296.6	1051.0	80.3	640.6	401.1
吉　　林	1549.3	812.6	65.4	594.1	26.4
黑 龙 江	2731.7	1823.6	100.8	697.6	48.4
上　　海	113.5	63.2	4.3	21.4	20.6
江　　苏	4323.5	2569.4	72.7	543.6	891.5
浙　　江	2000.2	1094.5	114.2	193.8	562.8
安　　徽	2693.2	1361.3	201.2	667.3	337.9
福　　建	2444.8	1119.6	201.9	355.2	686.6
江　　西	1962.4	933.8	233.9	422.8	314.0
山　　东	5171.1	2834.9	103.7	1061.9	928.7
河　　南	4440.0	2693.5	79.1	1427.9	85.7
湖　　北	3780.8	1942.2	102.3	1005.3	609.4
湖　　南	3725.9	2276.6	237.8	805.4	258.6
广　　东	3781.8	2189.7	234.5	554.8	715.4
广　　西	2873.5	1617.6	242.2	622.6	314.5
海　　南	977.6	462.6	65.3	158.5	261.9
重　　庆	1324.7	862.3	53.6	320.7	66.6
四　　川	4005.4	2390.7	145.0	1258.7	134.9
贵　　州	1944.3	1189.0	133.3	480.1	43.8
云　　南	2242.2	1305.6	217.0	616.2	56.2
西　　藏	118.7	25.8	1.4	88.4	0.2
陕　　西	1776.3	1251.6	51.9	375.6	14.8
甘　　肃	1027.7	764.4	14.2	203.1	1.6
青　　海	224.7	91.8	5.0	121.9	2.6
宁　　夏	256.3	175.9	3.6	55.7	6.5
新　　疆	1691.8	1234.6	26.1	378.7	9.5

6-5 各地区分部门农林牧渔业增加值构成

(按当年价格计算)

单位: %

地区	合计	#农业	林业	牧业	渔业
全国总计	**100.0**	**57.8**	**4.6**	**23.5**	**10.6**
北京	100.0	50.0	18.9	26.8	2.5
天津	100.0	54.5	2.2	24.3	18.1
河北	100.0	64.7	2.6	25.1	3.4
山西	100.0	65.9	5.2	23.1	0.7
内蒙古	100.0	55.5	4.1	37.5	1.3
辽宁	100.0	45.8	3.5	27.9	17.5
吉林	100.0	52.5	4.2	38.3	1.7
黑龙江	100.0	66.8	3.7	25.5	1.8
上海	100.0	55.7	3.8	18.8	18.2
江苏	100.0	59.4	1.7	12.6	20.6
浙江	100.0	54.7	5.7	9.7	28.1
安徽	100.0	50.5	7.5	24.8	12.5
福建	100.0	45.8	8.3	14.5	28.1
江西	100.0	47.6	11.9	21.5	16.0
山东	100.0	54.8	2.0	20.5	18.0
河南	100.0	60.7	1.8	32.2	1.9
湖北	100.0	51.4	2.7	26.6	16.1
湖南	100.0	61.1	6.4	21.6	6.9
广东	100.0	57.9	6.2	14.7	18.9
广西	100.0	56.3	8.4	21.7	10.9
海南	100.0	47.3	6.7	16.2	26.8
重庆	100.0	65.1	4.0	24.2	5.0
四川	100.0	59.7	3.6	31.4	3.4
贵州	100.0	61.2	6.9	24.7	2.3
云南	100.0	58.2	9.7	27.5	2.5
西藏	100.0	21.7	1.2	74.5	0.1
陕西	100.0	70.5	2.9	21.1	0.8
甘肃	100.0	74.4	1.4	19.8	0.2
青海	100.0	40.8	2.2	54.2	1.1
宁夏	100.0	68.6	1.4	21.7	2.5
新疆	100.0	73.0	1.5	22.4	0.6

6-6 各地区分部门农林牧渔业增加值率

(以该部门总产值为100)　　单位：%

地　区	农林牧渔业	农业	林业	牧业	渔业
全国总计	**58.9**	**64.4**	**65.3**	**48.9**	**60.3**
北　京	39.0	45.4	47.8	28.8	35.4
天　津	44.9	49.5	59.3	38.4	45.2
河　北	59.9	68.2	70.4	47.2	59.1
山　西	53.9	56.9	43.0	50.8	54.9
内蒙古	59.5	65.2	68.9	51.9	66.4
辽　宁	51.9	56.5	55.9	40.7	62.7
吉　林	56.9	66.0	61.0	47.4	61.3
黑龙江	52.6	63.5	45.9	37.6	37.5
上　海	39.8	42.5	32.7	34.1	41.1
江　苏	59.8	69.2	56.2	40.8	55.0
浙　江	63.6	71.9	72.2	44.6	58.5
安　徽	57.8	60.9	69.1	48.5	65.8
福　建	58.8	62.8	64.1	52.1	55.6
江　西	62.7	64.5	72.1	53.6	68.4
山　东	55.4	61.1	70.3	41.8	62.5
河　南	56.9	58.8	65.2	54.7	66.8
湖　北	60.2	66.5	50.3	58.6	59.2
湖　南	61.3	69.9	74.0	45.7	65.2
广　东	62.2	69.9	74.5	45.4	59.8
广　西	62.6	68.9	74.9	49.2	67.7
海　南	66.5	66.5	65.3	59.3	74.0
重　庆	67.3	74.9	73.0	51.1	78.1
四　川	58.6	64.4	66.2	49.3	60.3
贵　州	62.8	63.0	68.4	60.2	63.7
云　南	61.7	67.2	65.7	54.0	59.7
西　藏	68.6	49.3	58.6	77.7	69.0
陕　西	59.5	61.7	60.7	54.0	56.2
甘　肃	57.8	60.0	46.2	67.8	73.0
青　海	66.3	59.0	60.7	73.5	78.8
宁　夏	51.9	56.4	35.1	42.3	38.4
新　疆	57.0	57.1	52.0	58.0	43.0

6-7 各地区分部门农林牧渔业中间消耗

(按当年价格计算) 单位：亿元

地区	合计	#农业	林业	牧业	渔业
全国合计	**46123.4**	**21135.4**	**1606.2**	**16211.1**	**4607.3**
北京	206.1	79.2	27.2	87.3	6.0
天津	272.4	123.3	3.4	86.8	48.8
河北	2439.0	1099.6	39.2	1024.0	86.3
山西	706.7	413.1	57.1	185.0	4.5
内蒙古	1130.3	492.0	30.7	578.5	11.1
辽宁	2125.2	808.6	63.4	935.2	238.5
吉林	1175.6	419.4	41.8	658.7	16.6
黑龙江	2466.1	1050.3	119.0	1157.2	80.8
上海	171.6	85.4	8.9	41.2	29.5
江苏	2911.5	1145.3	56.6	788.0	730.4
浙江	1145.8	426.7	44.0	240.6	399.2
安徽	1962.3	872.8	89.9	708.4	175.3
福建	1710.9	662.4	113.2	326.5	548.9
江西	1167.9	513.1	90.7	365.8	144.9
山东	4154.8	1806.5	43.7	1478.9	556.9
河南	3359.7	1883.6	42.2	1183.4	42.6
湖北	2497.6	979.0	101.1	709.9	420.6
湖南	2356.0	978.5	83.8	957.3	138.0
广东	2296.6	944.8	80.2	666.9	480.3
广西	1717.9	730.3	81.3	643.8	149.8
海南	492.8	233.0	34.7	108.6	91.9
重庆	643.6	289.5	19.8	306.8	18.7
四川	2825.7	1320.3	74.1	1293.0	89.0
贵州	1152.9	699.7	61.7	317.1	24.9
云南	1390.9	638.0	113.4	525.6	38.0
西藏	54.3	26.5	1.0	25.4	0.1
陕西	1209.5	776.0	33.6	320.3	11.5
甘肃	750.3	510.3	16.6	96.6	0.6
青海	114.1	63.8	3.3	43.9	0.7
宁夏	237.3	136.0	6.6	76.1	10.5
新疆	1277.9	928.5	24.1	274.5	12.6

6-8 各地区分部门农林牧渔业中间消耗构成

(按当年价格计算)

单位：%

地　区	合计	# 农业	林业
全国合计	**100.0**	**45.8**	**3.5**
北　京	100.0	38.4	13.2
天　津	100.0	45.3	1.2
河　北	100.0	45.1	1.6
山　西	100.0	58.5	8.1
内蒙古	100.0	43.5	2.7
辽　宁	100.0	38.0	3.0
吉　林	100.0	35.7	3.6
黑龙江	100.0	42.6	4.8
上　海	100.0	49.7	5.2
江　苏	100.0	39.3	1.9
浙　江	100.0	37.2	3.8
安　徽	100.0	44.5	4.6
福　建	100.0	38.7	6.6
江　西	100.0	43.9	7.8
山　东	100.0	43.5	1.1
河　南	100.0	56.1	1.3
湖　北	100.0	39.2	4.0
湖　南	100.0	41.5	3.6
广　东	100.0	41.1	3.5
广　西	100.0	42.5	4.7
海　南	100.0	47.3	7.0
重　庆	100.0	45.0	3.1
四　川	100.0	46.7	2.6
贵　州	100.0	60.7	5.4
云　南	100.0	45.9	8.2
西　藏	100.0	48.7	1.8
陕　西	100.0	64.2	2.8
甘　肃	100.0	68.0	2.2
青　海	100.0	55.9	2.9
宁　夏	100.0	57.3	2.8
新　疆	100.0	72.7	1.9

6-8 续表 单位：%

地区	牧业	渔业	农林牧渔服务业
全国合计	**35.1**	**10.0**	**5.6**
北 京	42.4	2.9	3.1
天 津	31.9	17.9	3.7
河 北	42.0	3.5	7.8
山 西	26.2	0.6	6.6
内蒙古	51.2	1.0	1.6
辽 宁	44.0	11.2	3.7
吉 林	56.0	1.4	3.3
黑龙江	46.9	3.3	2.4
上 海	24.0	17.2	3.8
江 苏	27.1	25.1	6.6
浙 江	21.0	34.8	3.1
安 徽	36.1	8.9	5.9
福 建	19.1	32.1	3.5
江 西	31.3	12.4	4.6
山 东	35.6	13.4	6.5
河 南	35.2	1.3	6.2
湖 北	28.4	16.8	11.5
湖 南	40.6	5.9	8.4
广 东	29.0	20.9	5.4
广 西	37.5	8.7	6.6
海 南	22.0	18.6	5.0
重 庆	47.7	2.9	1.4
四 川	45.8	3.1	1.7
贵 州	27.5	2.2	4.3
云 南	37.8	2.7	5.5
西 藏	46.8	0.1	2.5
陕 西	26.5	0.9	5.6
甘 肃	12.9	0.1	16.8
青 海	38.4	0.6	2.2
宁 夏	32.0	4.4	3.5
新 疆	21.5	1.0	3.0

6-9 各地区分部门农林牧渔业中间消耗占产值的比重

(以该部门总产值为100)

单位：%

地　区	农林牧渔业	农业	林业
全国总计	**41.1**	**35.6**	**34.7**
北　京	61.0	54.6	52.2
天　津	55.1	50.5	40.7
河　北	40.1	31.8	29.6
山　西	46.1	43.1	57.0
内蒙古	40.5	34.8	31.1
辽　宁	48.1	43.5	44.1
吉　林	43.1	34.0	39.0
黑龙江	47.4	36.5	54.1
上　海	60.2	57.5	67.3
江　苏	40.2	30.8	43.8
浙　江	36.4	28.1	27.8
安　徽	42.2	39.1	30.9
福　建	41.2	37.2	35.9
江　西	37.3	35.5	27.9
山　东	44.6	38.9	29.7
河　南	43.1	41.2	34.8
湖　北	39.8	33.5	49.7
湖　南	38.7	30.1	26.0
广　东	37.8	30.1	25.5
广　西	37.4	31.1	25.1
海　南	33.5	33.5	34.7
重　庆	32.7	25.1	27.0
四　川	41.4	35.6	33.8
贵　州	37.2	37.0	31.6
云　南	38.3	32.8	34.3
西　藏	31.4	50.7	41.4
陕　西	40.5	38.3	39.3
甘　肃	42.2	40.0	53.8
青　海	33.7	41.0	39.3
宁　夏	48.1	43.6	64.9
新　疆	43.0	42.9	48.0

6-9　续表　　　　　　　　　　　　　　　　　　　　　　　单位：%

地　区	牧业	渔业	农林牧渔服务业
全国总计	**51.1**	**39.7**	**52.7**
北　京	71.2	64.6	72.4
天　津	61.6	54.8	84.7
河　北	52.8	40.9	55.6
山　西	49.2	45.1	52.5
内蒙古	48.1	33.6	40.6
辽　宁	59.3	37.3	39.2
吉　林	52.6	38.7	43.5
黑龙江	62.4	62.5	49.0
上　海	65.9	58.9	62.2
江　苏	59.2	45.0	43.7
浙　江	55.4	41.5	50.2
安　徽	51.5	34.2	48.0
福　建	47.9	44.4	42.3
江　西	46.4	31.6	48.1
山　东	58.2	37.5	52.6
河　南	45.3	33.2	57.5
湖　北	41.4	40.8	70.3
湖　南	54.3	34.8	57.4
广　东	54.6	40.2	58.7
广　西	50.8	32.3	59.5
海　南	40.7	26.0	45.7
重　庆	48.9	21.9	29.3
四　川	50.7	39.7	39.3
贵　州	39.8	36.3	33.5
云　南	46.0	40.3	61.7
西　藏	22.3	31.0	30.3
陕　西	46.0	43.8	45.2
甘　肃	32.2	27.0	74.0
青　海	26.5	21.2	42.1
宁　夏	57.7	61.6	36.0
新　疆	42.0	57.0	47.1

6-10 分项农林牧渔业中间消耗

单位：亿元

指　　标	1990年	1997年	2014年	2015年	2016年
中间消耗总计		**9615.5**	**42068.1**	**44152.3**	**46123.3**
一、物质消耗	**2508.2**	**8864.8**	**35851.8**	**37331.9**	**38876.3**
#用种量	245.7	854.8	4846.7	5325.5	5629.3
饲料	995.2	3708.5	14023.3	14223.3	14866.1
肥料	601.2	1634.0	6289.6	6520.7	6682.2
燃料	152.0	544.7	2555.3	2603.7	2677.6
农药	70.7	259.7	902.5	932.4	940.9
农膜		121.9	572.4	608.3	623.6
畜牧用药			352.5	370.5	388.3
用电量	61.6	365.0	1468.5	1521.2	1546.1
小农机			602.4	666.1	679.5
对物质生产部门的劳务支出					
二、生产服务支出			**6216.3**	**6820.5**	**7247.0**

注：1. 从2003年起，物质消耗项下的“对物质生产部门的劳务支出”调至“生产服务支出”项下。
2. 物质消耗和生产服务支出分项2013年未包括西藏和青海。

6-11 各地区农林牧渔业增加值、中间消耗及占农林牧渔业总产值比重

(按当年价格计算)　　单位：亿元

地　区	农林牧渔业增加值	占农林牧渔业总产值比重 (%)	农林牧渔业中间消耗	占农林牧渔业总产值比重 (%)
全国总计	**65967.9**	**58.9**	**46123.4**	**41.1**
北　京	132.0	39.0	206.1	61.0
天　津	222.0	44.9	272.4	55.1
河　北	3644.8	59.9	2439.0	40.1
山　西	827.3	53.9	706.7	46.1
内蒙古	1663.9	59.5	1130.3	40.5
辽　宁	2296.6	51.9	2125.2	48.1
吉　林	1549.3	56.9	1175.6	43.1
黑龙江	2731.7	52.6	2466.1	47.4
上　海	113.5	39.8	171.6	60.2
江　苏	4323.5	59.8	2911.5	40.2
浙　江	2000.2	63.6	1145.8	36.4
安　徽	2693.2	57.8	1962.3	42.2
福　建	2444.8	58.8	1710.9	41.2
江　西	1962.4	62.7	1167.9	37.3
山　东	5171.1	55.4	4154.8	44.6
河　南	4440.0	56.9	3359.7	43.1
湖　北	3780.8	60.2	2497.6	39.8
湖　南	3725.9	61.3	2356.0	38.7
广　东	3781.8	62.2	2296.6	37.8
广　西	2873.5	62.6	1717.9	37.4
海　南	977.6	66.5	492.8	33.5
重　庆	1324.7	67.3	643.6	32.7
四　川	4005.4	58.6	2825.7	41.4
贵　州	1944.3	62.8	1152.9	37.2
云　南	2242.2	61.7	1390.9	38.3
西　藏	118.7	68.6	54.3	31.4
陕　西	1776.3	59.5	1209.5	40.5
甘　肃	1027.7	57.8	750.3	42.2
青　海	224.7	66.3	114.1	33.7
宁　夏	256.3	51.9	237.3	48.1
新　疆	1691.8	57.0	1277.9	43.0

6-12 农林牧渔业总产值

(按当年价格计算)　　单位：亿元

年 份	农林牧渔业总产值	#农业产值	林业产值	牧业产值	渔业产值
1952	461.0	396.0	7.3	51.7	6.1
1957	537.0	443.9	17.5	65.4	10.2
1962	584.0	494.7	13.0	63.8	12.6
1965	833.0	684.3	22.3	111.5	14.8
1970	1021.0	838.4	28.6	136.6	17.4
1975	1260.0	1020.5	39.2	178.4	21.9
1978	1397.0	1117.5	48.1	209.3	22.1
1980	1922.6	1454.1	81.4	354.2	32.9
1985	3619.5	2506.4	188.7	798.3	126.1
1990	7662.1	4954.3	330.3	1967.0	410.6
1991	8157.0	5146.4	367.9	2159.2	483.5
1992	9084.7	5588.0	422.6	2460.5	613.5
1993	10995.5	6605.1	494.0	3014.4	882.0
1994	15750.5	9169.2	611.1	4672.0	1298.2
1995	20340.9	11884.6	709.9	6045.0	1701.3
1996	22353.7	13539.8	778.0	6015.5	2020.4
1997	23788.4	13852.5	817.8	6835.4	2282.7
1998	24541.9	14241.9	851.3	7025.8	2422.9
1999	24519.1	14106.2	886.3	6997.6	2529.0
2000	24915.8	13873.6	936.5	7393.1	2712.6
2001	26179.6	14462.8	938.8	7963.1	2815.0
2002	27390.8	14931.5	1033.5	8454.6	2971.1
2003	29691.8	14870.1	1239.9	9538.8	3137.6
2004	36239.0	18138.4	1327.1	12173.8	3605.6
2005	39450.9	19613.4	1425.5	13310.8	4016.1
2006	40810.8	21522.3	1610.8	12083.9	3970.5
2007	48893.0	24658.2	1861.6	16124.9	4457.5
2008	58002.2	28044.2	2152.9	20583.6	5203.4
2009	60361.0	30777.5	2193.0	19468.4	5626.4
2010	69319.8	36941.1	2595.5	20825.7	6422.4
2011	81303.9	41988.6	3120.7	25770.7	7568.0
2012	89453.0	46940.5	3447.1	27189.4	8706.0
2013	96995.3	51497.4	3902.4	28435.5	9634.6
2014	102226.1	54771.5	4256.0	28956.3	10334.3
2015	107056.4	57635.8	4436.4	29780.4	10880.6
2016	112091.3	59287.8	4631.6	31703.2	11602.9

注：2009年按照新的《统计用产品分类目录》对数据进行了调整(后同)。

6-13 农林牧渔业总产值构成

(按当年价格计算)

单位：%

年　份	农林牧渔业	农业产值	林业产值	牧业产值	渔业产值
1952	100.0	85.9	1.6	11.2	1.3
1957	100.0	82.7	3.3	12.2	1.9
1962	100.0	84.7	2.2	10.9	2.2
1965	100.0	82.2	2.7	13.4	1.8
1970	100.0	82.1	2.8	13.4	1.7
1975	100.0	81.0	3.1	14.2	1.7
1978	100.0	80.0	3.4	15.0	1.6
1979	100.0	78.1	3.6	16.8	1.5
1980	100.0	75.6	4.2	18.4	1.7
1981	100.0	75.0	4.5	18.4	2.0
1982	100.0	75.1	4.4	18.4	2.1
1983	100.0	75.4	4.6	17.6	2.3
1984	100.0	74.1	5.0	18.3	2.6
1985	100.0	69.2	5.2	22.1	3.5
1986	100.0	69.1	5.0	21.8	4.1
1987	100.0	67.6	4.7	22.8	4.8
1988	100.0	62.5	4.7	27.3	5.5
1989	100.0	62.8	4.4	27.6	5.3
1990	100.0	64.7	4.3	25.7	5.4
1991	100.0	63.1	4.5	26.5	5.9
1992	100.0	61.5	4.7	27.1	6.8
1993	100.0	60.1	4.5	27.4	8.0
1994	100.0	58.2	3.9	29.7	8.2
1995	100.0	58.4	3.5	29.7	8.4
1996	100.0	60.6	3.5	26.9	9.0
1997	100.0	58.2	3.4	28.7	9.6
1998	100.0	58.0	3.5	28.6	9.9
1999	100.0	57.5	3.6	28.5	10.3
2000	100.0	55.7	3.8	29.7	10.9
2001	100.0	55.2	3.6	30.4	10.8
2002	100.0	54.5	3.8	30.9	10.8
2003	100.0	50.1	4.2	32.1	10.6
2004	100.0	50.1	3.7	33.6	9.9
2005	100.0	49.7	3.6	33.7	10.2
2006	100.0	52.7	3.9	29.6	9.7
2007	100.0	50.4	3.8	33.0	9.1
2008	100.0	48.4	3.7	35.5	9.0
2009	100.0	51.0	3.6	22.8	9.3
2010	100.0	53.3	3.7	30.0	9.3
2011	100.0	51.6	3.8	31.7	9.3
2012	100.0	52.5	3.9	30.4	9.7
2013	100.0	53.1	4.0	29.3	9.9
2014	100.0	53.6	4.2	28.3	10.1
2015	100.0	53.8	4.1	27.8	10.2
2016	100.0	52.9	4.1	28.3	10.4

注：2006年为根据农普调整的数据。

6-14 农林牧渔业分项产值及构成

(按当年价格计算)

指　　标	绝对数(亿元)		构成(%)	
	2015年	2016年	2015年	2016年
农林牧渔业总产值	**107056.4**	**112091.3**	**100.0**	**100.0**
一、农业产值	**57635.8**	**59287.8**	**53.8**	**52.9**
(一)谷物及其他作物	22253.7	21790.3	20.8	19.4
谷物	14190.0	13426.6	13.3	12.0
薯类	1541.3	1792.8	1.4	1.6
油料	2177.3	2109.9	2.0	1.9
豆类	769.4	759.6	0.7	0.7
棉花	1041.4	930.5	1.0	0.8
麻类	30.3	17.3	0.0	0.0
糖料	663.9	698.5	0.6	0.6
烟草	655.0	637.5	0.6	0.6
其他农作物	1149.0	1410.7	1.1	1.3
(二)蔬菜园艺作物	22741.8	24340.0	21.2	21.7
#蔬菜(含菜用瓜)	20091.5	21390.1	18.8	19.1
食用菌	1584.1	1760.1	1.5	1.6
花卉	710.1	733.7	0.7	0.7
盆景园艺	383.8	483.8	0.4	0.4
(三)水果、坚果、茶、饮料和香料	11153.5	11481.5	10.4	10.2
#水果	8732.5	8900.4	8.2	7.9
坚果	880.5	912.9	0.8	0.8
茶及饮料原料	1334.3	1398.8	1.2	1.2
香料原料	192.4	264.4	0.2	0.2
(四)中草药材	1542.2	1659.4	1.4	1.5
二、林业产值	**4436.4**	**4631.6**	**4.1**	**4.1**
(一)林木的培育和种植	1871.6	1852.5	1.7	1.7
(二)竹木采运	1141.3	1164.5	1.1	1.0
(三)林产品	1423.4	1614.6	1.3	1.4
三、牧业产值	**29780.4**	**31703.2**	**27.8**	**28.3**
(一)牲畜饲养	8056.7	8105.1	7.5	7.2
#牛的饲养	3623.6	3826.0	3.4	3.4
羊的饲养	2086.9	2131.8	1.9	1.9
(二)猪的饲养	12859.7	14368.5	12.0	12.8
(三)家禽饲养	7395.5	7619.1	6.9	6.8
(四)狩猎和捕捉动物	61.7	63.4	0.1	0.1
(五)其他畜牧业	1406.9	1542.1	1.3	1.4
四、渔业产值	**10880.6**	**11602.9**	**10.2**	**10.4**
(一)海水产品	5003.1	5333.5	4.7	4.8
其中：养殖	2201.3	2317.0	2.1	2.1
(二)淡水产品	5877.5	6269.4	5.5	5.6
其中：养殖	4105.4	5292.4	3.8	4.7

6-15 各地区农林牧渔业总产值

(按当年价格计算)　　单位：亿元

地　区	农林牧渔业总产值		农业产值	
	2015年	2016年	2015年	2016年
全国总计	**107056.4**	**112091.3**	**57635.8**	**59287.8**
北　京	368.2	338.1	154.5	145.2
天　津	467.4	494.4	238.0	244.3
河　北	5978.9	6083.9	3441.4	3459.4
山　西	1522.6	1534.0	969.5	958.1
内蒙古	2751.6	2794.2	1418.3	1415.1
辽　宁	4686.7	4421.8	2068.6	1859.5
吉　林	2880.6	2724.9	1400.4	1232.0
黑龙江	5044.9	5197.8	2911.9	2873.9
上　海	302.6	285.1	162.0	148.5
江　苏	7030.8	7235.1	3722.1	3714.6
浙　江	2933.4	3146.1	1434.7	1521.2
安　徽	4390.8	4655.5	2174.6	2234.1
福　建	3717.9	4155.7	1618.6	1782.0
江　西	2859.1	3130.3	1326.9	1446.9
山　东	9549.6	9325.9	4929.9	4641.3
河　南	7641.3	7799.7	4610.7	4577.2
湖　北	5728.6	6278.4	2780.4	2921.3
湖　南	5630.7	6081.9	3043.5	3255.1
广　东	5520.0	6078.4	2793.8	3134.4
广　西	4197.1	4591.4	2146.4	2347.9
海　南	1323.9	1470.4	613.9	695.6
重　庆	1738.1	1968.3	1033.7	1151.8
四　川	6377.8	6831.1	3335.5	3711.0
贵　州	2738.7	3097.2	1772.6	1888.6
云　南	3383.1	3633.1	1841.5	1943.6
西　藏	149.5	173.0	68.0	52.2
陕　西	2813.5	2985.8	1910.7	2027.6
甘　肃	1722.1	1778.0	1252.5	1274.7
青　海	319.3	338.8	145.0	155.5
宁　夏	483.0	493.6	311.0	311.9
新　疆	2804.4	2969.7	2005.4	2163.1

6-15 续表 单位：亿元

地 区	林业产值		牧业产值		渔业产值	
	2015年	2016年	2015年	2016年	2015年	2016年
全国总计	**4436.4**	**4631.6**	**29780.4**	**31703.2**	**10880.6**	**11602.9**
北 京	57.3	52.2	135.9	122.7	11.9	9.2
天 津	7.7	8.4	130.2	140.9	80.4	89.0
河 北	121.5	132.3	1904.1	1939.2	198.7	211.0
山 西	97.4	100.3	359.0	376.2	9.9	9.9
内蒙古	99.4	98.6	1160.9	1202.9	30.8	33.0
辽 宁	166.1	143.7	1561.4	1575.7	689.8	639.6
吉 林	109.8	107.2	1244.9	1252.8	39.9	43.0
黑龙江	204.2	219.9	1704.8	1854.8	117.6	129.2
上 海	12.2	13.2	65.6	62.6	51.8	50.2
江 苏	129.1	129.3	1262.1	1331.5	1517.5	1621.9
浙 江	151.6	158.1	426.2	434.3	855.9	962.0
安 徽	290.1	291.1	1259.0	1375.7	475.1	513.2
福 建	314.3	315.1	571.3	681.7	1082.3	1235.5
江 西	293.7	324.6	719.8	788.6	420.0	458.9
山 东	139.9	147.5	2523.2	2540.8	1524.7	1485.6
河 南	134.3	121.3	2445.3	2611.3	123.6	128.3
湖 北	180.6	203.4	1503.3	1715.2	922.8	1030.0
湖 南	317.4	321.6	1601.7	1762.7	366.9	396.7
广 东	296.7	314.7	1117.1	1221.8	1117.2	1195.6
广 西	313.9	323.5	1140.3	1266.4	429.8	464.2
海 南	99.2	100.0	238.5	267.1	324.9	353.8
重 庆	60.4	73.4	542.9	627.4	74.9	85.3
四 川	205.8	219.1	2515.6	2551.7	210.5	223.9
贵 州	137.7	195.0	665.2	797.2	55.9	68.7
云 南	317.1	330.4	1031.0	1141.8	81.7	94.2
西 藏	2.1	2.4	75.3	113.8	0.2	0.2
陕 西	75.8	85.5	665.5	695.9	23.6	26.2
甘 肃	28.6	30.8	279.4	299.7	2.2	2.2
青 海	7.4	8.3	158.4	165.7	2.8	3.3
宁 夏	11.6	10.1	122.9	131.7	15.8	17.0
新 疆	53.2	50.3	649.5	653.2	21.8	22.2

6-16 各地区农业分项产值

(按当年价格计算)　　单位：亿元

地　区	农业	1.谷物及其他作物	#谷物	#小麦	稻谷	玉米
全　国	**59287.8**	**21790.3**	**13426.6**	**2925.8**	**6089.1**	**3716.5**
北　京	145.2	12.4	9.7	2.1	0.1	7.1
天　津	244.3	45.0	36.2	13.4	5.9	15.8
河　北	3459.4	969.1	688.9	329.0	19.2	291.1
山　西	958.1	321.7	240.2	64.8	0.1	145.8
内蒙古	1415.1	996.7	546.8	37.5	19.7	317.2
辽　宁	1859.5	443.7	359.8	0.7	123.6	227.2
吉　林	1232.0	827.4	650.6	0.0	203.2	413.1
黑龙江	2873.9	1746.8	1289.5	6.5	834.5	437.8
上　海	148.5	32.3	28.6	2.2	25.4	0.6
江　苏	3714.6	1295.3	1033.7	225.6	620.0	58.6
浙　江	1521.2	292.1	197.0	5.0	179.3	11.2
安　徽	2234.1	1184.5	869.3	349.3	414.9	102.4
福　建	1782.0	335.7	156.9	0.2	147.5	6.7
江　西	1446.9	734.3	550.1	1.7	542.4	5.0
山　东	4641.3	1692.9	895.1	525.0	22.6	343.6
河　南	4577.2	1862.5	1180.9	753.2	137.3	282.2
湖　北	2921.3	1007.5	668.1	115.9	466.5	79.7
湖　南	3255.1	1049.3	778.3	1.8	721.1	48.0
广　东	3134.4	812.0	371.5	0.1	335.5	35.5
广　西	2347.9	971.2	404.2	0.2	338.9	64.3
海　南	695.6	113.7	49.6		48.6	
重　庆	1151.8	362.5	203.3	4.3	132.7	63.5
四　川	3711.0	1287.4	717.8	96.4	394.4	202.1
贵　州	1888.6	440.9	205.3	14.3	104.4	75.3
云　南	1943.6	795.5	333.3	16.5	186.1	128.6
西　藏	52.2	35.7	29.9	5.8	0.2	0.7
陕　西	2027.6	449.7	254.6	99.7	24.4	97.3
甘　肃	1274.7	452.0	207.1	52.8	0.6	93.6
青　海	155.5	67.4	16.7	7.3		5.6
宁　夏	311.9	113.9	67.6	10.8	17.4	37.5
新　疆	2163.1	1039.2	386.0	183.7	23.0	119.5

6-16 续表 1 单位：亿元

地区	#薯类	#油料	花生	油菜籽	#豆类	大豆
全国	**1792.8**	**2109.9**	**1026.7**	**732.7**	**759.6**	**520.9**
北京	0.7	0.5	0.4		0.3	0.3
天津	0.1	1.3	0.3		0.5	0.5
河北	84.4	78.4	68.7	1.8	14.6	12.0
山西	34.0	9.1	1.0	0.4	20.8	12.0
内蒙古	110.0	145.4	2.3	16.6	57.4	43.6
辽宁	40.9	28.1	15.2	0.1	9.7	7.8
吉林	82.0	45.9	35.9		34.3	15.5
黑龙江	82.3	24.5	3.8	0.1	153.2	143.5
上海	0.1	0.3	0.1	0.2	0.2	0.1
江苏	36.3	78.7	27.2	42.9	38.4	21.8
浙江	19.4	23.7	6.0	17.1	18.7	12.3
安徽	13.6	125.4	59.9	53.5	68.4	61.8
福建	55.1	29.2	27.6	1.3	16.0	12.3
江西	16.8	70.2	35.2	30.4	19.7	14.8
山东	68.4	174.0	170.1	1.4	20.3	19.8
河南	67.8	359.2	288.2	41.7	23.4	19.9
湖北	81.7	151.4	39.9	105.0	22.6	13.9
湖南	26.4	143.9	20.0	121.0	26.2	14.9
广东	149.8	94.9	93.9	0.5	17.6	12.9
广西	22.1	54.5	51.7	1.0	14.1	8.2
海南	21.9	8.1	7.9		1.4	0.7
重庆	63.6	36.8	7.6	28.5	22.4	9.2
四川	309.8	179.2	43.6	128.3	32.4	15.2
贵州	69.4	49.6	6.0	42.4	20.7	8.0
云南	68.8	37.8	5.0	33.2	58.2	13.2
西藏	0.2	3.7	0.0	3.7	0.6	0.1
陕西	80.8	42.7	6.8	24.5	17.9	9.2
甘肃	118.3	41.8	0.2	18.5	14.3	6.7
青海	21.9	14.2		14.0	2.7	
宁夏	25.6	8.2		0.2	0.8	0.4
新疆	20.5	49.3	1.8	4.5	11.8	10.1

6-16 续表 2 单位：亿元

地区	#棉花	#麻类	#糖料	#烟草
全国	**930.5**	**17.3**	**698.5**	**637.5**
北京	0.0			0.0
天津	1.3			
河北	66.2	0.0	3.7	0.5
山西	1.7	0.0	0.2	1.8
内蒙古	0.1	0.1	14.2	2.3
辽宁	0.1	0.1	1.1	2.5
吉林		0.0	0.6	9.1
黑龙江		3.4	0.7	10.2
上海	0.1		0.1	
江苏	38.1	0.2	2.5	
浙江	1.9	0.0	9.2	0.3
安徽	55.0	1.6	4.7	6.8
福建	0.0	0.0	4.8	44.5
江西	6.0	0.8	21.8	16.3
山东	156.4		0.0	16.1
河南	21.4	1.3	4.7	78.0
湖北	45.5	1.1	11.0	16.0
湖南	7.0	1.0	7.8	52.0
广东		2.0	81.1	12.7
广西	0.9	1.1	385.6	6.4
海南		0.1	19.6	0.3
重庆		0.7	2.7	20.9
四川	1.3	3.1	5.6	37.9
贵州	0.7	0.1	17.7	72.1
云南	0.0	0.1	74.8	219.6
西藏				
陕西	4.6	0.1	0.1	10.5
甘肃	7.5	0.1	0.8	0.5
青海			0.0	
宁夏				0.2
新疆	514.8	0.2	23.6	

6-16 续表 3 单位：亿元

地区	2.蔬菜园艺	蔬菜	食用菌	花卉	3.水果、坚果、饮料和香料作物	苹果	梨	柑橘
全国	**24340.0**	**21390.1**	**1760.1**	**733.7**	**8900.4**	**1708.6**	**477.2**	**1297.2**
北京	79.2	61.4	8.5	7.5	45.0	5.8	4.7	
天津	161.9	142.5	10.1	5.3	36.8	1.4	0.9	
河北	1779.4	1632.7	116.7	13.7	552.3	118.2	83.7	
山西	299.0	277.1	15.5	5.5	239.1	124.3	26.6	24.6
内蒙古	304.9	292.9	7.2	4.9	64.2	4.4	0.3	
辽宁	1076.6	1017.3	30.4	10.4	274.9	102.6	25.4	
吉林	283.1	261.5	21.2	0.2	65.7	3.2	1.3	
黑龙江	810.0	422.3	386.8	0.9	263.4	9.4	1.5	
上海	85.8	68.4	11.4	4.1	30.1	0.0	2.6	2.0
江苏	2021.1	1759.2	93.7	51.6	328.5	24.0	25.6	1.4
浙江	756.2	527.7	43.5	169.6	228.0		15.5	37.2
安徽	692.5	641.2	14.7	10.8	234.8	10.9	17.3	0.6
福建	870.1	578.7	189.9	73.7	290.6	0.0	6.9	108.4
江西	455.8	416.4	12.4	27.0	222.3		5.5	182.2
山东	1827.6	1723.4	45.6	14.6	981.2	272.0	27.2	
河南	1698.5	1461.0	224.4	9.0	659.7	150.9	21.1	1.0
湖北	1428.3	1251.9	102.7	21.5	255.4	0.4	14.5	127.5
湖南	1661.6	1613.9	22.2	2.3	293.4		9.4	52.0
广东	1521.9	1346.0	27.3	91.1	703.1		3.6	168.0
广西	782.6	680.5	65.7	22.9	467.6		6.8	96.4
海南	305.4	263.2	0.0	37.1	182.6			
重庆	514.2	468.9	16.3	13.0	155.4	0.6	25.5	109.2
四川	1551.7	1464.4	57.3	29.9	607.9	29.1	58.2	277.9
贵州	1054.6	1009.1	30.0	12.4	91.4	3.1	16.2	16.6
云南	516.3	428.3	17.7	70.2	142.8	9.1	10.2	36.1
西藏	13.0	12.9	0.1	0.0	0.8	0.3	0.1	
陕西	617.8	575.8	25.6	8.8	770.8	407.7	29.3	11.0
甘肃	404.7	398.2	4.7	1.8	233.4	139.0	8.5	0.1
青海	43.8	42.5	0.8	0.2	4.8	0.2	0.2	
宁夏	103.6	98.2	1.9	3.5	61.1	8.2	0.5	
新疆	618.5	452.7	155.8	10.0	413.1	283.9	28.0	29.2

6-16 续表 4　　单位：亿元

地　区	茶及其他饮料	#茶	香料作物	中药材
全　国	**1398.8**	**1360.0**	**264.4**	**1659.4**
北　京			0.2	2.2
天　津			0.0	0.0
河　北			4.0	78.5
山　西	0.2	0.2	3.4	48.4
内蒙古				46.0
辽　宁			0.1	11.9
吉　林				20.5
黑龙江				8.1
上　海				0.2
江　苏	48.3	48.3	0.0	15.7
浙　江	155.4	155.4		58.3
安　徽	53.7	53.7	0.2	50.3
福　建	219.8	219.8	0.3	55.5
江　西	13.9	13.9		17.6
山　东	18.6	18.6	10.7	57.6
河　南	155.7	155.7	58.6	98.1
湖　北	139.5	138.5	1.6	59.4
湖　南	105.9	105.9	0.7	137.3
广　东	35.7	35.7	5.2	52.6
广　西	27.6	27.6	18.1	55.6
海　南	0.8		29.2	15.3
重　庆	14.7	14.7	11.6	81.1
四　川	130.2	130.2	11.0	75.5
贵　州	131.2	126.5	2.6	152.4
云　南	108.6	76.9	38.0	185.6
西　藏	0.1	0.1	0.0	2.1
陕　西	37.9	37.9	31.4	71.0
甘　肃	1.1	0.5	36.1	129.2
青　海			0.0	38.9
宁　夏			0.3	32.6
新　疆			1.1	1.6

6-17 各地区林业分项产值

(按当年价格计算)　　单位：亿元

地区	林业产值	1.林木的培育和种植	2.竹木采运	#村及村以下	3.林产品
全国	**4631.6**	**1852.5**	**1164.5**	**760.5**	**1614.6**
北京	52.2	50.7	1.5	0.5	0.0
天津	8.4	7.0	1.4	1.4	
河北	132.3	99.6	5.1	5.1	27.6
山西	100.3	99.2	0.9	0.4	0.2
内蒙古	98.6	88.8	4.9		4.9
辽宁	143.7	51.4	92.3		
吉林	107.2	46.6	17.6	2.0	43.0
黑龙江	219.9	66.4	2.3		151.2
上海	13.2	12.9	0.1		0.2
江苏	129.3	92.4	23.7	10.4	13.2
浙江	158.1	7.8	47.4	26.6	103.0
安徽	291.1	65.6	99.5	61.4	125.9
福建	315.1	31.6	142.2	85.6	141.3
江西	324.6	92.7	75.0	30.4	156.9
山东	147.5	60.7	29.5	26.2	57.2
河南	121.3	70.3	13.0	11.9	37.9
湖北	203.4	73.2	55.0	29.1	75.2
湖南	321.6	127.5	57.3		136.8
广东	314.7	38.7	100.5	97.0	175.5
广西	323.5	27.8	204.6		91.2
海南	100.0	38.0	11.1		50.9
重庆	73.4	66.2	6.2	2.2	1.1
四川	219.1	195.9	22.2	271.2	1.0
贵州	195.0	122.9	41.0	12.6	31.2
云南	330.4	68.6	102.8	82.7	159.0
西藏	2.4	1.4	1.0	0.9	0.0
陕西	85.5	61.4	3.7	2.5	20.5
甘肃	30.8	23.0	0.5	0.4	7.3
青海	8.3	7.8	0.2		0.3
宁夏	10.1	7.9	0.3	0.2	1.9
新疆	50.3	48.6	1.5		0.2

6-18 各地区畜牧业分项产值

(按当年价格计算) 单位：亿元

地　区	牧业产值	1.牲畜饲养	牛	羊	奶产品
全　国	**31703.2**	**8105.1**	**3826.0**	**2131.8**	**1481.2**
北　京	122.7	31.9	9.2	5.7	16.2
天　津	140.9	45.8	17.5	5.5	22.6
河　北	1939.2	589.4	254.7	180.7	140.1
山　西	376.2	135.8	43.4	48.7	35.1
内蒙古	1202.9	918.5	218.0	372.3	269.4
辽　宁	1575.7	553.3	257.3	48.2	50.5
吉　林	1252.8	442.5	367.9	38.8	17.1
黑龙江	1854.8	849.9	302.8	168.7	263.0
上　海	62.6	15.1	0.6	3.2	11.3
江　苏	1331.5	97.0	12.7	55.4	22.5
浙　江	434.3	26.6	4.3	11.0	8.1
安　徽	1375.7	198.7	101.4	83.0	11.9
福　建	681.7	63.3	27.7	22.5	13.1
江　西	788.6	67.0	44.5	8.1	9.0
山　东	2540.8	495.2	235.2	140.2	112.9
河　南	2611.3	857.3	548.4	111.6	118.5
湖　北	1715.2	309.4	219.6	76.1	12.5
湖　南	1762.7	113.7	69.8	39.2	4.5
广　东	1221.8	42.0	26.1	4.3	11.6
广　西	1266.4	92.6	82.0	10.6	4.3
海　南	267.1	37.4	30.3	6.9	0.2
重　庆	627.4	57.1	38.6	15.3	2.7
四　川	2551.7	341.4	168.9	141.3	26.7
贵　州	797.2	210.3	155.0	51.2	3.7
云　南	1141.8	271.4	178.3	66.7	19.6
西　藏	113.8	75.4	47.0	14.2	10.9
陕　西	695.9	260.1	60.6	79.6	104.5
甘　肃	299.7	178.4	76.7	69.0	24.3
青　海	165.7	140.1	49.5	55.0	25.7
宁　夏	131.7	103.3	34.8	28.8	37.1
新　疆	653.2	485.3	143.3	170.0	71.4

6-18 续表 单位：亿元

地 区	2.猪的饲养	3.家禽饲养	#肉禽	禽蛋	4.狩猎和捕猎动物	5.其他畜牧业
全 国	**14368.5**	**7619.1**	**4478.3**	**3008.3**	**63.4**	**1542.1**
北 京	54.3	33.9	12.8	21.1		2.6
天 津	70.6	24.0	5.7	18.3		0.4
河 北	686.6	461.3	133.0	328.3		201.9
山 西	141.5	93.0	26.1	66.8	0.0	5.9
内 蒙 古	177.5	103.5	47.7	55.8		3.5
辽 宁	519.2	497.6	320.7	176.9	0.6	5.0
吉 林	453.4	339.9	220.2	119.6		17.0
黑 龙 江	524.6	319.2	200.0	119.2		161.1
上 海	36.5	10.6	4.8	3.4		0.5
江 苏	593.1	480.3	266.4	210.9	1.6	159.5
浙 江	293.7	72.9	44.2	28.6	2.4	38.8
安 徽	736.5	372.1	220.9	151.3	5.2	62.6
福 建	351.5	236.2	210.1	26.1	3.7	27.0
江 西	411.0	285.9	206.5	79.4	3.0	21.7
山 东	1016.4	795.1	360.2	434.9	1.9	232.2
河 南	1242.6	447.6	142.1	302.7	2.3	61.6
湖 北	1050.5	347.3	126.6	96.4	0.2	7.8
湖 南	1206.1	361.8	173.5	188.3	8.1	73.0
广 东	690.9	389.5	351.6	37.9	3.9	95.4
广 西	663.6	349.7	332.2	17.5		156.1
海 南	133.0	91.1	84.0	7.1	1.1	4.5
重 庆	339.8	200.3	146.8	53.6		30.2
四 川	1262.9	837.0	542.6	294.5		110.4
贵 州	463.7	121.0	96.9	24.2	0.1	2.0
云 南	695.0	153.5	127.5	26.0	0.0	21.9
西 藏	37.2	1.3	0.8	0.4		0.0
陕 西	300.6	105.4	35.2	70.3	0.3	29.5
甘 肃	100.7	18.4	8.1	10.3		2.2
青 海	20.1	4.9	2.5	2.4	0.1	0.5
宁 夏	16.8	10.6	4.0	6.6	0.0	1.0
新 疆	78.7	54.2	24.8	29.4	28.8	6.2

6-19 各地区渔业分项产值

（按当年价格计算） 单位：亿元

地区	渔业产值	1.海水产品	#养殖	鱼类	甲壳类	贝类	藻类
全国	**11602.9**	**5333.5**	**2317.0**	**1578.5**	**1436.6**	**1315.1**	**169.9**
北京	9.2	1.5		1.5			
天津	89.0	28.2	7.2	20.7	6.9	0.5	
河北	211.0	143.5	89.9	32.7	53.6	49.9	
山西	9.9						
内蒙古	33.0						
辽宁	639.6	547.7	311.1	145.0	78.6	264.5	24.6
吉林	43.0						
黑龙江	129.2						
上海	50.2	17.9		10.0	4.1	0.0	
江苏	1621.9	453.5	244.9	101.4	116.2	190.3	8.0
浙江	962.0	727.1	175.3	298.3	220.4	96.5	10.4
安徽	513.2						
福建	1235.5	1027.1		307.7	291.9	278.6	75.5
江西	458.9						
山东	1485.6	1201.2	820.3	355.5	223.3	329.1	47.7
河南	128.3						
湖北	1030.0						
湖南	396.7						
广东	1195.6	598.3	454.1	252.2	299.9	36.3	3.8
广西	464.2	273.5	161.2	53.3	141.9	69.3	
海南	353.8	313.8	52.9				
重庆	85.3						
四川	223.9						
贵州	68.7						
云南	94.2						
西藏	0.2						
陕西	26.2						
甘肃	2.2						
青海	3.3						
宁夏	17.0						
新疆	22.2						

6-19 续表 单位：亿元

地 区	2.内陆水产品	#养殖	鱼 类	甲壳类	贝 类
全 国	**6269.4**	**5292.4**	**4249.9**	**1535.6**	**57.8**
北 京	7.7		6.5	0.0	
天 津	60.7	51.5	40.8	16.4	0.1
河 北	67.4	55.0	53.3	13.2	0.1
山 西	9.9	9.7	9.8	0.1	
内 蒙 古	33.0	27.6	31.9	0.4	
辽 宁	91.9	65.8	73.2	16.5	1.1
吉 林	43.0	36.8	42.0	0.9	0.1
黑 龙 江	129.2	98.4	125.0	1.7	1.4
上 海	32.2	32.2	10.8	16.5	
江 苏	1168.4	1039.9	438.7	643.8	15.0
浙 江	234.9	216.1	127.6	41.9	1.8
安 徽	513.2	409.6	295.5	187.0	11.6
福 建	208.3		165.4	35.8	2.4
江 西	458.9	412.3	340.3	55.3	8.7
山 东	284.3	264.1	246.5	33.4	0.8
河 南	128.3	120.9	117.8	8.2	0.1
湖 北	1030.0	838.3	674.7	278.5	4.8
湖 南	396.7	341.1	345.3	33.8	4.2
广 东	597.3	585.1	453.0	140.6	1.4
广 西	190.8	174.7	155.2	2.5	0.9
海 南	39.9	38.6			
重 庆	85.3	73.1	83.4	1.2	0.1
四 川	223.9	203.0	211.5	2.7	0.8
贵 州	68.7	44.7	64.2	2.4	1.9
云 南	94.2	83.6	90.6	2.0	0.6
西 藏	0.2				
陕 西	26.2	25.6	24.5	0.8	
甘 肃	2.2	2.2	2.2		
青 海	3.3	3.3	3.3		
宁 夏	17.0	16.9	16.8	0.2	
新 疆	22.2	22.2			

6-20 四大地区农林牧渔业总产值及构成

(按当年价格计算)

指　标	东部地区		中部地区		西部地区		东北地区	
	2015年	2016年	2015年	2016年	2015年	2016年	2015年	2016年
一、绝对数(亿元)								
农林牧渔业总产值	**37192.8**	**38613.0**	**27773.1**	**29479.8**	**29478.2**	**31654.1**	**12612.3**	**12344.4**
#农业	19108.8	19486.7	14905.6	15392.7	17240.5	18443.0	6380.8	5965.4
林业	1329.6	1370.9	1313.5	1362.3	1313.2	1427.5	480.2	470.8
牧业	8374.2	8742.6	7888.2	8629.6	9006.8	9647.6	4511.1	4683.3
渔业	6765.2	7213.7	2318.3	2536.9	949.9	1040.5	847.2	811.8
二、构成(%)								
农林牧渔业总产值	**100.0**	**100.0**	**100.0**	**100.0**	**100.0**	**100.0**	**100.0**	**100.0**
#农业	51.4	50.5	53.7	52.2	58.5	58.3	50.6	48.3
林业	3.6	3.6	4.7	4.6	4.5	4.5	3.8	3.8
牧业	22.5	22.6	28.4	29.3	30.6	30.5	35.8	37.9
渔业	18.2	18.7	8.3	8.6	3.2	3.3	6.7	6.6

6-21 农林牧渔业总产值

单位：亿元

年　份	农林牧渔业总产值	农业产值	林业产值	牧业产值	渔业产值
			(按1957年不变价格计算)		
1952	417.0	364.9	2.9	47.9	1.3
1957	536.7	455.5	9.3	69.0	2.9
1962	430.3	370.8	7.3	44.5	
1965	589.6	484.8	12.0	82.7	10.1
1970	716.3	596.8	16.0	92.6	10.9
			(按1970年不变价格计算)		
1975	1202.4	966.8	37.1	179.4	19.1
1978	1288.7	1031.0	44.4	193.0	20.3
			(按1980年不变价格计算)		
1980	1964.5	1491.6	94.5	339.6	38.8
1985	2912.2	2133.4	146.4	563.3	69.1
			(按1990年不变价格计算)		
1990	8151.2	5190.8	378.4	2048.8	533.2
1991	8451.8	5239.6	408.6	2229.7	573.9
1992	8989.1	5461.3	439.9	2426.1	661.8
1993	9692.9	5747.2	475.3	2686.8	783.6
1994	10525.9	5933.8	517.3	3134.4	940.4
1995	11670.7	6405.0	543.4	3599.1	1123.2
1996	12127.0	6901.6	574.0	3371.2	1280.2
1997	12942.4	7210.0	593.1	3711.7	1427.6
1998	13712.8	7564.6	610.4	3984.5	1553.2
1999	14351.4	7891.1	629.6	4165.9	1664.9
2000	14863.9	7999.8	663.4	4428.3	1772.4
2001	15494.0	8288.3	658.6	4705.6	1841.5
2002	16259.7	8611.7	705.2	4988.5	1954.3
2003	16997.2	8005.5	818.7	5564.3	2067.1
			(按可比价格计算)		
2004	31905.2	16133.4	1264.8	10225.1	3327.4
2005	38291.2	18890.5	1369.4	13128.8	3841.6
2006	40007.5	20645.2	1513.4	12381.8	3812.7
2007	42409.1	22363.2	1721.9	12462.1	4134.7
2008	51692.8	25836.7	2011.9	17213.6	4723.4
2009	60566.5	29291.8	2343.3	21173.0	5514.4
2010	63031.2	32036.9	2340.5	20266.3	5938.8
2011	72410.2	39022.5	2792.6	21181.8	6711.2
2012	85297.7	43835.6	3329.2	27117.1	7957.6
2013	93006.0	48995.2	3700.1	27735.0	9158.8
2014	101075.1	53753.5	4139.7	29292.6	10055.9
2015	106240.7	57498.0	4482.7	29278.1	10732.0
2016	110846.0	60064.3	4701.2	29992.6	11335.0

注：1. 从2004年起，农林牧渔业总产值使用可比价格计算。
　　2. 2006年为农业普查调整数。

6-22 农林牧渔业总产值指数

(以1952年为100)

年 份	农林牧渔业总产值	农业产值	林业产值	牧业产值	渔业产值
1949	65.2	64.6	55.2	70.4	46.2
1952	100.0	100.0	100.0	100.0	100.0
1957	128.7	124.8	320.7	144.1	223.1
1962	103.2	101.6	251.7	92.9	592.3
1965	141.4	132.9	413.8	172.7	776.9
1970	171.8	163.6	551.7	193.3	838.5
1975	192.4	179.4	745.5	232.2	1150.3
1978	206.2	191.3	892.2	249.8	1222.5
1980	224.9	203.6	1014.8	306.4	1270.7
1985	333.4	291.2	1572.1	508.2	2263.0
1990	420.5	356.7	1601.1	704.4	4238.2
1991	436.0	360.1	1728.5	766.5	4562.1
1992	463.0	375.3	1861.1	834.1	5260.5
1993	500.0	394.9	2010.4	923.8	6222.5
1994	543.0	407.5	2189.3	1078.1	7467.0
1995	602.2	439.7	2298.8	1237.7	8915.6
1996	658.9	474.0	2428.1	1379.0	10161.8
1997	703.2	495.2	2508.7	1518.3	11331.4
1998	745.0	519.6	2582.0	1629.9	12328.6
1999	779.7	542.0	2664.6	1704.0	13215.0
2000	807.8	549.6	2808.5	1811.4	14074.0
2001	842.0	569.4	2788.4	1924.8	14622.3
2002	883.6	591.6	2985.6	2040.5	15518.0
2003	918.9	591.6	3194.6	2183.3	16293.9
2004	987.8	641.9	3258.5	2340.5	17271.5
2005	1044.1	668.2	3362.8	2523.1	18394.1
2006	1100.7	704.2	3550.5	2649.3	19496.5
2007	1143.2	731.7	3795.6	2718.2	20451.8
2008	1208.7	766.7	4102.1	2901.7	21671.7
2009	1264.3	796.0	4395.3	3069.9	22927.1
2010	1320.2	828.3	4681.9	3195.5	24198.4
2011	1379.0	875.0	5037.5	3250.2	25286.6
2012	1446.8	913.5	5374.0	3420.0	26588.4
2013	1504.2	953.5	5768.5	3488.6	27971.3
2014	1567.5	995.3	6119.2	3593.8	29194.5
2015	1629.1	1044.8	6445.2	3633.7	30318.0
2016	1686.7	1088.8	6829.9	3659.6	31584.0

注：本表按可比价格计算。

6-23 各地区农林牧渔业总产值指数

(以上年为100，按可比价格计算)

地 区	农林牧渔总产值	#农业产值	林业产值	牧业产值	渔业产值
全国合计	**103.5**	**104.2**	**106.0**	**100.7**	**104.2**
北 京	90.1	95.0	91.1	84.4	78.6
天 津	103.3	105.5	107.9	98.7	103.2
河 北	103.5	103.2	106.4	103.0	103.8
山 西	103.2	103.3	106.6	101.9	100.2
内 蒙 古	103.1	102.8	100.3	103.6	102.8
辽 宁	97.4	92.6	93.5	97.8	108.5
吉 林	103.2	105.3	100.1	100.9	106.9
黑 龙 江	105.5	105.4	108.7	104.7	108.1
上 海	90.8	90.3	110.0	88.9	90.2
江 苏	100.8	100.5	104.2	98.9	101.2
浙 江	102.5	103.4	101.2	93.7	105.2
安 徽	103.4	102.5	104.9	102.0	103.1
福 建	103.7	103.0	104.0	103.4	104.6
江 西	104.1	104.8	107.5	102.1	102.6
山 东	104.4	105.0	109.5	102.6	102.0
河 南	104.5	105.9	104.9	101.0	105.5
湖 北	104.9	105.0	112.0	99.0	107.8
湖 南	103.6	103.9	108.3	100.5	106.4
广 东	102.9	103.6	106.4	99.0	103.4
广 西	103.3	104.7	105.9	98.3	104.3
海 南	104.3	104.8	104.0	103.2	103.5
重 庆	104.5	104.3	111.4	103.1	110.2
四 川	104.0	111.3	105.0	93.8	104.9
贵 州	106.2	106.9	109.0	103.2	116.7
云 南	105.8	106.1	111.1	102.9	111.1
西 藏	112.6	74.7	110.4	147.1	136.2
陕 西	104.1	104.9	114.6	99.7	108.7
甘 肃	104.2	104.4	107.6	102.5	101.1
青 海	105.4	105.5	111.4	105.0	117.2
宁 夏	104.4	103.7	83.6	107.9	108.3
新 疆	106.0	106.4	107.4	104.4	106.6

注：本表按可比价格计算。

6-24 各地区农林牧渔业总产值及占全国的比重

（按可比价格计算）

地 区	农林牧渔业总产值	2016年比2015年增减百分比 (%)	占全国的比重 (%)
全国合计	**110846.0**	**3.5**	**100.0**
北 京	331.7	-9.9	0.3
天 津	482.8	3.3	0.4
河 北	6186.0	3.5	5.6
山 西	1570.6	3.2	1.4
内蒙古	2836.3	3.1	2.6
辽 宁	4567.0	-2.6	4.1
吉 林	2971.9	3.2	2.7
黑龙江	5320.3	5.5	4.8
上 海	274.8	-9.2	0.2
江 苏	7087.1	0.8	6.4
浙 江	3006.5	2.5	2.7
安 徽	4542.2	3.4	4.1
福 建	3857.3	3.7	3.5
江 西	2976.3	4.1	2.7
山 东	9973.9	4.4	9.0
河 南	7984.4	4.5	7.2
湖 北	6009.3	4.9	5.4
湖 南	5833.2	3.6	5.3
广 东	5678.6	2.9	5.1
广 西	4335.0	3.3	3.9
海 南	1381.4	4.3	1.2
重 庆	1816.8	4.5	1.6
四 川	6630.6	4.0	6.0
贵 州	2907.7	6.2	2.6
云 南	3580.6	5.8	3.2
西 藏	168.3	12.6	0.2
陕 西	2927.5	4.1	2.6
甘 肃	1794.9	4.2	1.6
青 海	336.6	5.4	0.3
宁 夏	504.5	4.4	0.5
新 疆	2971.9	6.0	2.7

6-25 各地区农林牧渔业总产值

(按可比价格计算)　　单位：亿元

地　区	农林牧渔业总产值	农业产值	林业产值	牧业产值	渔业产值
全国总计	**110846.0**	**60064.3**	**4701.2**	**29992.6**	**11335.0**
北　京	331.7	146.8	52.2	114.7	9.3
天　津	482.8	251.1	8.4	128.5	82.9
河　北	6186.0	3551.5	129.3	1960.7	206.3
山　西	1570.6	1001.9	103.8	365.8	10.0
内蒙古	2836.3	1458.2	99.7	1202.7	31.6
辽　宁	4567.0	1915.3	155.3	1526.9	748.6
吉　林	2971.9	1474.8	109.9	1256.5	42.7
黑龙江	5320.3	3070.4	221.9	1784.7	127.1
上　海	274.8	146.3	13.4	58.3	46.7
江　苏	7087.1	3740.2	134.5	1247.6	1535.0
浙　江	3006.5	1483.4	153.5	399.3	900.3
安　徽	4542.2	2227.9	304.3	1284.6	489.6
福　建	3857.3	1667.9	326.9	591.0	1132.4
江　西	2976.3	1391.0	315.9	735.1	430.9
山　东	9973.9	5174.9	153.2	2590.0	1555.6
河　南	7984.4	4884.3	140.8	2469.9	130.4
湖　北	6009.3	2918.2	202.3	1488.8	995.1
湖　南	5833.2	3162.6	343.6	1609.7	390.5
广　东	5678.6	2895.5	315.7	1105.6	1154.7
广　西	4335.0	2248.2	332.4	1120.6	448.2
海　南	1381.4	643.5	103.2	246.1	336.2
重　庆	1816.8	1078.4	67.3	559.7	82.5
四　川	6630.6	3711.0	216.2	2360.5	220.9
贵　州	2907.7	1894.7	150.1	686.2	65.2
云　南	3580.6	1954.6	352.3	1061.4	90.7
西　藏	168.3	50.8	2.3	110.8	0.2
陕　西	2927.5	2004.0	86.9	663.7	25.7
甘　肃	1794.9	1307.4	30.8	286.5	2.2
青　海	336.6	153.0	8.3	166.2	3.3
宁　夏	504.5	322.5	9.7	132.6	17.1
新　疆	2971.9	2134.1	57.1	677.8	23.2

6-26 农林牧渔业分项产值及增幅

(按可比价格计算)

指 标	绝对数(亿元)	比上年增长幅度(%)
农林牧渔业总产值	**110846.0**	**3.5**
农业产值	**60064.3**	**4.2**
谷物及其他作物	22835.1	2.6
蔬菜园艺作物	23716.8	4.3
水果、坚果、饮料和香料作物	11825.5	6.0
中药材	1657.9	7.5
林业产值	**4701.2**	**6.0**
林木的培育和种植	1886.4	0.8
竹木采运	1184.0	3.7
林产品	1630.7	14.6
牧业产值	**29992.6**	**0.7**
牲畜饲养	8273.2	2.7
猪的饲养	12432.0	-3.3
家禽饲养	7637.4	3.3
狩猎和捕捉动物	63.7	3.4
其他畜牧业	1595.7	13.4
渔业产值	**11335.0**	**4.2**
海水产品	5221.0	4.4
内陆水域水产品	6113.8	2.6

6-27 各地区农业分项产值

(按可比价格计算)

单位：亿元

地 区	农业	谷物及其他作物	蔬菜及园艺	水果坚果及饮料	中药材
全 国	**60064.3**	**22835.1**	**23716.8**	**11825.5**	**1657.9**
北 京	146.8	14.4	77.4	52.8	2.2
天 津	251.1	57.8	158.0	35.3	0.0
河 北	3551.5	1044.5	1792.0	638.7	76.2
山 西	1001.9	366.3	298.7	286.5	50.4
内蒙古	1458.2	1050.6	295.6	67.5	44.5
辽 宁	1915.3	490.8	1041.4	369.3	13.8
吉 林	1474.8	1006.5	311.6	134.3	22.3
黑龙江	3070.4	1962.7	806.0	293.7	8.0
上 海	146.3	34.0	84.1	28.0	0.2
江 苏	3740.2	1397.4	1960.3	368.8	13.6
浙 江	1483.4	288.1	714.7	419.1	61.5
安 徽	2227.9	1241.7	631.2	307.2	47.9
福 建	1667.9	327.0	817.1	483.4	40.5
江 西	1391.0	722.9	421.1	230.2	16.8
山 东	5174.9	1872.3	2052.7	1197.7	52.2
河 南	4884.3	1901.4	1638.7	1246.2	98.1
湖 北	2918.2	1089.5	1320.1	445.3	63.4
湖 南	3162.6	1044.5	1566.8	407.3	144.0
广 东	2895.5	789.2	1366.7	690.7	48.9
广 西	2248.2	949.1	751.5	463.4	55.1
海 南	643.5	116.0	266.0	247.3	14.1
重 庆	1078.4	349.4	455.9	183.8	89.4
四 川	3711.0	1300.8	1520.5	814.1	75.6
贵 州	1894.7	458.3	1091.7	213.4	131.2
云 南	1954.6	809.4	491.1	454.4	199.6
西 藏	50.8	34.7	12.6	1.5	2.0
陕 西	2004.0	444.8	604.8	879.4	74.9
甘 肃	1307.4	463.6	415.1	296.2	132.5
青 海	153.0	67.0	39.7	5.3	40.9
宁 夏	322.5	115.1	103.3	67.8	36.3
新 疆	2134.1	1025.2	610.2	497.1	1.5

6-28 各地区林业分项产值

(按可比价格计算)　　　　单位：亿元

地　区	林业产值	林木的培育和种植	竹木采运	林产品
全　国	**4701.2**	**1886.4**	**1184.0**	**1630.7**
北　京	52.2	50.7	1.5	0.0
天　津	8.4	7.0	1.4	
河　北	129.3	97.2	5.3	26.8
山　西	103.8	102.8	0.9	
内蒙古	99.7	89.7	5.1	4.9
辽　宁	155.3	55.6	99.8	
吉　林	109.9	48.2	17.0	44.8
黑龙江	221.9	67.0	2.3	152.6
上　海	13.4	13.1	0.1	0.2
江　苏	134.5	95.7	25.1	13.6
浙　江	153.5	7.7	51.0	94.8
安　徽	304.3	80.1	106.1	118.0
福　建	326.9	30.7	147.8	148.5
江　西	315.9	92.7	75.9	147.2
山　东	153.2	63.3	29.8	60.1
河　南	140.8	77.7	17.4	45.7
湖　北	202.3	73.1	54.1	75.0
湖　南	343.6	125.9	59.9	157.8
广　东	315.7	39.9	101.3	174.5
广　西	332.4	28.5	209.5	94.4
海　南	103.2	42.3	10.7	50.2
重　庆	67.3	60.1	6.1	1.1
四　川	216.2	193.2	22.0	0.9
贵　州	150.1	119.0	20.0	11.1
云　南	352.3	69.9	105.7	176.6
西　藏	2.3	1.3	1.0	0.0
陕　西	86.9	60.3	4.3	22.2
甘　肃	30.8	23.0	0.5	7.3
青　海	8.3	7.8	0.2	0.3
宁　夏	9.7	7.6	0.3	1.8
新　疆	57.1	55.3	1.6	0.2

6-29 各地区畜牧业分项产值

(按可比价格计算)　　单位：亿元

地区	牧业产值	牲畜饲养	猪的饲养	家禽饲养	捕猎	其他畜牧业
全国	**29992.6**	**8273.2**	**12432.0**	**7637.4**	**63.7**	**1586.4**
北京	114.7	33.8	43.4	34.8		2.6
天津	128.5	41.2	63.5	23.4		0.4
河北	1960.7	666.5	600.2	488.1		205.9
山西	365.8	134.5	123.1	101.9		6.4
内蒙古	1202.7	947.2	152.7	99.4		3.5
辽宁	1526.9	534.7	458.6	528.0	0.6	5.0
吉林	1256.5	463.8	442.6	332.1		18.1
黑龙江	1784.7	887.8	456.1	289.9		150.8
上海	58.3	16.8	30.1	10.9		0.5
江苏	1247.6	98.2	497.2	485.2	1.7	165.3
浙江	399.3	27.6	255.2	75.8	2.4	38.3
安徽	1284.6	211.0	617.0	384.3	6.0	66.4
福建	591.0	62.6	292.5	206.0	3.6	26.3
江西	735.1	78.0	394.0	235.4	2.7	25.1
山东	2590.0	518.2	941.0	821.4	1.8	307.6
河南	2469.9	919.3	1007.4	479.3	2.3	61.6
湖北	1488.8	259.8	876.1	345.1	0.2	7.7
湖南	1609.7	119.8	1025.8	381.4	7.3	75.4
广东	1105.6	41.8	574.5	398.3	3.6	87.5
广西	1120.6	97.7	539.7	356.2		127.0
海南	246.1	32.9	115.3	92.6	1.1	4.2
重庆	559.7	58.3	277.8	194.9		28.8
四川	2360.5	342.4	1093.3	816.3		108.5
贵州	686.2	177.0	392.7	114.4	0.1	2.0
云南	1061.4	252.4	635.9	151.2	…	21.8
西藏	110.8	73.3	36.2	1.2		…
陕西	663.7	248.0	287.5	98.5	0.3	29.5
甘肃	286.5	175.6	89.7	19.2		2.1
青海	166.2	142.2	18.1	5.3	0.1	0.5
宁夏	132.6	107.1	13.6	11.0	…	1.0
新疆	677.8	503.6	81.7	56.2	29.9	6.4

6-30 各地区渔业分项产值

（按可比价格计算） 单位：亿元

地 区	渔业产值	海水产品	内陆水产品
全 国	**11335.0**	**5221.0**	**6113.8**
北 京	9.3	1.6	7.7
天 津	82.9	23.5	59.4
河 北	206.3	130.6	75.7
山 西	10.0		10.0
内蒙古	31.6		31.6
辽 宁	748.6	641.0	107.6
吉 林	42.7		42.7
黑龙江	127.1		127.1
上 海	46.7	15.6	31.1
江 苏	1535.0	425.4	1109.6
浙 江	900.3	669.4	231.0
安 徽	489.6		489.6
福 建	1132.4	922.5	209.8
江 西	430.9		430.9
山 东	1555.6	1264.7	290.9
河 南	130.4		130.4
湖 北	995.1		995.1
湖 南	390.5		390.5
广 东	1154.7	576.0	578.6
广 西	448.2	253.1	193.1
海 南	336.2	295.6	40.5
重 庆	82.5		82.5
四 川	220.9		220.9
贵 州	65.2		65.2
云 南	90.7		90.7
西 藏	0.24		0.24
陕 西	25.7		25.7
甘 肃	2.2		2.2
青 海	3.3		3.3
宁 夏	17.1		17.1
新 疆	23.2		23.2

7

主要农产品种植（养殖）面积与产量

7-1 主要农作物播种面积

单位：千公顷

年 份	农作物总播种面积	粮食面积					
			稻 谷	小 麦	玉 米	大 豆	薯 类
1952	141256	123979	28382	24780	12566	11679	8688
1957	157244	133633	32241	27542	14943	12748	10495
1962	140229	121621	26935	24075	12819	9504	12171
1965	143291	119627	29825	24709	15671	8593	11175
1970	143487	119267	32358	25458	15831	7985	10717
1975	149545	121062	35729	27661	18598	6999	10969
1978	150104	120587	34421	29183	19961	7144	11796
1980	146380	117234	33878	28844	20087	7226	10153
1985	143626	108845	32070	29218	17694	7718	8572
1990	148362	113466	33064	30753	21401	7560	9121
1991	149586	112314	32590	30948	21574	7041	9078
1992	149007	110560	32090	30496	21044	7221	9057
1993	147741	110509	30355	30235	20694	9454	9220
1994	148241	109544	30171	28981	21152	9222	9270
1995	149879	110060	30744	28860	22776	8127	9519
1996	152381	112548	31406	29611	24498	7471	9797
1997	153969	112912	31765	30057	23775	8346	9785
1998	155706	113787	31214	29774	25239	8500	10000
1999	156373	113161	31283	28855	25904	7962	10355
2000	156300	108463	29962	26653	23056	9307	10538
2001	155708	106080	28812	24664	24282	9482	10217
2002	154636	103891	28202	23908	24634	8720	9881
2003	152415	99410	26508	21997	24068	9313	9702
2004	153553	101606	28379	21626	25446	9589	9457
2005	155488	104278	28847	22793	26358	9591	9503
2006	152149	104958	28938	23613	28463	9304	7877
2007	153464	105638	28919	23721	29478	8754	8082
2008	156266	106793	29241	23617	29864	9127	8427
2009	158614	108986	29627	24291	31183	9190	8636
2010	160675	109876	29873	24257	32500	8516	8750
2011	162283	110573	30057	24270	33542	7889	8906
2012	163416	111205	30137	24268	35030	7172	8886
2013	164627	111956	30312	24117	36318	6791	8963
2014	165446	112723	30310	24069	37123	6800	8940
2015	166374	113343	30216	24141	38119	6506	8839
2016	166650	113034	30178	24187	36768	7202	8941

7-1 续表

单位：千公顷

年 份	棉 花	花 生	油菜籽	芝 麻	黄红麻	甘 蔗	甜 菜	烤 烟
1952	5576	1804	1863		158	183	35	186
1957	5775	2541	2308		143	267	159	355
1962	3497	1301	1361		62	154	83	176
1965	5003	1846	1822		113	351	171	325
1970	4997	1709	1453		135	387	199	291
1975	4955	1877	2313		297	523	303	460
1978	4866	1768	2600	638	412	549	331	613
1980	4920	2339	2844	776	314	480	443	397
1985	5140	3318	4494	1052	992	965	560	1077
1990	5588	2907	5503	669	300	1009	670	1342
1991	6538	2880	6133	680	270	1164	783	1562
1992	6835	2976	5976	746	277	1246	660	1849
1993	4985	3379	5300	754	274	1088	599	1835
1994	5528	3776	5783	690	176	1057	698	1302
1995	5422	3809	6907	642	147	1125	695	1309
1996	4722	3616	6734	594	147	1207	638	1683
1997	4491	3722	6475	615	162	1311	612	2161
1998	4459	4039	6527	630	93	1401	583	1200
1999	3726	4268	6899	697	65	1303	341	1216
2000	4041	4856	7494	784	50	1185	329	1269
2001	4810	4991	7095	758	52	1248	406	1181
2002	4184	4921	7143	759	55	1393	424	1192
2003	5111	5057	7221	687	41	1409	248	1139
2004	5693	4745	7271	624	32	1378	190	1145
2005	5062	4662	7278	593	31	1354	210	1245
2006	5816	3956	5984	564	31	1378	189	1088
2007	5926	3945	5642	486	33	1586	216	1066
2008	5754	4246	6594	472	26	1743	246	1230
2009	4949	4377	7278	476	24	1697	186	1265
2010	4849	4527	7370	447	19	1686	219	1231
2011	5038	4581	7347	437	19	1721	227	1351
2012	4688	4639	7432	437	18	1795	236	1480
2013	4346	4633	7531	418	17	1816	182	1527
2014	4222	4604	7588	429	14	1760	139	1379
2015	3797	4616	7534	422	13	1600	137	1222
2016	3345	4727	7331	402	12	1527	166	1206

7-2 主要农作物播种面积

单位：千公顷

指　标	1990年	1995年	2000年	2015年	2016年	2016年为2015年百分比(%)
农作物总播种面积	**148362**	**149879**	**156300**	**166374**	**166650**	**100.2**
一、粮食作物	**113466**	**110060**	**108463**	**113343**	**113034**	**99.7**
1.谷物		89310	85264	95636	94394	98.7
稻谷	33064	30744	29962	30216	30178	99.9
小麦	30753	28860	26653	24141	24187	100.2
玉米	21401	22776	23056	38119	36768	96.5
谷子	2278	1522	1250	839	857	102.1
高粱	1545	1215	889	574	625	108.9
其他谷物		4192	3454	1746	1779	101.9
2.豆类		11232	12660	8868	9700	109.4
#大豆	7560	8127	9307	6506	7202	110.7
杂豆		3105	3353	2362	2498	105.7
3.薯类	9121	9519	10538	8839	8941	101.2
#马铃薯	2865	3434	4723	5518	5626	102.0
二、油料作物	**10900**	**13101**	**15400**	**14035**	**14138**	**100.7**
#花生	2907	3809	4856	4616	4727	102.4
油菜籽	5503	6907	7494	7534	7331	97.3
芝麻	669	642	784	422	402	95.3
胡麻籽	703	621	498	292	282	96.6
向日葵	713	813	1229	1036	1153	111.3
三、棉花	**5588**	**5422**	**4041**	**3797**	**3345**	**88.1**
四、麻类	**495**	**376**	**262**	**81**	**88**	**107.8**
#黄红麻	300	147	50	13	12	90.9
苎　麻	81	97	96	56	53	94.4
大　麻	21	16	13	6	16	243.1
亚　麻	87	113	96	3	3	110.2
五、糖料	**1679**	**1820**	**1514**	**1737**	**1696**	**97.7**
甘蔗	1009	1125	1185	1600	1527	95.4
甜菜	670	695	329	137	166	121.1
六、烟叶	**1593**	**1470**	**1437**	**1314**	**1273**	**96.9**
#烤烟	1342	1309	1269	1222	1206	98.8
七、药材	**153**	**279**	**676**	**2044**	**2236**	**109.4**
八、蔬菜、瓜类	**7059**	**10616**	**17231**	**24549**	**24930**	**101.6**
#蔬菜	6338	9515	15237	22000	22328	101.5
九、其他农作物	**7429**	**6736**	**7352**	**5475**	**5908**	**107.9**
#青饲料	1862	1825	2142	1996	2192	109.8

7-2 续表 1

单位：千公顷

指　　标	全国		东部		中部	
	2015年	2016年	2015年	2016年	2015年	2016年
全年农作物播种面积	**166373.8**	**166649.5**	**38746.2**	**38547.8**	**49391.6**	**49284.2**
一、粮食	**113342.9**	**113034.5**	**25278.2**	**25158.1**	**33303.5**	**33185.8**
其中：夏收粮食	27625.3	27632.5	9319.4	9315.5	10273.9	10282.9
(一)谷物	95635.9	94394.0	22976.1	22890.6	29786.5	29619.3
1.稻谷	30215.7	30178.2	6404.1	6360.5	12536.6	12454.0
(1)早稻	5714.8	5619.9	1327.6	1313.1	3449.4	3373.3
(2)中稻和一季晚稻	18191.9	18412.3	3494.8	3476.0	5346.2	5475.1
(3)双季晚稻	6309.0	6145.0	1581.7	1571.4	3741.1	3605.7
2.小麦	24141.4	24186.8	8565.8	8572.9	9692.8	9725.3
(1)冬小麦	22616.7	22636.7	8543.9	8551.3	9692.4	9725.3
(2)春小麦	1524.6	1550.1	21.9	21.5	0.3	
3.玉米	38119.3	36767.7	7468.0	7431.4	6968.8	6859.3
4.谷子	839.4	857.3	168.3	169.6	263.5	259.0
5.高粱	574.0	625.2	19.7	19.4	47.9	52.6
6.其它谷物	1746.1	1778.7	350.3	336.8	277.0	269.1
其中：大麦	446.6	428.6	170.6	156.8	79.4	69.9
(二)豆类	8868.3	9699.9	945.1	922.8	2100.1	2163.2
其中：大豆	6506.1	7202.3	692.2	672.9	1670.9	1720.9
绿豆	565.3	615.5	29.7	28.6	208.2	210.3
红小豆	172.5	228.4	20.1	20.2	30.2	31.0
(三)薯类	8838.8	8940.6	1357.0	1344.7	1416.9	1403.3
其中：马铃薯	5518.2	5626.0	370.5	383.0	544.1	537.5
二、油料作物	**14034.6**	**14138.4**	**2384.6**	**2357.3**	**6203.3**	**6090.7**
其中：花生	4615.7	4727.5	1705.3	1711.5	1753.8	1805.9
油菜籽	7534.4	7331.1	548.7	504.8	3976.6	3821.2
芝麻	421.7	402.0	27.1	26.0	350.6	344.0
胡麻籽	292.3	282.4	34.5	33.0	55.7	47.0
向日葵	1036.3	1153.1	61.5	74.4	40.8	44.8
三、棉花	**3796.7**	**3344.7**	**1002.2**	**843.1**	**822.7**	**645.9**
四、麻类	**81.3**	**87.6**	**1.0**	**0.9**	**31.4**	**28.2**
其中：黄红麻	13.4	12.2	0.6	0.4	8.9	7.8
苎　麻	55.7	52.6	0.4	0.3	20.2	18.4
大　麻	6.5	15.8	0.1	0.2	2.3	1.8
亚　麻	2.9	3.2				0.0
五、糖料	**1736.5**	**1696.2**	**244.1**	**231.3**	**46.0**	**46.2**
(一)甘蔗	1599.6	1526.8	226.9	212.0	44.8	45.3
(二)甜菜	136.9	165.8	17.2	19.3	1.2	0.7
六、烟叶	**1314.0**	**1273.3**	**118.7**	**118.9**	**312.6**	**310.0**
其中：烤烟	1221.5	1206.4	114.8	115.0	283.0	301.3
七、药材	**2043.8**	**2236.1**	**210.2**	**225.2**	**431.5**	**520.7**
八、蔬菜(含菜用瓜)	**21999.7**	**22328.3**	**7836.5**	**7857.7**	**6079.4**	**6224.7**
九、瓜果类	**2549.5**	**2602.0**	**806.6**	**795.3**	**875.3**	**910.4**
其中：西瓜	1860.7	1890.8	565.8	555.4	713.6	735.3
甜瓜	460.9	481.9	129.5	129.4	119.1	123.5
草莓	129.3	129.7	57.2	59.6	33.7	37.2
十、其他农作物	**5474.9**	**5908.5**	**864.1**	**960.0**	**1285.9**	**1321.5**
其中：青饲料	1996.5	2191.6	213.8	271.2	426.0	433.1

7-2 续表 2 单位：千公顷

指　　标	西　部		东　北	
	2015年	2016年	2015年	2016年
全年农作物播种面积	**56043.0**	**56650.6**	**22193.0**	**22167.0**
一、粮食	**34620.6**	**34632.9**	**20140.6**	**20057.8**
其中：夏收粮食	8032.1	8034.1		
(一)谷物	25976.4	25751.0	16896.9	16133.1
1.稻谷	6820.6	6817.2	4454.5	4546.5
(1)早稻	937.8	933.5		
(2)中稻和一季晚稻	4896.5	4914.7	4454.5	4546.5
(3)双季晚稻	986.3	968.0		
2.小麦	5806.0	5802.9	76.9	85.8
(1)冬小麦	4380.4	4360.1		
(2)春小麦	1425.6	1442.8	76.9	85.8
3.玉米	11644.7	11343.8	12037.9	11133.2
4.谷子	295.7	305.2	111.9	123.5
5.高粱	311.9	333.3	194.5	219.9
6.其它谷物	1097.5	1148.6	21.2	24.3
其中：大麦	196.6	201.8	0.0	
(二)豆类	2947.9	3090.6	2875.2	3523.3
其中：大豆	1473.9	1592.1	2669.1	3216.4
绿豆	198.9	227.3	128.5	149.3
红小豆	72.8	79.0	49.3	98.2
(三)薯类	5696.3	5791.2	368.5	401.4
其中：马铃薯	4264.2	4341.0	339.5	364.5
二、油料作物	**4797.7**	**4971.7**	**649.0**	**718.6**
其中：花生	688.5	703.0	468.0	507.1
油菜籽	3007.8	3004.1	1.3	1.0
芝麻	39.5	28.2	4.5	3.8
胡麻籽	202.1	202.4		
向日葵	777.9	929.7	156.2	104.1
三、棉花	**1971.7**	**1855.6**	**0.1**	**0.1**
四、麻类	**45.8**	**44.5**	**3.0**	**14.0**
其中：黄红麻	4.0	4.1		
苎　麻	35.1	33.8		
大　麻	2.5	3.0	1.6	10.9
亚　麻	1.5	1.4	1.4	1.8
五、糖料	**1442.0**	**1413.2**	**4.4**	**5.5**
(一)甘蔗	1327.9	1269.5		
(二)甜菜	114.1	140.4	4.4	5.5
六、烟叶	**832.3**	**799.8**	**50.5**	**44.5**
其中：烤烟	783.1	752.2	40.7	37.9
七、药材	**1330.8**	**1415.5**	**71.2**	**74.6**
八、蔬菜(含菜用瓜)	**7138.0**	**7384.8**	**945.7**	**861.1**
九、瓜果类	**713.8**	**727.2**	**153.8**	**169.0**
其中：西瓜	505.7	509.9	75.6	90.2
甜瓜	163.9	173.0	48.3	56.0
草莓	16.8	18.9	21.5	14.0
十、其他农作物	**3150.2**	**3405.3**	**174.7**	**221.7**
其中：青饲料	1308.6	1386.6	48.1	100.7

7-2 续表 3

单位：千公顷

指标	粮食主产区		粮食主销区		粮食平衡区	
	2015年	2016年	2015年	2016年	2015年	2016年
全年农作物播种面积	**112586.1**	**112747.6**	**11234.8**	**11181.1**	**42552.9**	**42720.9**
一、粮食	**81646.7**	**81512.4**	**5969.0**	**5886.5**	**25727.2**	**25635.6**
其中：夏收粮食	19905.8	19946.4	755.2	714.4	6964.3	6971.7
(一)谷物	71257.7	70274.8	4831.8	4748.0	19546.4	19371.2
1.稻谷	21552.7	21570.4	3911.4	3878.4	4751.6	4729.5
(1)早稻	3449.4	3373.3	1327.6	1313.1	937.8	933.5
(2)中稻和一季晚稻	14362.3	14591.5	1002.1	993.9	2827.5	2826.9
(3)双季晚稻	3741.1	3605.7	1581.7	1571.4	986.3	968.0
2.小麦	19075.2	19153.6	268.2	238.9	4798.0	4794.4
(1)冬小麦	18424.0	18464.9	256.6	226.7	3936.2	3945.1
(2)春小麦	651.1	688.6	11.7	12.1	861.8	849.4
3.玉米	29012.6	27817.7	594.4	589.2	8512.3	8360.8
4.谷子	511.2	543.0	3.0	2.2	325.2	312.1
5.高粱	397.9	435.4	3.5	4.3	172.6	185.5
6.其它谷物	708.2	754.9	51.2	35.0	986.7	988.9
其中：大麦	284.5	277.5	30.0	16.5	132.1	134.6
(二)豆类	6452.1	7272.7	333.8	327.2	2082.3	2100.0
其中：大豆	5361.6	6033.9	237.6	232.7	906.9	935.7
绿豆	413.4	463.5	6.7	6.8	145.2	145.2
红小豆	105.2	158.9	4.1	4.0	63.2	65.5
(三)薯类	3936.9	3964.9	803.4	811.3	4098.5	4164.4
其中：马铃薯	2204.1	2253.1	192.2	201.7	3121.9	3171.1
二、油料作物	**10638.1**	**10692.5**	**689.3**	**693.3**	**2707.2**	**2752.6**
其中：花生	3668.9	3765.9	531.4	535.6	415.4	426.0
油菜籽	5719.4	5519.8	146.0	141.1	1669.0	1670.2
芝麻	373.5	365.7	11.2	11.0	37.0	25.3
胡麻籽	94.6	92.7		0.0	197.7	189.7
向日葵	750.3	827.8	0.6	5.6	285.4	319.7
三、棉花	**1791.4**	**1465.4**	**33.2**	**25.9**	**1972.1**	**1853.5**
四、麻类	**64.7**	**72.1**	**0.4**	**0.3**	**16.2**	**15.1**
其中：黄红麻	9.7	8.5	0.3	0.3	3.4	3.4
苎　麻	49.4	47.1	0.1	0.0	6.3	5.5
大　麻	4.0	13.1			2.4	2.7
亚　麻	1.4	1.8			1.5	1.4
五、糖料	**131.3**	**148.3**	**225.4**	**210.6**	**1379.8**	**1337.3**
(一)甘蔗	59.8	59.7	225.4	210.6	1314.4	1256.6
(二)甜菜	71.5	85.0			65.4	80.8
六、烟叶	**488.0**	**479.1**	**91.3**	**91.4**	**734.6**	**702.7**
其中：烤烟	433.1	449.6	88.0	88.0	700.4	668.9
七、药材	**753.8**	**873.5**	**98.4**	**110.8**	**1191.6**	**1251.8**
八、蔬菜(含菜用瓜)	**12957.3**	**13035.7**	**3274.5**	**3321.8**	**5767.9**	**5970.8**
九、瓜果类	**1674.0**	**1725.9**	**242.3**	**237.9**	**633.2**	**638.2**
其中：西瓜	1242.5	1278.2	169.9	163.8	448.3	448.8
甜瓜	282.5	297.2	29.4	31.4	149.0	153.3
草莓	108.1	106.3	9.9	10.8	11.2	12.6
十、其他农作物	**2440.8**	**2742.7**	**611.0**	**602.4**	**2423.0**	**2563.3**
其中：青饲料	989.6	1186.1	126.7	123.0	880.2	882.4

7-3　主要农作物播种面积构成

（以农作物总播种面积为100）　　　　单位：%

指　　标	1990年	1995年	2000年	2015年	2016年
农作物总播种面积	**100.0**	**100.0**	**100.0**	**100.0**	**100.0**
一、粮食作物	**76.5**	**73.4**	**69.4**	**68.1**	**67.8**
1.谷物		59.6	54.6	57.5	56.6
稻谷	22.3	20.5	19.2	18.2	18.1
小麦	20.7	19.3	17.1	14.5	14.5
玉米	14.4	15.2	14.8	22.9	22.1
谷子	1.5	1.0	0.8	0.5	0.5
高粱	1.0	0.8	0.6	0.3	0.4
其他谷物		2.8	2.2	1.0	1.1
2.豆类		7.5	8.1	5.3	5.8
#大豆	5.1	5.4	6.0	3.9	4.3
杂豆		2.1	2.1	1.4	1.5
3.薯类	6.1	6.4	6.7	5.3	5.4
#马铃薯	1.9	2.3	3.0	3.3	3.4
二、油料作物	**7.3**	**8.7**	**9.9**	**8.4**	**8.5**
#花生	2.0	2.5	3.1	2.8	2.8
油菜籽	3.7	4.6	4.8	4.5	4.4
芝麻	0.5	0.4	0.5	0.3	0.2
胡麻籽	0.5	0.4	0.3	0.3	0.2
向日葵	0.5	0.5	0.8	0.6	0.7
三、棉花	**3.8**	**3.6**	**2.6**	**2.3**	**2.0**
四、麻类	**0.3**	**0.3**	**0.2**	**0.0**	**0.1**
#黄红麻	0.2	0.1	...	0.0	0.0
苎　麻	...	0.1	0.1	0.0	0.0
大　麻	...	...	...	0.0	0.0
亚　麻	0.1	0.1	0.1	0.0	0.0
五、糖料	**1.1**	**1.2**	**1.0**	**1.0**	**1.0**
甘蔗	0.7	0.8	0.8	1.0	0.9
甜菜	0.5	0.5	0.2	0.1	0.1
六、烟叶	**1.1**	**1.0**	**0.9**	**0.8**	**0.8**
#烤烟	0.9	0.9	0.8	0.7	0.7
七、药材	**0.1**	**0.2**	**0.4**	**1.2**	**1.3**
八、蔬菜、瓜类	**4.8**	**7.1**	**11.1**	**14.8**	**15.0**
#蔬菜	4.3	6.3	9.7	13.2	13.4
九、其他农作物	**4.2**	**4.5**	**4.7**	**3.3**	**3.5**
#青饲料	1.3	1.2	1.4	1.2	1.3

7-3 续表 1 (以农作物总播种面积为100) 单位：%

指　　标	全　国		东　部		中　部	
	2015年	2016年	2015年	2016年	2015年	2016年
全年农作物播种面积	**100.0**	**100.0**	**100.0**	**100.0**	**100.0**	**100.0**
一、粮食	**68.1**	**67.8**	**65.2**	**65.3**	**67.4**	**67.3**
其中：夏收粮食	16.6	16.6	24.1	24.2	20.8	20.9
(一)谷物	57.5	56.6	59.3	59.4	60.3	60.1
1.稻谷	18.2	18.1	16.5	16.5	25.4	25.3
(1)早稻	3.4	3.4	3.4	3.4	7.0	6.8
(2)中稻和一季晚稻	10.9	11.0	9.0	9.0	10.8	11.1
(3)双季晚稻	3.8	3.7	4.1	4.1	7.6	7.3
2.小麦	14.5	14.5	22.1	22.2	19.6	19.7
(1)冬小麦	13.6	13.6	22.1	22.2	19.6	19.7
(2)春小麦	0.9	0.9	0.1	0.1	0.0	
3.玉米	22.9	22.1	19.3	19.3	14.1	13.9
4.谷子	0.5	0.5	0.4	0.4	0.5	0.5
5.高粱	0.3	0.4	0.1	0.1	0.1	0.1
6.其它谷物	1.0	1.1	0.9	0.9	0.6	0.5
其中：大麦	0.3	0.3	0.4	0.4	0.2	0.1
(二)豆类	5.3	5.8	2.4	2.4	4.3	4.4
其中：大豆	3.9	4.3	1.8	1.7	3.4	3.5
绿豆	0.3	0.4	0.1	0.1	0.4	0.4
红小豆	0.1	0.1	0.1	0.1	0.1	0.1
(三)薯类	5.3	5.4	3.5	3.5	2.9	2.8
其中：马铃薯	3.3	3.4	1.0	1.0	1.1	1.1
二、油料作物	**8.4**	**8.5**	**6.2**	**6.1**	**12.6**	**12.4**
其中：花生	2.8	2.8	4.4	4.4	3.6	3.7
油菜籽	4.5	4.4	1.4	1.3	8.1	7.8
芝麻	0.3	0.2	0.1	0.1	0.7	0.7
胡麻籽	0.2	0.2	0.1	0.1	0.1	0.1
向日葵	0.6	0.7	0.2	0.2	0.1	0.1
三、棉花	**2.3**	**2.0**	**2.6**	**2.2**	**1.7**	**1.3**
四、麻类	**0.0**	**0.1**	**0.0**	**0.0**	**0.1**	**0.1**
其中：黄红麻	0.0	0.0	0.0	0.0	0.0	0.0
苎　麻	0.0	0.0	0.0	0.0	0.0	0.0
大　麻	0.0	0.0	0.0	0.0	0.0	0.0
亚　麻	0.0	0.0				0.0
五、糖料	**1.0**	**1.0**	**0.6**	**0.6**	**0.1**	**0.1**
(一)甘蔗	1.0	0.9	0.6	0.6	0.1	0.1
(二)甜菜	0.1	0.1	0.0	0.1	0.0	0.0
六、烟叶	**0.8**	**0.8**	**0.3**	**0.3**	**0.6**	**0.6**
其中：烤烟	0.7	0.7	0.3	0.3	0.6	0.6
七、药材	**1.2**	**1.3**	**0.5**	**0.6**	**0.9**	**1.1**
八、蔬菜(含菜用瓜)	**13.2**	**13.4**	**20.2**	**20.4**	**12.3**	**12.6**
九、瓜果类	**1.5**	**1.6**	**2.1**	**2.1**	**1.8**	**1.8**
其中：西瓜	1.1	1.1	1.5	1.4	1.4	1.5
甜瓜	0.3	0.3	0.3	0.3	0.2	0.3
草莓	0.1	0.1	0.1	0.2	0.1	0.1
十、其他农作物	**3.3**	**3.5**	**2.2**	**2.5**	**2.6**	**2.7**
其中：青饲料	1.2	1.3	0.6	0.7	0.9	0.9

7-3 续表 2 （以农作物总播种面积为100） 单位：%

指 标	西 部		东 北	
	2015年	2016年	2015年	2016年
全年农作物播种面积	**100.0**	**100.0**	**100.0**	**100.0**
一、粮食	**61.8**	**61.1**	**90.8**	**90.5**
其中：夏收粮食	14.3	14.2		
(一)谷物	46.4	45.5	76.1	72.8
1.稻谷	12.2	12.0	20.1	20.5
(1)早稻	1.7	1.6		
(2)中稻和一季晚稻	8.7	8.7	20.1	20.5
(3)双季晚稻	1.8	1.7		
2.小麦	10.4	10.2	0.3	0.4
(1)冬小麦	7.8	7.7		
(2)春小麦	2.5	2.5	0.3	0.4
3.玉米	20.8	20.0	54.2	50.2
4.谷子	0.5	0.5	0.5	0.6
5.高粱	0.6	0.6	0.9	1.0
6.其它谷物	2.0	2.0	0.1	0.1
其中：大麦	0.4	0.4	0.0	
(二)豆类	5.3	5.5	13.0	15.9
其中：大豆	2.6	2.8	12.0	14.5
绿豆	0.4	0.4	0.6	0.7
红小豆	0.1	0.1	0.2	0.4
(三)薯类	10.2	10.2	1.7	1.8
其中：马铃薯	7.6	7.7	1.5	1.6
二、油料作物	**8.6**	**8.8**	**2.9**	**3.2**
其中：花生	1.2	1.2	2.1	2.3
油菜籽	5.4	5.3	0.0	0.0
芝麻	0.1	0.0	0.0	0.0
胡麻籽	0.4	0.4		
向日葵	1.4	1.6	0.7	0.5
三、棉花	**3.5**	**3.3**	**0.0**	**0.0**
四、麻类	**0.1**	**0.1**	**0.0**	**0.1**
其中：黄红麻	0.0	0.0		
苎 麻	0.1	0.1		
大 麻	0.0	0.0	0.0	0.0
亚 麻	0.0	0.0	0.0	0.0
五、糖料	**2.6**	**2.5**	**0.0**	**0.0**
(一)甘蔗	2.4	2.2		
(二)甜菜	0.2	0.2	0.0	0.0
六、烟叶	**1.5**	**1.4**	**0.2**	**0.2**
其中：烤烟	1.4	1.3	0.2	0.2
七、药材	**2.4**	**2.5**	**0.3**	**0.3**
八、蔬菜(含菜用瓜)	**12.7**	**13.0**	**4.3**	**3.9**
九、瓜果类	**1.3**	**1.3**	**0.7**	**0.8**
其中：西瓜	0.9	0.9	0.3	0.4
甜瓜	0.3	0.3	0.2	0.3
草莓	0.0	0.0	0.1	0.1
十、其他农作物	**5.6**	**6.0**	**0.8**	**1.0**
其中：青饲料	2.3	2.4	0.2	0.5

7-3 续表 3　　(以农作物总播种面积为100)　　单位：%

指　标	粮食主产区		粮食主销区		粮食平衡区	
	2015年	2016年	2015年	2016年	2015年	2016年
全年农作物播种面积	**100.0**	**100.0**	**100.0**	**100.0**	**100.0**	**100.0**
一、粮食	**72.5**	**72.3**	**53.1**	**52.6**	**60.5**	**60.0**
其中：夏收粮食	17.7	17.7	6.7	6.4	16.4	16.3
(一)谷物	63.3	62.3	43.0	42.5	45.9	45.3
1.稻谷	19.1	19.1	34.8	34.7	11.2	11.1
(1)早稻	3.1	3.0	11.8	11.7	2.2	2.2
(2)中稻和一季晚稻	12.8	12.9	8.9	8.9	6.6	6.6
(3)双季晚稻	3.3	3.2	14.1	14.1	2.3	2.3
2.小麦	16.9	17.0	2.4	2.1	11.3	11.2
(1)冬小麦	16.4	16.4	2.3	2.0	9.3	9.2
(2)春小麦	0.6	0.6	0.1	0.1	2.0	2.0
3.玉米	25.8	24.7	5.3	5.3	20.0	19.6
4.谷子	0.5	0.5	0.0	0.0	0.8	0.7
5.高粱	0.4	0.4	0.0	0.0	0.4	0.4
6.其它谷物	0.6	0.7	0.5	0.3	2.3	2.3
其中：大麦	0.3	0.2	0.3	0.1	0.3	0.3
(二)豆类	5.7	6.5	3.0	2.9	4.9	4.9
其中：大豆	4.8	5.4	2.1	2.1	2.1	2.2
绿豆	0.4	0.4	0.1	0.1	0.3	0.3
红小豆	0.1	0.1	0.0	0.0	0.1	0.2
(三)薯类	3.5	3.5	7.2	7.3	9.6	9.7
其中：马铃薯	2.0	2.0	1.7	1.8	7.3	7.4
二、油料作物	**9.4**	**9.5**	**6.1**	**6.2**	**6.4**	**6.4**
其中：花生	3.3	3.3	4.7	4.8	1.0	1.0
油菜籽	5.1	4.9	1.3	1.3	3.9	3.9
芝麻	0.3	0.3	0.1	0.1	0.1	0.1
胡麻籽	0.1	0.1		0.0	0.5	0.4
向日葵	0.7	0.7	0.0	0.1	0.7	0.7
三、棉花	**1.6**	**1.3**	**0.3**	**0.2**	**4.6**	**4.3**
四、麻类	**0.1**	**0.1**	**0.0**	**0.0**	**0.0**	**0.0**
其中：黄红麻	0.0	0.0	0.0	0.0	0.0	0.0
苎　麻	0.0	0.0	0.0	0.0	0.0	0.0
大　麻	0.0	0.0			0.0	0.0
亚　麻	0.0	0.0			0.0	0.0
五、糖料	**0.1**	**0.1**	**2.0**	**1.9**	**3.2**	**3.1**
(一)甘蔗	0.1	0.1	2.0	1.9	3.1	2.9
(二)甜菜	0.1	0.1			0.2	0.2
六、烟叶	**0.4**	**0.4**	**0.8**	**0.8**	**1.7**	**1.6**
其中：烤烟	0.4	0.4	0.8	0.8	1.6	1.6
七、药材	**0.7**	**0.8**	**0.9**	**1.0**	**2.8**	**2.9**
八、蔬菜(含菜用瓜)	**11.5**	**11.6**	**29.1**	**29.7**	**13.6**	**14.0**
九、瓜果类	**1.5**	**1.5**	**2.2**	**2.1**	**1.5**	**1.5**
其中：西瓜	1.1	1.1	1.5	1.5	1.1	1.1
甜瓜	0.3	0.3	0.3	0.3	0.4	0.4
草莓	0.1	0.1	0.1	0.1	0.0	0.0
十、其他农作物	**2.2**	**2.4**	**5.4**	**5.4**	**5.7**	**6.0**
其中：青饲料	0.9	1.1	1.1	1.1	2.1	2.1

7-3　续表 4　　　　　　　　　　(以全国为100%)　　　　　　　　　　单位：%

指　　标	东　部		中　部		西　部		东　北	
	2015年	2016年	2015年	2016年	2015年	2016年	2015年	2016年
全年农作物播种面积	**23.3**	**23.1**	**29.7**	**29.6**	**33.7**	**34.0**	**13.3**	**13.3**
一、粮食	**22.3**	**22.3**	**29.4**	**29.4**	**30.5**	**30.6**	**17.8**	**17.7**
其中：夏收粮食	33.7	33.7	37.2	37.2	29.1	29.1		
(一)谷物	24.0	24.3	31.1	31.4	27.2	27.3	17.7	17.1
1.稻谷	21.2	21.1	41.5	41.3	22.6	22.6	14.7	15.1
(1)早稻	23.2	23.4	60.4	60.0	16.4	16.6		
(2)中稻和一季晚稻	19.2	18.9	29.4	29.7	26.9	26.7	24.5	24.7
(3)双季晚稻	25.1	25.6	59.3	58.7	15.6	15.8		
2.小麦	35.5	35.4	40.2	40.2	24.0	24.0	0.3	0.4
(1)冬小麦	37.8	37.8	42.9	43.0	19.4	19.3		
(2)春小麦	1.4	1.4	0.0		93.5	93.1	5.0	5.5
3.玉米	19.6	20.2	18.3	18.7	30.5	30.9	31.6	30.3
4.谷子	20.0	19.8	31.4	30.2	35.2	35.6	13.3	14.4
5.高粱	3.4	3.1	8.3	8.4	54.3	53.3	33.9	35.2
6.其它谷物	20.1	18.9	15.9	15.1	62.9	64.6	1.2	1.4
其中：大麦	38.2	36.6	17.8	16.3	44.0	47.1	0.0	
(二)豆类	10.7	9.5	23.7	22.3	33.2	31.9	32.4	36.3
其中：大豆	10.6	9.3	25.7	23.9	22.7	22.1	41.0	44.7
绿豆	5.3	4.6	36.8	34.2	35.2	36.9	22.7	24.3
红小豆	11.7	8.8	17.5	13.6	42.2	34.6	28.6	43.0
(三)薯类	15.4	15.0	16.0	15.7	64.4	64.8	4.2	4.5
其中：马铃薯	6.7	6.8	9.9	9.6	77.3	77.2	6.2	6.5
二、油料作物	**17.0**	**16.7**	**44.2**	**43.1**	**34.2**	**35.2**	**4.6**	**5.1**
其中：花生	36.9	36.2	38.0	38.2	14.9	14.9	10.1	10.7
油菜籽	7.3	6.9	52.8	52.1	39.9	41.0	0.0	0.0
芝麻	6.4	6.5	83.1	85.6	9.4	7.0	1.1	0.9
胡麻籽	11.8	11.7	19.1	16.6	69.2	71.7		
向日葵	5.9	6.5	3.9	3.9	75.1	80.6	15.1	9.0
三、棉花	**26.4**	**25.2**	**21.7**	**19.3**	**51.9**	**55.5**	**0.0**	**0.0**
四、麻类	**1.3**	**1.0**	**38.7**	**32.2**	**56.3**	**50.8**	**3.7**	**16.0**
其中：黄红麻	4.1	2.9	65.9	63.9	30.0	33.2		
苎　麻	0.7	0.7	36.3	35.0	62.9	64.3		
大　麻	1.1	1.0	35.2	11.2	38.8	18.7	24.9	69.1
亚　麻				0.3	51.9	42.9	48.1	56.8
五、糖料	**14.1**	**13.6**	**2.7**	**2.7**	**83.0**	**83.3**	**0.3**	**0.3**
(一)甘蔗	14.2	13.9	2.8	3.0	83.0	83.1		
(二)甜菜	12.5	11.6	0.9	0.4	83.4	84.7	3.2	3.3
六、烟叶	**9.0**	**9.3**	**23.8**	**24.3**	**63.3**	**62.8**	**3.8**	**3.5**
其中：烤烟	9.4	9.5	23.2	25.0	64.1	62.4	3.3	3.1
七、药材	**10.3**	**10.1**	**21.1**	**23.3**	**65.1**	**63.3**	**3.5**	**3.3**
八、蔬菜(含菜用瓜)	**35.6**	**35.2**	**27.6**	**27.9**	**32.4**	**33.1**	**4.3**	**3.9**
九、瓜果类	**31.6**	**30.6**	**34.3**	**35.0**	**28.0**	**27.9**	**6.0**	**6.5**
其中：西瓜	30.4	29.4	38.4	38.9	27.2	27.0	4.1	4.8
甜瓜	28.1	26.9	25.8	25.6	35.6	35.9	10.5	11.6
草莓	44.3	46.0	26.0	28.7	13.0	14.5	16.6	10.8
十、其他农作物	**15.8**	**16.2**	**23.5**	**22.4**	**57.5**	**57.6**	**3.2**	**3.8**
其中：青饲料	10.7	12.4	21.3	19.8	65.5	63.3	2.4	4.6

7-3 续表 5

单位：%

指　标	粮食主产区		粮食主销区		粮食平衡区	
	2015年	2016年	2015年	2016年	2015年	2016年
全年农作物播种面积	**67.7**	**67.7**	**6.8**	**6.7**	**25.6**	**25.6**
一、粮食	**72.0**	**72.1**	**5.3**	**5.2**	**22.7**	**22.7**
其中：夏收粮食	72.1	72.2	2.7	2.6	25.2	25.2
(一)谷物	74.5	74.4	5.1	5.0	20.4	20.5
1.稻谷	71.3	71.5	12.9	12.9	15.7	15.7
(1)早稻	60.4	60.0	23.2	23.4	16.4	16.6
(2)中稻和一季晚稻	78.9	79.2	5.5	5.4	15.5	15.4
(3)双季晚稻	59.3	58.7	25.1	25.6	15.6	15.8
2.小麦	79.0	79.2	1.1	1.0	19.9	19.8
(1)冬小麦	81.5	81.6	1.1	1.0	17.4	17.4
(2)春小麦	42.7	44.4	0.8	0.8	56.5	54.8
3.玉米	76.1	75.7	1.6	1.6	22.3	22.7
4.谷子	60.9	63.3	0.4	0.3	38.7	36.4
5.高粱	69.3	69.6	0.6	0.7	30.1	29.7
6.其它谷物	40.6	42.4	2.9	2.0	56.5	55.6
其中：大麦	63.7	64.7	6.7	3.9	29.6	31.4
(二)豆类	72.8	75.0	3.8	3.4	23.5	21.6
其中：大豆	82.4	83.8	3.7	3.2	13.9	13.0
绿豆	73.1	75.3	1.2	1.1	25.7	23.6
红小豆	61.0	69.5	2.4	1.8	36.6	28.7
(三)薯类	44.5	44.3	9.1	9.1	46.4	46.6
其中：马铃薯	39.9	40.0	3.5	3.6	56.6	56.4
二、油料作物	**75.8**	**75.6**	**4.9**	**4.9**	**19.3**	**19.5**
其中：花生	79.5	79.7	11.5	11.3	9.0	9.0
油菜籽	75.9	75.3	1.9	1.9	22.2	22.8
芝麻	88.6	91.0	2.7	2.7	8.8	6.3
胡麻籽	32.4	32.8		0.0	67.6	67.2
向日葵	72.4	71.8	0.1	0.5	27.5	27.7
三、棉花	**47.2**	**43.8**	**0.9**	**0.8**	**51.9**	**55.4**
四、麻类	**79.6**	**82.3**	**0.5**	**0.4**	**20.0**	**17.3**
其中：黄红麻	72.2	69.7	2.5	2.4	25.3	27.8
苎　麻	88.6	89.5	0.1	0.1	11.3	10.4
大　麻	62.3	83.2			37.7	16.8
亚　麻	49.3	57.1			50.7	42.9
五、糖料	**7.6**	**8.7**	**13.0**	**12.4**	**79.5**	**78.8**
(一)甘蔗	3.7	3.9	14.1	13.8	82.2	82.3
(二)甜菜	52.2	51.3			47.8	48.7
六、烟叶	**37.1**	**37.6**	**7.0**	**7.2**	**55.9**	**55.2**
其中：烤烟	35.5	37.3	7.2	7.3	57.3	55.4
七、药材	**36.9**	**39.1**	**4.8**	**5.0**	**58.3**	**56.0**
八、蔬菜(含菜用瓜)	**58.9**	**58.4**	**14.9**	**14.9**	**26.2**	**26.7**
九、瓜果类	**65.7**	**66.3**	**9.5**	**9.1**	**24.8**	**24.5**
其中：西瓜	66.8	67.6	9.1	8.7	24.1	23.7
甜瓜	61.3	61.7	6.4	6.5	32.3	31.8
草莓	83.7	82.0	7.7	8.3	8.7	9.7
十、其他农作物	**44.6**	**46.4**	**11.2**	**10.2**	**44.3**	**43.4**
其中：青饲料	49.6	54.1	6.3	5.6	44.1	40.3

7-3 续表 6 单位：%

指 标	全 国		东 部		中 部	
	2015年	2016年	2015年	2016年	2015年	2016年
粮食	**100.0**	**100.0**	**100.0**	**100.0**	**100.0**	**100.0**
夏粮	24.4	24.4	36.9	37.0	30.8	31.0
早稻	5.0	5.0	5.3	5.2	10.4	10.2
秋粮	70.6	70.6	57.9	57.8	58.8	58.8
谷物	84.4	83.5	90.9	91.0	89.4	89.3
稻谷	26.7	26.7	25.3	25.3	37.6	37.5
小麦	21.3	21.4	33.9	34.1	29.1	29.3
其中：冬小麦	20.0	20.0	33.8	34.0	29.1	29.3
玉米	33.6	32.5	29.5	29.5	20.9	20.7
豆类	7.8	8.6	3.7	3.7	6.3	6.5
其中：大豆	5.7	6.4	2.7	2.7	5.0	5.2
薯类	7.8	7.9	5.4	5.3	4.3	4.2
其中：马铃薯	4.9	5.0	1.5	1.5	1.6	1.6

指 标	全 国		西 部		东 北	
	2015年	2016年	2015年	2016年	2015年	2016年
粮食	**100.0**	**100.0**	**100.0**	**100.0**	**100.0**	**100.0**
夏粮	24.4	24.4	23.2	23.2		
早稻	5.0	5.0	2.7	2.7		
秋粮	70.6	70.6	74.1	74.1	100.0	100.0
谷物	84.4	83.5	75.0	74.4	83.9	80.4
稻谷	26.7	26.7	19.7	19.7	22.1	22.7
小麦	21.3	21.4	16.8	16.8	0.4	0.4
其中：冬小麦	20.0	20.0	12.7	12.6		
玉米	33.6	32.5	33.6	32.8	59.8	55.5
豆类	7.8	8.6	8.5	8.9	14.3	17.6
其中：大豆	5.7	6.4	4.3	4.6	13.3	16.0
薯类	7.8	7.9	16.5	16.7	1.8	2.0
其中：马铃薯	4.9	5.0	12.3	12.5	1.7	1.8

指 标	粮食主产区		粮食主销区		粮食平衡区	
	2015年	2016年	2015年	2016年	2015年	2016年
粮食	**100.0**	**100.0**	**100.0**	**100.0**	**100.0**	**100.0**
夏粮	24.4	24.5	12.7	12.1	27.1	27.2
早稻	4.2	4.1	22.2	22.3	3.6	3.6
秋粮	71.4	71.4	65.1	65.6	69.3	69.2
谷物	87.3	86.2	80.9	80.7	76.0	75.6
稻谷	26.4	26.5	65.5	65.9	18.5	18.4
小麦	23.4	23.5	4.5	4.1	18.6	18.7
其中：冬小麦	22.6	22.7	4.3	3.9	15.3	15.4
玉米	35.5	34.1	10.0	10.0	33.1	32.6
豆类	7.9	8.9	5.6	5.6	8.1	8.2
其中：大豆	6.6	7.4	4.0	4.0	3.5	3.7
薯类	4.8	4.9	13.5	13.8	15.9	16.2
其中：马铃薯	2.7	2.8	3.2	3.4	12.1	12.4

7-4 各地区农作物总播种面积

单位：千公顷

地　　区	1990 年	1995年	2000年	2015年	2016年	2016年为2015年百分比(%)
全国总计	**148361.5**	**149879.4**	**156299.8**	**166373.8**	**166649.5**	**100.2**
北　京	590.3	553.2	457.3	173.7	151.4	87.1
天　津	573.2	572.7	533.1	469.0	479.2	102.2
河　北	8786.7	8720.1	9024.4	8739.8	8716.6	99.7
山　西	4016.3	3895.6	4042.4	3767.7	3720.8	98.8
内 蒙 古	4722.4	5079.4	5914.4	7567.9	7921.9	104.7
辽　宁	3618.9	3623.7	3622.0	4219.9	4064.1	96.3
吉　林	4039.8	4059.8	4542.2	5679.1	5676.3	100.0
黑 龙 江	8558.5	8647.4	9329.5	12294.0	12426.5	101.1
上　海	631.1	542.1	520.7	340.2	294.7	86.6
江　苏	8259.2	7909.0	7944.9	7745.0	7676.9	99.1
浙　江	4384.7	3923.0	3554.3	2290.5	2274.4	99.3
安　徽	8313.6	8354.2	9005.8	8950.5	8893.6	99.4
福　建	2745.9	2835.1	2793.3	2331.3	2327.3	99.8
江　西	5758.1	5950.6	5650.8	5579.1	5560.7	99.7
山　东	10882.6	10837.3	11147.3	11026.5	10973.2	99.5
河　南	11889.7	12136.8	13136.9	14425.0	14472.3	100.3
湖　北	7361.1	7413.7	7584.1	7952.4	7843.5	98.6
湖　南	7951.8	7840.4	8002.1	8717.0	8793.3	100.9
广　东	5671.5	5304.3	5156.9	4784.7	4830.8	101.0
广　西	5141.3	5745.7	6260.7	6134.7	6145.3	100.2
海　南	821.3	870.0	906.0	845.3	823.3	97.4
重　庆			3590.8	3575.8	3600.7	100.7
四　川	12475.3	12838.8	9609.1	9689.9	9728.6	100.4
贵　州	3578.3	4203.1	4696.7	5542.2	5596.8	101.0
云　南	4492.1	4958.9	5786.0	7185.6	7164.5	99.7
西　藏	213.5	219.3	231.1	252.8	257.9	102.0
陕　西	4859.8	4496.9	4555.4	4284.5	4276.9	99.8
甘　肃	3611.3	3773.3	3740.2	4229.3	4253.8	100.6
青　海	544.7	568.8	553.7	558.4	561.3	100.5
宁　夏	888.9	956.0	1016.5	1264.6	1275.2	100.8
新　疆	2979.5	3050.2	3391.6	5757.3	5867.5	101.9

7-5 各地区粮食播种面积及增减情况

单位：千公顷

地　区	1990年	1995年	2000年	2015年	2016年	2016年为2015年百分比(%)
全国总计	**113465.9**	**110060.4**	**108462.5**	**113342.9**	**113034.5**	**99.7**
北　京	484.4	434.1	308.3	104.5	87.3	83.6
天　津	457.9	443.3	345.9	350.0	357.3	102.1
河　北	6827.8	6829.5	6918.7	6392.5	6327.4	99.0
山　西	3290.3	3151.5	3186.5	3287.2	3241.4	98.6
内蒙古	3874.5	4143.2	4435.9	5726.7	5784.8	101.0
辽　宁	3121.6	3030.9	2858.6	3297.4	3231.4	98.0
吉　林	3525.9	3576.9	3833.7	5078.0	5021.7	98.9
黑龙江	7420.0	7500.2	7852.5	11765.2	11804.7	100.3
上　海	417.1	343.9	258.8	161.9	140.1	86.5
江　苏	6363.0	5755.2	5304.3	5424.6	5432.7	100.1
浙　江	3266.0	2814.4	2300.3	1277.8	1255.4	98.2
安　徽	6246.1	5852.5	6183.8	6632.9	6644.5	100.2
福　建	2080.6	2017.3	1828.5	1193.2	1176.7	98.6
江　西	3699.3	3509.3	3322.0	3705.6	3686.2	99.5
山　东	8151.9	8131.6	7363.2	7492.1	7511.5	100.3
河　南	9316.1	8810.0	9029.6	10267.2	10286.2	100.2
湖　北	5200.0	4776.7	4156.2	4466.0	4436.9	99.3
湖　南	5365.7	5115.6	5029.9	4944.7	4890.6	98.9
广　东	3996.3	3472.3	3311.1	2505.8	2509.3	100.1
广　西	3639.9	3662.7	3655.9	3059.3	3023.6	98.8
海　南	567.5	574.9	542.0	375.6	360.4	95.9
重　庆			2773.4	2234.0	2250.1	100.7
四　川	9827.7	9933.7	6854.5	6453.9	6453.9	100.0
贵　州	2543.2	2864.5	3151.3	3114.9	3113.3	99.9
云　南	3622.3	3643.0	4238.7	4487.3	4481.2	99.9
西　藏	191.7	188.2	201.4	178.9	182.9	102.3
陕　西	4134.7	3807.7	3821.5	3073.5	3068.7	99.8
甘　肃	2875.1	2928.7	2798.2	2849.6	2814.0	98.7
青　海	400.3	384.3	322.7	277.1	281.1	101.4
宁　夏	723.5	761.8	807.1	770.4	778.3	101.0
新　疆	1835.5	1602.5	1468.2	2395.0	2401.1	100.3

7-6 各地区粮食播种面积

(按季节分)　　　　单位：千公顷

地　区	夏收粮食		早　稻		秋收粮食	
	2015年	2016年	2015年	2016年	2015年	2016年
全国总计	**27625.3**	**27632.5**	**5714.8**	**5619.9**	**80002.8**	**79782.1**
北　京	20.9	16.0			83.6	71.4
天　津	109.2	110.9			240.9	246.3
河　北	2350.7	2345.8			4041.8	3981.6
山　西	686.3	684.6			2600.9	2556.8
内蒙古					5726.7	5784.8
辽　宁					3297.4	3231.4
吉　林					5078.0	5021.7
黑龙江					11765.2	11804.7
上　海	56.9	39.8			105.1	100.2
江　苏	2412.2	2423.2			3012.5	3009.5
浙　江	195.9	178.2	116.6	115.5	965.3	961.7
安　徽	2479.4	2459.4	190.0	175.6	3963.5	4009.5
福　建	92.9	94.5	180.1	169.6	920.2	912.6
江　西	76.2	79.8	1391.5	1365.1	2237.8	2241.4
山　东	3801.3	3832.1			3690.8	3679.3
河　南	5452.3	5492.3			4814.8	4793.8
湖　北	1389.9	1400.6	423.0	412.1	2653.1	2624.2
湖　南	189.7	166.2	1444.9	1420.5	3310.1	3303.9
广　东	232.2	231.8	889.4	891.8	1384.2	1385.8
广　西	110.6	109.8	888.2	883.7	2060.5	2030.2
海　南	47.2	43.2	141.5	136.3	187.0	180.9
重　庆	477.2	470.0			1756.7	1780.1
四　川	1754.1	1747.0			4699.8	4706.9
贵　州	998.5	996.7			2116.4	2116.6
云　南	1178.3	1167.6	49.6	49.8	3259.4	3263.8
西　藏					178.9	182.9
陕　西	1224.7	1221.6			1848.8	1847.1
甘　肃	914.8	878.7			1934.8	1935.3
青　海					277.1	281.1
宁　夏	122.5	143.2			648.0	635.1
新　疆	1251.4	1299.7			1143.6	1101.5

7-7　各地区粮食播种面积

（按品种分）　　　　单位：千公顷

地　区	谷　物		#稻　谷		中稻和一季晚稻		双季晚稻	
	2015年	2016年	2015年	2016年	2015年	2016年	2015年	2016年
全国总计	**95635.9**	**94394.0**	**30215.7**	**30178.2**	**18191.9**	**18412.3**	**6309.0**	**6145.0**
北　京	98.9	83.1	0.2	0.2	0.2	0.2		
天　津	342.8	350.7	15.4	17.7	15.4	17.7		
河　北	5965.2	5903.3	84.8	81.5	84.8	81.5		
山　西	2779.2	2716.2	0.7	0.7	0.7	0.7		
内蒙古	4523.9	4446.5	78.9	98.4	78.9	98.4		
辽　宁	3100.2	2975.0	544.9	562.5	544.9	562.5		
吉　林	4722.1	4615.1	761.7	780.7	761.7	780.7		
黑龙江	9074.5	8543.0	3147.8	3203.3	3147.8	3203.3		
上　海	157.1	137.1	97.8	95.1	97.8	95.1		
江　苏	5066.5	5073.0	2291.6	2294.8	2291.6	2294.8		
浙　江	1010.3	980.8	822.5	818.3	584.2	579.2	121.7	123.6
安　徽	5599.0	5603.9	2234.9	2265.5	1828.1	1880.4	216.9	209.5
福　建	849.3	829.8	789.0	769.4	304.6	301.7	304.3	298.1
江　西	3393.2	3367.1	3342.4	3316.3	399.9	424.6	1551.0	1526.7
山　东	7112.7	7166.3	116.3	105.8	116.3	105.8		
河　南	9499.1	9521.1	656.0	655.0	656.0	655.0		
湖　北	4000.6	3931.4	2188.5	2131.0	1283.0	1308.2	482.4	410.7
湖　南	4515.4	4479.5	4114.1	4085.5	1178.5	1206.2	1490.7	1458.8
广　东	2073.9	2077.3	1887.3	1888.6			997.9	996.8
广　西	2632.6	2594.3	1983.9	1959.8	147.8	145.9	947.9	930.2
海　南	299.6	289.3	299.3	289.1			157.8	152.9
重　庆	1262.2	1260.9	688.3	692.1	688.3	692.1		
四　川	4685.4	4649.5	1990.8	1990.0	1990.8	1990.0		
贵　州	1841.7	1816.5	675.1	674.3	675.1	674.3		
云　南	3266.0	3255.0	1134.8	1130.0	1046.8	1042.4	38.4	37.8
西　藏	172.8	176.2	0.9	1.0	0.9			
陕　西	2553.5	2548.7	122.8	122.7	122.8	122.7		
甘　肃	2012.7	1966.9	4.5	4.7	4.5	4.7		
青　海	160.1	159.4						
宁　夏	571.8	579.9	74.3	75.1	74.3	75.1		
新　疆	2293.9	2297.1	66.2	69.2	66.2	69.2		

7-7 续表 1

单位：千公顷

地　区	#小　麦		冬小麦		春小麦		#玉　米	
	2015年	2016年	2015年	2016年	2015年	2016年	2015年	2016年
全国总计	**24141.4**	**24186.8**	**22616.7**	**22636.7**	**1524.6**	**1550.1**	**38119.3**	**36767.7**
北　京	20.8	15.9	20.7	15.9	0.1	0.0	76.3	65.2
天　津	109.2	110.9	97.6	98.8	11.6	12.1	214.7	218.4
河　北	2318.9	2313.9	2308.7	2304.5	10.2	9.4	3248.1	3191.1
山　西	675.1	672.9	674.8	672.9	0.3		1676.9	1624.8
内蒙古	564.1	593.4			564.1	593.4	3407.2	3208.8
辽　宁	5.6	5.8			5.6	5.8	2416.8	2258.9
吉　林	0.3	0.3			0.3	0.3	3800.0	3656.9
黑龙江	71.1	79.7			71.1	79.7	5821.1	5217.4
上　海	45.5	32.6	45.5	32.6			3.4	3.1
江　苏	2178.8	2189.9	2178.8	2189.9			451.7	444.2
浙　江	89.8	76.6	89.8	76.6			69.5	69.5
安　徽	2457.0	2446.9	2457.0	2446.9			881.6	876.2
福　建	2.1	1.9	2.1	1.9			51.5	52.0
江　西	12.2	12.3	12.2	12.3			30.3	30.3
山　东	3799.8	3830.3	3799.8	3830.3			3173.8	3206.9
河　南	5425.7	5465.7	5425.7	5465.7			3343.9	3316.9
湖　北	1093.4	1108.3	1093.4	1108.3			687.8	661.7
湖　南	29.4	19.2	29.4	19.2			348.4	349.5
广　东	0.9	0.9	0.9	0.9			179.0	180.9
广　西	5.1	6.4	5.1	6.4			622.6	609.3
海　南								
重　庆	69.7	59.8	69.7	59.8			470.8	475.3
四　川	1119.0	1088.0	1119.0	1088.0			1402.0	1399.0
贵　州	248.7	241.7	248.7	241.7			763.2	740.3
云　南	432.7	430.3	432.7	430.3			1517.3	1513.2
西　藏	36.3	36.6	26.5	27.6	9.8	9.0	4.5	4.7
陕　西	1085.6	1082.6	1085.6	1082.6			1151.7	1150.2
甘　肃	794.8	762.3	566.4	562.1	228.4	200.2	1014.2	1000.8
青　海	88.2	86.3			88.2	86.3	27.5	26.6
宁　夏	122.5	126.2	65.5	59.2	56.9	67.0	301.8	296.9
新　疆	1239.3	1289.4	761.2	802.5	478.1	486.9	961.9	918.7

7-7 续表 2　　单位：千公顷

地区	#谷子		#高粱		#其他谷物		大麦	
	2015年	2016年	2015年	2016年	2015年	2016年	2015年	2016年
全国总计	**839.4**	**857.3**	**574.0**	**625.2**	**1746.1**	**1778.7**	**446.6**	**428.6**
北京	1.4	1.5	0.2	0.2	0.1	0.1		
天津	1.1	0.3	2.2	3.1	0.2	0.2		0.0
河北	148.3	149.3	11.5	10.7	153.7	156.8	0.4	0.6
山西	227.1	217.4	23.0	23.1	176.5	177.3		
内蒙古	197.6	210.5	86.8	95.3	189.2	240.1	29.4	33.3
辽宁	61.0	64.4	53.4	62.1	18.5	21.2		
吉林	44.5	51.9	114.5	124.3	1.2	1.1	0.0	
黑龙江	6.4	7.2	26.6	33.4	1.6	2.0		
上海					10.4	6.3	10.4	6.3
江苏	0.1	0.2	0.4	0.2	143.9	143.8	139.6	139.1
浙江					28.5	16.3	19.2	9.8
安徽	0.1	0.3	0.2	0.2	25.2	14.8	22.4	12.0
福建	0.1	0.1	1.0	0.9	5.6	5.4	0.4	0.4
江西	0.6	0.6	5.2	5.1	2.5	2.5	0.3	0.3
山东	16.9	18.0	4.3	4.2	1.6	1.2	0.7	0.7
河南	35.7	40.7	11.3	16.3	26.7	26.7	26.7	26.7
湖北	0.0	0.0	1.6	1.5	29.3	29.0	28.8	28.5
湖南			6.7	6.5	16.8	18.8	1.2	2.5
广东	0.3	0.3	0.1	0.1	6.3	6.5		
广西	2.2	2.3	3.3	3.0	15.4	13.6		
海南			0.0	0.0	0.2	0.2		
重庆			25.7	25.9	7.7	7.9	1.1	1.1
四川			75.5	75.6	98.1	96.9	35.1	34.0
贵州	8.6	9.1	87.7	93.9	58.3	57.2	3.1	3.0
云南	0.4	0.4	3.1	3.4	177.7	177.7	82.2	91.4
西藏					131.0	134.0	0.1	0.1
陕西	59.8	59.2	14.2	14.4	119.4	119.6	3.3	3.3
甘肃	13.1	12.5	10.3	15.5	175.8	171.0	30.2	25.4
青海					44.4	46.6		
宁夏	8.3	8.8	0.9	1.2	64.1	71.8	0.1	0.1
新疆	5.7	2.5	4.4	5.2	16.4	12.2	12.1	10.3

7-7 续表 3　　　　单位：千公顷

地　区	燕　麦		荞　麦		豆　类		#大　豆	
	2015年	2016年	2015年	2016年	2015年	2016年	2015年	2016年
全国总计	**189.9**	**236.6**	**280.1**	**293.2**	**8868.3**	**9699.9**	**6506.1**	**7202.3**
北　京			0.0		4.1	2.9	3.5	2.3
天　津					6.3	5.1	6.0	4.6
河　北	64.1	73.4	0.7	0.6	153.7	145.6	115.9	105.7
山　西	60.0	60.7	17.5	18.0	318.8	321.4	189.4	191.6
内蒙古	55.3	94.1	63.6	72.5	689.5	791.5	530.0	615.6
辽　宁			0.6	0.6	114.5	149.7	107.1	132.4
吉　林			0.5	0.5	284.6	328.3	161.4	200.1
黑龙江					2476.1	3045.3	2400.6	2883.9
上　海					3.9	2.2	2.2	1.2
江　苏			0.4	0.5	305.2	306.2	201.5	201.7
浙　江					144.7	140.9	91.2	89.2
安　徽					893.6	905.4	820.9	830.1
福　建					87.6	88.7	68.4	69.2
江　西			1.1	1.1	165.4	167.6	103.5	104.6
山　东					152.4	143.8	137.2	132.7
河　南					413.7	415.7	366.0	368.0
湖　北	0.1	0.1	0.3	0.3	147.8	184.3	100.3	134.8
湖　南			2.3	2.2	160.9	168.8	90.8	91.7
广　东					80.7	81.0	63.6	63.8
广　西			14.8	13.0	152.7	154.7	96.0	97.3
海　南					6.5	6.5	2.7	2.5
重　庆	0.1	0.1	6.4	6.7	240.7	242.6	104.4	105.9
四　川					494.8	520.6	226.5	232.4
贵　州	0.7	0.7	7.7	7.6	329.1	330.3	135.1	139.6
云　南	5.4	5.2	7.0	6.8	549.6	552.6	121.7	125.0
西　藏			1.1	1.3	5.1	5.7	0.1	0.1
陕　西			73.5	75.0	187.8	188.4	111.1	111.5
甘　肃	1.0		46.1	48.0	172.1	173.2	82.3	89.3
青　海	1.2				26.8	28.5		
宁　夏	1.9	2.0	36.6	38.7	28.1	29.5	9.6	17.0
新　疆					71.7	73.1	57.3	58.5

7-7 续表 4　　　　　　　　　　　　　　　　　　　　　　　　　　单位：千公顷

地　区	#绿　豆		#红小豆		薯　类		#马铃薯	
	2015年	2016年	2015年	2016年	2015年	2016年	2015年	2016年
全国总计	**565.3**	**615.5**	**172.5**	**228.4**	**8838.8**	**8940.6**	**5518.2**	**5626.0**
北　京	0.1	0.1	0.4	0.4	1.4	1.4		
天　津	0.1	0.1	0.1	0.1	1.0	1.4		
河　北	12.5	13.3	6.8	7.1	273.6	278.5	178.3	181.3
山　西	64.8	65.0	12.1	11.7	189.2	203.8	167.1	182.8
内蒙古	102.4	131.1	19.8	23.3	513.3	546.8	512.2	545.7
辽　宁	3.2	7.2	3.0	4.7	82.7	106.7	58.6	74.8
吉　林	113.5	117.2	9.7	11.0	71.2	78.2	66.9	73.8
黑龙江	11.8	24.9	36.6	82.5	214.6	216.5	214.0	215.8
上　海					0.9	0.8		
江　苏	4.0	4.1	8.1	8.2	53.0	53.5		
浙　江					122.9	133.8	63.3	70.9
安　徽	60.3	62.2	12.4	13.1	140.3	135.2	7.2	6.9
福　建	3.2	3.3	1.5	1.5	256.3	258.3	82.5	84.2
江　西	9.8	10.2	0.3	0.4	147.0	151.5	11.9	14.7
山　东	6.6	4.4	1.2	0.9	227.0	201.4		
河　南	43.9	44.2	2.8	2.8	354.4	349.4		
湖　北	9.2	8.8	1.9	2.2	317.6	321.2	253.3	251.5
湖　南	20.2	20.0	0.8	0.8	268.4	242.3	104.6	81.6
广　东	2.9	2.9	1.5	1.4	351.2	351.1	46.4	46.6
广　西	17.0	16.5	0.5	0.7	274.1	274.6	73.1	65.6
海　南	0.3	0.3	0.6	0.7	69.5	64.6	0.1	0.0
重　庆	21.9	22.1	3.0	3.0	731.1	746.5	363.7	371.8
四　川	16.1	16.1	1.9	1.9	1273.7	1283.8	797.2	807.0
贵　州	8.6	8.9	2.8	2.9	944.1	966.5	709.2	731.7
云　南	8.7	8.5	9.5	9.2	671.7	673.6	558.1	557.8
西　藏		0.5		5.1	1.0	1.0	1.0	1.0
陕　西	19.1	19.3	28.2	27.9	332.2	331.6	296.8	295.9
甘　肃	0.8		2.2		664.9	673.9	664.9	673.9
青　海					90.1	93.1	90.1	93.1
宁　夏					170.5	168.9	170.5	168.9
新　疆	4.3	4.4	5.0	5.1	29.5	30.9	27.3	28.7

7-8 各地区油料播种面积

单位：千公顷

地　区	油料合计		#花　生		#油菜籽	
	2015年	2016年	2015年	2016年	2015年	2016年
全国总计	**14034.6**	**14138.4**	**4615.7**	**4727.5**	**7534.4**	**7331.1**
北　京	2.1	2.2	1.8	1.5		
天　津	1.3	6.7	1.0	1.7	0.0	0.1
河　北	461.6	468.3	342.9	342.3	17.6	18.7
山　西	121.2	114.7	6.6	6.4	4.3	4.7
内蒙古	913.4	1026.8	16.7	19.1	315.6	304.3
辽　宁	285.3	289.0	277.8	281.3	1.3	0.8
吉　林	269.2	317.1	173.4	206.7		0.2
黑龙江	94.6	112.5	16.9	19.2		0.0
上　海	5.1	4.2	0.7	0.7	4.2	3.4
江　苏	475.5	438.6	90.6	93.9	375.7	336.0
浙　江	146.1	141.1	18.2	18.2	122.3	117.6
安　徽	772.1	731.1	191.1	183.1	532.4	500.7
福　建	119.0	120.1	104.8	105.7	12.7	12.9
江　西	739.9	729.2	164.2	163.8	545.0	534.2
山　东	758.3	757.1	740.4	739.7	9.4	8.9
河　南	1600.8	1624.8	1074.6	1128.2	348.2	324.4
湖　北	1524.2	1452.9	199.1	206.1	1232.1	1150.4
湖　南	1445.1	1438.0	118.2	118.3	1314.6	1306.8
广　东	375.6	379.1	365.9	369.0	6.7	7.1
广　西	248.4	257.2	214.3	221.3	24.8	26.7
海　南	40.1	40.0	39.0	38.9		
重　庆	309.3	320.0	56.9	58.1	242.5	252.0
四　川	1298.3	1307.1	263.0	264.4	1027.4	1034.3
贵　州	591.0	594.5	51.3	52.5	528.1	530.0
云　南	356.0	355.8	49.4	49.6	293.2	293.0
西　藏	23.8	22.6	0.1	0.1	23.7	22.5
陕　西	298.8	304.6	32.6	33.1	204.3	203.9
甘　肃	320.2	332.0	1.3	1.2	161.6	162.3
青　海	144.9	142.6			142.1	140.1
宁　夏	75.4	68.4			0.8	1.1
新　疆	218.3	240.2	2.9	3.5	43.7	34.0

7-8 续表 单位：千公顷

地区	#芝麻		#胡麻籽		#向日葵籽	
	2015年	2016年	2015年	2016年	2015年	2016年
全国总计	**421.7**	**402.0**	**292.3**	**282.4**	**1036.3**	**1153.1**
北京	0.03	0.03			0.3	0.7
天津	0.06	0.04		0.01	0.2	4.9
河北	6.2	5.7	34.5	33.0	59.3	67.0
山西	2.3	2.2	55.7	47.0	28.5	32.7
内蒙古	1.5	1.8	60.2	59.6	518.2	639.9
辽宁	0.2	0.1			4.5	4.7
吉林	3.9	3.2			84.8	82.3
黑龙江	0.4	0.5			66.8	17.2
上海	0.1	0.1				
江苏	9.1	8.7			0.1	0.1
浙江	5.5	5.4				
安徽	48.2	47.0			0.05	0.1
福建	1.4	1.4			0.1	0.1
江西	30.7	31.2			0.01	
山东	0.6	0.7			1.6	1.7
河南	172.0	166.3			6.0	5.9
湖北	86.4	85.6		0.1	5.5	5.4
湖南	10.9	11.7			0.7	0.8
广东	3.0	3.0				
广西	5.3	5.4			3.9	1.5
海南	1.2	1.1				
重庆	6.6	6.5			3.3	3.4
四川	3.4	3.4			2.7	2.8
贵州	0.4	0.5			10.2	10.4
云南	0.2	0.2			4.9	4.8
西藏						
陕西	10.3	10.2	1.8	4.2	17.1	18.6
甘肃	0.2		87.8	87.7	44.2	54.9
青海			2.8	2.5		
宁夏	0.1	0.03	42.9	38.8	25.9	20.9
新疆	11.4	0.3	6.6	9.4	147.3	172.4

7-9 各地区棉花和麻类播种面积

单位：千公顷

地区	棉花		麻类		#黄红麻	
	2015年	2016年	2015年	2016年	2015年	2016年
全国总计	**3796.7**	**3344.7**	**81.3**	**87.6**	**13.4**	**12.2**
北京	0.1	0.1				
天津	18.8	14.2				
河北	359.3	288.6	0.2	0.1	0.2	0.1
山西	10.6	7.1	0.0	0.0		
内蒙古	0.1	0.1	0.1	0.2		
辽宁	0.1	0.1		1.5		
吉林				0.01		
黑龙江			3.0	12.6		
上海	0.4	0.3				
江苏	94.3	63.4	0.4	0.3		
浙江	13.8	11.2	0.1	0.1	0.1	0.05
安徽	232.5	183.4	7.3	6.4	4.3	3.6
福建	0.1	0.1	0.1	0.1	0.1	0.1
江西	81.1	49.3	4.0	3.8	0.1	0.1
山东	515.5	465.2	0.04	0.15		
河南	120.0	100.1	4.6	4.1	4.2	3.9
湖北	264.7	202.5	8.8	8.1	0.1	0.1
湖南	113.7	103.6	6.7	5.9	0.2	0.1
广东			0.1	0.1	0.1	0.1
广西	2.3	2.2	3.9	3.9	3.3	3.4
海南			0.1	0.1	0.1	0.1
重庆			5.3	4.5	0.1	0.04
四川	10.1	9.1	29.5	29.1	0.6	0.7
贵州	1.6	1.6	0.6	0.7		
云南	0.1	0.1	0.4	0.5		
西藏						
陕西	27.4	24.1	0.5	0.5		
甘肃	25.7	13.3	2.0	2.2		
青海						
宁夏						
新疆	1904.3	1805.2	3.4	2.9		

7-10 各地区糖料播种面积

单位：千公顷

地 区	糖料合计		1. 甘 蔗		2. 甜 菜	
	2015年	2016年	2015年	2016年	2015年	2016年
全国总计	**1736.5**	**1696.2**	**1599.6**	**1526.8**	**136.9**	**165.8**
北 京						
天 津						
河 北	17.1	19.3			17.1	19.3
山 西	1.2	0.7			1.2	0.7
内蒙古	49.9	63.6			49.9	60.2
辽 宁	1.8	1.9			1.8	1.9
吉 林	0.6	0.3			0.6	0.3
黑龙江	2.1	3.3			2.1	3.3
上 海	0.1	0.1	0.1	0.1		
江 苏	1.6	1.5	1.5	1.5		
浙 江	10.0	9.5	10.0	9.5		
安 徽	5.1	5.3	5.1	5.1		
福 建	7.5	6.8	7.5	6.8		
江 西	14.5	14.5	14.5	14.5		
山 东						
河 南	3.5	3.4	3.5	3.4		
湖 北	8.5	9.0	8.5	8.9		
湖 南	13.3	13.4	13.3	13.4		
广 东	162.4	161.9	162.4	161.9		
广 西	973.7	951.0	973.7	951.0		
海 南	45.5	32.3	45.5	32.3		
重 庆	2.4	2.4	2.4	2.4		
四 川	13.5	12.9	13.4	12.9	0.1	0.03
贵 州	26.8	20.9	26.8	20.9		
云 南	311.5	282.2	311.5	282.2		
西 藏						
陕 西	0.1	0.1	0.0	0.1	0.1	0.04
甘 肃	2.9	2.9			2.9	2.9
青 海						
宁 夏						
新 疆	61.2	77.1			61.2	77.1

7-11　各地区烟叶和药材播种面积

单位：千公顷

地　区	烟叶合计		#烤　烟		药　材	
	2015年	2016年	2015年	2016年	2015年	2016年
全国总计	**1314.0**	**1273.3**	**1221.5**	**1206.4**	**2043.8**	**2236.1**
北　京					2.3	2.5
天　津					1.6	3.5
河　北	2.9	2.8	2.4	2.3	62.1	69.0
山　西	2.8	2.8	2.8	2.8	33.4	41.1
内蒙古	3.3	3.0	2.7	2.3	60.4	88.0
辽　宁	9.8	9.7	9.1	9.2	23.0	19.9
吉　林	15.6	14.6	8.3	10.1	26.8	25.6
黑龙江	25.0	20.2	23.3	18.7	21.5	29.1
上　海					0.4	0.3
江　苏					16.6	14.8
浙　江	0.7	0.6			38.6	43.0
安　徽	16.2	12.8	16.0	12.7	90.8	93.6
福　建	68.0	68.3	67.4	67.7	24.0	25.3
江　西	27.6	31.3	26.9	30.2	20.5	24.3
山　东	24.4	24.7	24.4	24.7	33.1	30.6
河　南	114.3	109.2	93.9	109.2	113.6	99.9
湖　北	47.6	49.0	42.8	44.6	173.3	174.9
湖　南	104.1	104.9	100.5	101.8		87.0
广　东	22.5	22.4	20.5	20.1	22.4	25.9
广　西	16.0	15.4	12.9	12.4	91.0	101.1
海　南	0.1	0.1		0.1	9.2	10.2
重　庆	45.8	43.5	40.1	39.4	113.3	123.2
四　川	97.2	96.9	82.7	83.8	112.2	116.8
贵　州	194.2	168.2	182.1	155.8	155.8	168.3
云　南	440.4	438.3	427.9	424.7	169.7	152.3
西　藏					0.1	0.3
陕　西	31.1	30.7	30.9	30.5	201.1	199.7
甘　肃	3.9	3.4	3.4	2.9	268.7	290.5
青　海					32.1	34.8
宁　夏	0.5	0.4	0.5	0.4	59.0	60.6
新　疆					67.4	80.0

7-12 各地区蔬菜、瓜果类和青饲料播种面积

单位：千公顷

地　区	蔬　菜		瓜果类		青饲料	
	2015年	2016年	2015年	2016年	2015年	2016年
全国总计	**21999.7**	**22328.3**	**2549.5**	**2602.0**	**1996.5**	**2191.6**
北　京	54.3	47.5	5.2	4.2	1.9	2.4
天　津	86.1	83.2	6.1	6.2	0.7	2.5
河　北	1242.1	1236.2	114.7	113.6	55.8	117.4
山　西	256.7	257.0	26.6	24.3	21.8	26.4
内蒙古	277.3	291.6	57.9	64.0	264.3	346.4
辽　宁	500.0	419.3	62.0	51.1	20.9	27.4
吉　林	200.5	200.4	46.8	56.6	2.0	2.0
黑龙江	245.3	241.3	45.0	61.3	25.3	71.2
上　海	114.3	107.9	9.2	6.8	3.9	3.4
江　苏	1431.4	1430.4	162.9	157.1	29.3	28.1
浙　江	618.1	633.2	100.2	101.9	6.3	5.0
安　徽	899.8	920.2	191.6	192.9	40.4	39.5
福　建	755.8	767.4	38.0	37.6	54.2	53.4
江　西	585.4	606.6	79.0	79.3	76.3	77.6
山　东	1888.6	1869.3	286.8	286.7	1.9	2.6
河　南	1751.7	1772.5	325.5	351.4	3.2	3.3
湖　北	1212.9	1248.0	101.0	104.1	72.1	71.8
湖　南	1372.9	1420.3	151.7	158.4	212.2	214.5
广　东	1382.0	1414.8	48.3	48.7	59.3	55.9
广　西	1221.0	1269.7	131.6	132.6	36.2	38.1
海　南	264.0	267.8	35.3	32.5	0.4	0.4
重　庆	731.7	747.1	22.2	23.4	77.7	52.9
四　川	1349.6	1379.4	49.2	49.4	185.9	184.1
贵　州	980.2	1050.4	33.4	35.3	172.2	178.0
云　南	1004.0	1040.1	30.4	26.8	175.0	168.7
西　藏	23.1	23.0	0.1	0.2	26.8	28.6
陕　西	521.4	527.0	88.4	84.4	21.3	17.7
甘　肃	527.2	547.0	50.3	53.5	103.5	112.8
青　海	49.7	50.4	1.4	1.6	46.4	46.4
宁　夏	129.3	132.5	86.0	87.1	81.2	83.5
新　疆	323.7	326.6	163.0	169.0	118.1	129.6

7-13 各地区主要农作物播种面积构成

(以农作物总播种面积为100) 单位：%

地区	粮食	棉花	油料	糖料	烟叶	蔬菜	瓜果类
全国总计	**67.8**	**2.0**	**8.5**	**1.0**	**0.8**	**13.4**	**1.6**
北京	57.7	0.0	1.5		0.0	31.3	2.8
天津	74.6	3.0	1.4			17.4	1.3
河北	72.6	3.3	5.4	0.2	0.03	14.2	1.3
山西	87.1	0.2	3.1	0.0	0.1	6.9	0.7
内蒙古	73.0	0.00	13.0	0.8	0.0	3.7	0.8
辽宁	79.5	0.00	7.1	0.0	0.2	10.3	1.3
吉林	88.5		5.6	0.01	0.3	3.5	1.0
黑龙江	95.0		0.9	0.0	0.2	1.9	0.5
上海	47.5	0.1	1.4	0.03		36.6	2.3
江苏	70.8	0.8	5.7	0.02		18.6	2.0
浙江	55.2	0.5	6.2	0.4	0.0	27.8	4.5
安徽	74.7	2.1	8.2	0.1	0.1	10.3	2.2
福建	50.6	0.0	5.2	0.3	2.9	33.0	1.6
江西	66.3	0.9	13.1	0.3	0.6	10.9	1.4
山东	68.5	4.2	6.9	0.0	0.2	17.0	2.6
河南	71.1	0.7	11.2	0.02	0.8	12.2	2.4
湖北	56.6	2.6	18.5	0.1	0.6	15.9	1.3
湖南	55.6	1.2	16.4	0.2	1.2	16.2	1.8
广东	51.9		7.8	3.4	0.5	29.3	1.0
广西	49.2	0.04	4.2	15.5	0.3	20.7	2.2
海南	43.8		4.9	3.9	0.02	32.5	4.0
重庆	62.5		8.9	0.1	1.2	20.7	0.7
四川	66.3	0.1	13.4	0.1	1.0	14.2	0.5
贵州	55.6	0.03	10.6	0.4	3.0	18.8	0.6
云南	62.5	0.00	5.0	3.9	6.1	14.5	0.4
西藏	70.9		8.8			8.9	0.1
陕西	71.8	0.6	7.1	0.0	0.7	12.3	2.0
甘肃	66.2	0.3	7.8	0.1	0.1	12.9	1.3
青海	50.1		25.4	0.0		9.0	0.3
宁夏	61.0		5.4		0.03	10.4	6.8
新疆	40.9	30.8	4.1	1.3		5.6	2.9

7-14 主要农作物产品产量

单位：万吨

年 份	粮食总产量	#稻 谷	#小 麦	#玉 米	#大豆	#薯 类
1949	11318	4865	1381	1242	509	985
1952	16392	6843	1813	1685	952	1633
1957	19505	8678	2364	2144	1005	2192
1962	15441	6299	1667	1626	651	2345
1965	19453	8772	2522	2366	614	1986
1970	23996	10999	2919	3303	871	2668
1975	28452	12556	4531	4722	724	2857
1978	30477	13693	5384	5595	757	3174
1979	33212	14375	6273	6004	746	2846
1980	32056	13991	5521	6260	794	2873
1981	32502	14396	5964	5921	933	2597
1982	35450	16160	6847	6056	903	2705
1983	38728	16887	8139	6821	976	2925
1984	40731	17826	8782	7341	970	2848
1985	37911	16857	8581	6383	1050	2604
1986	39151	17222	9004	7086	1161	2534
1987	40298	17426	8590	7924	1247	2821
1988	39408	16911	8543	7735	1165	2697
1989	40755	18013	9081	7893	1023	2730
1990	44624	18933	9823	9682	1100	2743
1991	43529	18381	9595	9877	971	2716
1992	44266	18622	10159	9538	1030	2844
1993	45649	17751	10639	10270	1531	3181
1994	44510	17593	9930	9928	1600	3025
1995	46662	18523	10221	11199	1350	3263
1996	50454	19510	11057	12747	1322	3536
1997	49417	20073	12329	10431	1473	3192
1998	51230	19871	10973	13295	1515	3604
1999	50839	19849	11388	12809	1425	3641
2000	46218	18791	9964	10600	1541	3685
2001	45264	17758	9387	11409	1541	3563
2002	45706	17454	9029	12131	1651	3666
2003	43070	16066	8649	11583	1539	3513
2004	46947	17909	9195	13029	1740	3558
2005	48402	18059	9745	13937	1635	3469
2006	49804	18172	10847	15160	1508	2701
2007	50160	18603	10930	15230	1273	2808
2008	52871	19190	11246	16591	1554	2980
2009	53082	19510	11512	16397	1498	2995
2010	54648	19576	11518	17725	1508	3114
2011	57121	20100	11740	19278	1449	3273
2012	58958	20424	12102	20561	1305	3293
2013	60194	20361	12193	21849	1195	3329
2014	60703	20651	12621	21565	1215	3336
2015	62144	20823	13019	22463	1179	3326
2016	61625	20708	12885	21955	1294	3356

7-15 主要农作物产品产量

单位：万吨

指　　标	1990年	1995年	2000年	2015年	2016年	2016年为2015年百分比(%)
一、粮食作物	**44624.3**	**46661.8**	**46217.5**	**62143.9**	**61625.0**	**99.2**
1.谷物		41611.6	40522.4	57228.1	56538.1	98.8
稻谷	18933.1	18522.6	18790.8	20822.5	20707.5	99.4
小麦	9822.9	10220.7	9963.6	13018.5	12884.5	99.0
玉米	9681.9	11198.6	10600.0	22463.2	21955.2	97.7
谷子	457.5	301.9	212.5	196.6	228.8	116.4
高粱	567.5	475.6	258.2	275.2	298.5	108.5
其他谷物		892.3	697.3	452.0	463.6	102.6
2.豆类		1787.5	2010.0	1589.8	1730.8	108.9
#大豆	1100.0	1350.2	1540.9	1178.5	1293.7	109.8
杂豆		437.3	469.1	411.3	437.0	106.3
3.薯类	2743.3	3262.6	3685.2	3326.1	3356.2	100.9
#马铃薯	648.4	914.4	1325.5	9486.1	1947.7	20.5
二、油料作物	**1613.2**	**2250.3**	**2954.8**	**3537.0**	**3629.5**	**102.6**
#花生	636.8	1023.5	1443.7	1644.0	1729.0	105.2
油菜籽	695.8	977.7	1138.1	1493.1	1454.6	97.4
芝麻	46.9	58.3	81.1	64.0	63.1	98.5
胡麻籽	53.5	36.4	34.4	40.0	40.3	100.8
向日葵	133.9	126.9	195.4	269.8	299.0	110.8
三、棉花	**450.8**	**476.8**	**441.7**	**560.3**	**529.9**	**94.6**
四、麻类	**109.7**	**89.7**	**52.9**	**21.1**	**26.2**	**124.3**
#黄红麻	72.6	37.1	12.6	5.3	5.3	100.0
苎　麻	8.9	14.7	16.1	10.8	10.3	95.1
大　麻	3.2	2.2	1.7	2.7	7.7	284.6
亚　麻	24.2	35.2	21.4	1.2	1.6	127.5
五、糖料	**7214.5**	**7940.1**	**7635.3**	**12500.0**	**12340.7**	**98.7**
甘蔗	5762.0	6541.7	6828.0	11696.8	11382.5	97.3
甜菜	1452.5	1398.4	807.3	803.2	956.7	119.1
六、烟叶	**262.7**	**231.4**	**255.2**	**283.2**	**272.6**	**96.2**
#烤烟	225.9	207.2	223.8	260.6	255.5	98.0
七、蔬菜				**78526.1**	**79779.7**	**101.6**
八、瓜果类				**9895.5**	**10231.7**	**103.4**

7-15 续表 1

单位：万吨

指　　标	全国		东部		中部	
	2015年	2016年	2015年	2016年	2015年	2016年
一、粮食	**62143.9**	**61625.0**	**14949.8**	**14917.3**	**18719.7**	**18327.9**
其中：夏收粮食	14088.1	13920.3	5403.7	5316.3	5781.8	5721.2
(一)谷物	57228.1	56538.1	14024.1	14004.7	17935.4	17525.9
1.稻谷	20822.5	20707.5	4502.5	4470.9	8474.1	8252.9
(1)早稻	3368.7	3277.6	781.1	787.0	2032.3	1933.7
(2)中稻和一季晚稻	13681.1	13760.4	2824.0	2799.0	4097.5	4063.8
(3)双季晚稻	3772.7	3669.4	897.5	884.9	2344.3	2255.3
2.小麦	13018.5	12884.5	5082.6	5005.2	5616.3	5562.0
(1)冬小麦	12374.7	12227.8	5071.9	4994.5	5616.2	5562.0
(2)春小麦	643.8	656.7	10.6	10.7	0.2	
3.玉米	22463.2	21955.2	4262.7	4349.1	3747.2	3595.1
4.谷子	196.6	228.8	54.5	59.1	40.1	53.4
5.高粱	275.2	298.5	6.9	7.3	10.8	12.0
6.其它谷物	452.0	463.6	114.9	113.2	46.9	50.5
其中：大麦	186.8	175.2	87.3	80.8	24.7	22.9
(二)豆类	1589.8	1730.8	227.3	226.3	314.5	327.7
其中：大豆	1178.5	1293.7	166.8	167.1	263.0	266.8
绿豆	70.5	89.3	5.6	5.8	21.2	27.7
红小豆	23.6	34.8	4.0	4.2	3.1	3.9
(三)薯类	3326.1	3356.2	698.4	686.3	469.8	474.4
其中：马铃薯	1897.2	1947.7	140.5	152.4	156.3	162.1
二、油料作物	**3537.0**	**3629.5**	**804.5**	**802.9**	**1549.4**	**1544.0**
其中：花生	1644.0	1729.0	637.0	646.3	725.7	750.1
油菜籽	1493.1	1454.6	140.6	125.5	753.0	723.3
芝麻	64.0	63.1	4.4	4.2	54.2	54.3
胡麻籽	40.0	40.3	3.3	3.2	6.3	5.1
向日葵	269.8	299.0	17.4	21.1	6.1	7.5
三、棉花	**560.3**	**529.9**	**107.3**	**96.2**	**93.2**	**67.7**
四、麻类	**21.1**	**26.2**	**0.3**	**0.3**	**9.9**	**9.0**
其中：黄红麻	5.3	5.3	0.2	0.1	4.1	4.1
苎　麻	10.8	10.3	0.1	0.1	4.4	4.1
大　麻	2.7	7.7	0.0	0.0	0.9	0.6
亚　麻	1.2	1.6				0.0
五、糖料	**12500.0**	**12340.7**	**1922.6**	**1885.7**	**213.9**	**216.6**
(一)甘蔗	11696.8	11382.5	1833.4	1792.6	208.4	213.0
(二)甜菜	803.2	956.7	89.2	93.2	5.5	3.3
六、烟叶	**283.2**	**272.6**	**27.1**	**27.4**	**70.8**	**70.6**
其中：烤烟	260.6	255.5	26.0	26.2	63.4	67.9
七、药材						
八、蔬菜(含菜用瓜)	**78526.1**	**79779.7**	**32844.9**	**33048.1**	**20680.8**	**21495.1**
九、瓜果类	**9895.5**	**10231.7**	**3429.2**	**3424.4**	**3565.6**	**3803.6**
其中：西瓜	7714.0	7940.3	2577.7	2559.2	3103.4	3270.3
甜瓜	1527.1	1635.0	501.5	505.4	349.7	402.6
草莓	347.9	342.4	176.3	181.4	72.8	82.6

7-15 续表 2　　单位：万吨

指　　标	西　部		东　北	
	2015年	2016年	2015年	2016年
一、粮食	**16500.9**	**16503.4**	**11973.5**	**11876.3**
其中：夏收粮食	2902.6	2882.8		
(一)谷物	14016.0	13953.6	11252.5	11053.9
1.稻谷	4548.4	4589.8	3297.5	3394.0
(1)早稻	555.4	556.9		
(2)中稻和一季晚稻	3462.1	3503.6	3297.5	3394.0
(3)双季晚稻	530.9	529.2		
2.小麦	2295.1	2286.0	24.6	31.3
(1)冬小麦	1686.6	1671.3		
(2)春小麦	608.4	614.7	24.6	31.3
3.玉米	6699.9	6584.9	7753.4	7426.0
4.谷子	61.4	66.1	40.6	50.2
5.高粱	126.1	133.6	131.4	145.5
6.其它谷物	285.1	293.1	5.1	6.8
其中：大麦	74.9	71.6		
(二)豆类	534.9	561.1	513.2	615.7
其中：大豆	267.3	288.2	481.4	571.7
绿豆	23.9	31.1	19.8	24.6
红小豆	9.0	12.2	7.5	14.4
(三)薯类	1950.0	1988.8	207.8	206.7
其中：马铃薯	1410.4	1440.1	190.0	193.1
二、油料作物	**1042.2**	**1097.0**	**140.9**	**185.6**
其中：花生	175.4	183.3	105.9	149.3
油菜籽	599.3	605.5	0.2	0.2
芝麻	4.7	3.8	0.7	0.8
胡麻籽	30.4	32.0		
向日葵	218.0	251.7	28.2	18.6
三、棉花	**359.8**	**366.0**		
四、麻类	**8.9**	**8.9**	**2.0**	**8.0**
其中：黄红麻	1.0	1.0		
苎　麻	6.3	6.1		
大　麻	0.4	0.6	1.4	6.5
亚　麻	0.7	0.8	0.6	0.8
五、糖料	**10349.7**	**10216.1**	**13.8**	**22.2**
(一)甘蔗	9655.0	9376.9		
(二)甜菜	694.7	838.0	13.8	22.2
六、烟叶	**171.3**	**162.6**	**13.9**	**12.0**
其中：烤烟	160.4	151.3	10.9	10.1
七、药材				
八、蔬菜(含菜用瓜)	**20250.2**	**21189.8**	**4750.2**	**4046.8**
九、瓜果类	**2302.9**	**2374.6**	**597.7**	**629.1**
其中：西瓜	1683.9	1721.2	349.0	389.7
甜瓜	523.8	555.5	152.0	171.5
草莓	28.3	32.1	70.5	46.3

7-15　续表 3　　　　　　　　　　　　　　　　　　　　　　　　　　　单位：万吨

指　标	粮食主产区		粮食主销区		粮食平衡区	
	2015年	2016年	2015年	2016年	2015年	2016年
一、粮食	**47341.3**	**46776.5**	**3311.9**	**3290.4**	**11490.7**	**11558.2**
其中：夏收粮食	11179.9	11057.9	334.5	305.7	2573.7	2556.7
(一)谷物	44584.7	43873.4	2838.7	2817.1	9804.7	9847.6
1.稻谷	15478.9	15341.9	2400.4	2396.7	2943.1	2968.9
(1)早稻	2032.3	1933.7	781.1	787.0	555.4	556.9
(2)中稻和一季晚稻	11102.4	11152.8	721.9	724.8	1856.8	1882.8
(3)双季晚稻	2344.3	2255.3	897.5	884.9	530.9	529.2
2.小麦	10909.7	10800.6	126.9	107.8	1981.9	1976.1
(1)冬小麦	10721.9	10594.7	121.2	101.8	1531.6	1531.3
(2)春小麦	187.8	206.0	5.7	6.0	450.3	444.8
3.玉米	17627.7	17117.8	289.3	296.6	4546.2	4540.8
4.谷子	142.9	168.3	0.7	0.6	53.1	60.0
5.高粱	221.7	239.7	1.4	2.1	52.1	56.7
6.其它谷物	203.7	205.1	19.9	13.4	228.4	245.1
其中：大麦	124.4	122.4	12.4	6.3	50.1	46.5
(二)豆类	1141.7	1275.3	85.6	83.2	362.5	372.2
其中：大豆	971.4	1075.9	61.1	59.6	146.0	158.3
绿豆	52.2	67.6	1.5	1.6	16.8	20.1
红小豆	15.1	24.2	0.9	0.9	7.6	9.6
(三)薯类	1614.9	1627.7	387.7	390.0	1323.5	1338.4
其中：马铃薯	828.7	862.3	82.2	93.0	986.3	992.5
二、油料作物	**2794.8**	**2860.7**	**185.8**	**187.6**	**556.4**	**581.1**
其中：花生	1384.4	1459.7	155.1	158.3	104.5	111.0
油菜籽	1144.6	1104.3	28.8	26.5	319.7	323.8
芝麻	57.9	58.0	1.7	1.7	4.4	3.4
胡麻籽	8.5	10.1			31.5	30.2
向日葵	189.7	207.3	0.1	1.1	80.0	90.5
三、棉花	**195.5**	**159.7**	**4.6**	**4.0**	**360.2**	**366.2**
四、麻类	**17.4**	**22.5**	**0.1**	**0.1**	**3.6**	**3.5**
其中：黄红麻	4.3	4.3	0.1	0.1	0.9	0.9
苎　麻	9.7	9.3	0.0	0.0	1.1	1.0
大　麻	2.3	7.3			0.4	0.4
亚　麻	0.6	0.8			0.7	0.8
五、糖料	**605.2**	**654.7**	**1823.9**	**1783.5**	**10070.9**	**9902.4**
(一)甘蔗	271.9	271.6	1823.9	1783.5	9601.0	9327.4
(二)甜菜	333.3	381.6			469.9	575.0
六、烟叶	**114.1**	**111.7**	**20.2**	**20.2**	**148.9**	**140.7**
其中：烤烟	99.1	102.9	19.3	19.2	142.2	133.4
七、药材						
八、蔬菜(含菜用瓜)	**53927.2**	**54252.5**	**8732.6**	**8933.7**	**15866.3**	**16593.5**
九、瓜果类	**7173.7**	**7467.4**	**690.3**	**686.9**	**2031.5**	**2077.4**
其中：西瓜	5719.1	5934.8	507.2	497.8	1487.7	1507.6
甜瓜	988.3	1067.9	72.6	77.9	466.2	489.2
草莓	307.7	298.3	21.2	22.7	19.0	21.4

7-15　续表 4　　(以全国为100)　　单位：%

指　　标	东部		中部		西部		东北	
	2015年	2016年	2015年	2016年	2015年	2016年	2015年	2016年
一、粮食	**24.1**	**24.2**	**30.1**	**29.7**	**26.6**	**26.8**	**19.3**	**19.3**
其中：夏收粮食	38.4	38.2	41.0	41.1	20.6	20.7		
(一)谷物	24.5	24.8	31.3	31.0	24.5	24.7	19.7	19.6
1.稻谷	21.6	21.6	40.7	39.9	21.8	22.2	15.8	16.4
(1)早稻	23.2	24.0	60.3	59.0	16.5	17.0		
(2)中稻和一季晚稻	20.6	20.3	30.0	29.5	25.3	25.5	24.1	24.7
(3)双季晚稻	23.8	24.1	62.1	61.5	14.1	14.4		
2.小麦	39.0	38.8	43.1	43.2	17.6	17.7	0.2	0.2
(1)冬小麦	41.0	40.8	45.4	45.5	13.6	13.7		
(2)春小麦	1.7	1.6	0.0		94.5	93.6	3.8	4.8
3.玉米	19.0	19.8	16.7	16.4	29.8	30.0	34.5	33.8
4.谷子	27.7	25.8	20.4	23.3	31.2	28.9	20.7	22.0
5.高粱	2.5	2.5	3.9	4.0	45.8	44.8	47.7	48.8
6.其它谷物	25.4	24.4	10.4	10.9	63.1	63.2	1.1	1.5
其中：大麦	46.7	46.1	13.2	13.1	40.1	40.8		
(二)豆类	14.3	13.1	19.8	18.9	33.6	32.4	32.3	35.6
其中：大豆	14.2	12.9	22.3	20.6	22.7	22.3	40.8	44.2
绿豆	8.0	6.5	30.1	31.1	33.8	34.8	28.1	27.6
红小豆	17.1	12.1	13.1	11.2	38.2	35.1	31.6	41.5
(三)薯类	21.0	20.4	14.1	14.1	58.6	59.3	6.2	6.2
其中：马铃薯	7.4	7.8	8.2	8.3	74.3	73.9	10.0	9.9
二、油料作物	**22.7**	**22.1**	**43.8**	**42.5**	**29.5**	**30.2**	**4.0**	**5.1**
其中：花生	38.7	37.4	44.1	43.4	10.7	10.6	6.4	8.6
油菜籽	9.4	8.6	50.4	49.7	40.1	41.6	0.0	0.0
芝麻	6.9	6.7	84.6	86.1	7.4	5.9	1.1	1.2
胡麻籽	8.2	7.8	15.7	12.6	76.1	79.6		
向日葵	6.5	7.1	2.3	2.5	80.8	84.2	10.4	6.2
三、棉花	**19.2**	**18.2**	**16.6**	**12.8**	**64.2**	**69.1**	**0.0**	**0.0**
四、麻类	**1.5**	**1.0**	**47.0**	**34.2**	**42.2**	**34.1**	**9.4**	**30.7**
其中：黄红麻	3.5	2.5	77.6	77.8	18.9	19.7		
苎　麻	0.9	0.9	41.0	39.9	58.1	59.2		
大　麻	0.9	0.6	31.9	7.6	15.0	7.8	52.2	84.0
亚　麻				0.0	54.5	52.2	45.5	47.8
五、糖料	**15.4**	**15.3**	**1.7**	**1.8**	**82.8**	**82.8**	**0.1**	**0.2**
(一)甘蔗	15.7	15.7	1.8	1.9	82.5	82.4		
(二)甜菜	11.1	9.7	0.7	0.3	86.5	87.6	1.7	2.3
六、烟叶	**9.6**	**10.0**	**25.0**	**25.9**	**60.5**	**59.7**	**4.9**	**4.4**
其中：烤烟	10.0	10.3	24.3	26.6	61.5	59.2	4.2	3.9
七、药材								
八、蔬菜(含菜用瓜)	**41.8**	**41.4**	**26.3**	**26.9**	**25.8**	**26.6**	**6.0**	**5.1**
九、瓜果类	**34.7**	**33.5**	**36.0**	**37.2**	**23.3**	**23.2**	**6.0**	**6.1**
其中：西瓜	33.4	32.2	40.2	41.2	21.8	21.7	4.5	4.9
甜瓜	32.8	30.9	22.9	24.6	34.3	34.0	10.0	10.5
草莓	50.7	53.0	20.9	24.1	8.1	9.4	20.3	13.5

7-15 续表 5　　（全国为100）　　单位：%

指　标	粮食主产区		粮食主销区		粮食平衡区	
	2015年	2016年	2015年	2016年	2015年	2016年
一、粮食	**76.2**	**75.9**	**5.3**	**5.3**	**18.5**	**18.8**
其中：夏收粮食	79.4	79.4	2.4	2.2	18.3	18.4
(一)谷物	77.9	77.6	5.0	5.0	17.1	17.4
1.稻谷	74.3	74.1	11.5	11.6	14.1	14.3
(1)早稻	60.3	59.0	23.2	24.0	16.5	17.0
(2)中稻和一季晚稻	81.2	81.1	5.3	5.3	13.6	13.7
(3)双季晚稻	62.1	61.5	23.8	24.1	14.1	14.4
2.小麦	83.8	83.8	1.0	0.8	15.2	15.3
(1)冬小麦	86.6	86.6	1.0	0.8	12.4	12.5
(2)春小麦	29.2	31.4	0.9	0.9	70.0	67.7
3.玉米	78.5	78.0	1.3	1.4	20.2	20.7
4.谷子	72.6	73.5	0.4	0.3	27.0	26.2
5.高粱	80.6	80.3	0.5	0.7	18.9	19.0
6.其它谷物	45.1	44.2	4.4	2.9	50.5	52.9
其中：大麦	66.6	69.8	6.6	3.6	26.8	26.5
(二)豆类	71.8	73.7	5.4	4.8	22.8	21.5
其中：大豆	82.4	83.2	5.2	4.6	12.4	12.2
绿豆	74.1	75.7	2.1	1.8	23.8	22.5
红小豆	64.0	69.7	4.0	2.7	32.1	27.6
(三)薯类	48.6	48.5	11.7	11.6	39.8	39.9
其中：马铃薯	43.7	44.3	4.3	4.8	52.0	51.0
二、油料作物	**79.0**	**78.8**	**5.3**	**5.2**	**15.7**	**16.0**
其中：花生	84.2	84.4	9.4	9.2	6.4	6.4
油菜籽	76.7	75.9	1.9	1.8	21.4	22.3
芝麻	90.5	91.9	2.7	2.7	6.8	5.3
胡麻籽	21.2	25.0		0.0	78.8	75.0
向日葵	70.3	69.3	0.04	0.4	29.6	30.3
三、棉花	**34.9**	**30.1**	**0.8**	**0.8**	**64.3**	**69.1**
四、麻类	**82.4**	**86.0**	**0.7**	**0.5**	**16.9**	**13.5**
其中：黄红麻	80.9	80.5	2.6	2.2	16.5	17.3
苎　麻	89.7	90.0	0.1	0.1	10.2	9.9
大　麻	85.2	94.4			14.8	5.6
亚　麻	45.5	47.9			54.5	52.1
五、糖料	**4.8**	**5.3**	**14.6**	**14.5**	**80.6**	**80.2**
(一)甘蔗	2.3	2.4	15.6	15.7	82.1	81.9
(二)甜菜	41.5	39.9			58.5	60.1
六、烟叶	**40.3**	**41.0**	**7.1**	**7.4**	**52.6**	**51.6**
其中：烤烟	38.0	40.3	7.4	7.5	54.6	52.2
七、药材						
八、蔬菜(含菜用瓜)	**68.7**	**68.0**	**11.1**	**11.2**	**20.2**	**20.8**
九、瓜果类	**72.5**	**73.0**	**7.0**	**6.7**	**20.5**	**20.3**
其中：西瓜	74.1	74.7	6.6	6.3	19.3	19.0
甜瓜	64.7	65.3	4.8	4.8	30.5	29.9
草莓	88.5	87.1	6.1	6.6	5.5	6.3

7-15 续表 6 （以粮食作物产量为100） 单位：%

指 标	全 国		东 部		中 部	
	2015年	2016年	2015年	2016年	2015年	2016年
粮食	**100.0**	**100.0**	**100.0**	**100.0**	**100.0**	**100.0**
夏粮	22.7	22.6	36.1	35.6	30.9	31.2
早稻	5.4	5.3	5.2	5.3	10.9	10.6
秋粮	71.9	72.1	58.6	59.1	58.3	58.2
谷物	92.1	91.7	93.8	93.9	95.8	95.6
稻谷	33.5	33.6	30.1	30.0	45.3	45.0
小麦	20.9	20.9	34.0	33.6	30.0	30.3
其中：冬小麦	19.9	19.8	33.9	33.5	30.0	30.3
玉米	36.1	35.6	28.5	29.2	20.0	19.6
豆类	2.6	2.8	1.5	1.5	1.7	1.8
其中：大豆	1.9	2.1	1.1	1.1	1.4	1.5
薯类	5.4	5.4	4.7	4.6	2.5	2.6
其中：马铃薯	3.1	3.2	0.9	1.0	0.8	0.9

指 标	全 国		西 部		东 北	
	2015年	2016年	2015年	2016年	2015年	2016年
粮食	**100.0**	**100.0**	**100.0**	**100.0**	**100.0**	**100.0**
夏粮	22.7	22.6	17.6	17.5		
早稻	5.4	5.3	3.4	3.4		
秋粮	71.9	72.1	79.0	79.2	100.0	100.0
谷物	92.1	91.7	84.9	84.5	94.0	93.1
稻谷	33.5	33.6	27.6	27.8	27.5	28.6
小麦	20.9	20.9	13.9	13.9	0.2	0.3
其中：冬小麦	19.9	19.8	10.2	10.1		
玉米	36.1	35.6	40.6	39.9	64.8	62.5
豆类	2.6	2.8	3.2	3.4	4.3	5.2
其中：大豆	1.9	2.1	1.6	1.7	4.0	4.8
薯类	5.4	5.4	11.8	12.1	1.7	1.7
其中：马铃薯	3.1	3.2	8.5	8.7	1.6	1.6

指 标	粮食主产区		粮食主销区		粮食平衡区	
	2015年	2016年	2015年	2016年	2015年	2016年
粮食	**100.0**	**100.0**	**100.0**	**100.0**	**100.0**	**100.0**
夏粮	23.6	23.6	10.1	9.3	22.4	22.1
早稻	4.3	4.1	23.6	23.9	4.8	4.8
秋粮	72.1	72.2	66.3	66.8	72.8	73.1
谷物	94.2	93.8	85.7	85.6	85.3	85.2
稻谷	32.7	32.8	72.5	72.8	25.6	25.7
小麦	23.0	23.1	3.8	3.3	17.2	17.1
其中：冬小麦	22.6	22.6	3.7	3.1	13.3	13.2
玉米	37.2	36.6	8.7	9.0	39.6	39.3
豆类	2.4	2.7	2.6	2.5	3.2	3.2
其中：大豆	2.1	2.3	1.8	1.8	1.3	1.4
薯类	3.4	3.5	11.7	11.9	11.5	11.6
其中：马铃薯	1.8	1.8	2.5	2.8	8.6	8.6

7-16 各地区粮食总产量

单位：万吨

地区	1990年	1995年	2000年	2015年	2016年	2016年为2015年百分比(%)
全国总计	**44624.3**	**46661.8**	**46217.5**	**62143.9**	**61625.0**	**99.2**
北京	264.6	259.8	144.2	62.6	53.7	85.7
天津	188.9	207.5	124.1	181.7	196.4	108.0
河北	2276.9	2739.2	2551.1	3363.8	3460.2	102.9
山西	969.0	917.1	853.4	1259.6	1318.5	104.7
内蒙古	973.0	1055.4	1241.9	2827.0	2780.3	98.3
辽宁	1494.7	1423.5	1140.0	2002.5	2100.6	104.9
吉林	2046.5	1992.4	1638.0	3647.0	3717.2	101.9
黑龙江	2312.5	2552.1	2545.5	6324.0	6058.5	95.8
上海	239.5	210.4	174.0	112.1	99.2	88.5
江苏	3230.8	3286.3	3106.6	3561.3	3466.0	97.3
浙江	1586.1	1430.9	1217.7	752.2	752.2	100.0
安徽	2457.2	2580.7	2472.1	3538.1	3417.4	96.6
福建	879.6	919.7	854.7	661.1	650.9	98.5
江西	1658.2	1607.4	1614.6	2148.7	2138.1	99.5
山东	3354.9	4246.4	3837.7	4712.7	4700.7	99.7
河南	3303.7	3466.5	4101.5	6067.1	5946.6	98.0
湖北	2475.0	2463.8	2218.5	2703.3	2554.1	94.5
湖南	2651.4	2691.6	2767.9	3002.9	2953.2	98.3
广东	1896.9	1734.8	1760.1	1358.1	1360.2	100.2
广西	1363.1	1508.2	1528.5	1524.8	1521.3	99.8
海南	169.6	201.8	199.6	184.0	177.9	96.7
重庆			1106.9	1154.9	1166.0	101.0
四川	4266.8	4365.0	3372.0	3442.8	3483.5	101.2
贵州	721.0	948.9	1161.3	1180.0	1192.4	101.0
云南	1057.2	1188.9	1467.8	1876.4	1902.9	101.4
西藏	55.5	70.0	96.2	100.6	101.9	101.3
陕西	1070.7	913.4	1089.1	1226.8	1228.3	100.1
甘肃	690.7	644.2	713.5	1171.1	1140.6	97.4
青海	114.0	114.2	82.7	102.7	103.5	100.7
宁夏	190.1	203.2	252.7	372.6	370.6	99.5
新疆	666.2	718.5	783.7	1521.3	1512.3	99.4

7-17 各地区分季粮食作物产量

单位：万吨

地区	夏收粮食		早稻		秋收粮食	
	2015年	2016年	2015年	2016年	2015年	2016年
全国总计	**14088.1**	**13920.3**	**3368.7**	**3277.6**	**44687.1**	**44427.1**
北京	11.1	8.6			51.5	45.1
天津	59.8	60.9			121.9	135.5
河北	1450.2	1448.7			1913.6	2011.5
山西	272.8	275.0			986.8	1043.6
内蒙古					2827.0	2780.3
辽宁					2002.5	2100.6
吉林					3647.0	3717.2
黑龙江					6324.0	6058.5
上海	24.7	14.8			87.4	84.3
江苏	1271.7	1216.5			2289.7	2249.5
浙江	72.3	58.7	67.7	73.8	612.3	619.7
安徽	1414.7	1387.7	109.2	97.6	2014.2	1932.1
福建	37.9	38.6	109.1	102.2	514.1	510.0
江西	17.2	18.4	811.9	785.9	1319.7	1333.8
山东	2347.3	2345.4			2365.4	2355.3
河南	3511.8	3476.8			2555.3	2469.8
湖北	504.4	508.7	252.3	216.1	1946.5	1829.3
湖南	60.9	54.6	858.9	834.1	2083.1	2064.5
广东	109.6	106.2	525.0	533.3	723.5	720.7
广西	37.0	34.3	528.8	529.7	959.0	957.4
海南	19.1	17.9	79.3	77.7	85.7	82.3
重庆	148.4	145.9			1006.4	1020.1
四川	601.7	601.1			2841.1	2882.4
贵州	269.5	257.5			910.6	934.9
云南	286.5	288.2	26.6	27.2	1563.3	1587.5
西藏					100.6	101.9
陕西	491.7	479.1			735.1	749.2
甘肃	321.7	307.1			849.4	833.5
青海					102.7	103.5
宁夏	41.9	42.3			330.7	328.3
新疆	704.3	727.3			817.0	784.9

7-18 各地区分品种粮食作物产量

单位：万吨

地　区	谷　物		#稻　谷		中稻和一季晚稻		双季晚稻	
	2015年	2016年	2015年	2016年	2015年	2016年	2015年	2016年
全国总计	**57228.1**	**56538.1**	**20822.5**	**20707.5**	**13681.1**	**13760.4**	**3772.7**	**3669.4**
北　京	61.1	52.3	0.1	0.1	0.1	0.1		
天　津	179.8	194.2	11.3	13.4	11.3	13.4		
河　北	3230.4	3321.9	54.5	54.7	54.5	54.7		
山　西	1192.3	1232.9	0.5	0.5	0.5	0.5		
内蒙古	2577.0	2492.3	53.2	63.2	53.2	63.2		
辽　宁	1927.3	2017.1	467.7	484.6	467.7	484.6		
吉　林	3538.9	3601.6	630.1	654.1	630.1	654.1		
黑龙江	5786.3	5435.2	2199.7	2255.3	2199.7	2255.3		
上　海	110.6	98.6	84.1	81.8	84.1	81.8		
江　苏	3454.9	3360.6	1952.5	1931.4	1952.5	1931.4		
浙　江	655.6	656.0	578.1	593.8	435.9	441.4	74.5	78.6
安　徽	3371.3	3252.5	1459.3	1401.8	1234.9	1196.5	115.3	107.7
福　建	509.4	496.1	485.0	471.5	190.4	188.2	185.5	181.1
江　西	2044.3	2029.9	2027.2	2012.6	279.1	298.6	936.2	928.1
山　东	4500.1	4505.2	95.1	88.1	95.1	88.1		
河　南	5902.6	5777.0	531.5	542.2	531.5	542.2		
湖　北	2575.1	2428.5	1810.7	1693.5	1228.9	1193.8	329.5	283.6
湖　南	2849.8	2805.2	2644.8	2602.3	822.7	832.3	963.2	935.9
广　东	1168.8	1170.8	1088.4	1087.1			563.5	553.7
广　西	1422.4	1420.6	1137.8	1137.3	95.9	96.5	513.1	511.0
海　南	153.4	149.2	153.3	149.1			74.0	71.4
重　庆	800.2	806.2	506.4	510.6	506.4	510.6		
四　川	2826.6	2846.6	1552.6	1558.2	1552.6	1558.2		
贵　州	841.8	855.5	417.5	430.5	417.5	430.5		
云　南	1545.8	1567.7	659.7	671.9	615.3	626.5	17.8	18.2
西　藏	98.0	99.8	0.5	0.5	0.5	0.5		
陕　西	1119.8	1114.2	91.9	91.9	91.9	91.9		
甘　肃	909.6	883.1	3.1	3.1	3.1	3.1		
青　海	62.4	61.1						
宁　夏	332.0	331.8	60.8	63.0	60.8	63.0		
新　疆	1480.5	1474.8	65.1	59.7	65.1	59.7		

7-18 续表 1

单位：万吨

地区	#小麦		冬小麦		春小麦		#玉米	
	2015年	2016年	2015年	2016年	2015年	2016年	2015年	2016年
全国总计	**13018.5**	**12884.5**	**12374.7**	**12227.8**	**643.8**	**656.7**	**22463.2**	**21955.2**
北京	11.1	8.5	11.1	8.5			49.4	43.2
天津	59.8	60.9	54.2	54.9	5.7	5.9	107.3	118.1
河北	1435.0	1433.3	1430.1	1428.5	4.9	4.8	1670.4	1753.6
山西	271.4	273.4	271.3	273.4	0.2		862.7	888.9
内蒙古	158.3	169.9			158.3	169.9	2250.8	2139.8
辽宁	2.7	2.2			2.7	2.2	1403.5	1465.6
吉林	0.1	0.1			0.1	0.1	2805.7	2833.0
黑龙江	21.8	29.0			21.8	29.0	3544.1	3127.4
上海	19.9	12.1	19.9	12.1			2.1	2.1
江苏	1174.0	1119.6	1174.0	1119.6			252.2	233.9
浙江	35.1	25.4	35.1	25.4			31.1	30.5
安徽	1411.0	1385.9	1411.0	1385.9			496.3	462.0
福建	0.6	0.6	0.6	0.6			21.5	21.8
江西	2.6	2.6	2.6	2.6			12.8	13.0
山东	2346.6	2344.6	2346.6	2344.6			2050.9	2065.0
河南	3501.0	3466.0	3501.0	3466.0			1853.7	1745.9
湖北	420.9	428.2	420.9	428.2			332.9	296.6
湖南	9.4	5.9	9.4	5.9			188.8	188.7
广东	0.3	0.3	0.3	0.3			77.9	81.0
广西	0.9	1.1	0.9	1.1			280.7	278.6
海南								
重庆	22.9	19.6	22.9	19.6			259.7	264.7
四川	426.3	413.4	426.3	413.4			765.7	793.2
贵州	61.7	59.7	61.7	59.7			324.1	324.4
云南	90.6	89.4	90.6	89.4			747.3	756.5
西藏	23.4	23.1	16.8	18.3	6.6	4.8	0.8	2.7
陕西	458.1	445.0	458.1	445.0			543.1	545.4
甘肃	281.0	267.8	172.2	170.5	108.8	97.3	577.2	560.6
青海	34.1	33.1			34.1	33.1	18.6	18.1
宁夏	39.6	40.9	14.9	11.4	24.8	29.5	226.9	216.2
新疆	698.3	723.1	422.4	442.8	275.8	280.2	705.1	684.9

7-18 续表 2 单位：万吨

地区	#谷子		#高粱		#其他谷物		大麦	
	2015年	2016年	2015年	2016年	2015年	2016年	2015年	2016年
全国总计	**196.6**	**228.8**	**275.2**	**298.5**	**452.0**	**463.6**	**186.8**	**175.2**
北京	0.3	0.4	0.06	0.1	0.01	0.01	49.4	
天津	0.3	0.1	0.9	1.6	0.05	0.15	107.3	
河北	48.4	52.8	3.7	3.8	18.5	23.7	1670.4	0.2
山西	35.4	42.7	5.7	6.4	16.5	21.0	862.7	
内蒙古	43.8	48.9	39.6	42.5	31.5	28.1	2250.8	12.5
辽宁	19.0	22.8	29.9	36.2	4.5	5.8	1403.5	
吉林	19.2	24.6	83.8	89.5		0.4	2805.7	
黑龙江	2.5	2.9	17.7	19.9	0.5	0.7	3544.1	
上海					4.5	2.6	2.1	2.6
江苏	0.02	0.04	0.3	0.2	75.9	75.5	252.2	73.9
浙江					11.3	6.4	31.1	3.6
安徽	0.05	0.10	0.2	0.1	4.5	2.6	496.3	1.8
福建	0.05	0.02	0.4	0.4	1.9	1.9	21.5	0.1
江西	0.2	0.2	0.8	0.7	0.7	0.8	12.8	0.1
山东	5.3	5.7	1.5	1.3	0.7	0.6	2050.9	0.4
河南	4.5	10.4	1.1	1.7	10.8	10.8	1853.7	10.8
湖北	0.01	0.01	0.6	0.6	10.0	9.5	332.9	9.3
湖南			2.4	2.5	4.4	5.8	188.8	0.9
广东	0.1	0.1	0.02	0.02	2.1	2.3	77.9	
广西	0.5	0.5	1.0	0.9	1.6	2.3	280.7	
海南			0.0	0.0	0.1	0.1		
重庆			9.7	9.8	1.5	1.5	259.7	0.2
四川			40.2	40.8	41.8	41.0	765.7	12.6
贵州	1.8	1.8	23.9	25.6	12.9	13.6	324.1	0.5
云南	0.1	0.1	1.0	1.0	47.1	48.8	747.3	26.6
西藏					73.3	73.5	0.8	0.0
陕西	8.8	10.1	3.7	4.9	14.3	16.8	543.1	1.4
甘肃	2.7	2.3	4.4	5.9	41.2	43.5	577.2	14.5
青海					9.6	10.0	18.6	
宁夏	0.8	1.6	0.0	0.16	3.9	10.0	226.9	
新疆	2.9	0.9	2.8	2.2	6.5	4.1	705.1	3.27

7-18 续表 3 单位：万吨

地区	燕麦		荞麦		豆类		#大豆	
	2015年	2016年	2015年	2016年	2015年	2016年	2015年	2016年
全国总计	**19.6**	**23.7**	**29.4**	**32.3**	**1589.8**	**1730.8**	**1178.5**	**1293.7**
北京					0.7	0.5	0.7	0.4
天津					1.2	1.2	1.2	1.1
河北	7.9	10.7	0.1	0.1	29.5	32.0	22.6	24.7
山西	4.6	6.5	1.7	2.1	30.6	36.9	20.2	23.9
内蒙古	4.9	5.1	6.4	5.5	103.0	120.0	88.8	100.5
辽宁			0.1	0.1	27.2	30.7	24.0	28.2
吉林			0.1	0.1	48.6	62.5	29.0	39.9
黑龙江	0.0	0.1			437.3	522.5	428.4	503.6
上海					0.8	0.5	0.6	0.3
江苏			0.2	0.2	73.5	72.6	48.3	47.1
浙江					35.8	32.8	23.4	21.7
安徽				0.01	134.0	135.0	126.8	125.3
福建					23.3	24.0	17.9	18.4
江西			0.3	0.3	33.1	33.8	24.3	24.9
山东					38.8	38.4	34.8	35.7
河南					53.8	56.6	49.9	50.6
湖北	0.02	0.02	0.04	0.04	28.7	28.9	21.2	20.9
湖南			0.7	0.6	34.3	36.5	20.6	21.2
广东					21.6	22.3	16.7	17.0
广西			1.5	1.2	23.9	24.7	14.2	14.9
海南					2.1	2.0	0.7	0.6
重庆	0.02	0.01	1.3	1.3	47.9	48.4	20.8	21.2
四川					99.9	105.8	52.7	53.3
贵州	0.1	0.2	1.4	1.5	34.4	35.0	12.6	17.8
云南	1.2	1.1	1.7	1.4	136.4	138.7	30.9	31.5
西藏			0.3	0.4	2.0	1.5		
陕西			5.5	7.9	21.2	27.6	12.3	17.9
甘肃	0.3		6.1	5.6	36.2	31.4	17.0	13.6
青海	0.3				5.6	6.0		
宁夏	0.3	0.2	2.2	4.0	3.4	3.4	1.4	2.2
新疆					20.8	18.6	16.7	15.2

7-18 续表 4

单位：万吨

地 区	#绿 豆		#红小豆		薯 类		#马铃薯	
	2015年	2016年	2015年	2016年	2015年	2016年	2015年	2016年
全国总计	**70.5**	**89.3**	**23.6**	**34.8**	**16630.3**	**3356.2**	**9486.1**	**1947.7**
北 京	0.01	0.01	0.04	0.04	4.2	0.9		
天 津	0.02	0.02	0.02	0.01	3.6	0.9		
河 北	1.7	2.2	0.9	1.2	519.6	106.3	291.6	59.5
山 西	5.1	7.7	1.2	1.2	183.6	48.7	149.2	41.7
内蒙古	8.9	15.5	2.3	3.5	734.9	168.0	731.6	167.0
辽 宁	0.8	1.1	0.6	1.1	240.0	52.8	171.0	42.8
吉 林	17.9	20.3	1.7	2.4	297.4	53.1	279.4	50.0
黑龙江	1.1	3.2	5.2	11.0	501.7	100.8	499.7	100.4
上 海					3.1	0.1		
江 苏	0.9	1.0	2.0	1.9	164.6	32.8		
浙 江					304.2	63.5	127.8	36.5
安 徽	5.8	7.9	1.4	1.8	163.7	29.9	8.4	1.8
福 建	0.7	0.7	0.3	0.3	642.0	130.8	167.3	34.3
江 西	1.3	1.4	0.1	0.1	356.9	74.5	35.3	8.4
山 东	1.5	1.1	0.3	0.2	869.3	157.2		
河 南	3.6	5.6	0.2	0.4	554.0	113.1		
湖 北	1.2	1.1	0.1	0.3	497.1	96.7	386.0	75.9
湖 南	4.2	4.0	0.1	0.2	593.9	111.5	202.5	34.3
广 东	0.7	0.7	0.4	0.4	838.7	167.2	115.6	22.2
广 西	2.6	2.5	0.1	0.1	392.0	76.1	151.6	25.5
海 南	0.1	0.1	0.2	0.2	142.8	26.6	0.1	0.0
重 庆	4.3	4.3	0.5	0.6	1534.0	311.4	640.3	129.3
四 川	3.2	3.2	0.3	0.3	2581.5	531.1	1538.0	322.3
贵 州	0.9	0.9	0.3	0.3	1519.2	301.9	1188.1	233.4
云 南	1.6	1.6	1.8	1.8	970.8	196.5	852.3	172.4
西 藏		0.1		1.3	3.3	0.6	3.3	0.6
陕 西	1.0	2.3	1.9	3.3	428.6	86.5	369.1	74.7
甘 肃	0.1		0.4		1126.5	226.1	1126.5	226.1
青 海					173.8	36.3	173.8	36.3
宁 夏					186.0	35.4	186.0	35.4
新 疆	1.3	0.7	1.5	1.1	99.8	18.9	91.6	17.1

7-19 各地区油料产量

单位：吨

地区	油料合计		#花生		#油菜籽	
	2015年	2016年	2015年	2016年	2015年	2016年
全国总计	**35369790**	**36294966**	**16439656**	**17289811**	**14930677**	**14545604**
北京	5658	5570	5167	4443		
天津	4221	16002	3485	5607	52	209
河北	1515428	1565043	1274146	1297096	29693	30980
山西	153043	154346	11950	13301	6674	8293
内蒙古	1935840	2200239	42223	48989	417468	414625
辽宁	461225	813279	447730	777448	2168	1412
吉林	764235	825407	558983	668059		
黑龙江	183376	217465	52086	47604		535
上海	11849	8976	2048	1909	9645	6924
江苏	1431133	1319336	350656	366989	1063384	936013
浙江	313470	290915	52997	52483	251190	229324
安徽	2278518	2148295	944278	907333	1262860	1168279
福建	306732	310317	285966	288845	18825	19470
江西	1239636	1220179	464130	465005	739408	718141
山东	3241016	3267838	3194038	3215552	24432	22980
河南	5997381	6190857	4853100	5091893	860982	816693
湖北	3396035	3297545	679067	717322	2551881	2416298
湖南	2428932	2428705	304910	305981	2108109	2105699
广东	1103355	1132919	1090407	1119325	8459	8875
广西	646795	689471	606960	648597	26239	27902
海南	112579	111770	110922	110333		
重庆	598721	627208	119448	123099	467256	491912
四川	3075502	3112929	678353	687672	2385250	2411481
贵州	1013366	1034267	104977	113223	890296	902474
云南	659199	685002	81999	82299	560698	586553
西藏	64047	62133	324	383	63722	61750
陕西	626640	637968	97451	104029	431857	423917
甘肃	715654	760153	4620	4449	339746	342315
青海	304825	300353			300573	296198
宁夏	152549	146533			1876	2552
新疆	628830	713946	17234	20543	107934	93801

7-20 各地区棉花和麻类产量

单位：吨

地 区	棉 花		麻类合计		#黄红麻	
	2015年	2016年	2015年	2016年	2015年	2016年
全国总计	**5603415**	**5299452**	**210806**	**262011**	**53033**	**53021**
北 京	101	58				
天 津	25568	23297				
河 北	373404	299500	499	172	480	153
山 西	14489	10324	37	4		
内蒙古	156	219	10	1605		
辽 宁	154	126		9968		
吉 林			2	10		
黑龙江			19795	70436		
上 海	444	345				
江 苏	116887	73849	1005	821		
浙 江	19927	16524	282	212	231	174
安 徽	233663	184632	26319	22012	12986	14361
福 建	81	81	340	310	273	243
江 西	115221	73296	6654	6270	610	588
山 东	536914	548260	78	420		
河 南	126371	97500	28632	27093	26767	25907
湖 北	297600	188459	21879	20681	135	141
湖 南	144626	122730	15467	13539	650	275
广 东			282	212	282	212
广 西	2533	2526	10618	11176	8650	9071
海 南			579	540	579	540
重 庆			8460	7434	92	79
四 川	9818	8843	53409	52231	1278	1273
贵 州	1173	1219	1112	1175	3	3
云 南	147	118	457	464		
西 藏						
陕 西	38591	33819	641	711	17	1
甘 肃	42549	19904	3411	3643		
青 海						
宁 夏						
新 疆	3503000	3593823	10839	10871		

7-21 各地区糖料产量

单位：吨

地　　区	糖料合计		1. 甘　蔗		2.甜　菜	
	2015年	2016年	2015年	2016年	2015年	2016年
全国总计	**124999643**	**123406500**	**116968001**	**113824625**	**8031643**	**9566589**
北　京						
天　津						
河　北	891753	931417			891753	931417
山　西	54780	33244			54780	33244
内 蒙 古	2301126	2674400			2301126	2661900
辽　宁	52095	94017			52095	94017
吉　林	12986	14133			12986	14133
黑 龙 江	72930	113877			72930	113877
上　海	5704	5545	5704	5545		
江　苏	94974	90251	94495	90151	479	100
浙　江	621575	620824	621575	620824		
安　徽	203206	203607	203206	202402		
福　建	435709	370168	435709	370168		
江　西	658244	657504	658244	657504		
山　东		182				182
河　南	243347	234696	243347	234696		
湖　北	319991	375059	319941	373432	50	45
湖　南	659560	661990	659560	661990		
广　东	14528542	14792892	14528542	14792892		
广　西	75049242	74613239	75049242	74613239		
海　南	2647700	2046015	2647700	2046015		
重　庆	97730	96990	97730	96990		
四　川	541540	496031	540165	495409	1375	622
贵　州	1560953	1178082	1560913	1178070	40	12
云　南	19300500	17384010	19300497	17384010	3	
西　藏						
陕　西	1523	1632	1431	1288	92	344
甘　肃	160481	166285			160481	166285
青　海	300	561			300	561
宁　夏						
新　疆	4483153	5549850			4483153	5549850

7-22 各地区烟叶和蔬菜产量

单位：吨

地区	烟叶合计		#烤烟		蔬菜	
	2015年	2016年	2015年	2016年	2015年	2016年
全国总计	**2832385**	**2725685**	**2606375**	**2555061**	**785260977**	**797797052**
北京	1	2		2	2051447	1835771
天津					4415399	4503631
河北	6400	6062	4202	3976	82436877	81933702
山西	9369	8957	9367	8828	13022063	12945107
内蒙古	11528	10167	10256	8829	14453344	15022507
辽宁	26156	27223	24496	25736	29328433	22574846
吉林	44511	39736	21732	25322	8599501	8524413
黑龙江	68533	53023	62459	49623	9574374	9368376
上海					3644731	3342325
江苏	34		34		55956719	55939133
浙江	1533	1426			18069443	18650898
安徽	42277	28898	41659	28416	27141737	27746884
福建	144874	144786	143458	143346	19035719	19516158
江西	54590	64089	53402	61981	13590920	14201585
山东	62773	66067	62773	66067	102728735	103270481
河南	288489	282625	233417	276145	74565212	78076105
湖北	86832	89858	76769	78936	38519555	40016973
湖南	226856	231326	219275	224746	39968522	41963996
广东	55704	55204	49796	48573	34387821	35691175
广西	27686	27330	21386	20868	27863713	29288075
海南	118	110		110	5721863	5797521
重庆	86759	83921	73757	72672	17804742	18751267
四川	222212	217765	180732	178949	42407941	43885847
贵州	350036	297833	329288	274957	17318788	18784775
云南	927639	907413	903435	878931	18738966	19686101
西藏					696310	706886
陕西	73065	69152	72088	67389	18225311	18961776
甘肃	12200	10995	10383	8941	18231360	19514825
青海					1664039	1700159
宁夏	2210	1719	2210	1719	5758238	5931233
新疆					19339153	19664522

7-23 主要农作物单位面积产量

单位：千克/公顷、%

指　　标	1990年	1995年	2000年	2015年	2016年	2016年为2015年百分比
一、粮食作物	**3933**	**4240**	**4261**	**5482.8**	**5451.9**	**99.4**
1.谷物		4659	4753	5984.0	5989.6	100.1
稻谷	5726	6025	6272	6891.3	6861.7	99.6
小麦	3194	3541	3738	5392.6	5327.1	98.8
玉米	4524	4917	4598	5892.9	5971.3	101.3
谷子	2008	1982	1700	2342.8	2669.1	113.9
高粱	3674	3914	2904	4794.1	4774.6	99.6
其他谷物		2129	2019	2588.7	2606.5	100.7
2.豆类		1591	1588	1792.7	1784.3	99.5
#大豆	1455	1661	1656	1811.4	1796.3	99.2
杂豆		1408	1399	1741.0	1749.7	100.5
3.薯类	3008	3428	3497	3763.0	3753.8	99.8
#马铃薯	2263	2663	2806	3438.1	3462.1	100.7
二、油料作物	**1480**	**1718**	**1919**	**2520.2**	**2567.1**	**101.9**
#花生	2191	2687	2973	3561.7	3657.3	102.7
油菜籽	1264	1415	1519	1981.7	1984.1	100.1
芝麻	702	908	1034	1518.8	1569.3	103.3
胡麻籽	761	586	690	1367.1	1426.4	104.3
向日葵	1878	1562	1590	2603.5	2592.9	99.6
三、棉花	**807**	**879**	**1093**	**1475.9**	**1584.4**	**107.4**
四、麻类	**2216**	**2386**	**2024**	**2594.1**	**2990.4**	**115.3**
#黄红麻	2421	2534	2516	3945.5	4338.8	110.0
苎　麻	1104	1515	1685	1946.5	1961.5	100.8
大　麻	1524	1399	1324	4171.4	4882.2	117.0
亚　麻	2775	3119	2229	4257.9	4928.9	115.8
五、糖料	**42965**	**43630**	**50426**	**71982.0**	**72755.2**	**101.1**
甘蔗	57118	58133	57626	73121.0	74550.3	102.0
甜菜	21668	20132	24518	58680.3	57702.9	98.3
六、烟叶	**1650**	**1574**	**1776**	**2155.6**	**2140.7**	**99.3**
#烤烟	1683	1584	1763	2133.7	2117.9	99.3

7-23 续表 1

单位：公斤/公顷

指 标	全国		东部		中部	
	2015年	2016年	2015年	2016年	2015年	2016年
一、粮食	**5482.8**	**5451.9**	**5914.1**	**5929.4**	**5620.9**	**5522.8**
其中：夏收粮食	5099.7	5037.7	5798.3	5707.0	5627.7	5563.8
(一)谷物	5984.0	5989.6	6103.8	6118.1	6021.3	5917.1
1.稻谷	6891.3	6861.7	7030.7	7029.1	6759.5	6626.7
(1)早稻	5894.8	5832.2	5883.3	5993.5	5891.7	5732.5
(2)中稻和一季晚稻	7520.4	7473.5	8080.6	8052.3	7664.4	7422.4
(3)双季晚稻	5979.8	5971.4	5674.0	5631.1	6266.3	6255.0
2.小麦	5392.6	5327.1	5933.6	5838.4	5794.4	5719.2
(1)冬小麦	5471.5	5401.7	5936.3	5840.6	5794.4	5719.2
(2)春小麦	4222.7	4236.6	4859.9	4966.9	5454.5	
3.玉米	5892.9	5971.3	5708.0	5852.3	5377.1	5241.2
4.谷子	2342.8	2669.1	3237.1	3482.9	1522.9	2062.3
5.高粱	4794.1	4774.6	3484.2	3784.2	2258.4	2278.0
6.其它谷物	2588.7	2606.5	3280.6	3361.0	1693.5	1875.9
其中：大麦	4183.7	4089.0	5116.0	5152.3	3105.8	3271.4
(二)豆类	1792.7	1784.3	2405.2	2452.1	1497.3	1514.9
其中：大豆	1811.4	1796.3	2410.3	2483.4	1574.1	1550.2
绿豆	1247.6	1450.4	1902.1	2036.1	1018.5	1319.2
红小豆	1370.7	1523.1	2006.3	2092.5	1021.3	1262.7
(三)薯类	3763.0	3753.8	1029.3	1020.8	663.2	676.0
其中：马铃薯	3438.1	3462.1	758.4	796.0	574.4	603.2
二、油料作物	**2520.2**	**2567.1**	**3373.9**	**3405.8**	**2497.6**	**2535.0**
其中：花生	3561.7	3657.3	3735.2	3776.0	4138.1	4153.6
油菜籽	1981.7	1984.1	2561.7	2485.8	1893.5	1893.0
芝麻	1518.8	1569.3	1621.8	1629.0	1546.2	1579.1
胡麻籽	1367.1	1426.4	945.0	955.4	1129.9	1080.5
向日葵	2603.5	2592.9	2836.3	2841.1	1504.9	1672.6
三、棉花	**1475.9**	**1584.4**	**1070.9**	**1141.0**	**1132.9**	**1048.0**
四、麻类	**2594.1**	**2990.4**	**2964.8**	**3066.5**	**3150.7**	**3172.2**
其中：黄红麻	3945.5	4338.8	3336.9	3667.5	4645.8	5287.3
苎 麻	1946.5	1961.5	2412.8	2639.6	2194.3	2234.8
大 麻	4171.4	4882.2	3371.4	2717.9	3779.1	3339.2
亚 麻	4257.9	4928.9				
五、糖料	**71982.0**	**72755.2**	**78755.5**	**81525.3**	**46453.4**	**46849.7**
(一)甘蔗	73121.0	74550.3	80783.7	84545.1	46493.4	46990.3
(二)甜菜	58680.3	57702.9	51952.5	48319.6	45733.2	49530.0
六、烟叶	**2155.6**	**2140.7**	**2287.5**	**2300.7**	**2266.4**	**2276.4**
其中：烤烟	2133.7	2117.9	2266.9	2278.8	2240.2	2253.8
七、药材						
八、蔬菜(含菜用瓜)	**35694.2**	**35730.3**	**41912.9**	**42058.4**	**34017.6**	**34531.8**
九、瓜果类	**38813.5**	**39322.4**	**42513.0**	**43057.8**	**40737.2**	**41778.4**
其中：西瓜	41457.0	41993.8	45559.3	46079.7	43488.8	44473.5
甜瓜	33132.5	33928.7	38723.6	39041.4	29359.3	32587.9
草莓	26910.4	26394.9	30792.7	30414.9	21623.5	22177.1

7-23 续表 2

单位：公斤/公顷

指标	西部		东北	
	2015年	2016年	2015年	2016年
一、粮食	**4766.2**	**4765.3**	**5945.0**	**5921.1**
其中：夏收粮食	3613.8	3588.2		
(一)谷物	5395.7	5418.6	6659.5	6851.7
1.稻谷	6668.7	6732.6	7402.6	7465.0
(1)早稻	5922.2	5965.6		
(2)中稻和一季晚稻	7070.6	7128.9	7402.6	7465.0
(3)双季晚稻	5383.1	5467.4		
2.小麦	3952.9	3939.4	3195.8	3649.8
(1)冬小麦	3850.4	3833.1		
(2)春小麦	4268.0	4260.6	3195.8	3649.8
3.玉米	5753.6	5804.9	6440.8	6670.2
4.谷子	2077.4	2165.7	3630.5	4068.1
5.高粱	4043.7	4009.8	6753.9	6619.0
6.其它谷物	2597.5	2552.1	2398.3	2812.8
其中：大麦	3810.4	3546.3		
(二)豆类	1814.4	1815.4	1784.8	1747.5
其中：大豆	1813.3	1810.3	1803.7	1777.3
绿豆	1200.3	1367.7	1540.8	1649.0
红小豆	1241.4	1545.0	1516.4	1470.5
(三)薯类	684.7	686.8	1127.7	1029.9
其中：马铃薯	661.5	663.5	1119.6	1059.8
二、油料作物	**2172.3**	**2206.5**	**2170.6**	**2583.0**
其中：花生	2546.8	2607.7	2262.2	2944.3
油菜籽	1992.5	2015.8	1723.4	1943.5
芝麻	1196.5	1331.2	1590.9	2045.2
胡麻籽	1504.4	1583.7		
向日葵	2803.2	2707.2	1804.6	1790.8
三、棉花	**1824.8**	**1972.6**	**1621.1**	**1354.8**
四、麻类	**1942.9**	**2007.8**	**6540.1**	**5738.1**
其中：黄红麻	2490.5	2572.2		
苎　麻	1798.1	1805.6		
大　麻	1616.6	2038.0	8736.4	5933.6
亚　麻	4471.7	5994.1	4027.7	4151.1
五、糖料	**71772.5**	**72292.1**	**31653.9**	**40555.3**
(一)甘蔗	72710.4	73865.1		
(二)甜菜	60861.0	59699.9	31653.9	40555.3
六、烟叶	**2058.6**	**2033.3**	**2758.9**	**2696.6**
其中：烤烟	2047.8	2011.8	2670.5	2655.7
七、药材				
八、蔬菜(含菜用瓜)	**28369.4**	**28693.7**	**50228.5**	**46995.6**
九、瓜果类	**32262.6**	**32652.4**	**38866.9**	**37215.8**
其中：西瓜	33298.7	33754.5	46148.4	43198.1
甜瓜	31955.7	32119.9	31441.0	30653.0
草莓	16778.2	17030.1	32787.4	33115.9

7-23 续表 3 单位：公斤/公顷

指　　标	粮食主产区		粮食主销区		粮食平衡区	
	2015年	2016年	2015年	2016年	2015年	2016年
一、粮食	**5798.3**	**5738.6**	**5548.6**	**5589.7**	**4466.4**	**4508.7**
其中：夏收粮食	5616.4	5543.8	4429.3	4279.2	3695.6	3667.2
(一)谷物	6256.8	6243.1	5875.0	5933.2	5016.1	5083.6
1.稻谷	7181.9	7112.5	6136.9	6179.5	6194.0	6277.5
(1)早稻	5891.7	5732.5	5883.3	5993.5	5922.2	5965.6
(2)中稻和一季晚稻	7730.2	7643.4	7203.6	7292.5	6567.1	6660.1
(3)双季晚稻	6266.3	6255.0	5674.0	5631.1	5383.1	5467.4
2.小麦	5719.3	5639.0	4731.4	4512.0	4130.8	4121.7
(1)冬小麦	5819.5	5737.7	4724.5	4491.0	3891.1	3881.5
(2)春小麦	2883.4	2991.0	4883.0	4904.2	5225.6	5236.9
3.玉米	6075.9	6153.6	4866.5	5033.3	5340.7	5431.1
4.谷子	2794.4	3099.5	2500.7	2565.6	1631.4	1921.2
5.高粱	5572.9	5505.0	3943.3	4874.7	3016.2	3057.9
6.其它谷物	2876.7	2717.6	3893.7	3827.5	2314.3	2478.6
其中：大麦	4372.0	4410.9	4122.1	3824.4	3792.0	3457.5
(二)豆类	1769.5	1753.6	2563.0	2543.9	1740.9	1772.4
其中：大豆	1811.9	1783.1	2571.7	2561.3	1609.7	1691.5
绿豆	1263.7	1457.8	2231.2	2308.6	1156.5	1386.8
红小豆	1437.7	1525.6	2282.8	2332.3	1199.9	1467.3
(三)薯类	820.4	821.1	965.1	961.6	645.8	642.8
其中：马铃薯	752.0	765.4	855.0	921.6	631.9	626.0
二、油料作物	**2627.2**	**2675.4**	**2695.3**	**2706.4**	**2055.1**	**2111.2**
其中：花生	3773.3	3876.1	2918.5	2955.4	2515.7	2605.7
油菜籽	2001.2	2000.6	1973.5	1877.3	1915.5	1938.5
芝麻	1551.4	1585.7	1558.0	1570.8	1176.9	1332.2
胡麻籽	896.4	1085.9			1592.5	1592.7
向日葵	2528.6	2504.7	1912.9	2006.2	2802.0	2831.5
三、棉花	**1091.2**	**1090.1**	**1388.3**	**1556.2**	**1826.7**	**1975.6**
四、麻类	**2687.3**	**3122.8**	**3804.6**	**3690.1**	**2193.5**	**2343.5**
其中：黄红麻	4423.8	5009.8	4063.6	3969.9	2572.2	2690.2
苎　麻	1970.4	1971.6	2173.8	2050.2	1756.8	1873.2
大　麻	5704.0	5537.9			1640.4	1635.5
亚　麻	3935.6	4127.4			4571.0	5997.8
五、糖料	**46076.5**	**44143.0**	**80916.4**	**84707.2**	**72988.4**	**74046.8**
(一)甘蔗	45457.6	45478.8	80916.4	84707.2	73043.0	74229.9
(二)甜菜	46607.1	44876.9			71888.6	71209.9
六、烟叶	**2338.5**	**2331.0**	**2213.8**	**2203.7**	**2026.9**	**2002.7**
其中：烤烟	2288.7	2288.1	2196.3	2183.2	2030.0	1994.9
七、药材						
八、蔬菜(含菜用瓜)	**41619.3**	**41618.4**	**26668.6**	**26894.0**	**27507.9**	**27791.2**
九、瓜果类	**42854.5**	**43265.7**	**28486.2**	**28872.4**	**32082.5**	**32553.4**
其中：西瓜	46027.0	46431.4	29855.7	30387.6	33186.5	33591.8
甜瓜	34987.4	35926.7	24667.7	24812.6	31287.4	31921.7
草莓	28454.7	28053.4	21410.5	20974.0	16889.7	17028.2

7-24 各地区分季粮食作物单位面积产量

单位：千克/公顷

地区	夏收粮食		早稻		秋收粮食	
	2015年	2016年	2015年	2016年	2015年	2016年
全国总计	**5099.7**	**5037.7**	**5894.8**	**5832.2**	**5585.7**	**5568.6**
北京	5343.1	5366.3			6159.7	6323.0
天津	5479.7	5490.2			5061.8	5499.6
河北	6169.2	6175.8			4734.6	5052.1
山西	3974.4	4016.5			3794.1	4081.4
内蒙古					4936.6	4806.1
辽宁					6072.9	6500.7
吉林					7182.1	7402.4
黑龙江					5375.1	5132.3
上海	4335.6	3724.9			8319.5	8412.6
江苏	5271.9	5020.4			7600.6	7474.5
浙江	3688.0	3294.1	5806.2	6389.6	6342.6	6443.8
安徽	5705.8	5642.4	5747.3	5558.1	5081.9	4818.8
福建	4079.4	4085.6	6059.6	6026.5	5586.4	5588.9
江西	2251.4	2307.9	5834.6	5757.2	5897.0	5950.8
山东	6175.0	6120.3			6408.9	6401.5
河南	6440.9	6330.3			5307.2	5152.0
湖北	3629.3	3631.8	5964.3	5244.9	7336.8	6971.0
湖南	3210.7	3286.4	5944.5	5871.9	6293.3	6248.6
广东	4720.8	4582.4	5902.5	5980.5	5227.0	5200.6
广西	3344.8	3120.7	5953.5	5994.0	4653.9	4715.7
海南	4040.8	4140.8	5602.1	5701.7	4582.1	4548.3
重庆	3110.7	3105.3			5729.0	5730.4
四川	3430.2	3440.8			6045.2	6123.8
贵州	2698.5	2583.0			4302.3	4417.2
云南	2431.1	2468.7	5362.9	5461.8	4796.3	4863.9
西藏					5625.2	5570.7
陕西	4014.8	3922.2			3976.0	4055.8
甘肃	3516.7	3494.7			4390.2	4307.0
青海					3707.5	3680.8
宁夏	3422.6	2954.8			5103.5	5168.9
新疆	5627.9	5596.3			7143.9	7126.3

7-25 各地区分品种粮食作物单位面积产量

单位：千克/公顷

地区	谷物		#稻谷		#小麦		#玉米	
	2015年	2016年	2015年	2016年	2015年	2016年	2015年	2016年
全国总计	**5984.0**	**5989.6**	**6891.3**	**6861.7**	**5392.6**	**5327.1**	**5892.9**	**5971.3**
北京	6174.4	6296.4	6971.4	6721.0	5352.9	5373.9	6481.7	6620.6
天津	5244.8	5538.0	7378.3	7557.1	5479.7	5490.2	4998.4	5406.5
河北	5415.5	5627.2	6430.8	6712.5	6188.4	6194.1	5142.6	5495.5
山西	4290.1	4539.1	6714.3	7000.0	4020.6	4062.9	5145.0	5470.9
内蒙古	5696.5	5604.9	6736.5	6415.1	2805.6	2863.2	6605.9	6668.5
辽宁	6216.6	6780.3	8582.7	8614.5	4828.8	3793.1	5807.3	6488.2
吉林	7494.3	7803.9	8272.2	8378.7	4030.2	3703.7	7383.6	7747.1
黑龙江	6376.4	6362.2	6987.9	7040.5	3065.2	3639.2	6088.4	5994.2
上海	7042.1	7190.4	8598.0	8600.0	4380.6	3709.7	6117.8	6843.0
江苏	6819.1	6624.4	8520.2	8416.3	5388.4	5112.5	5583.1	5265.7
浙江	6489.2	6688.7	7028.9	7255.5	3912.0	3315.1	4470.0	4381.9
安徽	6021.4	5804.0	6529.7	6187.6	5742.8	5663.9	5629.5	5272.8
福建	5998.3	5978.0	6147.7	6127.9	2919.2	2827.2	4169.6	4183.1
江西	6024.6	6028.5	6065.1	6068.8	2147.5	2113.8	4227.2	4290.4
山东	6326.8	6286.6	8178.5	8328.3	6175.5	6121.2	6462.0	6439.0
河南	6213.8	6067.5	8102.4	8277.1	6452.7	6341.4	5543.4	5263.8
湖北	6436.8	6177.0	8273.9	7947.2	3849.6	3863.9	4839.6	4482.5
湖南	6311.4	6262.3	6428.6	6369.6	3184.8	3072.9	5420.5	5399.1
广东	5635.8	5636.0	5767.1	5755.9	3296.7	3296.7	4350.1	4474.7
广西	5403.3	5475.7	5735.3	5802.8	1728.9	1653.5	4508.2	4571.7
海南	5120.3	5156.9	5121.3	5158.0				
重庆	6339.3	6394.0	7356.5	7377.4	3279.1	3283.1	5516.2	5569.4
四川	6032.8	6122.4	7798.9	7830.2	3809.7	3799.6	5461.5	5669.8
贵州	4570.7	4709.7	6184.5	6384.5	2479.9	2471.7	4246.2	4381.6
云南	4733.0	4816.3	5813.4	5946.0	2093.8	2077.6	4925.2	4999.3
西藏	5669.3	5662.8	4787.2	4936.2	6438.2	6306.9	1854.3	5843.3
陕西	4385.6	4371.4	7479.6	7491.0	4219.8	4110.8	4715.5	4741.7
甘肃	4519.5	4490.1	6979.9	6709.7	3535.5	3512.5	5691.0	5601.0
青海	3893.5	3831.5			3868.0	3832.2	6774.5	6788.1
宁夏	5806.3	5720.9	8171.9	8394.4	3237.2	3240.4	7518.3	7280.6
新疆	6454.0	6420.1	9835.3	8626.8	5634.1	5607.8	7330.0	7454.9

7-25　续表　　　　　　　　　　　　　　　　　　　　　　单位：千克/公顷

地　区	豆　类		#大　豆		薯　类		#马铃薯	
	2015年	2016年	2015年	2016年	2015年	2016年	2015年	2016年
全国总计	**1792.7**	**1784.3**	**1811.4**	**1796.3**	**3763.0**	**3753.8**	**3438.1**	**3462.1**
北　京	1764.3	1767.4	1877.2	1894.9	5952.6	6347.0		
天　津	1992.4	2314.0	2007.5	2350.9	7153.8	6850.6		
河　北	1917.1	2200.4	1949.5	2332.1	3798.3	3817.6	3271.6	3281.5
山　西	958.7	1149.0	1065.0	1245.2	1940.4	2388.5	1784.7	2280.0
内蒙古	1493.8	1516.2	1674.8	1632.6	2863.3	3072.4	2856.5	3059.7
辽　宁	2376.2	2050.6	2240.2	2132.7	5802.5	4948.5	5837.2	5713.5
吉　林	1708.7	1903.6	1799.1	1991.2	8355.0	6791.6	8355.0	6772.4
黑龙江	1766.2	1715.8	1784.5	1746.2	4674.6	4655.4	4670.5	4651.3
上　海	2124.6	2293.3	2605.8	2604.6	6587.5	1184.0		
江　苏	2410.0	2371.9	2397.1	2335.5	6211.0	6135.3		
浙　江	2475.6	2324.5	2565.0	2428.5	4949.2	4744.3	4040.5	5149.5
安　徽	1500.0	1491.1	1545.0	1509.5	2332.5	2211.5	2333.3	2608.7
福　建	2657.2	2707.0	2619.5	2667.0	5009.0	5065.1	4054.3	4070.4
江　西	1998.8	2015.5	2348.6	2380.5	4856.2	4916.2	5932.8	5698.7
山　东	2542.3	2669.2	2539.6	2692.2	7659.0	7802.9		
河　南	1299.3	1360.5	1363.2	1375.1	3126.6	3236.9		
湖　北	1944.1	1570.6	2113.5	1550.1	3130.1	3011.2	3048.1	3019.1
湖　南	2133.0	2162.3	2269.9	2311.9	4425.5	4601.7	3872.3	4205.9
广　东	2675.9	2747.6	2620.7	2671.7	4775.4	4763.0	4988.1	4755.5
广　西	1566.9	1593.8	1482.6	1535.6	2859.7	2770.0	4147.7	3883.2
海　南	3154.0	3146.3	2556.9	2540.2	4105.9	4123.4	3706.1	3631.5
重　庆	1991.8	1993.9	1989.6	2003.6	4196.5	4171.3	3521.3	3478.3
四　川	2019.0	2032.3	2326.7	2293.5	4053.5	4136.9	3858.5	3993.8
贵　州	1044.9	1060.3	932.6	1273.8	3218.2	3123.1	3350.6	3189.1
云　南	2481.8	2509.2	2539.0	2520.0	2890.6	2917.8	3054.3	3091.4
西　藏	3972.3	2629.3	3750.0	3975.9	6346.2	6034.9	6346.2	5977.3
陕　西	1130.8	1467.1	1104.9	1608.2	2580.0	2608.5	2487.4	2525.9
甘　肃	2105.2	1812.6	2060.5	1522.6	3388.2	3354.6	3388.2	3354.6
青　海	2093.3	2112.3			3857.1	3902.9	3857.1	3902.9
宁　夏	1210.0	1158.1	1464.4	1305.9	2181.3	2096.5	2181.3	2096.5
新　疆	2906.8	2543.4	2906.0	2599.6	6774.3	6120.2	6711.6	5960.2

7-26 各地区油料作物单位面积产量

单位：千克/公顷

地区	油料合计		#花生		#油菜籽	
	2015年	2016年	2015年	2016年	2015年	2016年
全国总计	**2520.2**	**2567.1**	**3561.7**	**3657.3**	**1981.7**	**1984.1**
北京	2674.3	2523.1	2904.5	2981.8		
天津	3213.6	2393.6	3511.7	3397.6		
河北	3283.1	3341.8	3716.1	3789.9	1683.1	1652.8
山西	1262.8	1345.6	1818.6	2073.9	1563.1	1763.5
内蒙古	2119.4	2142.9	2526.6	2570.1	1322.7	1362.5
辽宁	1616.7	2814.2	1611.9	2764.1	1723.4	1875.6
吉林	2839.3	2603.1	3223.3	3232.2		
黑龙江	1938.4	1932.4	3090.1	2484.7		
上海	2331.7	2144.2	2753.1	2721.4	2276.7	2042.5
江苏	3010.1	3007.9	3870.8	3909.5	2830.7	2785.4
浙江	2145.8	2061.7	2905.5	2888.0	2053.4	1950.7
安徽	2951.1	2938.3	4940.9	4955.1	2371.8	2333.4
福建	2577.6	2584.8	2728.4	2732.9	1478.9	1506.4
江西	1675.4	1673.4	2827.4	2839.1	1356.7	1344.3
山东	4274.3	4316.5	4313.7	4346.9	2595.6	2571.9
河南	3746.5	3810.3	4516.2	4513.4	2472.9	2517.7
湖北	2228.1	2269.6	3410.3	3481.0	2071.1	2100.3
湖南	1680.9	1688.9	2579.0	2586.0	1603.6	1611.3
广东	2937.8	2988.6	2980.0	3033.2	1263.2	1251.9
广西	2604.3	2680.6	2832.3	2931.2	1058.7	1043.9
海南	2805.4	2793.1	2847.5	2837.7		
重庆	1935.6	1960.2	2098.5	2117.4	1927.2	1952.2
四川	2368.9	2381.6	2579.1	2600.7	2321.5	2331.6
贵州	1714.8	1739.7	2046.2	2155.0	1685.8	1702.9
云南	1851.4	1925.2	1658.8	1658.7	1912.3	2001.7
西藏	2689.9	2748.3	2703.9	3092.0	2689.8	2746.4
陕西	2097.5	2094.4	2992.0	3143.8	2113.8	2079.6
甘肃	2235.1	2289.8	3666.7	3587.9	2102.0	2109.4
青海	2104.1	2106.1			2115.5	2114.7
宁夏	2023.9	2141.7			2494.7	2278.6
新疆	2880.2	2972.2	5952.7	5826.9	2471.2	2760.3

7-27 各地区棉花和麻类作物单位面积产量

单位：千克/公顷

地　区	棉　花		麻类合计		#黄红麻	
	2015年	2016年	2015年	2016年	2015年	2016年
全国总计	**1475.9**	**1584.4**	**2594.1**	**2990.4**	**3945.5**	**4338.8**
北　京	1044.7	1164.0				
天　津	1357.1	1641.3				
河　北	1039.3	1037.9	2160.2	2177.2	2212.0	2318.2
山　西	1364.7	1463.7	2209.6	1629.6		
内蒙古	1493.3	1493.2	178.6	6616.1		
辽　宁	1621.1	1354.8		6841.5		
吉　林			2000.0	2000.0		
黑龙江			6541.6	5611.5		
上　海	1088.4	1097.9				
江　苏	1239.6	1165.0	2716.2	2736.7		
浙　江	1446.4	1470.5	3863.0	3419.4	4353.8	3853.8
安　徽	1005.0	1006.5	3597.0	3424.4	3047.6	3952.9
福　建	803.6	769.0	2839.6	2724.1	3181.8	3042.6
江　西	1420.7	1486.3	1661.8	1660.9	5754.7	5708.7
山　东	1041.6	1178.5	1814.0	2763.2		
河　南	1053.1	974.4	6278.9	6592.0	6342.9	6677.1
湖　北	1124.1	930.6	2475.0	2562.7	2250.0	1566.7
湖　南	1272.0	1185.0	2315.4	2310.5	3095.2	2753.0
广　东			2585.6	2505.9	2585.6	2505.9
广　西	1108.5	1127.2	2737.3	2856.9	2600.7	2702.9
海　南			6580.9	6362.8	6580.9	6362.8
重　庆			1584.2	1657.7	1575.4	1766.0
四　川	970.0	976.8	1808.8	1794.7	2044.8	1955.5
贵　州	714.4	753.9	1718.7	1807.7	1500.0	1500.0
云　南	1441.2	1340.9	1117.4	1025.4		
西　藏						
陕　西	1406.9	1405.0	1308.2	1394.1	850.0	
甘　肃	1655.6	1502.2	1680.3	1648.4		
青　海						
宁　夏						
新　疆	1839.5	1990.9	3181.8	3725.9		

7-28 各地区糖料作物单位面积产量

单位：千克/公顷

地区	糖料合计		1.甘蔗		2.甜菜	
	2015年	2016年	2015年	2016年	2015年	2016年
全国总计	**71982**	**72755**	**73121**	**74550**	**58680**	**57703**
北京						
天津						
河北	52015	48363			52015	48363
山西	46467	50980			46467	50980
内蒙古	46147	42071			46147	44191
辽宁	29701	50628			29701	50628
吉林	23440	47908			23440	47908
黑龙江	35541	34273			35541	34273
上海	51996	54201	51996	54201		
江苏	60493	60980	61360	61327		
浙江	62432	65419	62432	65419		
安徽	39689	38650	39689	39733		
福建	58090	54533	58090	54533		
江西	45553	45298	45553	45298		
山东		14000				14000
河南	68742	68826	68742	68826		
湖北	37646	41766	37818	41959		
湖南	49741	49365	49741	49365		
广东	89484	91396	89484	91396		
广西	77073	78455	77073	78455		
海南	58214	63307	58214	63307		
重庆	40962	41055	40962	41055		
四川	40019	38339	40182	38368	15449	23923
贵州	58236	56268	58258	56281	3636	2400
云南	61965	61608	61966	61609	1000	
西藏						
陕西	16922	14836	35775	21467	1840	8600
甘肃	55723	57340			55723	57340
青海	30000	21914			30000	21914
宁夏						
新疆	73218	71956			73218	71956

7-29 茶叶、水果产量

单位：万吨

年 份	茶叶产量	水果产量					
			苹 果	柑 桔	梨	葡 萄	香 蕉
1952	8.2	244.3	11.8	20.7	39.4	4.8	11.0
1957	11.2	324.7	22.2	32.2	50.4	8.5	7.3
1962	7.4	271.2	22.5	20.6	44.3	8.4	3.5
1965	10.1	323.9	31.8	25.4	51.1	10.0	14.5
1970	13.6	374.5	79.8	24.2	65.4	8.5	16.6
1975	21.1	538.1	158.3	33.6	108.7	12.3	16.5
1978	26.8	657.0	227.5	38.3	151.7	10.4	8.5
1979	27.7	701.5	286.9	58.2	143.8	12.6	7.4
1980	30.4	679.3	236.3	71.3	146.6	11.0	6.1
1981	34.3	780.1	300.6	79.8	159.3	14.8	12.6
1982	39.7	771.3	243.0	93.9	175.5	18.6	20.1
1983	40.1	948.7	354.1	129.6	179.5	24.7	20.7
1984	41.4	984.5	294.1	149.9	210.0	29.4	30.0
1985	43.2	1163.9	361.4	180.8	213.7	36.1	63.1
1986	46.1	1347.7	333.7	254.8	234.8	44.2	125.1
1987	50.8	1667.9	426.4	322.4	248.9	64.1	202.9
1988	54.5	1666.1	434.4	256.0	272.1	79.2	183.0
1989	53.5	1831.9	449.9	456.1	256.5	87.4	140.4
1990	54.0	1874.4	431.9	485.5	235.3	85.9	145.6
1991	54.2	2176.1	454.0	633.3	249.8	91.6	198.1
1992	56.0	2440.1	655.6	516.0	284.6	112.5	245.1
1993	60.0	3011.2	907.0	656.1	321.7	135.5	270.1
1994	58.8	3499.8	1112.9	680.5	404.2	152.2	289.8
1995	58.8	4214.6	1400.8	822.5	494.2	174.2	312.5
1996	59.3	4652.8	1704.7	845.7	580.7	188.3	253.6
1997	61.3	5089.3	1721.9	1010.2	641.5	203.2	289.2
1998	66.5	5452.9	1948.1	859.0	727.5	235.8	351.8
1999	67.6	6237.6	2080.2	1078.7	774.2	270.8	419.4
2000	68.3	6225.1	2043.1	878.3	841.2	328.2	494.1
2001	70.2	6658.0	2001.5	1160.7	879.6	368.0	527.2
2002	74.5	6952.0	1924.1	1199.0	930.9	447.9	555.7
2003	76.8	14517.4	2110.2	1345.4	979.8	517.6	590.3
2004	83.5	15340.9	2367.5	1495.8	1064.2	567.5	605.6
2005	93.5	16120.1	2401.1	1591.9	1132.4	579.4	651.8
2006	102.8	17102.0	2605.9	1789.8	1198.6	627.1	690.1
2007	116.5	18136.3	2786.0	2058.3	1289.5	669.7	779.7
2008	125.8	19220.2	2984.7	2331.3	1353.8	715.1	783.5
2009	135.9	20395.5	3168.1	2521.1	1426.3	794.1	883.4
2010	147.5	21401.5	3326.4	2645.2	1505.3	854.9	956.1
2011	162.3	22768.2	3598.5	2944.0	1579.5	906.7	1040.0
2012	179.0	24056.8	3849.1	3167.8	1707.3	1054.3	1155.8
2013	192.4	25093.0	3968.3	3320.9	1730.1	1155.0	1207.5
2014	209.6	26142.2	4092.3	3492.7	1796.4	1254.6	1179.2
2015	224.9	27375.0	4261.3	3660.1	1869.9	1366.9	1246.6
2016	240.5	28351.1	4388.2	3764.9	1870.4	1374.5	1299.7

注：2003年起，水果产量包括种植业中的瓜果类产量(后同)。

7-30　茶叶、水果主要品种面积和产量及增减情况

指　　标	单　位	1990年	1995年	2000年	2015年	2016年	2016年为2015年百分比(%)
一、茶叶生产情况							
年末实有茶园面积	千公顷	1061.3	1115.3	1089.0	2791.4	2902.1	104.0
茶叶产量	吨	540070	588553	683324	2248999	2404947	106.9
绿茶	吨	332502	413784	498057	1494644	1588005	106.2
青茶	吨	33411	55372	67608	270283	285599	105.7
红茶	吨	109680	52003	47294	203221	218362	107.5
黑茶	吨	25026	17476	22558	126323	147741	117.0
黄茶	吨				580	665	114.7
白茶	吨				20390	21694	106.4
其它茶	吨	39451	49918	47807	133558	142879	107.0
二、水果生产情况							
年末果园面积	千公顷	5178.7	8097.6	8931.6	12816.7	12981.5	101.3
#香蕉园	千公顷	108.8	190.2	249.2	409.1	407.9	99.7
苹果园	千公顷	1633.1	2953.1	2254.1	2328.3	2323.8	99.8
柑桔园	千公顷	1061.2	1214.1	1271.8	2513.0	2560.8	101.9
梨　园	千公顷	480.7	859.4	1014.6	1124.0	1113.0	99.0
葡萄园	千公顷	122.6	152.5	283.0	799.2	809.6	101.3
园林水果产量	万吨	1874.4	4214.6	6225.1	17479.6	18119.4	103.7
#香蕉	万吨	145.6	312.5	494.1	1246.6	1299.7	104.3
苹果	万吨	431.9	1400.8	2043.1	4261.3	4388.2	103.0
柑桔	万吨	485.5	822.5	878.3	3660.1	3764.9	102.9
梨	万吨	235.3	494.2	841.2	1869.9	1870.4	100.0
葡萄	万吨	85.9	174.2	328.2	1366.9	1374.5	100.6
菠萝	万吨	46.3	53.9	85.7	149.5	158.2	105.8
红枣	万吨	42.3	78.2	130.6	807.6	824.1	102.0
柿子	万吨	62.5	96.9	159.2	379.1	396.9	104.7

7-31 各地区茶园面积和茶叶产量

单位：千公顷、吨

地区	年末实有茶园面积		本年采摘面积		茶叶产量		绿茶	
	2015年	2016年	2015年	2016年	2015年	2016年	2015年	2016年
全国总计	**2791.4**	**2902.1**	**2115.8**	**2204.1**	**2248999**	**2404947**	**1494644**	**1588005**
北京								
天津								
河北								
山西					7	8		
内蒙古								
辽宁								
吉林								
黑龙江								
上海								
江苏	33.8	33.8	30.3	30.6	14469	13951	12033	11296
浙江	194.5	197.0	177.9	179.4	172530	172185	166502	166169
安徽	167.9	171.8	143.7	146.1	112915	112141	104755	104423
福建	250.1	251.3	226.9	234.0	402328	426834	121239	129962
江西	85.1	90.1	63.8	67.8	51868	57528	42045	46988
山东	25.5	26.9	18.1	19.4	18909	21648	18909	21648
河南	114.0	118.3	93.0	99.3	64855	68571	59026	63567
湖北	324.1	339.4	231.3	243.3	268774	296097	194472	212117
湖南	131.2	138.7	103.3	110.4	175704	186049	73258	78384
广东	49.4	53.1	40.5	42.1	79344	86797	30344	33471
广西	68.9	71.7	56.0	58.7	63593	68065	42592	43432
海南	1.3	1.5	1.1	1.1	864	975	364	421
重庆	39.9	42.3	28.6	31.2	35173	37036	30190	31940
四川	321.7	342.2	229.8	238.6	248414	267741	207434	223804
贵州	418.9	439.8	217.9	231.4	118031	141285	98287	116237
云南	424.8	434.9	364.0	373.6	365841	384480	237902	244613
西藏	0.6	0.5	0.1	0.1	92	92	3	3
陕西	127.5	136.1	83.2	90.3	53987	62136	53987	58204
甘肃	12.2	12.5	6.3	6.7	1302	1327	1302	1327
青海								
宁夏								
新疆								

7-31 续表 1

单位：吨

地　区	青茶		红茶		黑茶	
	2015年	2016年	2015年	2016年	2015年	2016年
全国总计	**270283**	**285599**	**203221**	**218362**	**126323**	**147741**
北　京						
天　津						
河　北						
山　西						
内蒙古						
辽　宁						
吉　林						
黑龙江						
上　海						
江　苏			2426	2500		150
浙　江			1352	1349	3118	3111
安　徽	20	31	6406	5986		
福　建	215756	228256	47419	49947		
江　西	683	787	5497	5837	30	30
山　东						
河　南			5828	5004		
湖　北	3606	1533	30863	31177	34759	43454
湖　南	3234	3310	19668	21348	71349	75402
广　东	37206	39989	4738	5707		
广　西	324	315	13780	16470	1567	1587
海　南			358	388		
重　庆	45	49	3676	3719		
四　川	4120	5438	4159	4419	11203	17067
贵　州	629	769	4965	7146	4297	6090
云　南	4660	5122	52084	54284		
西　藏			1			
陕　西				3082		850
甘　肃						
青　海						
宁　夏						
新　疆						

7-31 续表 2　　　　单位：吨

地区	黄茶		白茶		其他茶	
	2015年	2016年	2015年	2016年	2015年	2016年
全国总计	**580**	**665**	**20390**	**21694**	**133558**	**142879**
北京						
天津						
河北						
山西					7	8
内蒙古						
辽宁						
吉林						
黑龙江						
上海			4			
江苏				4	6	2
浙江			82		1558	1555
安徽			16637	144	1652	1557
福建	20		764	17483	1277	1186
江西		42		955	2829	2889
山东						
河南	325		1489			
湖北	37	410	5	1315	3260	6091
湖南	10	36		32	8153	7539
广东		9			7046	7621
广西				2	5330	6259
海南			11		141	166
重庆	146		614	16	1251	1313
四川	42	106	781	473	20738	16434
贵州		62	3	1268	9030	9713
云南				3	71191	80458
西藏					88	88
陕西						
甘肃						
青海						
宁夏						
新疆						

7-32 各地区果园面积

单位：千公顷

地区	年末实有果园面积		#香蕉园		#苹果园	
	2015年	2016年	2015年	2016年	2015年	2016年
全国总计	**12816.7**	**12981.5**	**409.1**	**407.9**	**2328.3**	**2323.8**
北京	57.1	52.5			6.9	6.7
天津	33.3	33.6			4.3	4.4
河北	1094.2	1090.1			242.6	241.8
山西	362.8	355.8			155.5	150.3
内蒙古	75.8	75.9			25.7	26.5
辽宁	405.5	380.3			161.0	155.4
吉林	48.0	46.6			12.1	12.1
黑龙江	33.9	34.2			12.4	10.4
上海	19.0	16.8				
江苏	209.4	210.0			32.1	30.9
浙江	332.5	327.7				
安徽	128.1	132.4			13.8	13.7
福建	545.7	541.7	27.5	27.4		
江西	414.7	410.9				
山东	652.6	653.3			299.7	301.3
河南	455.6	447.5			170.2	156.5
湖北	413.4	423.4			1.2	1.3
湖南	533.1	536.4				
广东	1136.6	1130.6	131.1	130.8		
广西	1165.5	1232.6	105.8	107.5		
海南	162.2	160.2	39.0	35.3		
重庆	295.5	308.4		0.1	0.7	0.8
四川	646.1	663.2	1.4	1.4	37.1	37.6
贵州	300.5	324.2	1.8	2.9	12.1	14.3
云南	472.3	515.6	102.3	102.5	46.9	50.8
西藏	3.2	3.2			1.6	1.6
陕西	1243.5	1263.8			695.1	704.8
甘肃	458.7	472.9			294.8	294.2
青海	8.2	7.6			0.8	1.2
宁夏	137.8	136.3			38.0	38.5
新疆	971.8	993.8			63.6	68.8

7-32 续表 单位：千公顷

地区	#柑桔园		#梨园		#葡萄园	
	2015年	2016年	2015年	2016年	2015年	2016年
全国总计	**2513.0**	**2560.8**	**1124.0**	**1113.0**	**799.2**	**809.6**
北京			8.2	7.8	3.3	3.0
天津			4.7	5.1	5.3	5.3
河北			203.3	198.0	86.5	88.3
山西			36.5	37.4	12.0	12.3
内蒙古			6.5	6.7	10.1	9.6
辽宁			110.3	100.7	38.4	34.2
吉林			12.3	12.3	12.6	11.9
黑龙江			3.9	3.8	4.6	5.6
上海	5.3	4.2	1.9	1.8	5.2	4.5
江苏	2.7	2.5	39.9	39.0	38.0	34.9
浙江	101.2	93.5	22.8	22.6	31.5	32.5
安徽	3.7	3.9	38.3	38.1	19.1	20.2
福建	191.8	191.4	22.1	21.9	9.1	9.1
江西	333.1	330.7	26.2	24.5	6.6	7.1
山东			45.8	45.7	43.3	41.0
河南	11.6	11.6	54.7	54.6	36.3	37.9
湖北	240.0	242.3	38.8	36.7	11.9	13.9
湖南	382.3	380.2	35.9	36.0	25.1	26.0
广东	304.8	291.7	8.7	8.9		
广西	332.9	370.4	22.8	21.7	33.0	34.9
海南	6.2	6.2				
重庆	178.0	202.6	35.0	36.7	10.2	9.8
四川	278.4	282.3	78.7	78.4	29.8	31.0
贵州	58.4	62.6	54.4	56.5	28.7	31.8
云南	44.7	47.1	54.6	57.5	38.8	40.8
西藏	0.2	0.2	0.2	0.2	0.3	0.3
陕西	37.8	37.4	48.7	47.7	49.2	51.7
甘肃	0.2	0.2	36.3	35.7	27.7	29.8
青海			0.4	0.9	0.1	0.1
宁夏			2.1	2.2	32.4	33.2
新疆			70.3	73.9	150.2	149.0

7-33　各地区水果产量

单位：吨

地　区	水果产量		#香　蕉		#苹　果	
	2015年	2016年	2015年	2016年	2015年	2016年
全国总计	**273750332**	**283510899**	**12466346**	**12996977**	**42613392**	**43882278**
北　京	879424	789714	1		80357	72542
天　津	626896	614979			42792	53294
河　北	21171897	21385083			3665784	3655841
山　西	8425664	8407740			4312091	4286152
内蒙古	2967416	3162769			199631	174706
辽　宁	8820178	8022640			2484103	2566013
吉　林	2089712	2410962			142609	136401
黑龙江	2134648	2598819			176181	149512
上　海	615357	506353			11	18
江　苏	9147753	8929975			599532	564137
浙　江	7408632	7243202				
安　徽	10297965	10434863			375103	374008
福　建	8370485	8538112	950147	965917	13	12
江　西	6634181	6173978				
山　东	32186088	32554345			9584325	9781255
河　南	26650951	28712561			4496472	4385801
湖　北	9662583	10104017			13138	12789
湖　南	9810441	10481754				
广　东	16485319	17170095	4516748	4816507		
广　西	17200203	18825041	2955728	3199258		
海　南	4059272	3953879	1400951	1256274		
重　庆	3759483	4086884	1269	1218	4785	4975
四　川	9341886	9793237	44645	47857	612919	627267
贵　州	2248955	2438765	8507	9507	52677	59485
云　南	7265377	7591142	2588349	2700440	413755	420918
西　藏	14914	15275			6317	6317
陕　西	19308973	20178444			10372974	11007822
甘　肃	6789867	7379593			3285884	3601116
青　海	36166	40249			6446	4369
宁　夏	2989405	3057657			534191	571697
新　疆	16350240	17908772			1151301	1365832

7-33 续表 1 单位：吨

地　区	#柑桔		#梨		#葡萄	
	2015年	2016年	2015年	2016年	2015年	2016年
全国总计	**36600838**	**37648720**	**18698559**	**18704437**	**13669273**	**13745058**
北　京			126637	101273	32697	28414
天　津			46069	39923	110976	103633
河　北			5059899	4992313	1659871	1707421
山　西			733428	791462	266301	281597
内蒙古			64015	64712	129703	120883
辽　宁			1404693	1209664	851883	695134
吉　林			130723	126090	164032	161061
黑龙江			34490	33165	100042	100961
上　海	114387	124406	28659	30294	98367	83818
江　苏	43158	32727	779758	758273	632375	609972
浙　江	2077934	1786944	384346	387418	760956	780345
安　徽	37933	21952	1117467	1142228	462073	462889
福　建	3662541	3789023	233874	240945	168715	177783
江　西	4101245	3601014	154257	161801	64980	66579
山　东			1354230	1338584	1211922	1142180
河　南	49405	47917	1148306	1174767	637805	682710
湖　北	4266586	4573910	509154	474199	270728	290867
湖　南	4571275	4969461	177456	183276	175981	194851
广　东	4927966	4943272	112710	108949		
广　西	5192761	5782189	316550	339910	449285	509029
海　南	61542	58739				
重　庆	2249450	2425764	384131	410664	101952	110827
四　川	3796344	4016898	976686	996635	334599	355091
贵　州	320114	348955	292421	320905	211154	231229
云　南	594949	612684	508784	525826	851622	962145
西　藏	663	663	1486	1486	418	418
陕　西	531257	510639	1041293	1042170	630944	660494
甘　肃	1327	1563	414038	404148	317950	353842
青　海			4097	4059	206	120
宁　夏			19081	18910	215755	194937
新　疆			1139823	1280387	2755981	2675828

7-33 续表 2　　单位：吨

地区	#菠萝		#红枣		#柿子	
	2015年	2016年	2015年	2016年	2015年	2016年
全国总计	**1495422**	**1581968**	**8075784**	**8240508**	**3791360**	**3969135**
北京			10148	9095	35541	34508
天津			34812	36235	9111	15135
河北			1385688	1388360	522629	583604
山西			815791	742398	166234	115404
内蒙古			1311	1781		
辽宁			218157	145305		
吉林						
黑龙江						
上海			981	392	851	942
江苏			10984	9029	138791	115572
浙江					49626	52921
安徽			16448	15852	138968	134057
福建	40750	42678		19	217964	235068
江西					19420	19964
山东			1072540	1060158	145843	143010
河南			324165	327563	519801	509115
湖北			39967	36258	66412	65168
湖南			30484	34211	20504	22851
广东	968580	1033792			155661	157034
广西	34340	34193	26752	28464	975276	1178304
海南	374680	398031				
重庆			10655	12192	15534	15892
四川			16835	17099	50504	51681
贵州			2857	2799	14945	15880
云南	77072	73273	23342	27499	89757	96530
西藏						
陕西			725849	831005	415250	382068
甘肃			168128	167384	22739	24427
青海						
宁夏			85620	83244		
新疆			3054270	3264167		

7-33 续表 3

单位：吨

地 区	#瓜果类		#西 瓜		#甜 瓜	
	2015年	2016年	2015年	2016年	2015年	2016年
全国总计	**98954622**	**102316965**	**77139599**	**79402686**	**15270696**	**16350187**
北 京	205155	167920	186788	152560	4869	3500
天 津	299773	291223	245768	233843	34103	42014
河 北	6085775	6139198	4332893	4369509	1206360	1220453
山 西	869199	868730	667845	678230	173182	155670
内 蒙 古	2307088	2552941	1528602	1705992	732614	801768
辽 宁	2805630	2322301	1412039	1302417	588942	509735
吉 林	1555665	1901218	1093490	1362841	439703	516980
黑 龙 江	1616085	2067195	984631	1231435	491089	688490
上 海	287787	218353	215944	152554	48598	45478
江 苏	6147458	5966956	4640779	4450942	796565	757246
浙 江	2808471	2870646	2160217	2154068	335861	385365
安 徽	7303558	7382016	6083721	6071981	601363	625073
福 建	922592	922074	756997	746907	107286	110570
江 西	2130991	2120251	1805495	1795103	165388	170593
山 东	15156109	15268916	11731154	11793229	2286451	2296756
河 南	17493309	19485257	15656164	17161330	1656734	2111625
湖 北	3504197	3606827	2991615	3005794	436507	473810
湖 南	4354624	4572740	3828993	3990250	464092	489359
广 东	1286422	1360472	966905	1066709	122234	135429
广 西	3502565	3573012	3190933	3237959	303463	324128
海 南	1092472	1038532	539185	471315	72909	56852
重 庆	484723	530315	460555	505287	9993	7848
四 川	1276678	1287935	1101037	1107507	17523	16921
贵 州	772459	816104	635496	675493	31322	35244
云 南	702139	620712	605929	524611	19349	19813
西 藏	1386	1747	1067	1208		
陕 西	3002818	3038808	2133466	2166435	696655	729427
甘 肃	2171829	2315231	1539721	1474127	306299	482709
青 海	21155	27356	7921	12864		
宁 夏	2050750	2079594	1817571	1861895	232447	215604
新 疆	6735761	6902384	3816679	3938292	2888796	2921728

7-34 主要林产品产量

单位：万吨

年 份	橡胶	生漆	油桐籽	油茶籽	乌桕子	松脂
1952			43.5	24.9	11.8	
1957		0.2	51.8	49.4	12.5	
1962	0.5	0.1	18.3	20.1	8.1	
1965	1.7	0.2	13.0	33.2		
1970	4.6	0.1	22.4	35.0		
1975	6.9	0.2	37.0	42.5	7.7	30.3
1978	10.2	0.2	39.1	47.9	8.5	33.8
1979	10.8	0.3	32.5	61.7	8.1	40.4
1980	11.3	0.2	30.3	49.0	9.3	42.1
1981	12.8	0.3	36.0	65.4	9.5	56.2
1982	15.3	0.3	33.9	49.4	8.5	47.0
1983	17.2	0.3	36.8	43.5	8.5	30.4
1984	18.9	0.2	36.2	53.6	8.1	36.9
1985	18.8	0.2	37.9	61.9	7.1	34.4
1986	20.9	0.3	34.6	43.8	7.0	41.6
1987	23.8	0.3	34.2	51.8	6.8	52.3
1988	24.0	0.3	35.9	46.3	6.3	46.1
1989	24.3	0.3	33.5	66.7	5.6	48.7
1990	26.4	0.3	35.1	52.3	5.2	43.5
1991	29.6	0.3	32.8	62.1	4.5	44.0
1992	30.9	0.3	43.7	62.9	4.3	46.9
1993	32.6	0.3	42.1	48.8	4.1	58.1
1994	37.4	0.2	43.5	63.1	3.7	56.9
1995	42.4	0.3	40.5	62.3	3.9	54.8
1996	40.2	0.4	40.8	69.7	4.2	58.1
1997	45.2	0.4	45.4	85.7	4.1	70.1
1998	46.2	0.5	43.9	72.3	4.1	54.3
1999	49.0	0.5	44.8	79.3	3.5	57.1
2000	48.0	0.5	45.3	82.3	3.6	55.1
2001	47.7	0.5	40.7	82.5	2.9	56.4
2002	52.7	0.6	38.9	85.5	3.2	56.3
2003	56.5	0.9	37.3	77.9	2.8	62.6
2004	57.5	1.0	38.1	87.5	2.3	67.3
2005	51.4	1.4	36.9	87.5	3.0	76.7
2006	53.8	2.1	38.3	92.0	2.7	90.9
2007	58.8	1.3	36.1	93.9	2.6	96.6
2008	54.8	1.6	37.1	99.0	3.2	84.9
2009	61.9	2.0	36.7	116.9	3.3	104.7
2010	69.1	2.0	43.4	109.2	3.4	111.6
2011	75.1	1.9	43.8	148.0	3.6	115.7
2012	80.2	2.6	42.7	172.8	3.9	121.5
2013	86.5	2.5	41.9	177.7	3.7	130.8
2014	84.0	2.2	41.6	202.3	3.6	131.0
2015	81.6	2.3	41.2	216.3	3.2	132.6
2016	81.6	2.2	40.9	216.4	2.6	132.9

7-35 营林面积和主要林产品产量及增减情况

指　　标	单　位	1990年	1995年	2000年	2015年	2016年	2016年为2015年百分比(%)
一、营林情况							
1.人工造林面积	千公顷	4353.4	4405.4	4345.0	4362.6	3823.7	87.6
2.飞播造林面积		855.1	561.8	760.1	128.4	162.3	126.4
3.当年新封山(沙)育林面积	千公顷	5208.5	4967.2	5105.1	2152.9	1953.6	90.7
4.退化林修复面积	千公顷				739.3	991.1	134.1
5.人工更新面积	千公顷	671.5	729.7	919.8	300.5	272.8	90.8
6.森林抚育面积	千公顷				7817.9	8500.4	108.7
7.年末实有封山(沙)育林面积	千公顷				27616	25497.1	92.3
8.四旁(零星)植树	万　株	337596.3	326377.6	300504.0	212716	183094.5	86.1
9.育苗面积	千公顷	213.5	206.0	278.6	1367.0	1407.4	103.0
二、主要林产品产量							
板　栗	吨				2342054	2289212	97.7
竹笋干	吨	83551	174588	339084	771623	770705	99.9
油茶籽	吨	523313	623128	823224	2163492	2164440	100.0
核　桃	吨				3331703	3645170	109.4
生　漆	吨	2683	2976	5279	22806	21934	96.2
油桐籽	吨	350770	404929	453461	412042	408518	99.1
乌桕子	吨	51947	38834	35775	32179	26204	81.4
五倍子	吨	5783	10084	8678	25081	21647	86.3
棕　片	吨	39860	52955	61082	59145	60782	102.8
松　脂	吨	435244	548133	551057	1326292	1328877	100.2
紫胶(原胶)	吨	1421	3486	1419	3595	7980	222.0
三、木竹采伐							
木材(商品材)	万立方米				7200	7776	108.0
竹材	万根				235466	250630	106.4

注：自2015年起，根据国家林业局提供的数据，林业面积指标有较大的调整。

7-36 各地区造林面积

单位：千公顷

地区	当年造林面积		飞播造林面积		当年新封山(沙)育林面积	
	2015年	2016年	2015年	2016年	2015年	2016年
全国总计	**4375.2**	**3823.7**	**128.4**	**162.3**	**2152.9**	**1953.6**
北京	8.1	10.0			7.8	4.0
天津	8.0	9.3				
河北	284.1	345.6		33.3	58.8	135.1
山西	220.9	199.7			60.0	60.0
内蒙古	360.9	311.1	79.4	74.1	227.7	136.0
辽宁	102.6	55.3			100.3	55.3
吉林	112.0	88.6			4.7	2.3
黑龙江	41.1	41.3			67.0	36.8
上海	3.2	3.9				
江苏	42.6	27.2			0.4	0.3
浙江	21.0	12.8			31.7	4.8
安徽	146.0	91.4			80.0	31.7
福建	33.9	10.3			139.4	141.9
江西	141.7	94.9			59.4	78.3
山东	206.6	115.2			1.3	
河南	154.7	97.6	13.3	13.4	31.9	22.4
湖北	186.0	171.7			98.2	66.7
湖南	215.7	197.5			188.6	167.5
广东	118.5	100.7			124.9	97.3
广西	100.8	82.4			48.0	28.1
海南	10.2	8.3				
重庆	150.9	100.6			88.9	62.4
四川	264.6	425.6		1.6	59.5	31.5
贵州	329.5	228.1			153.7	250.6
云南	350.5	308.4			151.6	97.3
西藏	29.4	42.9			53.4	12.4
陕西	222.6	184.1	34.7	33.6	69.8	63.9
甘肃	254.3	260.1			62.3	57.4
青海	53.0	16.1			59.6	159.7
宁夏	37.9	59.0			36.7	22.9
新疆	149.6	118.1	1.0	6.3	87.2	126.6
大兴安岭	0.9	5.8				
军事管理区	13.3					

7-36 续表 1 单位：千公顷

地区	退化林修复面积		人工更新面积		森林抚育面积	
	2015年	2016年	2015年	2016年	2015年	2016年
全国总计	**739.3**	**991.1**	**299.6**	**272.8**	**7812.6**	**8500.4**
北京	4.3	4.0	0.1	1.1	69.4	80.0
天津					64.6	49.5
河北	18.3	65.7	5.3	3.6	444.5	408.4
山西	5.0	7.0			65.1	61.3
内蒙古	26.8	90.4	9.3	7.0	537.9	620.1
辽宁	0.8	25.1	11.6	6.7	100.0	93.4
吉林	59.6	53.3	23.5	13.6	223.6	179.1
黑龙江	24.8	14.9	2.1		608.7	648.7
上海					19.3	20.6
江苏	0.3	0.3	1.9	2.8	152.1	59.3
浙江	6.9	27.4	11.9	10.6	235.7	126.5
安徽	8.0	3.3	3.0	1.6	560.7	621.6
福建	26.3	19.5	54.2	56.9	335.9	293.5
江西	27.1	109.7	5.5	6.6	379.2	394.6
山东	10.4	22.3	2.9	9.2	358.3	318.7
河南	16.8	15.4		0.1	217.1	300.4
湖北		2.8	3.9	4.5	116.0	217.3
湖南	134.7	124.9	20.8	13.4	362.8	375.4
广东	76.8	59.8	81.1	47.6	577.5	715.3
广西	7.2	8.2	41.7	74.6	498.0	832.0
海南	1.4	0.1	10.0	6.1	21.5	12.1
重庆	6.9	63.3			133.4	159.8
四川	82.3	106.6	2.6	3.2	160.9	176.0
贵州					307.3	400.0
云南	74.9	90.7	5.6	0.1	180.7	164.0
西藏					24.5	24.5
陕西	52.1	16.1			152.9	161.8
甘肃	2.8	8.0			169.5	98.1
青海		2.6			24.2	24.2
宁夏	6.7	8.3		1.3	146.8	43.0
新疆	39.1	10.8	2.7	2.1	333.9	590.7
大兴安岭	18.8	30.7			230.6	230.6
军事管理区						

7-36　续表 2　　单位：千公顷

地　区	年末实有封山育林面积		零四旁(零星)植树(万株)		育苗面积	
	2015年	2016年	2015年	2016年	2015年	2016年
全国总计	**27509.9**	**25497.1**	**212373.9**	**183094.5**	**1367.0**	**1407.4**
北　京	81.5	59.0	99.8	97.3	14.6	14.9
天　津	26.0	26.0	464.4	252.0	9.7	13.3
河　北	892.1	937.2	10786.1	10429.6	76.8	85.5
山　西	719.7	694.3	10023.2	10131.3	73.0	70.9
内蒙古	3975.4	4033.8	2327.0	2202.2	49.1	46.3
辽　宁	1780.6	528.5	5149.3	6018.3	35.5	27.1
吉　林	622.9	578.5	1859.4	926.4	10.0	10.0
黑龙江	888.7	806.2	559.4	1136.3	10.1	10.8
上　海			28.4	85.4	12.9	10.2
江　苏	7.7	4.7	7179.9	5584.5	148.3	184.4
浙　江	1209.3	1279.5	2254.4	2423.1	139.0	138.9
安　徽	1116.9	387.6	14965.4	11361.0	97.4	85.5
福　建	530.4	572.7	3820.8	3937.9	2.6	0.8
江　西	1064.0	880.9	4795.5	6002.2	115.7	113.8
山　东	101.6	35.1	17088.8	17680.9	194.2	203.3
河　南	425.8	403.5	18921.5	14011.7	62.1	60.7
湖　北	1179.8	1093.0	14449.1	13309.5	50.2	50.5
湖　南	1330.5	1232.8	20667.3	10590.1	1.1	1.4
广　东	802.7	822.9	8066.2	7107.6	15.2	13.1
广　西	1802.3	1591.0	7099.4	5050.6	9.8	7.6
海　南	216.7	53.9	335.8	150.8	1.1	1.1
重　庆	331.3	356.9	11306.1	4934.4	24.5	25.2
四　川	447.1	488.3	18524.2	14020.9	40.5	40.6
贵　州	529.0	633.9	1913.4	5608.4	4.1	4.3
云　南	1202.1	972.5	9614.0	9816.5	2.7	2.4
西　藏	1328.1	1340.5		57.1	0.6	0.7
陕　西	935.1	853.2	9325.3	8279.5	32.8	43.7
甘　肃	952.1	1636.6	5537.1	7355.6	48.3	47.5
青　海	1152.9	1362.3	1354.5	1354.4	8.0	8.4
宁　夏	377.5	338.6	780.6	693.8	35.6	37.5
新　疆	1480.0	1493.1	3077.3	2485.4	41.4	47.2
大兴安岭					0.1	0.0
军事管理区						

7-37 各地区主要林产品产量

单位：吨

地区	生漆		油桐籽		油茶籽	
	2015年	2016年	2015年	2016年	2015年	2016年
全国总计	**22806**	**21934**	**412042**	**408518**	**2163492**	**2164440**
北京						
天津						
河北						
山西						
内蒙古						
辽宁						
吉林						
黑龙江						
上海						
江苏						263
浙江		20	152	161	64353	51421
安徽	199	161	2507	1977	78327	81735
福建	324	133	24299	26312	138338	137922
江西	58	813	18267	22299	425108	366135
山东						
河南	2111	2092	79182	81155	24324	29213
湖北	4092	3568	24081	22066	141857	142498
湖南	826	1060	32985	35287	824341	874642
广东	705	55	7500	6904	149374	146833
广西	43	47	83214	82068	191670	196853
海南					1971	3385
重庆	1194	2246	6450	5024	5302	8779
四川	489	431	17934	14490	20708	17254
贵州	8600	7649	68312	66031	71790	73980
云南	685	385	19343	17144	16944	18058
西藏						
陕西	3445	3239	27764	27549	9085	15469
甘肃	35	35	52	51		
青海						
宁夏						
新疆						

7-37 续表 1 单位：吨

地区	乌桕子		五倍子	
	2015年	2016年	2015年	2016年
全国总计	**32179**	**26204**	**25081**	**21647**
北京				
天津				
河北				
山西				
内蒙古				
辽宁				
吉林				
黑龙江				
上海				
江苏				
浙江				
安徽	118	95	118	60
福建	874	424	874	387
江西	214	210	214	86
山东				
河南	8235	7869	8235	4072
湖北	14136	11607	14136	2830
湖南	1133	796	1133	920
广东	900	956	900	
广西	52	75	52	133
海南				
重庆	538	500	538	1866
四川	1199	1217	1199	477
贵州	2653	2194	2653	6122
云南	2		2	116
西藏				
陕西	2125	261	2125	4388
甘肃				190
青海				
宁夏				
新疆				

7-37 续表 2

单位：吨

地　区	松脂		竹笋干	
	2015年	2016年	2015年	2016年
全国总计	**1326292**	**1328877**	**771623**	**770705**
北　京				
天　津				
河　北				
山　西				
内蒙古				
辽　宁				
吉　林				
黑龙江				
上　海			184	187
江　苏			721	852
浙　江	616	309	160779	159305
安　徽	12480	13842	31272	31872
福　建	104230	110309	175462	185054
江　西	110432	110392	45588	43547
山　东				
河　南	14	7	1101	1112
湖　北	46174	43237	18237	22880
湖　南	39364	46566	38251	41643
广　东	235109	225805	39805	45118
广　西	607547	630873	35871	35475
海　南	15083	9665	365	348
重　庆	30	20	27539	31494
四　川	1282	370	138195	135266
贵　州	17869	17904		17691
云　南	134474	118662	23052	12151
西　藏				
陕　西	1588	916	35191	6700
甘　肃			10	10
青　海				
宁　夏				
新　疆				

注：竹笋干即为竹笋片。

7-37 续表 3 单位：吨

地区	棕片		紫胶	
	2015年	2016年	2015年	2016年
全国总计	**59145**	**60782**	**3595**	**7980**
北京				
天津				
河北				
山西				
内蒙古				
辽宁				
吉林				
黑龙江				
上海				
江苏				
浙江	452	516		
安徽	3906	4057		
福建	16178	18354	251	4766
江西	2098	2337		
山东				
河南				
湖北	2183	2444		
湖南	6713	6060		
广东	3463	3541	1135	1031
广西	3585	2320		98
海南	176			
重庆	438	430		
四川	1683	1395		
贵州	5341	5462	167	135
云南	9953	10277	1889	1950
西藏				
陕西	2962	3575	153	
甘肃	14	14		
青海				
宁夏				
新疆				

7-38 主要牲畜出栏量和畜产品产量及增长情况

指　标	单　位	1999年	2000年	2015年	2016年	2016年为2015年百分比(%)
一、牲畜出栏量						
1.大牲畜出栏						
牛	万头	3766.2	3806.9	5003.4	5110.0	102.1
马	万头	136.1	146.1	157.7	160.5	101.8
驴	万头	194.3	201.7	217.0	216.9	100.0
骡	万头	59.2	65.3	44.2	39.5	89.3
骆驼	万头	6.7	6.7	9.4	9.8	103.5
2.猪	万头	51977.2	51862.3	70825.0	68502.0	96.7
3.羊	万只	18820.4	19653.4	29472.7	30694.6	104.1
4.家禽	亿只	74.3	82.6	119.9	123.7	103.2
5.兔	万只	22103.0	25878.2	52356.9	53688.6	102.5
二、肉类总产量	**万吨**	**5949.0**	**6013.9**	**8625.0**	**8537.8**	**99.0**
#猪牛羊肉产量	万吨	4762.3	4743.2	6627.5	6475.3	97.7
猪肉产量	万吨	4005.6	3966.0	5486.5	5299.1	96.6
平均每头产肉量	千克/头	77.1	76.5	77.5	77.4	99.9
牛肉产量	万吨	505.4	513.1	700.1	716.8	102.4
平均每头产肉量	千克/头	134.2	134.8	139.9	140.3	100.2
羊肉产量	万吨	251.3	264.1	440.8	459.4	104.2
平均每只产肉量	千克/只	13.5	13.4	15.0	15.0	100.1
禽肉产量	万吨	1115.5	1191.1	1826.3	1888.2	103.4
兔肉产量	万吨	31.0	37.0	84.3	86.9	103.1
三、其他畜产品产量						
奶类产量	万吨	806.9	919.1	3870.3	3712.1	95.9
#牛奶产量	万吨	717.6	827.4	3754.7	3602.2	95.9
山羊粗毛产量	吨	31849	33266	36956	36389	98.5
绵羊毛产量	吨	283152	292502	427464	427237	99.9
#细羊毛	吨	114103	117386	134954	133907	99.2
半细羊毛	吨	73700	84921	143371	147410	102.8
山羊绒产量	吨	10180	11057	19247	19216	99.8
蜂蜜产量	万吨	23.0	24.6	47.7	48.1	100.9
禽蛋产量	万吨	2134.7	2182.0	2999.2	3094.9	103.2
蚕茧产量	吨	484702	547613	900892	882627	98.0
#桑蚕茧	吨	447261	500640	824004	816857	99.1
柞蚕茧	吨	37234	46782	76889	65750	85.5

注：本年鉴中2000-2006年畜牧业数据根据农业普查结果进行了修订。

7-39 各地区主要牲畜出栏量

单位：万头、万只

地　区	当年出栏猪	当年出栏牛	当年出栏羊	当年出栏家禽
全国总计	**68502.0**	**5110.0**	**30694.6**	**1237300.1**
北　京	275.3	7.4	69.6	3882.7
天　津	374.8	20.1	68.8	7910.6
河　北	3433.9	331.9	2303.8	60772.4
山　西	748.9	40.3	517.8	9639.6
内蒙古	909.2	339.7	5971.3	10950.0
辽　宁	2608.8	272.3	769.9	91622.8
吉　林	1619.3	306.4	403.0	41556.5
黑龙江	1844.7	274.3	778.1	21452.3
上　海	171.1	0.1	32.5	1713.5
江　苏	2847.3	17.0	739.3	71462.1
浙　江	1169.2	8.8	119.4	14941.7
安　徽	2874.9	114.6	1207.2	78146.9
福　建	1720.5	30.2	179.6	57062.1
江　西	3103.1	143.3	79.5	50656.1
山　东	4662.0	445.5	3298.0	187826.2
河　南	6004.6	550.2	2168.5	93420.0
湖　北	4223.6	160.3	555.4	52195.9
湖　南	5920.9	172.7	725.5	42671.9
广　东	3531.9	59.1	49.9	97391.1
广　西	3280.1	149.8	207.2	82237.3
海　南	529.6	26.8	81.1	15315.0
重　庆	2047.8	70.4	300.7	24928.1
四　川	6925.4	305.2	1755.8	67776.9
贵　州	1759.4	140.7	263.9	10397.3
云　南	3378.6	300.4	871.6	21698.8
西　藏	18.3	125.9	473.9	171.8
陕　西	1142.9	55.5	506.1	5278.6
甘　肃	670.3	189.4	1310.1	4024.9
青　海	138.3	125.2	676.2	463.3
宁　夏	96.2	68.2	598.2	1088.3
新　疆	471.0	258.1	3612.8	8645.4

7-40 各地区肉类总产量

单位：万吨

地　区	肉类总产量	#猪牛羊肉				禽　肉
			猪　肉	牛　肉	羊　肉	
全国总计	**8537.8**	**6475.3**	**5299.1**	**716.8**	**459.4**	**1888.2**
北　京	30.4	24.4	21.8	1.4	1.2	5.9
天　津	45.5	34.3	29.2	3.5	1.6	11.2
河　北	457.7	352.0	265.4	54.3	32.4	90.5
山　西	84.4	70.9	57.5	5.9	7.4	12.5
内蒙古	258.9	226.7	72.1	55.6	99.0	21.5
辽　宁	430.9	269.5	219.2	41.6	8.7	156.8
吉　林	260.4	182.5	130.6	47.1	4.8	73.1
黑龙江	231.2	193.5	138.2	42.5	12.8	36.0
上　海	17.4	14.1	13.5	0.1	0.5	2.6
江　苏	355.6	227.7	216.4	3.1	8.3	118.1
浙　江	118.1	93.9	90.7	1.3	1.9	23.2
安　徽	411.4	278.7	244.9	16.5	17.3	131.7
福　建	225.6	141.7	136.0	3.2	2.5	80.5
江　西	330.9	258.6	242.9	14.4	1.3	70.4
山　东	777.5	488.9	383.5	67.0	38.4	275.8
河　南	697.0	560.1	450.6	83.0	26.4	122.5
湖　北	425.2	354.2	322.2	23.2	8.9	69.9
湖　南	529.8	467.2	434.8	20.4	12.0	59.9
广　东	415.5	272.3	264.4	7.1	0.9	135.1
广　西	411.2	267.7	249.8	14.7	3.3	135.0
海　南	76.3	46.5	42.9	2.6	1.1	26.7
重　庆	210.8	164.6	151.3	9.2	4.1	38.4
四　川	696.3	558.2	494.5	36.9	26.9	102.0
贵　州	199.3	177.3	155.0	17.9	4.5	17.7
云　南	375.6	334.1	283.7	35.2	15.1	38.8
西　藏	27.7	26.0	1.5	16.2	8.2	0.2
陕　西	111.7	101.9	85.9	8.0	8.0	8.5
甘　肃	97.3	90.0	49.0	20.0	21.1	5.0
青　海	36.0	34.7	10.5	12.2	12.0	0.8
宁　夏	30.9	28.4	7.5	10.4	10.5	2.1
新　疆	161.0	134.7	33.9	42.5	58.3	15.9

7-41 各地区其他畜产品产量

单位：万吨

地区	奶类		#牛奶		蜂蜜		禽蛋	
	2015年	2016年	2015年	2016年	2015年	2016年	2015年	2016年
全国总计	**3870.3**	**3712.1**	**3754.7**	**3602.2**	**47.7**	**48.1**	**2999.2**	**3094.9**
北京	57.2	45.7	57.2	45.7	0.2	0.2	19.6	18.3
天津	68.0	68.0	68.0	68.0	0.0	0.0	20.2	20.6
河北	480.9	448.0	473.1	440.5	1.3	1.4	373.6	388.5
山西	92.7	95.9	91.9	95.1	0.5	0.5	87.2	89.0
内蒙古	812.2	741.3	803.2	734.1	0.4	0.5	56.4	58.0
辽宁	142.6	144.2	140.3	143.1	0.1	0.2	276.5	287.6
吉林	52.8	53.4	52.3	52.8	1.5	1.5	107.3	114.4
黑龙江	574.4	548.6	570.5	545.9	2.0	2.1	99.9	106.3
上海	27.7	26.0	27.7	26.0	0.1	0.1	4.9	3.5
江苏	59.6	59.0	59.6	59.0	0.5	0.4	196.2	198.5
浙江	16.5	15.3	16.5	15.3	8.8	9.2	33.3	30.8
安徽	30.6	32.7	30.6	32.7	1.7	1.7	134.7	139.5
福建	15.4	15.9	15.0	15.4	1.4	1.4	25.5	27.8
江西	13.0	13.5	13.0	13.5	1.6	1.6	49.3	51.7
山东	284.9	276.8	275.4	268.4	0.6	0.6	423.9	440.6
河南	352.3	336.6	342.2	326.8	9.4	8.8	410.0	422.5
湖北	16.9	16.9	16.9	16.9	2.7	2.4	165.3	167.8
湖南	9.7	10.1	9.7	10.1	1.3	1.3	101.5	104.7
广东	12.9	13.0	12.9	12.9	2.0	2.1	33.8	33.3
广西	10.1	9.7	10.1	9.7	1.4	1.4	22.9	23.1
海南	0.2	0.2	0.2	0.2	0.1	0.1	4.4	4.8
重庆	5.4	5.5	5.4	5.5	1.9	2.0	45.4	47.4
四川	67.5	62.8	67.5	62.8	4.8	4.9	146.7	148.1
贵州	6.2	6.4	6.2	6.4	0.3	0.3	17.3	18.3
云南	62.5	64.1	55.0	56.9	1.0	1.1	26.0	26.4
西藏	35.0	34.7	30.0	29.7			0.5	0.5
陕西	189.9	189.1	141.2	140.2	0.7	0.7	58.1	59.3
甘肃	39.9	40.7	39.3	40.0	0.2	0.2	15.3	15.1
青海	32.7	34.2	31.5	33.0	0.2	0.2	2.3	2.4
宁夏	136.5	139.5	136.5	139.5	0.1	0.1	8.8	9.7
新疆	163.8	164.4	155.8	156.1	1.1	1.0	32.6	36.1

7-42 牲畜年末存栏头数及增减情况

指　标	单 位	1999年	2000年	2015年	2016年	2016年为2015年百分比(%)
一、大牲畜头数	**万头**	**15024.8**	**14638.1**	**12195.7**	**11906.4**	**97.6**
#役畜	万头	7403.8	7446.2	1937.2	1801.5	93.0
1.牛	万头	12698.3	12353.2	10817.3	10667.9	98.6
#黄牛	万头	9436.6	9271.4			
#水牛	万头	2258.7	2185.0			
#肉牛	万头			7372.9	7441.0	100.9
#奶牛	万头	442.8	469.4	1507.2	1425.3	94.6
2.马	万头	891.4	876.6	590.8	550.7	93.2
3.驴	万头	934.8	922.7	542.1	456.9	84.3
4.骡	万头	467.3	453.0	210.0	192.9	91.9
5.骆驼	万头	33.0	32.6	35.6	38.1	107.0
二、猪	**万头**	**43144.2**	**41633.6**	**45112.5**	**43503.7**	**96.4**
三、羊	**万只**	**27925.8**	**27948.2**	**31099.7**	**30112.0**	**96.8**
山羊	万只	14816.3	14945.6	14893.4	13976.9	93.8
绵羊	万只	13109.5	13002.6	16206.2	16135.1	99.6
四、家禽	**亿只**	**45.5**	**46.4**	**58.7**	**59.0**	**100.5**
五、兔	**万只**	**15789.3**	**17781.7**	**21603.4**	**20277.4**	**93.9**

注：从2008年起牛的品种修正为肉牛、奶牛和役用牛。

7-43 各地区牲畜年末存栏情况

单位：万头

地区	大牲畜			
		牛		
			肉牛	奶牛
全国总计	**11906.4**	**10667.9**	**7441.0**	**1425.3**
北京	16.7	16.2	4.8	11.3
天津	30.7	29.9	14.9	14.9
河北	467.7	396.0	169.4	180.6
山西	125.5	106.5	46.5	40.7
内蒙古	854.9	654.9	444.8	202.3
辽宁	462.0	399.6	358.3	34.8
吉林	475.1	427.3	400.4	25.0
黑龙江	524.2	494.4	315.2	176.8
上海	5.4	5.4		5.1
江苏	33.5	30.3	9.0	19.9
浙江	14.5	14.5	9.5	3.9
安徽	168.2	167.9	144.1	13.2
福建	66.6	66.6	34.3	5.0
江西	301.7	301.7	262.2	6.9
山东	510.2	495.7	326.5	129.3
河南	899.9	887.3	620.8	99.0
湖北	356.0	355.2	238.2	6.8
湖南	463.2	457.1	352.4	14.3
广东	234.1	234.1	127.5	5.4
广西	448.6	418.7	92.3	5.0
海南	76.5	76.5	57.4	0.1
重庆	147.8	145.2	114.5	1.7
四川	1066.3	969.5	552.8	17.6
贵州	586.3	518.3	362.8	5.7
云南	947.8	789.9	721.8	17.7
西藏	648.5	610.0	466.6	37.2
陕西	163.8	148.0	103.1	43.7
甘肃	608.6	446.6	416.4	29.7
青海	512.5	483.7	457.9	25.8
宁夏	118.9	113.0	76.4	36.5
新疆	570.8	408.2	140.2	209.5

7-43 续表 1

单位：万头

地　区	马	驴	骡
全国总计	**550.7**	**456.9**	**192.9**
北　京	0.2	0.3	0.1
天　津	0.0	0.7	0.0
河　北	15.1	40.9	15.7
山　西	1.0	12.0	5.9
内蒙古	80.5	83.2	20.4
辽　宁	7.3	48.3	6.8
吉　林	24.7	16.5	6.7
黑龙江	20.5	6.9	2.5
上　海			
江　苏	0.2	2.3	0.7
浙　江			
安　徽	0.1	0.2	0.0
福　建	0.0		
江　西			
山　东	1.8	11.9	0.8
河　南	4.6	6.4	1.5
湖　北	0.5	0.2	0.1
湖　南	5.1	0.8	0.2
广　东	0.0		
广　西	25.7	0.1	4.1
海　南			
重　庆	1.7	0.3	0.7
四　川	79.2	7.7	9.8
贵　州	65.9	0.1	2.1
云　南	62.4	34.9	60.7
西　藏	30.6	6.6	1.4
陕　西	0.7	11.7	3.3
甘　肃	15.0	101.5	42.8
青　海	18.9	4.1	4.6
宁　夏	0.1	4.7	1.1
新　疆	89.0	54.6	0.8

7-43　续表 2　　单位：万头、万只

地　区	猪	羊	山羊	绵羊
全国总计	**43503.7**	**30112.0**	**13976.9**	**16135.1**
北　京	165.3	59.6	17.8	41.9
天　津	190.6	47.5	5.4	42.1
河　北	1819.0	1386.3	470.3	916.0
山　西	449.7	910.4	363.6	546.8
内蒙古	640.0	5506.2	1512.3	3994.0
辽　宁	1406.5	889.6	471.7	417.8
吉　林	948.1	438.4	52.5	385.9
黑龙江	1276.0	864.3	185.9	678.4
上　海	100.1	25.6	24.6	1.1
江　苏	1690.6	404.3	394.8	9.5
浙　江	573.8	113.1	40.1	73.0
安　徽	1468.6	656.0	655.0	1.0
福　建	983.2	128.0	128.0	
江　西	1617.1	61.2	61.2	
山　东	2764.1	2197.7	1173.9	1023.8
河　南	4284.1	1858.6	1741.3	117.3
湖　北	2432.2	470.9	470.9	
湖　南	3936.6	529.2	529.2	
广　东	2076.1	42.7	42.7	
广　西	2216.1	203.7	203.7	
海　南	385.5	67.1	67.0	0.1
重　庆	1395.6	216.8	216.6	0.2
四　川	4675.9	1761.3	1571.1	190.2
贵　州	1498.2	349.2	330.0	19.2
云　南	2575.4	1043.7	968.0	75.7
西　藏	37.4	1437.7	513.0	924.6
陕　西	827.9	678.5	555.4	123.2
甘　肃	580.2	1877.4	407.4	1470.1
青　海	123.6	1390.7	182.8	1207.9
宁　夏	69.0	580.7	111.8	468.9
新　疆	297.4	3915.7	509.1	3406.6

7-44 水产品产量和养殖面积

年 份	水产品总产量 (万吨)	内陆水产品 (万吨)	#人工养殖	海水产品 (万吨)	#人工养殖	水产品养殖面积 (千公顷) 内陆养殖	海水养殖
1952	166.6	60.6	14.0	106.0	6.0		
1957	311.6	117.9	57.0	193.7	12.0	1054.7	60.0
1962	228.3	78.5	31.0	149.8	9.0	1600.0	50.0
1965	298.4	97.0	51.0	201.4	10.0	1979.3	83.3
1970	318.5	90.4	58.0	228.1	18.0	2721.3	83.3
1975	441.2	106.5	75.0	334.7	28.0	3244.0	112.0
1978	465.3	105.9	76.2	359.5	45.0	2722.8	100.6
1979	430.5	111.6	81.3	318.9	41.6	2737.8	116.5
1980	449.7	124.0	90.1	325.7	44.4	2864.1	133.6
1981	460.6	137.3	101.4	323.2	45.8	2880.3	138.5
1982	515.5	156.2	120.7	359.3	49.5	3050.6	162.5
1983	545.8	184.1	142.8	361.7	54.5	3082.6	186.7
1984	619.3	225.0	181.1	394.4	63.9	3259.5	242.6
1985	705.2	285.4	237.8	419.7	71.2	3687.5	277.0
1986	823.6	348.2	294.4	475.4	85.8	3787.9	325.2
1987	955.3	407.2	347.2	548.2	110.1	3859.3	369.3
1988	1060.9	455.2	389.8	605.7	142.4	3894.9	409.5
1989	1151.7	490.5	417.0	661.2	157.6	3812.3	423.1
1990	1237.0	523.7	445.4	713.3	162.4	3829.8	428.9
1991	1350.8	550.7	459.2	800.1	190.5	3827.5	449.3
1992	1557.1	623.5	533.4	933.7	242.4	3975.7	499.1
1993	1823.0	747.0	644.1	1076.0	308.7	4132.6	586.3
1994	2143.2	901.7	785.0	1241.5	345.7	4429.9	653.5
1995	2517.2	1078.0	940.8	1439.1	412.3	4669.4	715.9
1996	3288.1	1275.2	1099.0	2012.9	763.9	4832.3	822.1
1997	3118.6	1230.5	1067.0	1888.1	691.7	4962.9	937.9
1998	3382.7	1338.1	1140.6	2044.5	752.0	5064.2	1004.4
1999	3570.1	1424.9	1226.9	2145.3	851.9	5182.1	1095.0
2000	3706.2	1502.3	1308.9	2203.9	928.0	5264.8	1243.2
2001	3795.9	1562.4	1376.2	2233.5	989.4	5399.4	1286.9
2002	3954.9	1656.4	1461.7	2298.5	1060.5	5509.7	1344.7
2003	4077.0	1744.2	1530.9	2332.8	1095.9	5609.4	1532.2
2004	4246.6	1842.1	1632.5	2404.5	1151.3	5723.3	1623.8
2005	4419.9	1954.0	1733.0	2465.9	1210.8	5863.7	1694.5
2006	4583.6	2074.0	1853.6	2509.6	1264.2	4253.8	1271.7
2007	4747.5	2196.6	1971.0	2550.9	1307.3	4413.6	1331.5
2008	4895.6	2297.3	2072.5	2598.3	1340.3	4971.0	1578.9
2009	5116.4	2434.8	2216.5	2681.6	1405.2	5423.8	1859.3
2010	5373.0	2575.5	2346.5	2797.5	1482.3	5564.3	2080.9
2011	5603.2	2695.2	2471.9	2908.0	1551.3	5728.6	2106.4
2012	5907.7	2874.3	2644.5	3033.3	1643.8	5907.5	2180.9
2013	6172.0	3033.2	2802.4	3138.8	1739.2	6006.1	2315.6
2014	6461.5	3165.3	2935.8	3296.2	1812.6	6080.9	2305.5
2015	6699.6	3290.0	3062.3	3409.6	1875.6	6147.2	2317.8
2016	6901.3	3411.1	3179.3	3490.1	1963.1	6179.6	2166.7

注：1997-2006年全国水产品总产量、海洋、内陆水产品产量、捕捞、养殖水产品产量根据农业普查结果进行了修订，各地区数据以及全国其他细项数据未作修订。

7-45 水产品产量和养殖面积及增减情况

指 标	单位	1990年	1995年	2000年	2015年	2016年	2016年为2015年百分比(%)
一、水产品总产量	**吨**	**12370203**	**25171794**	**37062295.37**	**66996488**	**69012522**	**103.0**
1.按海水、内陆分							
海水产品产量	吨	7132915	14391297	22039080.53	34096088	34901470	102.4
内陆水产品产量	吨	5237288	10780497	15023214.84	32900400	34111052	103.7
2.按生产性质分							
捕捞产量	吨	6291908	11641237	14693894.71	17617476	17588591	99.8
养殖产量	吨	6078295	13530557	22368400.66	49379012	51423931	104.1
3.按品种分							
鱼类	吨	9280816	17767539	26060480.4	41386393	42386879	102.4
甲壳类	吨	1165054	2121365	3853953.6	6864442	7122063	103.8
贝类	吨	1549061	4127896	10849816	14656095	15294057	104.4
藻类	吨	275186	749140	1221988	2124255	2202414	103.7
其他类	吨	100086	405854	798607	1965303	2007109	102.1
二、水产养殖面积	**千公顷**	**4258.7**	**5385.3**	**6508.1**	**8465.0**	**8346.3**	**98.6**
1.海水养殖面积	千公顷	428.9	715.9	1243.2	2317.8	2166.7	93.5
浅海养殖	千公顷		131.8	326.0	1355.4	1254.0	92.5
滩涂养殖	千公顷		424.6	686.5	653.8	605.6	92.6
陆基养殖	千公顷		159.5	230.8	308.5	307.2	99.6
2.内陆养殖面积	千公顷	3829.8	4669.4	5264.8	6147.2	6179.6	100.5
池塘养殖	千公顷		1857.9	2212.6	2701.2	2762.6	102.3
湖泊养殖	千公顷		824.2	879.1	1022.4	990.8	96.9
河沟养殖	千公顷		347.4	379.8	277.1	267.7	96.6
水库养殖	千公顷		1515.7	1620.0	2012.4	2010.9	99.9
其他养殖	千公顷		124.2	173.3	134.2	147.6	110.0
三、稻田养殖面积	**千公顷**				**1501.6**	**1516.1**	**101.0**

注：2008年以来海水养殖面积中的陆基养殖面积为其他养殖面积。

7-46 海水产品和内陆水产品产量

单位：吨

指 标	1990年	1995年	2000年	2015年	2016年	2016年为2015年百分比(%)
海水产品产量	**7132915**	**14391297**	**22039081**	**34096088**	**34901470**	**102.4**
一、海洋捕捞产量	**5508862**	**10268373**	**12759487**	**15339811**	**15270162**	**99.5**
鱼类		7436501	9902931	11245722	11172714	99.4
甲壳类		1732445	2626967	2427918	2396353	98.7
贝类		823691	1779621	555970	561299	101.0
藻类		10637	20429	25811	23928	92.7
其他类		265099	444576	1084390	1115868	102.9
二、海水养殖产量	**1624053**	**4122924**	**9279594**	**18756277**	**19631308**	**104.7**
鱼类		144937	426957	1307628	1347634	103.1
甲壳类		115901	343940	1434917	1564593	109.0
贝类		3099099	8607050	13583816	14207501	104.6
藻类		738503	1201559	2089153	2169262	103.8
其他类		24484	33359	340763	342318	100.5
内陆水产品产量	**5237288**	**10780497**	**15023215**	**32900400**	**34111052**	**103.7**
一、内陆捕捞产量	**783046**	**1372864**	**1934408**	**2277665**	**2318429**	**101.8**
鱼类		1080666	1703586	1682968	1711085	101.7
甲壳类		137195	254844	310986	316901	101.9
贝类		125496	256281	254084	259128	102.0
其他类		29507	48941	29627	31315	105.7
二、内陆养殖产量	**4454242**	**9407633**	**13088807**	**30622735**	**31792623**	**103.8**
鱼类		9105435	14027006	27150075	28155446	103.7
甲壳类		135824	628203	2690621	2844216	105.7
贝类		79610	206864	2690621	266129	9.9
其他类		86764	271731	519814	526832	101.4

7-47 各地区水产品产量

（按来源分） 单位：吨

地　区	水产品总产量		捕捞产量		养殖产量	
	2015年	2016年	2015年	2016年	2015年	2016年
全国总计	**66996488**	**69012522**	**17617476**	**17588591**	**49379012**	**51423931**
北　京	66147	54288	21104	16865	45043	37423
天　津	400965	394360	77410	70640	323555	323720
河　北	1297077	1369267	357168	398096	939909	971171
山　西	52427	52279	1074	1101	51353	51178
内蒙古	153525	158298	29364	29303	124161	128995
辽　宁	5312765	5500694	1433810	1420973	3878955	4079721
吉　林	195200	200683	19654	19509	175546	181174
黑龙江	542368	572955	57169	54551	485199	518404
上　海	324369	296201	173080	144247	151289	151954
江　苏	5210467	5207448	913725	886050	4296742	4321398
浙　江	5978341	6045404	4025395	3976371	1952946	2069033
安　徽	2304261	2357964	316388	308754	1987873	2049210
福　建	7338969	7677846	2409521	2417845	4929448	5260001
江　西	2642490	2716146	264044	275390	2378446	2440756
山　东	9312693	9501856	2853967	2937686	6458726	6564170
河　南	1023730	1283546	51130	70597	972600	1212949
湖　北	4558863	4708394	191002	190167	4367861	4518227
湖　南	2593776	2695681	108939	108305	2484837	2587376
广　东	8582223	8737893	1684408	1648569	6897815	7089324
广　西	3459249	3617653	793402	803270	2665847	2814383
海　南	2048912	2146379	1384011	1430472	664901	715907
重　庆	480863	508427	20358	20379	460505	488048
四　川	1386850	1454388	59648	58638	1327202	1395750
贵　州	249762	289890	13902	14063	235860	275827
云　南	697098	743663	58138	66865	638960	676798
西　藏	340	912	279	832	61	80
陕　西	155160	159000	7200	7220	147960	151780
甘　肃	14932	15333			14932	15333
青　海	10578	12050			10578	12050
宁　夏	169727	174591	392	416	169335	174175
新　疆	151361	161601	10794	13985	140567	147616
中农发集团	281000	197432	281000	197432		

7-48 各地区水产品产量

(按类别分)

单位：吨

地区	水产品总产量	鱼类	甲壳类	贝类	藻类	其他类
全国总计	**69012522**	**42386879**	**7122063**	**15294057**	**2202414**	**2007109**
北京	54288	54033	24			231
天津	394360	335214	54712	2589		1845
河北	1369267	724757	109810	483727		50973
山西	52279	51776	128			375
内蒙古	158298	155146	1240		1793	119
辽宁	5500694	1916913	339111	2617146	325858	301666
吉林	200683	197492	2812	379		
黑龙江	572955	566398	6124	377		56
上海	296201	238045	57496	4		656
江苏	5207448	3135613	1131288	825178	31529	83840
浙江	6045404	3617902	1154400	869517	55245	348340
安徽	2357964	1861756	349839	97079		49290
福建	7677846	2990635	636905	2874543	982545	193218
江西	2716146	2397397	164215	78765	3330	72439
山东	9501856	3708694	497787	4232367	674667	388341
河南	1283546	1239406	33124	1935	230	8851
湖北	4708394	3872792	748715	35407		51480
湖南	2695681	2534993	92815	26142		41731
广东	8737893	5300789	1087427	2104095	86411	159171
广西	3617653	2099456	418899	964922	87	134289
海南	2146379	1724505	209943	72766	40270	98895
重庆	508427	501670	4158	425		2174
四川	1454388	1434602	8675	4340		6771
贵州	289890	285383	3111	266		1130
云南	743663	733749	5065	2036	448	2365
西藏	912	166				746
陕西	159000	152597	399	5	1	5998
甘肃	15333	15266	48			19
青海	12050	11883	167			
宁夏	174591	173146	1425			20
新疆	161601	157273	2201	47		2080
中农发集团	197432	197432				

7-49　各地区海水产品产量

(按来源分)　　单位：吨

地　区	海水产品产量		海洋捕捞产量		海水养殖产量	
	2015年	2016年	2015年	2016年	2015年	2016年
全国总计	**34096088**	**34901470**	**15339811**	**15270162**	**18756277**	**19631308**
北　京	17000	13514	17000	13514		
天　津	75637	69703	65094	58369	10543	11334
河　北	760931	806799	254447	295427	506484	511372
山　西						
内蒙古						
辽　宁	4319822	4469730	1377857	1367026	2941965	3102704
吉　林						
黑龙江						
上　海	169997	141833	169997	141833		
江　苏	1481838	1473125	588314	568952	893524	904173
浙　江	4870397	4902738	3936966	3885036	933431	1017702
安　徽						
福　建	6363218	6652871	2321917	2329056	4041301	4323815
江　西						
山　东	7746994	7949542	2751340	2821702	4995654	5127840
河　南						
湖　北						
湖　南						
广　东	4592303	4663817	1560126	1525686	3032177	3138131
广　西	1797194	1873182	655028	658647	1142166	1214535
海　南	1619757	1687184	1360725	1407482	259032	279702
重　庆						
四　川						
贵　州						
云　南						
西　藏						
陕　西						
甘　肃						
青　海						
宁　夏						
新　疆						
中农发集团	281000	197432	281000	197432		

7-50 各地区海水产品产量

(按类别分)

单位：吨

地区	海水产品产量	鱼类	甲壳类	贝类	藻类	其他类
全国总计	**34901470**	**12520348**	**3960946**	**14768800**	**2193190**	**1458186**
北京	13514	13514				
天津	69703	57236	9881	2017		569
河北	806799	203552	76951	480046		46250
山西						
内蒙古						
辽宁	4469730	1003520	233771	2616714	325858	289867
吉林						
黑龙江						
上海	141833	130982	10692	4		155
江苏	1473125	404002	273840	715849	30074	49360
浙江	4902738	2786152	1021746	838722	55129	200989
安徽						
福建	6652871	2137411	547012	2814868	981551	172029
江西						
山东	7949542	2266576	403227	4225150	674667	379922
河南						
湖北						
湖南						
广东	4663817	1624437	770886	2056588	86391	125515
广西	1873182	419556	405666	947961		99999
海南	1687184	1275978	207274	70881	39520	93531
重庆						
四川						
贵州						
云南						
西藏						
陕西						
甘肃						
青海						
宁夏						
新疆						
中农发集团	197432	197432				

7-51 各地区内陆水产品产量

（按来源分） 单位：吨

地区	内陆水产品产量		内陆捕捞产量		内陆养殖产量	
	2015年	2016年	2015年	2016年	2015年	2016年
全国总计	**32900400**	**34111052**	**2277665**	**2318429**	**30622735**	**31792623**
北京	49147	40774	4104	3351	45043	37423
天津	325328	324657	12316	12271	313012	312386
河北	536146	562468	102721	102669	433425	459799
山西	52427	52279	1074	1101	51353	51178
内蒙古	153525	158298	29364	29303	124161	128995
辽宁	992943	1030964	55953	53947	936990	977017
吉林	195200	200683	19654	19509	175546	181174
黑龙江	542368	572955	57169	54551	485199	518404
上海	154372	154368	3083	2414	151289	151954
江苏	3728629	3734323	325411	317098	3403218	3417225
浙江	1107944	1142666	88429	91335	1019515	1051331
安徽	2304261	2357964	316388	308754	1987873	2049210
福建	975751	1024975	87604	88789	888147	936186
江西	2642490	2716146	264044	275390	2378446	2440756
山东	1565699	1552314	102627	115984	1463072	1436330
河南	1023730	1283546	51130	70597	972600	1212949
湖北	4558863	4708394	191002	190167	4367861	4518227
湖南	2593776	2695681	108939	108305	2484837	2587376
广东	3989920	4074076	124282	122883	3865638	3951193
广西	1662055	1744471	138374	144623	1523681	1599848
海南	429155	459195	23286	22990	405869	436205
重庆	480863	508427	20358	20379	460505	488048
四川	1386850	1454388	59648	58638	1327202	1395750
贵州	249762	289890	13902	14063	235860	275827
云南	697098	743663	58138	66865	638960	676798
西藏	340	912	279	832	61	80
陕西	155160	159000	7200	7220	147960	151780
甘肃	14932	15333			14932	15333
青海	10578	12050			10578	12050
宁夏	169727	174591	392	416	169335	174175
新疆	151361	161601	10794	13985	140567	147616

7-52 各地区内陆水产品产量

（按类别分）

单位：吨

地　区	内陆水产品产量	鱼类	甲壳类	贝类	其他类
全国总计	**34111052**	**29866531**	**3161117**	**525257**	**558147**
北　京	40774	40519	24		231
天　津	324657	277978	44831	572	1276
河　北	562468	521205	32859	3681	4723
山　西	52279	51776	128		375
内蒙古	158298	155146	1240		1912
辽　宁	1030964	913393	105340	432	11799
吉　林	200683	197492	2812	379	
黑龙江	572955	566398	6124	377	56
上　海	154368	107063	46804		501
江　苏	3734323	2731611	857448	109329	35935
浙　江	1142666	831750	132654	30795	147467
安　徽	2357964	1861756	349839	97079	49290
福　建	1024975	853224	89893	59675	22183
江　西	2716146	2397397	164215	78765	75769
山　东	1552314	1442118	94560	7217	8419
河　南	1283546	1239406	33124	1935	9081
湖　北	4708394	3872792	748715	35407	51480
湖　南	2695681	2534993	92815	26142	41731
广　东	4074076	3676352	316541	47507	33676
广　西	1744471	1679900	13233	16961	34377
海　南	459195	448527	2669	1885	6114
重　庆	508427	501670	4158	425	2174
四　川	1454388	1434602	8675	4340	6771
贵　州	289890	285383	3111	266	1130
云　南	743663	733749	5065	2036	2813
西　藏	912	166			746
陕　西	159000	152597	399	5	5999
甘　肃	15333	15266	48		19
青　海	12050	11883	167		
宁　夏	174591	173146	1425		20
新　疆	161601	157273	2201	47	2080

7-53 各地区水产养殖面积

单位：千公顷

地区	水产品养殖面积		内陆养殖面积		海水养殖面积	
	2015年	2016年	2015年	2016年	2015年	2016年
全国总计	**8465.0**	**8346.3**	**6147.2**	**6179.6**	**2317.8**	**2166.7**
北京	3.6	3.5	3.6	3.5		
天津	39.9	38.4	36.7	35.2	3.2	3.2
河北	194.0	190.5	76.4	75.1	117.5	115.4
山西	15.7	15.9	15.7	15.9		
内蒙古	119.6	115.6	119.6	115.6		
辽宁	1152.2	999.9	219.1	230.6	933.1	769.3
吉林	316.9	318.9	316.9	318.9		
黑龙江	388.8	392.7	388.8	392.7		
上海	19.4	18.6	19.4	18.6		
江苏	753.4	753.2	571.6	567.9	181.8	185.3
浙江	298.9	290.9	213.1	202.1	85.9	88.8
安徽	580.2	584.7	580.2	584.7		
福建	267.9	277.1	101.9	102.5	166.1	174.6
江西	437.5	438.2	437.5	438.2		
山东	846.2	838.0	283.0	276.5	563.2	561.5
河南	276.6	291.7	276.6	291.7		
湖北	688.7	698.9	688.7	698.9		
湖南	467.7	475.0	467.7	475.0		
广东	565.7	555.1	370.8	359.1	194.9	196.1
广西	239.2	238.6	184.1	183.9	55.0	54.7
海南	54.7	55.5	37.6	37.7	17.1	17.8
重庆	96.7	99.6	96.7	99.6		
四川	211.5	214.9	211.5	214.9		
贵州	59.9	60.8	59.9	60.8		
云南	142.2	149.0	142.2	149.0		
西藏	0.0	0.0	0.0	0.0		
陕西	50.6	50.5	50.6	50.5		
甘肃	15.5	15.5	15.5	15.5		
青海	42.4	42.4	42.4	42.4		
宁夏	46.8	47.5	46.8	47.5		
新疆	72.7	75.1	72.7	75.1		

农村市场与物价

8-1 农村主要物价总指数

(上年=100)

年 份	农村居民消费价格指数	农业生产指 数	农产品生产价格总指数
1952			101.7
1957			105.0
1962			99.4
1965			99.2
1970			100.1
1975			102.1
1978		99.9	103.9
1979		100.4	122.1
1980		101.0	107.1
1981		101.7	105.9
1982		101.9	102.2
1983		103.0	104.4
1984		108.9	104.0
1985	107.6	104.8	108.6
1986	106.1	101.1	106.4
1987	106.2	107.0	112.0
1988	117.5	116.2	123.0
1989	119.3	118.9	115.0
1990	104.5	105.5	97.4
1991	102.3	102.9	98.0
1992	104.7	103.7	103.4
1993	113.7	114.1	113.4
1994	123.4	121.6	139.9
1995	117.5	127.4	119.9
1996	107.9	108.4	104.2
1997	102.5	99.5	95.5
1998	99.0	94.5	92.0
1999	98.5	95.8	87.8
2000	99.9	99.1	96.4
2001	100.8	99.1	103.1
2002	99.6	100.5	99.7
2003	101.6	101.4	104.4
2004	104.8	110.6	113.1
2005	102.2	108.3	101.4
2006	101.5	101.5	101.2
2007	105.4	107.7	118.5
2008	106.5	120.3	114.1
2009	99.7	97.5	97.6
2010	103.6	102.9	110.9
2011	105.8	111.3	116.5
2012	102.5	105.6	102.7
2013	102.8	101.4	103.2
2014	101.8	99.1	99.8
2015	101.3	100.4	101.7
2016	101.9	100.1	103.4

注：农产品生产价格总指数2000年以前为农副产品收购价格指数。

8-2 各地区农村商品零售价格分类指数

(上年价格=100)

地　区	总指数	一、食品	1.粮食	2.薯类	3.豆类	4.食用油
全国平均	**100.9**	**104.3**	**100.2**	**111.6**	**100.7**	**101.8**
北　京						
天　津						
河　北	101.3	102.8	98.4	109.1	99.4	99.9
山　西	100.4	103.1	99.8	110.4	102.5	99.2
内蒙古	100.4	101.6	99.1	109.3	102.4	103.0
辽　宁	100.9	103.6	100.9	106.0	99.3	98.6
吉　林	100.8	102.8	98.2	112.1	99.9	99.5
黑龙江	101.3	104.3	102.0	103.8	99.1	103.5
上　海						
江　苏	101.3	105.0	100.2	109.8	98.9	100.0
浙　江	101.0	104.9	100.5	104.6	99.9	103.6
安　徽	100.8	105.3	99.7	111.9	99.7	104.2
福　建	101.0	104.0	99.5	118.1	100.7	100.8
江　西	100.8	105.7	99.8	116.7	104.6	102.0
山　东	101.0	104.5	99.1	107.4	99.2	99.3
河　南	100.3	103.3	100.0	114.2	98.5	101.7
湖　北	100.9	105.1	101.0	122.0	104.9	101.4
湖　南	101.1	106.1	102.2	126.5	103.1	108.2
广　东	101.0	104.5	101.0	107.8	102.0	101.4
广　西	100.3	104.5	101.4	108.5	102.1	102.8
海　南	102.3	104.4	98.8	110.8	100.0	104.1
重　庆						
四　川	100.9	105.1	101.1	111.3	101.3	104.7
贵　州	100.0	104.7	100.3	106.7	100.4	107.0
云　南	101.2	104.0	101.2	110.5	102.7	104.6
西　藏	102.2	105.8	106.0	108.2	107.9	102.7
陕　西	100.7	103.3	100.4	107.3	100.6	102.0
甘　肃	101.0	104.1	102.7	113.5	101.4	100.0
青　海	101.5	102.4	102.6	108.2	102.5	101.8
宁　夏	100.0	101.7	100.1	116.9	98.5	98.3
新　疆	100.5	101.6	100.1	110.9	101.0	102.1

8-2 续表 1

地区	5.菜	6.畜肉类	7.禽肉类	8.水产品	9.蛋类	10.奶类
全国平均	**111.0**	**112.2**	**101.0**	**103.6**	**96.7**	**99.9**
北京						
天津						
河北	109.7	111.5	100.3	101.1	98.4	99.0
山西	111.0	112.9	99.6	100.6	94.0	99.8
内蒙古	104.7	103.5	103.2	100.6	100.4	99.7
辽宁	109.8	111.0	103.1	103.6	98.5	100.0
吉林	106.8	107.5	99.9	101.3	98.4	100.3
黑龙江	108.2	116.3	101.8	99.7	98.1	100.0
上海						
江苏	113.7	112.1	102.2	106.5	96.4	99.8
浙江	112.2	112.6	103.1	103.8	96.4	100.6
安徽	116.2	115.1	100.0	107.1	94.6	99.5
福建	119.2	111.0	99.0	101.4	95.1	99.5
江西	111.0	117.0	102.0	104.1	96.1	100.8
山东	110.4	114.1	99.8	104.4	95.8	99.7
河南	109.5	113.6	100.4	101.3	93.9	99.9
湖北	112.7	110.5	101.2	102.9	99.0	99.3
湖南	114.4	110.9	106.1	101.8	97.0	101.4
广东	113.4	111.4	101.8	102.9	97.0	100.5
广西	110.9	111.9	99.6	103.4	99.0	99.5
海南	117.2	104.9	98.3	98.7	96.7	101.5
重庆						
四川	106.1	114.1	98.8	104.9	96.8	99.3
贵州	105.2	113.4	96.0	100.1	99.8	100.4
云南	105.7	109.5	103.5	104.2	100.8	100.2
西藏	107.3	106.9	104.5	104.7	105.2	103.9
陕西	110.9	110.1	100.7	101.2	96.7	100.4
甘肃	115.2	107.0	101.2	103.7	99.9	100.1
青海	107.5	102.7	99.3	102.0	92.9	97.2
宁夏	109.3	103.2	100.3	98.9	97.1	99.7
新疆	107.4	100.5	100.2	98.5	98.7	101.7

8-2 续表 2

地　区	11.干鲜瓜果类	12.糖果糕点类	13.调味品	14.其他食品类	15.在外餐饮	二、饮料、烟酒
全国平均	**97.6**	**100.9**	**101.6**	**101.0**	**102.8**	**101.2**
北　京						
天　津						
河　北	95.0	101.5	102.5	101.4	102.4	101.5
山　西	95.3	99.2	101.3	101.0	102.2	101.1
内蒙古	98.4	100.7	101.2	100.4	102.5	102.0
辽　宁	98.6	100.8	100.7	101.8	101.3	101.8
吉　林	103.3	101.8	100.1	101.5	101.5	101.6
黑龙江	95.9	101.0	100.7	100.2	103.0	101.3
上　海						
江　苏	96.5	101.2	102.3	100.8	103.4	101.2
浙　江	97.9	101.1	102.3	101.4	103.9	101.7
安　徽	96.7	100.5	103.1	100.7	102.6	100.4
福　建	94.3	100.2	100.9	100.4	101.8	101.2
江　西	95.5	101.3	100.9	101.5	103.8	101.1
山　东	97.5	100.3	101.1	101.0	103.1	102.0
河　南	94.5	101.8	102.3	100.0	102.6	99.3
湖　北	101.3	100.2	101.4	100.9	103.7	100.6
湖　南	101.3	100.3	100.2	103.1	101.6	101.0
广　东	97.4	101.1	100.5	101.9	101.8	101.5
广　西	97.3	99.9	100.1	101.5	102.8	100.7
海　南	106.5	103.9	104.2	103.3	106.3	100.8
重　庆						
四　川	98.5	100.8	102.2	101.1	104.1	101.0
贵　州	101.6	100.4	100.6	98.6	103.5	101.1
云　南	99.7	100.6	100.2	99.6	102.0	101.7
西　藏	105.9	103.5	102.6	103.6	106.6	101.7
陕　西	97.5	101.2	100.5	100.5	101.4	101.0
甘　肃	99.1	99.5	100.3	99.9	102.9	101.7
青　海	101.8	101.9	103.7	102.7	101.2	101.4
宁　夏	98.0	100.2	106.5	99.8	99.9	101.7
新　疆	99.5	100.8	101.5	103.0	101.4	101.2

8-2 续表 3

地　区	1.茶及饮料	2.烟草	3.酒	三、服装、鞋帽	1.服装	2.鞋袜帽
全国平均	**100.4**	**102.3**	**100.1**	**101.3**	**101.4**	**101.3**
北　京						
天　津						
河　北	101.0	101.9	101.1	101.5	101.5	101.5
山　西	100.4	102.0	99.4	101.2	101.7	99.9
内蒙古	100.8	102.4	101.6	101.1	100.9	101.6
辽　宁	100.1	103.7	99.7	101.3	101.1	101.8
吉　林	100.7	102.5	101.0	102.7	102.4	103.6
黑龙江	99.9	102.4	100.2	100.0	99.3	101.9
上　海						
江　苏	100.5	102.0	100.3	102.1	102.0	102.3
浙　江	100.9	102.5	100.8	101.5	101.6	101.5
安　徽	99.8	101.9	98.1	100.4	100.9	99.0
福　建	100.5	102.5	99.8	101.1	101.3	100.4
江　西	99.1	102.0	100.7	101.3	101.2	101.7
山　东	100.4	103.2	101.0	102.2	102.2	102.4
河　南	99.1	101.8	97.8	100.3	100.1	100.9
湖　北	98.4	102.5	99.5	101.9	102.5	100.1
湖　南	99.9	102.4	99.8	100.7	101.0	100.2
广　东	101.1	102.0	101.3	101.9	101.6	103.1
广　西	101.3	101.3	99.7	97.9	98.7	95.6
海　南	100.2	102.9	98.1	102.5	102.6	102.7
重　庆						
四　川	99.4	102.0	100.0	101.0	101.1	100.9
贵　州	100.3	101.8	99.7	98.2	99.2	95.6
云　南	101.0	102.1	100.7	101.3	101.7	100.3
西　藏	102.4	101.3	101.8	102.6	103.1	101.5
陕　西	101.1	102.2	99.9	100.2	100.0	101.0
甘　肃	99.5	103.8	100.8	100.7	100.9	100.2
青　海	102.7	102.2	100.0	102.8	102.9	102.7
宁　夏	100.3	103.1	100.3	100.3	100.5	99.9
新　疆	100.3	102.9	99.9	102.4	102.4	102.5

8-2 续表 4

地　　区	3.衣着配件	四、纺织品	1.服装材料	2.床上用品	五、家用电器及音像器材	1.家庭设备
全国平均	**100.3**	**100.2**	**101.0**	**99.9**	**98.5**	**99.2**
北　京						
天　津						
河　北	100.2	98.8	100.0	98.6	99.9	100.2
山　西	102.3	99.6	103.0	98.9	99.3	99.2
内蒙古	100.4	99.9	99.7	99.9	97.4	98.7
辽　宁	100.6	100.1	101.3	99.9	99.1	99.4
吉　林	100.5	101.1	102.4	100.8	98.8	100.5
黑龙江	99.3	100.8	101.7	100.5	98.3	98.5
上　海						
江　苏	99.8	101.2	103.2	100.4	99.4	100.6
浙　江	99.5	100.0	102.4	99.2	100.0	100.2
安　徽	99.7	98.7	96.5	99.2	98.0	98.8
福　建	101.5	100.4	101.9	100.0	99.0	99.2
江　西	100.2	101.1	101.7	100.8	98.7	99.5
山　东	100.5	100.8	100.2	100.9	98.0	98.8
河　南	100.2	99.6	101.2	99.2	96.0	97.4
湖　北	100.4	101.3	101.1	101.3	99.3	99.4
湖　南	100.4	100.8	102.6	100.0	99.2	99.0
广　东	99.9	100.2	100.6	100.1	98.0	99.1
广　西	97.8	99.2	100.4	98.5	97.8	97.8
海　南	98.6	99.8	98.3	100.3	97.1	97.3
重　庆						
四　川	99.8	100.6	100.9	100.5	98.3	98.6
贵　州	100.2	100.3	102.3	100.1	98.4	98.9
云　南	102.4	99.3	100.1	99.2	97.9	99.4
西　藏	96.3	100.5	100.4	100.8	100.8	101.3
陕　西	100.0	98.3	99.5	98.0	96.8	98.8
甘　肃	101.4	100.5	101.0	100.3	98.4	99.4
青　海	100.1	103.3	102.1	103.8	99.5	100.3
宁　夏	100.0	100.1	100.0	100.1	97.1	100.5
新　疆	100.9	100.5	100.6	100.4	98.8	99.1

8-2 续表 5

地 区	2.文娱用耐用消费品	3.专业音像器材	六、文化办公用品	七、日用品	1.日用百货	2.厨具餐具茶具
全国平均	**97.1**	**99.2**	**99.4**	**100.2**	**99.8**	**100.9**
北 京						
天 津						
河 北	99.2	99.1	100.3	100.5	100.7	101.9
山 西	99.5	100.4	99.8	100.4	99.4	104.3
内 蒙 古	95.6	92.2	101.1	100.3	99.9	103.1
辽 宁	98.4	100.2	99.8	100.0	100.1	100.0
吉 林	95.9	98.9	99.5	100.2	99.2	100.1
黑 龙 江	97.8	100.3	103.1	100.8	100.7	102.5
上 海						
江 苏	96.7	98.4	97.7	100.9	100.6	101.2
浙 江	99.7	99.2	99.7	99.8	100.0	100.0
安 徽	96.6	97.8	99.0	99.9	99.2	100.4
福 建	98.4	100.1	99.9	100.4	99.7	100.5
江 西	97.2	99.4	100.0	100.2	100.1	100.9
山 东	95.9	102.4	98.8	99.8	98.8	101.3
河 南	92.4	90.3	101.2	100.3	99.6	101.7
湖 北	99.1	99.7	99.1	100.2	99.7	99.4
湖 南	99.6	99.7	98.3	99.8	99.1	100.3
广 东	96.0	99.9	98.7	100.5	100.4	100.4
广 西	97.7	99.3	99.5	99.9	100.0	99.9
海 南	96.5	99.5	102.5	101.7	99.6	102.4
重 庆						
四 川	97.6	98.6	97.5	100.3	100.1	100.8
贵 州	96.9	101.5	98.9	99.8	98.4	99.6
云 南	95.0	100.0	100.1	101.2	100.2	99.9
西 藏	99.9	100.0	100.9	100.9	100.4	101.0
陕 西	94.3	100.0	98.6	100.3	99.5	101.2
甘 肃	97.0	99.8	99.8	.100.3	99.9	101.2
青 海	98.7	99.7	99.5	100.6	100.3	101.1
宁 夏	92.7	95.7	99.1	99.8	100.3	100.8
新 疆	98.3	100.3	99.5	99.4	100.5	98.6

8-2 续表 6

地　　区	3.清洗用品	4.其他日用品	八、体育娱乐用品	1.体育户外用品	2.娱乐用品	九、交通、通信用品
全国平均	**100.7**	**100.1**	**100.5**	**100.3**	**100.6**	**98.1**
北　　京						
天　　津						
河　　北	99.4	100.4	100.9	100.4	100.9	95.9
山　　西	100.7	99.8	100.1	100.0	100.1	97.1
内 蒙 古	100.2	99.9	101.0	100.5	101.1	100.0
辽　　宁	99.9	100.1	100.1	98.5	100.3	98.9
吉　　林	100.4	100.9	101.1	100.8	101.1	98.4
黑 龙 江	100.0	100.5	100.6	99.9	100.7	100.6
上　　海						
江　　苏	101.5	100.3	100.2	99.7	100.4	99.8
浙　　江	99.4	99.5	99.7	99.4	99.9	97.7
安　　徽	100.8	100.1	101.5	100.3	101.6	97.2
福　　建	102.1	100.0	101.1	101.4	100.9	98.8
江　　西	99.9	100.4	101.2	100.3	101.6	97.1
山　　东	100.5	100.1	100.6	99.8	101.0	100.0
河　　南	101.5	100.1	100.2	99.9	100.4	95.9
湖　　北	101.1	100.2	100.8	101.3	100.3	95.2
湖　　南	100.3	99.9	100.1	100.0	100.1	97.2
广　　东	100.4	101.0	100.5	100.6	100.4	98.7
广　　西	100.2	99.4	100.0	100.0	100.0	97.7
海　　南	104.2	101.9	102.3	103.0	102.1	99.0
重　　庆						
四　　川	100.8	99.6	100.3	100.0	100.4	96.2
贵　　州	101.9	99.2	99.5	99.2	99.5	96.7
云　　南	103.3	100.4	99.9	99.4	100.2	100.0
西　　藏	102.3	100.6	101.3	101.5	101.2	99.7
陕　　西	100.8	99.7	101.1	101.4	101.0	98.1
甘　　肃	100.5	100.1	100.0	99.5	100.2	98.5
青　　海	100.2	100.9	101.2	102.3	100.1	100.1
宁　　夏	98.8	99.7	100.1	100.0	100.1	96.4
新　　疆	98.1	100.2	100.8	100.3	101.3	98.6

8-2 续表 7

地　区	1.交通运输机械	2.通信器材	十、家具	十一、化妆品	十二、金银饰品	十三、中西药品及医疗保健用品
全国平均	**98.2**	**97.8**	**100.5**	**100.3**	**104.2**	**103.8**
北　京						
天　津						
河　北	96.0	95.7	100.2	100.2	104.5	109.5
山　西	100.1	89.4	98.8	99.3	100.8	104.7
内蒙古	100.1	99.9	98.5	100.3	106.0	101.6
辽　宁	100.0	96.7	101.3	100.1	107.0	101.9
吉　林	99.0	97.4	102.6	100.8	102.2	105.8
黑龙江	100.7	100.4	100.0	99.4	106.8	108.7
上　海						
江　苏	99.4	100.2	100.6	101.4	104.7	102.7
浙　江	97.6	98.2	99.7	100.6	105.6	102.6
安　徽	97.6	95.8	100.0	101.1	105.7	105.6
福　建	99.0	98.0	100.5	100.8	106.4	103.2
江　西	99.3	91.2	101.4	99.6	106.2	102.3
山　东	99.1	103.0	100.0	99.8	102.5	100.8
河　南	95.3	96.6	101.4	100.8	106.6	106.0
湖　北	93.1	98.5	99.6	100.9	102.6	103.1
湖　南	98.7	94.6	100.3	99.3	102.7	103.6
广　东	99.3	97.7	102.4	100.2	104.7	104.3
广　西	99.5	95.2	100.5	100.6	100.3	103.4
海　南	96.4	103.5	103.0	101.3	100.3	116.1
重　庆						
四　川	96.1	96.5	100.2	100.2	102.8	102.9
贵　州	98.6	93.6	99.4	99.3	104.5	98.5
云　南	100.2	99.4	99.7	100.7	98.9	104.9
西　藏	100.4	98.2	103.7	100.3	103.4	103.9
陕　西	99.9	94.9	99.9	100.5	106.1	105.6
甘　肃	99.6	96.9	100.5	100.8	104.4	102.0
青　海	97.1	100.5	104.8	99.8	108.7	103.9
宁　夏	95.8	97.5	97.0	101.9	105.3	100.5
新　疆	99.6	97.3	102.4	100.4	104.3	102.2

8-2 续表 8

地　区	1.医疗卫生器具	2.中药	3.西药	4.保健器具及用品	十四、书报杂志及电子出版物	1.教材及参考书	2.书报杂志
全国平均	**101.3**	**103.6**	**104.2**	**103.3**	**101.4**	**101.1**	**101.2**
北　京							
天　津							
河　北	104.4	103.2	112.5	102.1	102.2	100.3	106.3
山　西	100.4	102.7	105.8	105.8	101.2	102.1	100.2
内蒙古	101.2	102.4	101.3	101.2	100.0	100.1	100.0
辽　宁	100.3	103.5	101.4	100.1	100.5	101.0	99.9
吉　林	100.1	103.6	107.7	105.3	100.3	100.3	100.0
黑龙江	105.3	109.1	108.8	106.3	100.2	101.0	99.2
上　海							
江　苏	100.5	102.1	101.4	109.8	101.6	103.1	100.7
浙　江	101.1	103.5	101.4	105.1	104.0	100.8	99.9
安　徽	102.0	104.7	106.7	104.2	101.7	101.8	101.0
福　建	100.7	101.5	104.3	101.2	102.3	103.3	101.9
江　西	99.1	103.0	102.6	100.4	101.3	100.1	103.1
山　东	100.1	100.5	101.0	100.7	100.6	100.6	100.9
河　南	102.3	103.5	107.3	104.4	101.5	102.5	100.8
湖　北	101.1	103.2	103.2	103.2	101.4	101.1	101.6
湖　南	99.1	101.6	105.7	101.2	100.0	100.0	100.0
广　东	101.7	105.7	104.4	102.6	100.2	100.6	100.9
广　西	101.0	103.6	103.9	100.9	101.0	100.2	101.0
海　南	107.5	132.1	109.4	115.4	104.0	106.5	101.7
重　庆							
四　川	100.5	104.2	102.9	100.4	101.9	101.8	102.8
贵　州	97.5	100.8	97.5	98.1	100.6	101.0	100.4
云　南	103.7	102.5	105.5	105.8	100.2	100.1	100.2
西　藏	107.0	108.5	103.1	100.1	101.6	100.7	103.3
陕　西	102.2	104.7	107.3	101.7	101.1	101.6	100.4
甘　肃	100.3	103.2	101.9	99.6	100.3	99.8	100.8
青　海	103.2	102.7	104.9	103.1	101.3	102.7	101.2
宁　夏	96.9	99.1	100.9	107.9	100.4	100.5	100.5
新　疆	102.6	101.6	102.9	100.5	100.8	101.5	100.1

8-2 续表 9

地　　区	3.计算机办公软件	十五、燃料	1.煤炭及制品	2.石油及制品	十六、建筑材料及五金电料	1.建筑装璜材料	2.五金水暖
全国平均	**102.8**	**96.6**	**99.5**	**95.6**	**100.2**	**100.1**	**100.4**
北　　京							
天　　津							
河　　北	102.9	103.3	110.6	97.4	100.6	100.5	101.0
山　　西	100.0	97.3	99.4	95.9	99.0	98.9	99.2
内 蒙 古	99.6	98.2	101.0	96.4	99.7	99.7	100.0
辽　　宁	99.9	96.3	96.8	96.1	99.8	99.7	100.3
吉　　林	101.0	96.3	95.6	96.4	100.1	100.1	100.0
黑 龙 江	100.0	95.0	94.3	95.6	99.4	99.3	99.8
上　　海							
江　　苏	99.9	95.6	99.5	94.8	100.0	99.6	101.0
浙　　江	124.6	96.1	101.7	95.2	100.6	100.8	100.2
安　　徽	103.9	96.3	101.3	94.5	99.6	99.3	100.7
福　　建	100.0	97.6	100.1	97.2	100.0	99.8	100.5
江　　西	100.0	93.7	96.5	93.1	99.7	99.6	100.1
山　　东	99.6	96.1	94.8	96.6	100.7	100.8	100.7
河　　南	100.0	95.8	97.3	95.3	101.0	101.0	101.5
湖　　北	102.0	96.2	98.2	95.6	100.3	100.2	100.8
湖　　南	100.0	96.2	95.2	96.5	101.1	102.2	96.1
广　　东	97.5	94.6	100.0	94.2	100.1	100.0	100.2
广　　西	104.7	94.4	100.3	93.2	100.2	100.1	100.7
海　　南	100.0	97.0	102.4	96.5	101.0	98.2	112.6
重　　庆							
四　　川	100.4	97.6	97.2	97.8	99.7	99.5	100.2
贵　　州	99.9	96.3	97.3	96.1	98.7	98.5	99.7
云　　南	100.1	98.0	102.2	96.6	100.2	100.2	100.3
西　　藏	108.6	98.8	101.0	97.9	100.6	100.2	102.2
陕　　西	100.2	97.6	99.2	96.6	99.0	99.1	98.9
甘　　肃	100.0	97.2	98.6	96.3	100.0	99.7	100.8
青　　海	96.2	98.2	100.7	96.9	99.7	98.3	104.3
宁　　夏	100.0	99.0	102.3	97.4	98.7	98.4	100.3
新　　疆	99.9	96.7	97.2	96.4	99.8	99.7	100.2

8-3 各地区农村居民消费价格分类指数

(以上年价格为100)

地　区	居民消费价格总指数	一、食品烟酒	1.食品	(1)粮食	(2)薯类
全国平均	**101.9**	**104.0**	**104.8**	**100.4**	**111.5**
北　京					
天　津					
河　北	101.5	102.7	102.9	98.4	109.5
山　西	101.1	102.8	103.3	99.8	110.3
内蒙古	101.1	102.1	101.8	99.1	115.8
辽　宁	101.8	103.1	103.6	100.6	107.1
吉　林	101.9	103.3	104.0	99.1	112.1
黑龙江	102.1	103.9	104.6	101.9	104.1
上　海					
江　苏	101.8	104.3	105.4	100.0	110.0
浙　江	101.8	104.5	105.5	99.9	104.4
安　徽	101.6	104.4	105.7	99.5	113.5
福　建	101.5	103.6	104.5	99.7	117.3
江　西	101.9	104.9	106.2	99.8	112.3
山　东	101.8	103.8	104.5	99.3	107.2
河　南	102.0	103.4	104.3	99.8	114.8
湖　北	102.2	104.2	105.1	101.3	120.9
湖　南	101.9	105.2	106.5	102.2	125.4
广　东	102.0	104.8	105.8	101.1	107.2
广　西	101.7	103.7	104.5	101.6	108.5
海　南	102.5	104.1	104.1	99.1	110.7
重　庆					
四　川	101.7	104.4	105.1	101.2	106.8
贵　州	101.1	103.9	104.6	100.4	106.2
云　南	101.7	103.7	104.5	100.4	107.9
西　藏	102.5	104.7	105.3	105.1	107.5
陕　西	101.2	103.1	103.8	100.6	106.4
甘　肃	101.5	103.8	104.6	102.5	111.0
青　海	101.8	101.9	102.1	102.1	109.1
宁　夏	101.2	101.6	102.0	100.1	115.5
新　疆	101.3	101.3	101.3	100.8	109.9

8-3 续表 1

地 区	(3)豆类	(4)食用油	(5)菜	(6)畜肉类	(7)禽肉类
全国平均	**100.9**	**102.5**	**111.1**	**112.2**	**101.3**
北 京					
天 津					
河 北	100.5	100.0	110.8	111.8	100.3
山 西	103.2	99.8	111.1	112.7	99.6
内蒙古	102.6	103.2	105.4	103.4	102.4
辽 宁	99.3	99.3	109.5	111.4	102.4
吉 林	99.7	100.2	107.2	115.1	100.7
黑龙江	98.9	103.6	108.6	116.4	101.9
上 海					
江 苏	98.9	100.0	113.3	111.9	102.1
浙 江	99.9	103.2	112.3	113.1	102.4
安 徽	99.5	104.2	115.7	115.1	100.3
福 建	101.2	101.3	119.0	111.3	98.9
江 西	104.5	102.0	111.5	117.5	101.8
山 东	99.1	99.9	109.6	114.2	100.2
河 南	98.6	101.6	110.3	113.4	100.2
湖 北	105.0	101.4	112.0	110.2	100.7
湖 南	102.7	107.6	114.1	111.2	106.4
广 东	100.8	100.8	114.1	112.5	102.7
广 西	102.1	101.9	109.2	112.0	99.6
海 南	99.6	102.6	116.9	105.2	98.4
重 庆					
四 川	101.6	104.7	106.4	114.5	97.5
贵 州	100.0	108.2	103.9	113.6	95.6
云 南	102.6	103.0	105.9	110.5	102.6
西 藏	107.2	102.0	106.4	106.4	104.9
陕 西	99.3	102.4	111.6	109.6	100.5
甘 肃	100.3	101.9	112.5	108.2	102.1
青 海	102.7	100.3	107.0	101.8	99.7
宁 夏	96.1	98.8	109.7	103.1	100.4
新 疆	101.2	101.3	107.3	100.2	98.6

8-3 续表 2

地　区	(8)水产品	(9)蛋类	(10)奶类	(11)干鲜瓜果类	(12)糖果糕点类
全国平均	**103.3**	**96.8**	**100.1**	**97.9**	**101.0**
北　京					
天　津					
河　北	100.7	97.9	99.6	95.5	101.3
山　西	100.9	94.1	99.9	95.4	99.4
内蒙古	101.1	101.5	99.7	99.4	100.8
辽　宁	103.3	98.4	100.3	98.5	100.6
吉　林	101.3	99.5	100.4	100.9	100.5
黑龙江	100.4	97.5	100.2	96.1	100.9
上　海					
江　苏	106.3	96.0	99.9	96.5	101.1
浙　江	105.1	96.3	100.6	97.7	101.0
安　徽	106.9	94.6	99.6	96.7	101.0
福　建	101.7	94.9	99.5	95.1	100.2
江　西	103.2	96.4	100.7	94.7	101.1
山　东	102.3	95.6	99.8	97.7	101.0
河　南	102.4	93.8	99.8	95.2	102.0
湖　北	104.5	98.8	99.8	100.1	100.4
湖　南	101.4	97.6	100.9	100.7	100.3
广　东	102.3	97.9	100.5	96.3	101.3
广　西	101.9	99.0	99.9	98.8	100.0
海　南	98.9	96.5	101.1	106.6	103.6
重　庆					
四　川	103.7	96.8	99.4	99.8	100.6
贵　州	100.0	98.6	101.1	100.8	100.1
云　南	104.4	100.3	99.9	99.6	100.6
西　藏	104.6	103.6	105.2	105.7	103.6
陕　西	100.0	96.7	100.1	98.0	101.4
甘　肃	103.1	100.1	99.9	98.4	99.9
青　海	101.7	93.5	97.1	101.3	101.5
宁　夏	96.7	95.6	99.7	99.1	100.3
新　疆	98.5	98.2	102.0	99.9	100.7

8-3 续表 3

地区	(13)调味品	(14)其他食品类	2.茶及饮料	3.烟酒	(1)烟草
全国平均	**101.5**	**101.2**	**100.3**	**101.5**	**102.3**
北京					
天津					
河北	102.2	101.3	100.8	101.7	102.0
山西	101.7	101.1	100.8	101.1	101.9
内蒙古	101.1	101.3	100.4	102.2	102.4
辽宁	100.7	101.5	100.2	102.3	103.5
吉林	100.1	101.5	100.4	101.9	102.4
黑龙江	101.0	100.2	99.8	101.4	102.3
上海					
江苏	102.2	100.6	100.6	101.5	102.0
浙江	101.8	101.8	100.7	101.8	102.1
安徽	102.9	100.6	100.0	100.5	101.9
福建	100.8	100.4	100.3	101.5	102.4
江西	100.8	101.9	99.1	101.5	101.9
山东	101.2	100.4	100.4	102.6	103.6
河南	102.0	100.3	99.0	100.1	101.9
湖北	102.1	100.7	99.3	101.5	102.8
湖南	100.1	103.4	100.0	101.3	102.0
广东	100.4	100.9	101.1	101.4	101.5
广西	100.4	101.1	100.9	100.6	101.1
海南	104.3	103.4	100.7	101.7	102.9
重庆					
四川	102.5	101.0	99.8	101.3	102.1
贵州	100.6	99.2	100.1	101.3	102.0
云南	100.2	100.3	100.7	101.8	102.3
西藏	102.3	103.2	102.6	101.7	101.3
陕西	100.7	100.9	101.3	101.4	102.2
甘肃	100.1	100.4	99.2	101.8	103.0
青海	103.1	102.5	101.7	101.2	102.1
宁夏	103.8	100.4	100.2	102.1	102.7
新疆	101.0	103.0	100.1	101.6	102.9

8-3 续表 4

地　　区	(2)酒类	4.在外餐饮	二、衣着	1.服装	(1)男式服装
全国平均	**100.2**	**102.9**	**101.3**	**101.3**	**101.5**
北　　京					
天　　津					
河　　北	101.3	102.4	101.8	101.8	101.1
山　　西	99.6	102.4	101.3	101.7	101.8
内 蒙 古	102.0	103.7	100.3	99.7	99.7
辽　　宁	100.1	101.3	101.4	101.2	100.6
吉　　林	100.9	101.3	102.8	102.8	101.8
黑 龙 江	100.2	103.2	100.2	99.3	100.4
上　　海					
江　　苏	100.4	103.3	102.0	101.9	102.1
浙　　江	101.0	103.5	101.5	101.3	101.5
安　　徽	98.1	102.6	100.4	101.0	100.4
福　　建	99.9	101.8	101.1	101.3	100.8
江　　西	100.7	103.0	101.1	100.8	102.3
山　　东	101.5	102.6	102.1	101.9	102.5
河　　南	97.4	102.7	100.6	100.4	101.0
湖　　北	99.1	103.6	102.5	102.9	103.8
湖　　南	99.7	102.5	100.9	101.0	101.0
广　　东	101.2	101.9	102.1	101.8	102.3
广　　西	99.9	102.8	98.7	98.7	99.0
海　　南	98.8	106.1	103.0	103.1	102.9
重　　庆					
四　　川	100.2	104.6	101.5	101.4	101.4
贵　　州	99.7	103.5	98.0	98.8	99.0
云　　南	100.5	102.7	100.9	101.3	101.2
西　　藏	102.0	104.9	102.8	102.8	104.1
陕　　西	99.9	101.5	100.5	100.0	99.8
甘　　肃	100.3	102.5	100.9	101.0	102.1
青　　海	100.1	101.3	103.0	102.6	104.4
宁　　夏	100.1	99.7	100.1	100.0	100.0
新　　疆	100.1	101.4	102.2	102.1	101.3

8-3 续表 5

地 区	(2)女式服装	(3)儿童服装	2.服装材料	3.其他衣着及配件	4.衣着加工服务费
全国平均	**101.0**	**101.6**	**100.8**	**101.4**	**104.3**
北 京					
天 津					
河 北	102.2	102.1	99.7	100.3	102.2
山 西	100.8	104.5	102.2	102.5	102.7
内 蒙 古	98.9	102.0	101.0	106.3	101.4
辽 宁	101.5	101.6	101.1	100.7	100.7
吉 林	103.9	101.4	101.7	102.3	102.9
黑 龙 江	98.3	100.3	101.7	103.3	108.7
上 海					
江 苏	101.6	102.1	103.3	101.6	103.8
浙 江	101.4	100.3	102.4	100.4	106.6
安 徽	100.6	103.5	96.6	99.7	104.2
福 建	101.5	101.6	101.5	100.5	101.2
江 西	99.4	101.8	101.6	101.1	107.1
山 东	101.5	101.2	100.7	100.4	103.0
河 南	99.8	100.9	101.0	101.1	102.1
湖 北	102.9	101.5	101.9	101.4	116.7
湖 南	101.2	100.5	102.4	99.9	100.0
广 东	101.3	102.1	101.0	104.6	101.0
广 西	98.2	99.8	99.2	99.3	103.6
海 南	104.6	99.8	97.9	100.2	101.4
重 庆					
四 川	101.1	101.9	99.4	99.8	102.9
贵 州	98.7	98.5	103.5	100.5	102.1
云 南	100.9	102.4	100.3	100.5	100.3
西 藏	102.3	102.1	100.9	104.1	108.2
陕 西	100.0	100.4	99.9	101.7	103.2
甘 肃	100.1	101.2	99.8	100.8	101.9
青 海	102.0	101.8	101.1	100.4	117.8
宁 夏	99.5	102.8	100.0	98.6	100.1
新 疆	102.2	103.3	100.5	101.3	108.7

8-3 续表 6

地　区	5.鞋类	(1)鞋	(2)鞋类加工服务	三、居住	1.租赁房房租
全国平均	**101.3**	**101.2**	**103.7**	**100.6**	**102.0**
北　京					
天　津					
河　北	102.1	102.1	103.2	100.5	102.4
山　西	99.7	99.6	102.9	100.2	100.3
内 蒙 古	101.1	101.1	100.0	100.0	98.7
辽　宁	102.1	102.0	106.7	99.8	100.2
吉　林	103.0	103.1	100.0	99.5	98.9
黑 龙 江	101.7	101.8	100.2	99.0	100.7
上　海					
江　苏	102.3	102.2	103.1	100.3	101.5
浙　江	102.1	102.1	101.9	100.8	103.5
安　徽	98.8	98.7	104.1	99.7	99.9
福　建	100.7	100.6	102.6	99.9	99.7
江　西	101.6	101.5	106.1	100.5	103.5
山　东	103.1	103.0	104.5	100.9	102.1
河　南	101.0	101.0	100.9	100.8	102.9
湖　北	100.1	100.1	102.3	102.3	107.1
湖　南	100.6	100.2	115.5	100.7	101.6
广　东	102.6	102.7	99.8	100.5	101.9
广　西	97.9	97.4	102.5	100.3	101.2
海　南	103.4	103.1	113.0	100.2	100.7
重　庆					
四　川	102.0	101.8	105.5	100.4	99.9
贵　州	95.5	95.3	104.3	100.8	104.3
云　南	100.0	100.0	101.3	100.6	100.9
西　藏	101.1	100.7	113.4	100.5	100.2
陕　西	101.3	101.1	104.2	100.2	99.6
甘　肃	100.5	100.5	100.0	101.5	105.0
青　海	104.2	104.2	100.3	104.0	106.1
宁　夏	100.7	100.7	100.1	100.1	97.4
新　疆	102.5	102.4	103.3	100.4	104.6

8-3 续表 7

地　区	2.住房保养维修及管理	(1)住房装潢材料	(2)物业管理费	(3)住房装潢维修	3.水电燃料
全国平均	**100.7**	**100.1**	**100.8**	**101.3**	**98.6**
北　京					
天　津					
河　北	102.2	100.6	100.0	103.1	97.6
山　西	99.7	98.9	101.3	100.1	101.0
内蒙古	99.7	99.6	100.2	99.7	100.7
辽　宁	100.0	99.7	100.4	100.2	98.2
吉　林	97.5	99.5	100.0	96.5	100.4
黑龙江	99.7	99.3	100.5	99.9	97.0
上　海					
江　苏	100.4	99.7	100.5	101.0	98.1
浙　江	101.3	100.5	101.8	102.3	98.0
安　徽	100.4	99.3	100.4	101.6	98.9
福　建	99.9	99.7	100.7	100.1	99.4
江　西	102.5	99.6	101.0	104.7	96.5
山　东	100.1	99.8	100.1	100.4	98.0
河　南	101.2	101.0	102.2	101.3	98.2
湖　北	101.4	100.4	100.5	102.8	97.3
湖　南	100.9	101.8	100.0	100.0	98.9
广　东	100.7	100.4	100.0	101.3	97.0
广　西	100.7	99.8	100.4	101.7	97.2
海　南	99.4	98.2	100.0	100.3	100.9
重　庆					
四　川	99.9	99.1	100.1	101.2	100.4
贵　州	99.9	98.6	100.0	103.4	100.8
云　南	100.5	100.0	100.0	101.5	97.8
西　藏	100.5	100.3	100.0	100.7	100.9
陕　西	100.0	99.5	100.0	100.8	100.9
甘　肃	100.6	100.3	100.7	100.9	99.7
青　海	100.3	97.7	116.8	100.0	100.4
宁　夏	99.2	98.7	100.0	100.0	101.2
新　疆	100.2	100.0	100.8	100.3	99.1

8-3 续表 8

地 区	(1)水	(2)电	(3)燃气	(4)取暖费	(5)其他燃料
全国平均	**104.4**	**99.9**	**94.2**	**99.6**	**97.9**
北 京					
天 津					
河 北	110.3	100.0	97.7	99.3	94.7
山 西	101.9	100.0	95.8	100.0	103.5
内蒙古	100.1	100.0	98.4	99.7	102.0
辽 宁	102.4	100.0	94.2	97.1	97.3
吉 林	166.4	100.0	95.5	99.5	97.9
黑龙江	100.0	100.0	96.3	97.2	93.9
上 海					
江 苏	101.8	100.0	93.2	100.0	99.6
浙 江	102.9	100.0	92.2	100.0	100.4
安 徽	108.1	100.0	92.3	100.0	102.5
福 建	101.1	100.0	97.1	100.0	101.0
江 西	100.7	100.0	89.6	100.0	96.2
山 东	102.5	100.3	93.1	98.5	97.3
河 南	104.4	100.0	93.5	100.0	97.0
湖 北	101.8	98.4	91.9	100.0	100.6
湖 南	105.0	99.7	99.0	100.0	95.4
广 东	101.2	100.0	90.1	100.0	98.3
广 西	102.4	100.0	90.6	100.0	101.4
海 南	123.8	100.0	94.4	100.0	104.2
重 庆					
四 川	103.5	100.0	100.0	100.0	98.2
贵 州	114.7	100.0	98.0	100.0	96.0
云 南	101.4	96.4	93.9	93.7	105.2
西 藏	100.6	101.7	100.0	100.0	101.4
陕 西	110.6	100.0	98.2	100.4	100.5
甘 肃	102.0	100.0	99.3	100.0	97.5
青 海	104.5	100.0	99.7	99.8	101.2
宁 夏	107.8	100.0	99.2	100.0	102.4
新 疆	105.4	100.0	96.9	99.2	94.5

8-3 续表 9

地 区	4.自有住房	四、生活用品及服务	1.家具及室内装饰品	(1)家具	(2)室内装饰品
全国平均	**101.6**	**100.2**	**100.5**	**100.6**	**99.9**
北 京					
天 津					
河 北	101.7	100.1	100.0	100.0	99.8
山 西	100.0	99.7	98.3	98.1	99.8
内蒙古	99.8	99.7	99.6	99.6	99.6
辽 宁	100.5	100.2	100.9	101.1	99.4
吉 林	99.8	100.8	102.2	102.5	100.0
黑龙江	99.7	100.9	99.8	99.7	100.6
上 海					
江 苏	101.1	101.0	100.9	101.0	100.9
浙 江	101.5	100.3	99.9	99.9	100.0
安 徽	99.9	99.8	99.8	99.9	99.4
福 建	100.3	100.2	100.8	101.0	99.7
江 西	102.4	100.2	101.4	101.5	100.7
山 东	102.7	100.3	100.4	100.5	99.8
河 南	102.3	99.9	101.2	101.3	100.6
湖 北	105.2	100.2	100.3	100.3	100.1
湖 南	101.5	99.3	100.7	100.7	101.0
广 东	102.5	100.3	101.9	101.9	101.7
广 西	101.6	99.6	100.2	100.3	98.4
海 南	100.2	101.2	102.7	102.9	100.8
重 庆					
四 川	100.7	100.1	100.1	100.3	99.0
贵 州	100.8	99.5	98.6	98.7	98.2
云 南	101.8	100.0	99.7	99.6	100.7
西 藏	100.2	101.6	103.1	103.4	100.1
陕 西	99.8	99.7	99.4	99.6	98.6
甘 肃	102.7	100.7	100.7	100.7	100.2
青 海	109.9	101.7	103.6	103.9	101.7
宁 夏	100.0	99.7	97.6	97.5	98.4
新 疆	101.2	100.7	101.4	101.9	98.2

8-3 续表 10

地　区	2.家用器具	(1)大型家用器具	(2)小家电	3.家用纺织品	(1)床上用品
全国平均	**99.2**	**99.1**	**99.7**	**100.1**	**100.1**
北　京					
天　津					
河　北	100.2	100.2	100.7	98.9	98.5
山　西	99.1	99.1	99.4	99.4	98.9
内蒙古	98.1	98.1	98.1	99.8	99.6
辽　宁	99.4	99.3	99.8	100.1	99.9
吉　林	100.8	100.8	100.3	100.6	100.7
黑龙江	98.5	98.3	99.9	100.5	100.6
上　海					
江　苏	100.6	100.5	101.6	100.3	99.9
浙　江	100.1	100.3	99.1	99.9	99.9
安　徽	98.8	98.6	99.8	99.4	99.2
福　建	99.0	98.8	99.9	100.0	100.0
江　西	99.0	98.8	100.0	100.7	100.6
山　东	99.4	99.4	99.6	101.8	102.2
河　南	97.4	97.2	99.7	99.5	99.4
湖　北	99.4	99.4	99.7	100.2	100.1
湖　南	99.1	99.1	99.6	99.7	100.0
广　东	98.8	98.9	98.2	100.3	100.2
广　西	97.9	97.8	98.0	98.7	98.3
海　南	97.5	97.4	98.2	100.7	100.5
重　庆					
四　川	98.3	97.9	99.6	100.6	100.8
贵　州	98.8	98.6	99.5	100.4	100.5
云　南	99.4	99.3	100.2	99.4	99.4
西　藏	101.0	100.8	102.0	101.0	100.8
陕　西	98.7	98.4	100.2	98.7	98.3
甘　肃	99.6	99.4	101.1	100.2	100.3
青　海	100.9	100.9	100.5	102.8	103.4
宁　夏	99.5	99.6	99.2	101.0	100.1
新　疆	98.9	98.7	99.7	100.7	100.2

8-3 续表 11

地 区	(2)窗帘门帘	(3)其他家用纺织品	4.家庭日用杂品	(1)洗涤卫生用品	(2)厨具餐具茶具
全国平均	**100.4**	**100.2**	**100.5**	**100.4**	**100.9**
北 京					
天 津					
河 北	100.5	99.5	100.0	99.8	100.7
山 西	101.4	99.6	101.1	100.2	104.4
内蒙古	100.3	99.9	100.2	99.9	101.5
辽 宁	101.0	100.3	100.2	100.0	100.0
吉 林	100.4	100.0	100.4	100.2	100.2
黑龙江	100.4	99.6	102.2	100.5	103.7
上 海					
江 苏	102.3	101.7	101.1	100.9	101.2
浙 江	99.6	99.7	100.3	100.0	99.9
安 徽	100.4	99.8	100.0	99.5	100.1
福 建	100.2	99.5	100.6	100.6	100.9
江 西	101.8	99.1	100.4	100.3	100.8
山 东	100.6	99.4	100.4	99.9	100.9
河 南	100.1	100.2	101.0	100.8	101.3
湖 北	100.9	99.8	100.1	100.8	100.0
湖 南	98.1	100.1	98.5	99.5	100.3
广 东	100.8	100.3	100.4	100.4	100.3
广 西	100.7	100.6	100.3	100.4	100.0
海 南	100.3	103.5	103.0	101.6	102.6
重 庆					
四 川	99.2	100.2	100.3	100.5	100.2
贵 州	100.4	99.8	100.3	100.6	99.5
云 南	100.8	96.9	100.7	101.3	99.7
西 藏	101.6	102.2	101.8	102.2	100.8
陕 西	99.6	99.3	100.6	100.2	101.3
甘 肃	99.5	101.2	100.9	100.8	100.9
青 海	102.1	100.5	100.9	100.1	100.6
宁 夏	103.8	100.9	99.5	98.3	100.7
新 疆	100.5	102.3	100.3	99.4	98.3

8-3 续表 12

地　区	(3)家用手工工具	(4)其他家庭日用杂品	5.个人护理用品	(1)化妆品	(2)其他护理用品类
全国平均	**100.6**	**100.3**	**100.5**	**100.6**	**100.3**
北　京					
天　津					
河　北	100.2	100.1	100.3	100.1	100.5
山　西	103.0	99.8	99.1	98.8	99.5
内蒙古	99.6	100.3	100.9	100.7	101.2
辽　宁	100.9	100.6	100.0	100.2	99.8
吉　林	99.5	101.0	100.9	101.9	99.5
黑龙江	99.3	104.2	100.3	100.0	100.6
上　海					
江　苏	101.3	101.4	101.2	101.3	101.0
浙　江	99.8	100.9	100.6	100.9	100.0
安　徽	101.3	100.8	101.0	101.1	100.8
福　建	100.1	100.5	100.8	101.1	100.4
江　西	100.3	100.2	100.1	99.8	100.3
山　东	100.8	100.7	99.9	100.2	99.6
河　南	100.2	101.7	100.8	101.1	100.4
湖　北	100.5	99.5	100.6	100.2	100.8
湖　南	101.2	96.9	98.7	100.2	98.4
广　东	100.3	100.5	100.4	100.5	100.3
广　西	99.8	100.6	100.8	100.4	101.0
海　南	101.9	106.4	102.1	104.0	101.5
重　庆					
四　川	100.3	99.9	100.1	100.2	100.1
贵　州	99.9	100.0	99.5	99.2	99.8
云　南	100.5	100.2	100.6	100.3	100.8
西　藏	102.3	101.6	100.3	100.4	100.3
陕　西	100.9	99.4	100.2	100.3	100.2
甘　肃	101.2	101.1	100.9	100.3	101.6
青　海	102.6	102.9	100.0	100.0	100.1
宁　夏	100.8	99.9	102.8	105.4	97.8
新　疆	100.2	101.6	100.4	100.6	100.2

8-3 续表 13

地 区	6.家庭服务	五、交通和通信	1.交通	(1)交通工具	(2)交通工具用燃料
全国平均	**103.4**	**98.9**	**98.7**	**98.2**	**96.1**
北 京					
天 津					
河 北	101.3	98.4	98.1	96.2	97.4
山 西	101.5	97.8	98.6	99.7	95.5
内蒙古	100.7	99.2	98.9	99.2	95.5
辽 宁	102.1	99.3	99.6	100.0	97.2
吉 林	100.1	98.4	98.1	98.1	95.2
黑龙江	106.1	102.0	103.1	99.9	95.2
上 海					
江 苏	104.8	99.1	98.6	98.9	95.6
浙 江	103.9	98.6	98.0	97.2	95.7
安 徽	103.5	98.3	98.7	97.6	95.7
福 建	103.0	99.5	99.4	99.8	97.7
江 西	103.5	98.5	98.9	99.4	95.5
山 东	102.6	99.6	98.9	98.4	98.4
河 南	103.4	98.9	98.8	97.3	95.9
湖 北	104.8	98.2	97.7	95.6	95.3
湖 南	101.5	98.5	98.3	97.9	95.3
广 东	102.1	98.7	98.2	98.4	95.7
广 西	102.0	99.2	99.1	99.9	95.6
海 南	104.5	98.9	97.9	96.1	97.6
重 庆					
四 川	111.0	98.2	97.9	96.8	95.6
贵 州	100.4	98.2	98.2	96.3	95.3
云 南	100.4	99.2	98.8	99.5	95.8
西 藏	103.5	99.4	99.3	100.0	97.5
陕 西	100.5	98.4	98.4	97.8	95.6
甘 肃	104.6	98.9	98.9	99.6	94.7
青 海	100.9	97.9	97.3	95.6	95.8
宁 夏	103.9	97.7	97.8	96.1	95.1
新 疆	107.8	99.7	99.9	99.6	94.7

8-3 续表 14

地　区	(3)交通工具使用和维修	(4)交通费	2.通信	(1)通信工具	(2)通信服务
全国平均	**101.5**	**101.5**	**99.3**	**96.9**	**100.1**
北　京					
天　津					
河　北	100.8	101.6	99.0	96.1	100.1
山　西	100.1	99.4	96.5	88.1	100.0
内蒙古	101.3	100.2	99.7	99.3	99.8
辽　宁	100.6	100.9	98.8	95.1	100.4
吉　林	100.3	100.1	99.1	97.7	100.0
黑龙江	107.8	110.1	100.1	100.4	100.0
上　海					
江　苏	102.5	100.5	99.9	100.1	99.8
浙　江	100.7	102.2	99.8	97.8	100.4
安　徽	104.4	101.0	97.8	95.6	98.3
福　建	99.7	100.3	99.7	97.9	100.2
江　西	101.6	101.2	97.8	88.3	100.4
山　东	100.0	101.9	100.8	104.4	99.9
河　南	103.3	101.3	99.1	96.5	100.4
湖　北	102.4	101.9	99.1	97.4	99.7
湖　南	100.6	101.2	99.0	94.7	100.4
广　东	100.6	100.1	99.6	97.6	100.0
广　西	100.7	102.6	99.2	96.1	100.1
海　南	101.2	101.3	100.5	102.9	99.8
重　庆					
四　川	99.7	100.6	98.8	94.8	100.1
贵　州	101.6	101.6	98.2	93.3	99.8
云　南	100.0	101.0	99.8	99.2	100.0
西　藏	104.2	98.2	99.6	98.7	100.0
陕　西	100.9	100.4	98.4	94.6	99.9
甘　肃	101.6	100.1	98.9	96.7	99.8
青　海	102.6	102.3	99.6	99.4	99.6
宁　夏	100.6	102.0	97.6	93.3	100.0
新　疆	104.9	101.8	99.3	96.2	99.9

8-3 续表 15

地　区	(3)邮递服务	六、教育文化和娱乐	1.教育	(1)教育用品	(2)教育服务
全国平均	**100.3**	**101.9**	**102.6**	**101.2**	**102.7**
北　京					
天　津					
河　北	100.0	102.5	103.1	100.3	103.2
山　西	98.4	100.9	101.2	101.6	101.2
内蒙古	99.9	100.1	100.4	100.1	100.5
辽　宁	99.6	103.7	104.7	101.1	104.8
吉　林	97.8	100.3	100.7	100.3	100.7
黑龙江	100.0	101.9	102.3	100.7	102.4
上　海					
江　苏	100.8	100.7	101.2	103.7	101.0
浙　江	100.4	101.7	102.0	100.6	102.0
安　徽	100.0	102.6	103.7	101.5	103.8
福　建	100.4	101.4	101.8	103.4	101.7
江　西	101.4	101.6	102.0	100.2	102.0
山　东	99.9	101.7	102.4	100.6	102.4
河　南	100.1	105.2	108.1	102.4	108.3
湖　北	99.7	101.9	102.5	101.1	102.6
湖　南	100.0	100.9	101.2	100.0	101.3
广　东	100.2	100.8	102.1	100.6	102.4
广　西	101.5	101.6	102.1	99.9	102.3
海　南	99.0	102.6	103.2	106.1	102.9
重　庆					
四　川	100.0	101.6	102.0	102.8	102.0
贵　州	99.4	100.9	101.2	101.0	101.2
云　南	100.0	101.1	102.4	100.3	102.6
西　藏	100.0	102.0	101.0	101.1	100.9
陕　西	100.1	100.3	101.2	102.0	101.0
甘　肃	100.0	100.1	100.3	100.2	100.3
青　海	100.1	100.9	102.1	103.2	102.1
宁　夏	100.9	102.6	104.0	99.8	104.2
新　疆	102.4	101.8	101.4	101.4	101.4

8-3 续表 16

地 区	2.文化娱乐	(1)文娱耐用消费品	(2)其他文娱用品	(3)文化娱乐服务	(4)旅游
全国平均	**100.0**	**97.5**	**100.8**	**100.7**	**102.9**
北 京					
天 津					
河 北	100.4	99.4	101.5	100.5	100.5
山 西	99.9	99.4	100.9	100.2	98.1
内蒙古	99.3	98.0	99.9	100.3	100.1
辽 宁	99.6	98.8	99.9	100.2	100.7
吉 林	98.9	98.2	100.2	100.4	97.1
黑龙江	99.7	100.8	100.4	102.0	88.9
上 海					
江 苏	99.3	95.9	100.5	100.6	101.5
浙 江	100.9	99.7	100.0	100.2	104.1
安 徽	99.2	97.0	101.3	100.3	100.7
福 建	100.3	98.9	101.0	100.8	101.3
江 西	100.1	96.8	100.8	101.1	103.6
山 东	99.9	97.7	101.0	100.0	101.9
河 南	99.4	96.8	101.0	100.0	104.6
湖 北	100.8	99.0	101.7	101.1	103.1
湖 南	100.4	99.0	100.0	101.3	103.6
广 东	98.4	94.5	100.3	100.3	100.7
广 西	100.4	98.1	100.0	100.1	104.1
海 南	101.2	97.7	102.6	107.6	97.2
重 庆					
四 川	101.1	96.0	100.9	101.0	105.8
贵 州	100.5	96.8	99.8	100.7	104.2
云 南	98.6	96.1	100.5	99.2	100.9
西 藏	103.0	99.9	102.8	105.1	105.2
陕 西	99.0	95.1	101.1	101.4	101.4
甘 肃	99.6	98.5	100.1	100.1	100.2
青 海	98.5	98.2	100.4	100.7	95.3
宁 夏	98.4	95.6	101.7	99.7	99.0
新 疆	102.7	98.0	100.5	100.8	112.4

8-3 续表 17

地 区	七、医疗保健	1.药品及医疗器具	(1)中药	(2)西药	(3)滋补保健品
全国平均	**102.5**	**104.0**	**103.7**	**104.5**	**104.4**
北 京					
天 津					
河 北	103.0	108.1	103.3	111.5	104.0
山 西	102.3	104.7	102.7	105.4	107.5
内蒙古	103.9	100.9	100.7	100.6	102.3
辽 宁	103.2	101.6	103.6	101.1	101.2
吉 林	107.2	105.2	103.7	106.5	106.9
黑龙江	105.4	108.0	107.2	108.9	104.0
上 海					
江 苏	102.6	102.8	102.1	101.3	109.6
浙 江	100.7	102.3	103.8	101.2	105.0
安 徽	102.1	105.7	104.5	106.9	104.8
福 建	101.1	102.9	101.9	103.8	101.7
江 西	101.2	102.6	104.8	103.1	100.2
山 东	101.1	101.4	101.5	101.5	101.7
河 南	102.4	106.3	103.1	106.9	109.6
湖 北	102.3	103.8	103.9	103.3	105.8
湖 南	101.8	103.7	101.3	105.2	102.4
广 东	101.2	104.9	106.9	105.0	102.5
广 西	104.9	102.5	103.2	103.0	100.4
海 南	108.0	115.2	131.8	109.9	117.1
重 庆					
四 川	101.2	102.8	104.0	103.2	100.5
贵 州	99.7	98.1	100.7	97.2	97.4
云 南	103.3	104.8	103.1	105.3	107.4
西 藏	101.1	104.0	108.5	102.7	100.1
陕 西	103.1	106.2	104.8	108.1	103.0
甘 肃	100.4	101.2	101.0	101.3	100.8
青 海	102.0	104.8	103.1	105.4	103.5
宁 夏	104.2	100.2	98.9	100.6	106.2
新 疆	104.1	102.4	101.8	102.7	100.9

8-3 续表 18

地　区	(4)医疗卫生器具	(5)保健器具	2.医疗服务	(1)综合医疗类	(2)诊断类
全国平均	**101.4**	**100.4**	**101.7**	**104.1**	**100.2**
北　京					
天　津					
河　北	101.8	100.4	100.6	101.6	99.6
山　西	100.7	100.4	101.1	103.0	98.4
内蒙古	101.6	100.2	105.3	107.3	99.5
辽　宁	100.5	98.7	104.0	106.3	101.1
吉　林	100.2	100.7	108.3	119.4	103.0
黑龙江	105.4	100.0	104.0	111.0	99.0
上　海					
江　苏	100.4	101.8	102.5	104.8	101.3
浙　江	101.2	99.5	100.1	100.2	100.2
安　徽	102.2	99.6	100.9	105.6	99.8
福　建	101.2	100.7	100.6	101.1	100.3
江　西	99.2	99.1	100.8	100.9	99.7
山　东	99.9	100.0	100.9	103.9	99.2
河　南	102.4	102.1	100.4	100.2	100.5
湖　北	100.9	104.3	101.6	104.1	98.9
湖　南	99.3	98.0	100.9	105.5	99.9
广　东	101.8	100.0	99.1	100.7	99.9
广　西	101.4	101.2	106.1	109.5	103.5
海　南	106.8	100.4	103.2	104.7	102.9
重　庆					
四　川	100.3	100.1	100.2	100.2	100.0
贵　州	98.4	98.8	100.8	104.8	99.5
云　南	103.3	101.1	102.2	110.6	97.8
西　藏	105.5	100.7	99.6	100.1	100.9
陕　西	101.9	98.8	100.4	100.4	101.0
甘　肃	101.5	100.0	99.9	100.2	99.1
青　海	102.8	100.5	100.6	103.5	99.0
宁　夏	97.9	101.4	107.8	114.7	98.2
新　疆	103.7	99.7	104.9	105.3	101.1

8-3 续表 19

地　区	(3)治疗类	(4)康复类	(5)中医医疗服务类	(6)其他医疗服务	八、其他用品和服务
全国平均	**101.8**	**101.8**	**101.8**	**101.9**	**102.2**
北　京					
天　津					
河　北	100.6	100.4	101.2	102.2	102.6
山　西	102.5	102.4	102.6	102.9	101.6
内蒙古	111.5	101.5	103.1	100.0	102.0
辽　宁	106.8	100.0	100.0	103.3	102.0
吉　林	106.1	100.0	105.0	100.0	101.1
黑龙江	104.9	100.0	108.5	100.0	102.0
上　海					
江　苏	102.5	103.2	102.9	104.6	102.5
浙　江	100.0	100.0	100.0	100.0	102.8
安　徽	99.4	100.0	100.0	99.3	102.3
福　建	100.4	100.0	102.1	101.6	102.2
江　西	101.9	100.0	100.0	100.0	103.6
山　东	101.2	102.7	100.0	100.0	101.5
河　南	100.6	101.0	100.4	100.5	103.9
湖　北	102.4	101.7	101.3	103.8	101.5
湖　南	97.4	103.3	102.2	100.0	100.7
广　东	98.4	100.0	97.3	97.5	102.4
广　西	107.6	102.5	109.3	100.0	101.2
海　南	103.0	105.2	104.2	100.0	101.1
重　庆					
四　川	100.1	100.2	100.8	100.5	102.2
贵　州	101.7	100.0	105.9	93.4	100.2
云　南	103.8	107.8	105.4	110.7	100.2
西　藏	95.6	100.0	100.1	100.0	103.0
陕　西	100.1	100.0	100.0	99.9	102.5
甘　肃	100.0	99.8	101.8	100.0	101.6
青　海	100.4	106.9	101.5	100.0	103.4
宁　夏	104.7	105.1	102.2	158.6	105.2
新　疆	105.7	106.1	103.4	102.6	102.6

8-3 续表 20

地 区	1.其他用品类	(1)首饰手表	(2)其他杂项用品	2.其他服务类	(1)旅馆住宿
全国平均	**102.1**	**103.9**	**100.2**	**102.3**	**102.0**
北 京					
天 津					
河 北	101.9	103.2	100.6	103.2	100.9
山 西	100.6	101.0	100.2	102.4	98.3
内蒙古	102.9	106.5	100.0	101.3	101.9
辽 宁	103.2	106.2	100.2	101.1	105.6
吉 林	101.5	101.8	101.2	100.9	100.7
黑龙江	103.8	106.0	100.0	101.0	99.9
上 海					
江 苏	102.4	104.7	99.9	102.7	99.8
浙 江	102.3	104.2	99.4	103.2	101.0
安 徽	102.2	104.4	100.1	102.4	99.8
福 建	102.8	105.7	100.2	101.7	101.3
江 西	103.3	106.2	99.9	104.0	103.9
山 东	101.4	102.3	100.4	101.6	99.1
河 南	104.6	106.8	100.4	103.0	102.6
湖 北	101.2	102.1	100.6	101.7	101.9
湖 南	100.7	102.4	99.8	100.8	103.3
广 东	102.6	103.6	100.3	102.1	102.4
广 西	99.6	99.9	99.5	102.3	99.9
海 南	101.3	100.7	101.7	101.0	98.7
重 庆					
四 川	101.3	102.5	99.8	103.0	101.2
贵 州	99.6	101.6	98.8	100.7	98.3
云 南	99.9	99.2	100.5	101.8	103.6
西 藏	101.2	101.8	100.2	105.0	107.9
陕 西	103.4	105.5	100.0	101.3	102.3
甘 肃	101.0	103.1	99.6	102.2	103.4
青 海	105.2	108.4	100.5	101.3	101.2
宁 夏	103.5	104.9	100.2	107.0	100.5
新 疆	101.3	102.3	99.8	103.9	114.6

8-3 续表 21

地 区	(2)美容美发洗浴	(3)养老服务	(4)金融保险	(5)其他服务类
全国平均	**104.6**	**101.0**	**101.5**	**100.7**
北 京				
天 津				
河 北	104.1	100.2	103.8	100.5
山 西	104.6	100.0	102.5	100.0
内蒙古	108.1	99.8	100.0	100.5
辽 宁	103.2	100.1	100.2	100.0
吉 林	101.1	100.5	101.0	100.0
黑龙江	103.8	100.1	100.0	100.1
上 海				
江 苏	104.6	102.6	100.3	102.2
浙 江	106.9	100.0	101.2	101.8
安 徽	106.0	101.2	100.0	100.8
福 建	103.5	101.4	100.0	100.8
江 西	108.5	101.8	100.7	100.0
山 东	102.3	101.5	101.5	100.0
河 南	108.3	101.8	100.1	100.5
湖 北	104.6	102.6	100.0	100.6
湖 南	101.6	100.0	99.8	100.0
广 东	107.4	100.0	100.0	99.9
广 西	103.7	100.0	103.7	100.0
海 南	99.1	100.0	103.5	100.0
重 庆				
四 川	102.6	100.5	105.4	100.2
贵 州	101.8	100.2	100.7	100.9
云 南	102.2	100.0	100.4	108.1
西 藏	110.0	100.0	100.0	103.0
陕 西	102.4	101.0	100.9	99.9
甘 肃	104.6	100.0	101.8	98.3
青 海	104.8	100.6	100.3	101.7
宁 夏	100.5	128.1	108.9	114.6
新 疆	102.1	100.7	99.7	101.9

8-4 各地区农业生产资料价格分类指数

(上年价格=100)

地　　区	农业生产资料价格指数	一、农用手工工具	二、饲料	三、仔畜幼禽及产品畜	四、半机械化农具
全国平均	**100.1**	**101.0**	**95.5**	**126.9**	**99.5**
北　　京					
天　　津					
河　　北	100.0	99.9	96.0	133.5	100.3
山　　西	99.8	102.9	90.8	134.9	97.5
内 蒙 古	96.4	99.4	84.7	114.5	98.6
辽　　宁	100.4	100.1	97.5	131.2	99.4
吉　　林	97.4	98.2	90.9	127.8	99.7
黑 龙 江	100.0	100.6	100.0	112.2	97.8
上　　海					
江　　苏	99.9	100.1	95.1	129.3	100.5
浙　　江	99.5	100.6	94.1	116.8	99.8
安　　徽	99.4	103.7	94.5	132.3	99.7
福　　建	100.2	100.3	96.9	120.7	99.8
江　　西	101.3	100.0	101.2	125.2	100.3
山　　东	98.9	100.1	90.9	131.4	98.4
河　　南	100.8	104.3	98.2	151.6	101.1
湖　　北	100.3	101.2	98.6	119.7	100.0
湖　　南	101.7	106.2	100.3	121.9	99.7
广　　东	102.0	103.3	99.3	126.2	100.8
广　　西	100.7	100.4	94.1	138.7	99.9
海　　南	100.1	108.0	94.9	107.2	99.8
重　　庆					
四　　川	103.7	100.1	95.2	139.1	98.5
贵　　州	103.0	99.7	99.0	125.1	100.2
云　　南	102.8	100.0	96.8	127.1	99.9
西　　藏	100.4	100.7	100.2	101.5	100.3
陕　　西	99.7	97.5	91.3	134.2	98.4
甘　　肃	99.9	101.0	98.5	114.9	99.4
青　　海	101.5	100.1	95.1	123.1	100.0
宁　　夏	98.3	100.0	89.7	108.8	100.0
新　　疆	98.2	100.5	95.0	109.8	99.5

8-4 续表 1

地区	五、机械化农具	六、化学肥料	七、农药及农药器械	1.化学农药	2.农药器械
全国平均	**100.0**	**96.9**	**99.9**	**100.0**	**99.8**
北京					
天津					
河北	100.6	98.3	98.6	98.6	98.9
山西	98.1	99.2	99.6	99.4	100.4
内蒙古	99.2	96.4	97.2	96.1	102.9
辽宁	99.6	95.8	99.4	99.3	99.9
吉林	102.8	91.3	99.2	99.6	97.4
黑龙江	100.3	97.9	99.9	99.9	100.0
上海					
江苏	100.0	96.0	100.4	100.3	101.1
浙江	100.1	98.1	100.8	100.8	100.3
安徽	101.9	94.8	98.9	99.0	98.7
福建	100.3	98.7	99.1	99.1	98.8
江西	100.0	97.8	98.3	98.3	98.5
山东	99.3	96.1	100.7	100.8	99.9
河南	99.5	95.7	99.1	99.1	100.0
湖北	99.7	96.6	100.3	100.5	98.1
湖南	98.8	101.2	100.2	100.3	98.5
广东	98.9	99.6	100.9	100.6	102.3
广西	100.0	98.2	99.5	99.7	98.3
海南	103.2	99.0	104.7	105.1	98.7
重庆					
四川	98.1	98.8	100.0	100.0	100.2
贵州	99.4	99.4	98.5	98.5	98.2
云南	99.9	98.6	101.8	102.2	99.5
西藏	100.1	99.6	100.4	100.3	101.8
陕西	97.9	96.0	100.2	100.2	99.9
甘肃	99.7	95.8	99.9	99.9	100.2
青海	99.8	98.5	100.7	100.7	101.6
宁夏	99.6	96.2	100.0	100.0	100.0
新疆	99.7	92.2	101.6	100.9	104.2

8-4 续表 2

地　　区	八、农用机油	九、其他农用生产资料	十、农业生产服务
全国平均	**96.6**	**99.9**	**101.5**
北　　京			
天　　津			
河　　北	98.4	99.4	100.3
山　　西	96.7	101.0	101.4
内 蒙 古	95.3	96.8	101.2
辽　　宁	98.5	101.6	99.8
吉　　林	95.1	97.9	100.6
黑 龙 江	96.0	100.0	99.8
上　　海			
江　　苏	94.6	100.9	102.8
浙　　江	99.2	102.2	102.3
安　　徽	95.3	100.1	102.4
福　　建	98.0	99.8	101.5
江　　西	97.5	98.4	102.0
山　　东	100.3	101.6	103.0
河　　南	95.2	98.3	101.5
湖　　北	95.4	100.0	103.7
湖　　南	96.8	99.4	102.3
广　　东	96.6	101.2	101.0
广　　西	95.7	99.0	102.0
海　　南	97.4	99.7	105.3
重　　庆			
四　　川	96.2	100.9	102.5
贵　　州	97.7	99.3	104.7
云　　南	97.4	100.6	102.2
西　　藏	98.3	100.0	101.8
陕　　西	96.0	101.3	102.2
甘　　肃	94.5	100.1	101.8
青　　海	96.2	101.4	100.4
宁　　夏	98.5	99.7	100.1
新　　疆	95.4	99.4	100.8

8-5 农产品生产者价格指数

(上年=100)

指　　标	2012年	2013年	2014年	2015年	2016年
农产品生产者价格总指数	**102.7**	**103.2**	**99.8**	**101.7**	**103.4**
种植业产品	**104.8**	**104.3**	**101.8**	**99.2**	**97.0**
谷物	104.8	103.1	102.7	98.7	92.2
小麦	102.9	106.7	105.1	99.2	94.1
稻谷	104.1	102.2	102.2	101.6	98.8
玉米	106.6	100.2	101.7	96.5	86.8
豆类	103.0	105.7	102.4	98.9	97.9
油料	105.2	102.4	99.9	100.8	101.1
棉花	98.1	103.9	87.1	87.5	118.4
糖料	105.0	98.9	99.7	98.8	106.5
蔬菜	109.9	106.9	98.5	104.6	107.0
水果	103.9	106.2	106.4	99.7	92.5
林业产品	**101.2**	**99.1**	**99.4**	**97.9**	**96.1**
牧业产品	**99.7**	**102.4**	**97.1**	**104.2**	**110.4**
猪(毛重)	95.9	99.3	92.2	108.9	119.4
牛(毛重)	116.8	113.1	104.4	99.1	98.7
羊(毛重)	107.8	109.1	100.8	89.4	93.6
家禽(毛重)	103.8	103.2	104.4	101.3	99.6
蛋类	100.5	105.8	105.7	96.9	94.3
奶类	103.9	111.0	107.9	92.2	96.2
渔业产品	**106.2**	**104.3**	**103.1**	**102.5**	**103.4**
海水养殖产品	101.0	100.7	101.9	101.0	104.1
海水捕捞产品	110.9	107.7	103.1	106.0	106.2
淡水养殖产品	106.8	104.7	103.8	102.1	102.0
淡水捕捞产品	107.2	103.5	101.5		

8-6 各地区农产品生产者价格指数

(上年=100)

地 区	总指数	一、种植业产品	二、林业产品	三、畜牧业产品	四、渔业产品
全国平均	**103.4**	**97.0**	**96.1**	**110.4**	**103.4**
北 京	99.7	94.7		104.7	99.0
天 津	103.0	98.0		109.0	106.1
河 北	96.8	92.7	96.3	103.3	99.5
山 西	95.2	91.2	84.9	102.1	101.7
内 蒙 古	95.1	91.4	91.8	98.9	99.8
辽 宁	100.7	94.3	95.6	108.8	99.9
吉 林	93.1	87.5	98.3	109.8	98.6
黑 龙 江	93.6	90.0	85.3	112.4	104.2
上 海	106.6	105.3	104.4	110.1	106.4
江 苏	104.0	99.2	98.5	108.8	106.7
浙 江	104.5	101.5	101.7	110.2	105.8
安 徽	101.0	97.6	94.9	109.4	101.3
福 建	108.3	108.8	95.7	115.7	107.3
江 西	104.1	99.1	97.9	113.6	103.2
山 东	102.8	98.5	98.7	109.7	103.3
河 南	103.2	96.4	102.9	114.0	99.3
湖 北	106.2	100.9	99.6	117.5	106.9
湖 南	104.7	96.2	93.0	115.9	103.1
广 东	106.5	107.9	98.4	109.2	104.2
广 西	106.1	103.2	95.1	115.7	103.6
海 南	106.7	113.3	101.6	108.1	104.9
重 庆	109.8	104.4	107.3	114.8	104.2
四 川	105.6	101.3	99.0	109.8	101.4
贵 州	108.7	101.9	102.1	114.3	101.0
云 南	103.9	101.1	87.3	110.2	102.5
西 藏					
陕 西	98.0	94.8	71.0	106.1	97.4
甘 肃	99.2	97.1		103.7	99.5
青 海	104.5	99.9		106.7	99.5
宁 夏	98.7	96.4		101.3	97.1
新 疆	107.6	110.7	89.9	100.7	91.6

8-7 各地区主要农产品分品种生产者价格指数

(上年=100)

地区	一、种植业产品	谷物	小麦	稻谷	玉米	豆类
全国平均	**97.0**	**92.2**	**94.1**	**98.8**	**86.8**	**97.9**
北京	94.7	85.3	99.2		81.4	
天津	98.0	79.9	88.0		76.4	
河北	92.7	90.6	96.6		80.4	98.9
山西	91.2	85.7	97.5		84.0	101.6
内蒙古	91.4	87.1	94.7	100.3	85.7	98.3
辽宁	94.3	90.0		102.7	83.7	95.6
吉林	87.5	86.0		97.1	82.4	97.5
黑龙江	90.0	88.1	101.1	97.6	81.6	92.1
上海	105.3	98.4	87.4	100.3		
江苏	99.2	92.8	82.5	99.3	90.8	89.3
浙江	101.5	97.8		97.7	99.4	99.4
安徽	97.6	95.1	91.4	99.3	85.7	95.4
福建	108.8	98.8		98.8		
江西	99.1	95.4		95.4		95.7
山东	98.5	89.9	98.6	102.7	82.3	91.8
河南	96.4	91.4	95.6	100.7	81.2	92.3
湖北	100.9	96.4	90.6	97.9	94.2	109.5
湖南	96.2	96.2		96.7	85.7	108.4
广东	107.9	98.7		98.7		104.5
广西	103.2	95.3		98.2	86.5	100.0
海南	113.3	98.0		98.0	98.2	102.2
重庆	104.4	99.8		103.8	92.0	
四川	101.3	98.7	93.8	101.7	91.1	97.1
贵州	101.9	97.2	100.0	102.0	90.4	98.7
云南	101.1	96.1	102.9	99.7	87.5	102.6
西藏						
陕西	94.8	85.0	90.0	96.7	83.9	104.0
甘肃	97.1	89.7	89.6		84.9	104.0
青海	99.9	97.7	94.0		86.0	93.2
宁夏	96.4	90.9	95.4	94.1	86.8	
新疆	110.7	91.2	93.2	100.0	87.5	

8-7 续表 1

地 区		薯类	油料			棉花	糖料
	大豆			花生	油菜籽		
全国平均	**97.6**	**105.7**	**101.1**	**101.7**	**100.4**	**118.4**	**106.5**
北 京							
天 津		50.0				116.5	
河 北	98.6	106.1	99.8	99.8		80.2	
山 西	101.6	117.8					
内蒙古	98.3	107.8	95.5		100.2		99.1
辽 宁	95.6	92.4	94.9	94.9			
吉 林	89.9	100.9	88.7	88.2			
黑龙江	92.1	95.2	96.3				
上 海			111.5		111.5		
江 苏	89.3	102.5	97.4	104.4	95.9	123.9	
浙 江	100.3	115.4	114.1	109.5	118.9		
安 徽	95.3	106.3	98.4	99.7	98.4	104.9	
福 建		106.8	100.5	100.5			
江 西	95.5	104.4	107.0	111.0	94.9	104.9	
山 东	91.8	97.2	102.7	102.7		92.7	
河 南	92.3	111.7	102.0	107.1	100.0	97.0	
湖 北	109.5	115.9	104.1	96.7	107.9	103.0	
湖 南	108.4	124.8	102.9		100.1	91.5	
广 东	104.5	108.6	102.9	102.9			110.2
广 西	100.0	109.6	102.0	102.0			106.9
海 南	104.5	114.6	101.3	101.3			107.0
重 庆		97.8	98.1		98.1		
四 川	95.0	110.1	101.4	100.4	101.9		99.5
贵 州	98.6	107.8	105.7	107.4	105.5		100.0
云 南	100.6	103.8	103.0		103.0		101.6
西 藏							
陕 西	105.7	106.4	98.8	102.2	95.4	114.5	
甘 肃	88.1	110.5	91.5		87.7		102.4
青 海		110.4	94.0		94.0		
宁 夏		147.6	85.3				
新 疆		54.7	98.7			125.4	97.6

8-7 续表 2

地 区	麻类	烟叶	蔬菜	水果	茶叶
全国平均	**100.0**	**95.0**	**107.0**	**92.5**	**99.4**
北 京			102.5	85.8	
天 津			102.1	107.5	
河 北			106.5	79.5	
山 西			103.5	85.1	
内蒙古			102.6	82.2	
辽 宁		110.1	105.8	103.4	
吉 林		84.9	97.1	82.4	
黑龙江			96.2	104.9	
上 海			107.6	111.8	
江 苏			105.1	104.2	106.3
浙 江			105.3	101.2	100.6
安 徽		94.9	106.2	100.1	96.7
福 建		103.6	111.7	127.8	97.6
江 西	108.7	102.7	108.7	99.4	97.1
山 东		87.1	111.5	93.2	90.7
河 南		96.7	112.7	98.2	85.2
湖 北	97.7	100.3	106.5	109.3	90.7
湖 南		103.8	101.6	82.1	99.6
广 东		101.6	115.0	110.5	105.5
广 西	106.0	103.6	101.7	103.9	98.7
海 南			114.8	107.8	
重 庆	99.0	101.5	110.7	102.1	100.8
四 川	95.4	100.8	107.0	99.7	104.4
贵 州		103.5	100.8	108.8	105.0
云 南		96.0	106.7	102.3	96.5
西 藏					
陕 西		90.8	101.6	96.1	103.4
甘 肃			108.0	82.3	
青 海			101.2		
宁 夏			99.4	92.0	
新 疆	98.1		111.8	100.9	

8-7 续表 3

地　区	二、林产品	三、畜产品	#猪	#家禽	#蛋类	#奶类
全国平均	**96.1**	**110.4**	**119.4**	**99.6**	**94.3**	**96.2**
北　京		104.7	121.0	98.4	96.2	93.1
天　津		109.0	124.0	102.7	94.7	95.6
河　北	96.3	103.3	128.1	100.3	85.8	95.3
山　西	84.9	102.1	117.8	93.7	93.1	93.7
内蒙古	91.8	98.9	116.3	100.7	94.5	93.6
辽　宁	95.6	108.8	122.4	94.2	99.3	99.0
吉　林	98.3	109.8	123.8	95.7	94.6	93.6
黑龙江	85.3	112.4	120.5	111.9	91.8	101.1
上　海	104.4	110.1	121.0	102.1	96.1	94.7
江　苏	98.5	108.8	117.1	100.0	97.3	96.1
浙　江	101.7	110.2	114.3	97.8	96.1	93.7
安　徽	94.9	109.4	120.7	97.6	93.9	
福　建	95.7	115.7	123.5	102.0	97.3	
江　西	97.9	113.6	117.7	99.5	93.5	
山　东	98.7	109.7	126.7	97.9	90.8	93.1
河　南	102.9	114.0	123.4	101.8	92.3	97.7
湖　北	99.6	117.5	124.2	95.6	95.5	94.7
湖　南	93.0	115.9	121.6	103.6	89.4	
广　东	98.4	109.2	121.5	99.5	96.2	
广　西	95.1	115.7	121.5	98.6	92.2	
海　南	101.6	108.1	115.3	98.3	95.3	
重　庆	107.3	114.8	122.3	100.6	100.3	
四　川	99.0	109.8	121.4	96.0	97.2	99.7
贵　州	102.1	114.3	115.9	102.0	100.6	
云　南	87.3	110.2	110.9	104.7	109.1	97.4
西　藏						
陕　西	71.0	106.1	115.1	100.1	95.8	95.5
甘　肃		103.7	112.4	98.2	89.4	99.7
青　海		106.7	114.8	94.5	92.1	95.2
宁　夏		101.3	123.8	102.6	93.6	97.7
新　疆	89.9	100.7	123.1	99.9	95.0	93.2

8-7 续表 4

地区	四、渔业产品	海水养殖产品	海水捕捞产品	淡水养殖产品
全国平均	**103.4**	**104.1**	**106.2**	**102.0**
北京	99.0			99.0
天津	106.1	135.3		102.4
河北	99.5			99.5
山西	101.7			101.7
内蒙古	99.8			99.8
辽宁	99.9	101.6		96.6
吉林	98.6			98.6
黑龙江	104.2			104.2
上海	106.4		114.8	102.6
江苏	106.7	102.1	110.1	106.0
浙江	105.8	103.9	109.4	100.1
安徽	101.3			101.3
福建	107.3	110.1	107.8	97.1
江西	103.2			103.2
山东	103.3	99.3	107.6	104.0
河南	99.3			99.3
湖北	106.9			107.0
湖南	103.1			103.1
广东	104.2	105.4	104.0	101.8
广西	103.6	110.0	101.8	97.8
海南	104.9	103.6	108.8	98.5
重庆	104.2			104.2
四川	101.4			101.4
贵州	101.0			101.0
云南	102.5			102.5
西藏				
陕西	97.4			97.4
甘肃	99.5			99.5
青海	99.5			99.5
宁夏	97.1			97.1
新疆	91.6			91.6

8-8 主要农产品集贸市场价格指数

(以上年为100)

品　　种	2001年	2010年	2015年	2016年
籼　　稻	104.70	109.85	101.45	98.93
粳　　稻	102.89	119.53	101.58	98.75
小　　麦	107.09	107.86	98.05	96.83
玉　　米	122.78	117.80	96.76	87.03
大　　豆	96.36	107.17	98.25	97.25
棉花(籽棉)	106.65	138.16	85.07	100.29
花 生 仁		127.90	108.28	101.55
油 菜 籽		102.93	97.38	95.00
活　　猪	105.31	101.86	113.43	121.26
仔　　猪	106.81	92.84	117.04	146.93
猪　　肉	105.27	101.97	110.15	116.92
牛　　肉	102.62	103.50	100.73	99.73
羊　　肉	100.14	108.94	94.77	93.61
活　　鸡		105.51	102.92	99.63
鸡　　蛋	104.27	110.14	91.23	93.63
草　　鱼	99.83	105.54	95.46	98.44
鲤　　鱼	97.31	105.18	104.68	96.33
带　　鱼		116.18	101.81	103.85
大 白 菜		132.77	114.54	109.62
黄　　瓜		110.95	106.42	101.56
西 红 柿		114.33	103.35	103.96
红富士苹果		116.18	102.67	88.35
香　　蕉		109.39	81.90	97.75

9

农产品进出口

9-1 海关出口主要农产品数量

单位：万头、万吨

年 份	活猪	大米	棉花(原棉)	蔬菜	水果	水产品
1980	316	109	1.0	34	24	11
1981	318	59		47	20	12
1982	324	47		51	21	10
1983	321	58	6.0	54	20	11
1984	308	116	19.0	52	17	12
1985	296	101	35.0	51	21	12
1986	310	95	56.0	64	22	17
1987	302	102	75.0	64	24	22
1988	303	70	47.0	77	30	29
1989	297	32	27.0	82	25	29
1990	300	33	17.0	98	23	36
1991	285	69	20.0	104	16	38
1992	290	95	14.0	138	15	44
1993	272	143	15.0	137	32	48
1994	270	152	11.0	154	39	57
1995	253	5	2.0	158	40	61
1996	240	26	0.4	167	56	64
1997	227	94	0.1	167	68	72
1998	219	375	4.5	201	66	79
1999	196	271	23.6	225	73	109
2000	203	295	29.2	245	82	120
2001	196	186	5.2	298	81	154
2002	188	199	15.0	360	113	163
2003	188	262	11.2	432	146	158
2004	197	91	0.9	470	175	177
2005	176	69	0.5	520	200	176
2006	172	124	1.3	568	198	194
2007	161	134	2.1	622	240	183
2008	164	97	1.6	624	285	175
2009	169	79	0.8	636	330	209
2010	172	62	0.6	655	300	243
2011	156	52	2.6	772	289	288
2012	164	28	1.8	741	304	368
2013	168	48	0.7	778	298	384
2014	173	42	1.3	803	272	403
2015	169	28.7	2.9	833	287	391
2016	155	40	0.8	827	347	409

注：1. 水果1996年及以后为干、鲜水果及坚果数据。
2. 9-1至9-6数据来源于海关统计。

9-2 海关进口主要农产品数量

单位：万吨

年 份	小麦	玉米	大豆	棉花(原棉)	食用植物油
1980	1057	163.8	57	89	9
1981	1300	67.6	57	80	4
1982	1380	156.9	36	47	6
1983	1111	211.0	…	23	4
1984	987	5.5	…	4	1
1985	541	9.1	0	…	4
1986	611	58.8	29	…	20
1987	1320	154.2	27	1	51
1988	1455	10.9	15	3	21
1989	1488	6.8	0	52	106
1990	1253	36.9	0	42	112
1991	1237	0.1	0	37	61
1992	1058	…	12	28	42
1993	642	…	10	1	24
1994	730	0.1	5	50	163
1995	1159	518.1	29	74	213
1996	825	44.1	111	65	263
1997	186	…	280	75	275
1998	149	25.1	320	20	206
1999	45	7.0	432	5	208
2000	88	…	1042	5	179
2001	69	…	1394	6	165
2002	63	1.0	1131	18	319
2003	45	…	2074	87	541
2004	726	…	2023	191	676
2005	354	…	2659	257	621
2006	61	7	2824	364	669
2007	10	4	3082	246	838
2008	4.3	5	3744	211	816
2009	90.4	8	4255	153	816
2010	123	157	5480	284	687
2011	125.8	175.3	5264	336	657
2012	370	520.8	5838	513	845
2013	554	326.6	6338	415	810
2014	300	260	7140	244	650
2015	301	473	8169	147	676
2016	341	317	8391	90	553

9-3 海关出口农副产品及加工品数量

指　　标	单位	1995年	2000年	2015年	2016年	2016年为2015年百分比(%)
活猪	万头	253	203	169	155	91.6
活家禽	万只	5263	4890	433	440	101.8
鲜、冻牛肉	万吨	2	2	0.5	2.6	88.1
鲜、冻猪肉	万吨	15	5	7.1	16.7	67.9
冻鸡	万吨	24.9	35.7	13.1	15.2	88.2
鲜蛋	百万个	358	757	1207	1303	108.0
水产品	万吨	61	120	391	409	104.6
谷物及谷物粉	万吨	64	1378	48	58	121.5
其中：稻谷和大米	万吨	5	295	28.7	39.5	137.5
玉米	万吨	11	1047	1.1	0.4	36.6
棉花(原棉)	万吨	2.2	29.2	2.9	0.8	26.8
蔬菜	万吨	158	245	833	827	99.3
鲜、干水果及坚果	万吨	49	82	287	347	102.3
其中：橘、橙	万吨	13.2	19.1	75.1	72.2	96.1
鲜苹果	万吨	10.9	29.8	83.3	132.2	158.7
食糖	万吨	48	41.4	7.5	20.1	105.7
天然蜂蜜	万吨	8.7	10.3	14.5	12.8	88.7
茶叶	万吨	16.7	22.8	32.5	32.9	101.2
辣椒干	万吨	3.6	5.4	5.1	8.0	155.2
猪肉罐头	万吨	6.4	3.8	4.2	3.9	92.7
蘑菇罐头	万吨	19.0	20.4	23.7	23.6	99.9
烤烟	万吨	5.7	9.4	10.1	12.0	118.8
生丝	万吨	1.3	1.3	0.7	0.7	103.5
山羊绒	吨	1829	3123	2596	2995	115.4
肠衣	吨	44971	52316	94249	96537	102.4
填充用羽毛羽绒	吨	23345	36882	39275	43677	111.2
药材	万吨	13.7	17.6	18.4	15.2	82.4
食用油籽	万吨	121	76	54	57	104.9
其中：大豆	万吨	38	21	13	13	95.2
花生和花生仁	万吨	39	40	13	12	94.8
食用植物油	万吨	51	11.2	13.5	11.4	84.0

注：1. 1995年鲜、干水果及坚果仅包括鲜、干水果。
　　2. 本表数据来源于《海关统计月刊》。

9-4 海关出口农副产品及加工品金额

单位：万美元

指　　标	2015年	2016年
活猪	48165	51303
活家禽	1566	1532
鲜、冻牛肉	4451	4026
鲜、冻猪肉	32021	25357
冻鸡	27087	23134
鲜蛋	12056	11878
水产品	1952163	1999553
谷物及谷物粉	39485	46135
其中：稻谷和大米	26789	35107
玉米	490	266
棉花(原棉)	4888	1525
蔬菜	1067773	1229524
鲜、干水果及坚果	489825	520922
#橘、橙	107139	103588
鲜苹果	103233	145293
食糖	4653	8318
天然蜂蜜	28789	27656
茶叶	137931	148488
辣椒干	11129	15669
猪肉罐头	12972	12168
烤烟	44623	47177
生丝	31716	31568
山羊绒	20996	19700
肠衣	101078	107292
填充用羽毛羽绒	51269	43147
药材	130010	123807
食用油籽	81442	78208
其中：大豆	12449	10843
花生和花生仁	21383	19118
食用植物油	18373	15259

注：鲜、干水果及坚果1995年为水果数据。

9-5 海关进口农副产品及加工品数量

指　标	单位	1990年	1995年	2000年	2015年	2016年	2016年为2015年百分比(%)
冻鱼	万吨			89	189	193	102.5
鲜、干水果及坚果	万吨				430	397	92.4
其中：香蕉	万吨			59	107	89	82.6
谷物及谷物粉	万吨			315	3270	2199	67.2
其中：玉米	万吨				473	317	67.0
小麦	万吨	1253	1159	88	301	341	113.5
#小麦粉	万吨				3	4	109.4
大麦	万吨	65	127	197	1073	500	46.6
稻谷和大米	万吨			24	338	356	105.5
大豆	万吨	…	29	1042	8169	8391	102.7
食用植物油	万吨	112	213	179	676	553	81.7
#豆油	万吨				82	56	68.5
棕榈油	万吨				431	316	73.2
菜子油和芥子油	万吨				82	70	85.9
食糖	万吨	113	295	64	485	306	63.2
饲料用鱼粉	万吨				103	104	101.1
豆饼、豆粕	吨				59684	18077	30.3
纸烟	万条				7484	7612	103.3
天然橡胶(包括胶乳)	万吨				274	250	91.4
合成橡胶(包括胶乳)	万吨				198	331	166.8
原木	万立方米				4457	4872	109.4
锯材	万立方米				2658	3151	119.0
纸浆	万吨				1984	2106	106.2
羊毛(包括羊毛条)	万吨	3	28	30	35	32	90.2
棉花(原棉)	万吨	42	74	5	147	90	60.9
肥料	万吨	1626	1991	1189	1116	832	74.5
化肥	万吨				1114	832	74.6
尿素	吨				7640	65794	861.2
氮磷钾复合肥料	万吨				146	113	77.4
磷酸氢二胺	万吨				8	3	38.6
氯化钾	万吨				942	682	72.4
硫酸钾	万吨				5	5	111.1
杀虫剂、除草剂及类似品	吨				89975	84790	94.2

9-6 海关进口农副产品及加工品金额

单位：万美元

指　　标	2015年	2016年
冻鱼	307757	323681
鲜、干水果及坚果	586844	570536
其中：香蕉	77414	58548
谷物及谷物粉	939146	570503
其中：玉米	110852	63856
小麦	90154	81585
#小麦粉	1524	1483
大麦	285943	114194
稻谷和大米	149776	161408
大豆	3476908	3398469
食用植物油	501065	416393
#豆油	64589	45208
棕榈油	276514	201053
菜子油和芥子油	65744	52390
食糖	177407	117053
饲料用鱼粉	179160	161317
豆饼、豆粕	4168	1349
纸烟	54224	56265
天然橡胶(包括胶乳)	391619	335362
合成橡胶(包括胶乳)	389360	535570
原木	806262	807637
锯材	750383	813519
纸浆	1275461	1223886
羊毛	247979	234918
棉花(原棉)	257212	157014
肥料	393389	240926
化肥	392206	240554
尿素	369	1595
氮磷钾复合肥料	82632	55426
磷酸氢二胺	4259	1426
氯化钾	297077	172664
硫酸钾	2551	1708
杀虫剂、除草剂及类似品	74844	67491

9-7 各地区出口农产品数量

单位：吨

地区	大米产品	小麦产品	玉米产品	大豆	棉花(原棉)	食用植物油	食糖
全国平均	**395080**	**112759**	**4071**	**128197**	**7738**	**115059**	**149052**
北京	57945			44	300	454	10
天津	9483	10535		417	170	5367	33027
河北		237	109	3265	415	1581	
山西							
内蒙古	3696			810		3	
辽宁	32681	5016	428	35900		56719	8736
吉林	84890	428	2798	31698		8694	12
黑龙江	173530	70	300	52348		2394	
上海	176	42		4	2027	21	50
江苏	1818			1315	336	1591	
浙江	14	9			128	81	16
安徽	7341	614	14	73		17	
福建	3994	2		95		187	4511
江西					255	43	
山东		3194		1539	3772	13923	2
河南		720			3	42	
湖北	3293		19			378	
湖南	3518		5	12			
广东	6637	91839		564		21376	99369
广西	484		399			2133	2552
海南							
重庆	262						
四川	4165						
贵州	20						50
云南	746						715
西藏							
陕西	75	55		3		10	
甘肃				2			
青海						46	
宁夏							
新疆	311			106	331		

9-8 各地区进口农产品数量

单位：吨

地 区	大米产品	小麦产品	玉米产品	大豆	棉花(原棉)	食用植物油	食糖
全国平均	**3562175**	**3411879**	**3167830**	**83913059**	**896615**	**6883880**	**3061947**
北 京	171215	306841	509	97968	43008	82097	190613
天 津	30456	26374	2096	4799739	2116	1003217	96973
河 北	1800	239813		4320607	6781	51509	239821
山 西				458473	793		
内 蒙 古	1792	3585	337378	65997		13615	47826
辽 宁	2795	14442	23775	5733269	699	52733	649996
吉 林	5285	607	85272	1298338	1950	10629	
黑 龙 江	14180	26182	70136	386939		43345	5901
上 海	29436	15225	56728	768075	24175	744587	33550
江 苏	64039	157132	163230	16479081	252696	2454089	71215
浙 江	171877	233384	45741	2360047	16929	188027	14120
安 徽	56991	24555	104772	656701	5272	26441	2894
福 建	176026	221939	103134	4060926	1745	265255	219978
江 西	62790		116867	409977	13560	114	1050
山 东	7464	221899	374464	18405006	437116	398456	631697
河 南	75373	74344	3709	1835234	14532	8007	312
湖 北	112598	4807	35534	1237831	22708	2488	34797
湖 南	77687	5194	113339	146995	1591	48205	4930
广 东	2250905	1732735	1049145	11211738	21428	1288539	659313
广 西	71615	1745	153595	7508224	3541	152299	143408
海 南	36180	5	43331			4	
重 庆	29596	1532	16314	630817		12703	2
四 川	15530	8104	48547	446546	941	33	
贵 州	7002					3	50
云 南	85722		219241			25	8595
西 藏	3300						
陕 西	520	5767	941	497780	149	2712	
甘 肃		3120					
青 海							
宁 夏		1705			9491		
新 疆		80844	32	96751	15392	34748	4907

10

农产品成本与收益

10-1 全国种植业产品成本与收益

指 标	单位	三种粮食平均		稻 谷	
		2016年	2015年	2016年	2015年
每亩					
主产品产量	千克	457.13	467.41	484.75	492.64
产值合计	元	1013.34	1109.59	1343.77	1377.52
主产品产值	元	990.97	1086.99	1326.16	1359.88
副产品产值	元	22.37	22.60	17.61	17.64
总成本	元	1093.62	1090.04	1201.81	1202.12
生产成本	元	871.35	872.28	979.87	987.28
物质与服务费用	元	429.57	425.07	484.53	478.69
人工成本	元	441.78	447.21	495.34	508.59
家庭用工折价	元	408.63	415.74	433.05	447.72
雇工费用	元	33.15	31.47	62.29	60.87
土地成本	元	222.27	217.76	221.94	214.84
流转地租金	元	38.51	36.41	57.40	53.82
自营地折租	元	183.76	181.35	164.54	161.02
净利润	元	-80.28	19.55	141.96	175.40
现金成本	元	501.23	492.95	604.22	593.38
现金收益	元	512.11	616.64	739.55	784.14
成本利润率	%	-7.34	1.79	11.81	14.59
每50公斤主产品					
平均出售价格	元	108.39	116.28	136.79	138.02
总成本	元	116.98	114.23	122.34	120.45
生产成本	元	93.20	91.41	99.75	98.92
净利润	元	-8.59	2.05	14.45	17.57
现金成本	元	53.61	51.66	61.51	59.45
现金收益	元	54.78	64.62	75.28	78.57
附:					
每亩用工数量	日	5.31	5.61	5.81	6.23
每亩主产品出售数量	千克	341.89	346.51	363.67	361.26
每亩主产品出售产值	元	742.56	800.61	987.27	989.05
商品率	%	90.18	90.04	82.68	82.69
每亩成本外支出	元	0.76	0.63	0.84	0.64

10-1 续表 1

指　　标	单位	小　麦		玉　米	
		2016年	2015年	2016年	2015年
每亩					
主产品产量	千克	406.34	420.79	480.29	488.81
产值合计	元	930.36	1001.71	765.89	949.54
主产品产值	元	907.21	979.83	739.53	921.25
副产品产值	元	23.15	21.88	26.36	28.29
总成本	元	1012.51	984.30	1065.59	1083.72
生产成本	元	805.59	784.62	827.65	844.94
物质与服务费用	元	434.60	420.23	369.55	376.22
人工成本	元	370.99	364.39	458.10	468.72
家庭用工折价	元	358.81	352.40	433.13	447.17
雇工费用	元	12.18	11.99	24.97	21.55
土地成本	元	206.92	199.68	237.94	238.78
流转地租金	元	27.97	26.60	30.16	28.82
自营地折租	元	178.95	173.08	207.78	209.96
净利润	元	-82.15	17.41	-299.70	-134.18
现金成本	元	474.75	458.82	424.68	426.59
现金收益	元	455.61	542.89	341.21	522.95
成本利润率	%	-8.11	1.77	-28.13	-12.38
每50公斤主产品					
平均出售价格	元	111.63	116.43	76.99	94.23
总成本	元	121.49	114.41	107.12	107.55
生产成本	元	96.66	91.20	83.20	83.85
净利润	元	-9.86	2.02	-30.13	-13.32
现金成本	元	56.96	53.33	42.69	42.33
现金收益	元	54.67	63.10	34.30	51.90
附:					
每亩用工数量	日	4.54	4.65	5.57	5.95
每亩主产品出售数量	千克	333.46	337.63	328.53	340.65
每亩主产品出售产值	元	733.64	780.81	506.78	631.97
商品率	%	89.58	89.18	98.28	98.26
每亩成本外支出	元	0.97	0.92	0.48	0.33

10-1　续表 2

指　　标	单位	大　豆		两种油料平均	
		2016年	2015年	2016年	2015年
每亩					
主产品产量	千克	120.20	138.35	193.58	188.61
产值合计	元	468.63	559.62	1137.35	1070.72
主产品产值	元	457.24	548.21	1123.07	1055.01
副产品产值	元	11.39	11.41	14.28	15.71
总成本	元	678.44	674.71	1167.57	1152.39
生产成本	元	419.44	416.97	979.97	965.51
物质与服务费用	元	201.33	201.81	342.47	334.57
人工成本	元	218.11	215.16	637.50	630.94
家庭用工折价	元	194.46	195.86	625.15	619.32
雇工费用	元	23.65	19.30	12.35	11.62
土地成本	元	259.00	257.74	187.60	186.88
流转地租金	元	79.88	73.44	18.95	18.24
自营地折租	元	179.12	184.30	168.65	168.64
净利润	元	-209.81	-115.09	-30.22	-81.67
现金成本	元	304.86	294.55	373.77	364.43
现金收益	元	163.77	265.07	763.58	706.29
成本利润率	%	-30.93	-17.06	-2.59	-7.09
每50公斤主产品					
平均出售价格	元	190.20	198.12	290.08	279.68
总成本	元	275.36	238.86	297.79	301.01
生产成本	元	170.24	147.62	249.94	252.20
净利润	元	-85.16	-40.74	-7.71	-21.33
现金成本	元	123.73	104.28	95.33	95.19
现金收益	元	66.47	93.84	194.75	184.49
附:					
每亩用工数量	日	2.60	2.68	7.82	8.07
每亩主产品出售数量	千克	94.77	108.38	148.24	139.01
每亩主产品出售产值	元	355.52	423.58	843.97	762.96
商品率	%	97.60	97.83	86.71	86.21
每亩成本外支出	元	1.05	0.65	0.24	0.27

10-1 续表 3

指　　标	单位	花　生		油菜籽	
		2016年	2015年	2016年	2015年
每亩					
主产品产量	千克	259.01	238.26	128.14	138.96
产值合计	元	1684.48	1493.54	590.22	647.89
主产品产值	元	1665.40	1472.11	580.74	637.91
副产品产值	元	19.08	21.43	9.48	9.98
总成本	元	1414.04	1396.83	921.20	907.54
生产成本	元	1158.70	1139.97	801.35	790.65
物质与服务费用	元	463.62	446.33	221.27	222.71
人工成本	元	695.08	693.64	580.08	567.94
家庭用工折价	元	678.06	681.64	572.40	556.69
雇工费用	元	17.02	12.00	7.68	11.25
土地成本	元	255.34	256.86	119.85	116.89
流转地租金	元	25.26	22.75	12.64	13.73
自营地折租	元	230.08	234.11	107.21	103.16
净利润	元	270.44	96.71	-330.98	-259.65
现金成本	元	505.90	481.08	241.59	247.69
现金收益	元	1178.58	1012.46	348.63	400.20
成本利润率	%	19.13	6.92	-35.93	-28.61
每50公斤主产品					
平均出售价格	元	321.49	308.93	226.60	229.53
总成本	元	269.88	288.93	353.67	321.52
生产成本	元	221.14	235.80	307.66	280.11
净利润	元	51.61	20.00	-127.07	-91.99
现金成本	元	96.55	99.51	92.75	87.75
现金收益	元	224.94	209.42	133.85	141.78
附:					
每亩用工数量	日	8.53	8.89	7.10	7.25
每亩主产品出售数量	千克	195.06	166.77	101.42	111.24
每亩主产品出售产值	元	1236.52	1021.24	451.41	504.67
商品率	%	88.69	87.68	84.73	84.73
每亩成本外支出	元			0.47	0.53

10-1 续表 4

指标	单位	棉花		烤烟	
		2016年	2015年	2016年	2015年
每亩					
主产品产量	千克	98.55	92.82	135.62	144.03
产值合计	元	1818.31	1366.89	3561.23	3857.14
主产品产值	元	1454.84	1104.83	3556.10	3851.37
副产品产值	元	363.47	262.06	5.13	5.77
总成本	元	2306.61	2288.44	3673.36	3578.57
生产成本	元	2004.43	2008.15	3357.87	3262.63
物质与服务费用	元	610.71	620.40	1039.18	1034.26
人工成本	元	1393.72	1387.75	2318.69	2228.37
家庭用工折价	元	1164.26	1182.09	1926.66	1876.29
雇工费用	元	229.46	205.66	392.03	352.08
土地成本	元	302.18	280.29	315.49	315.94
流转地租金	元	40.88	46.89	43.65	40.34
自营地折租	元	261.30	233.40	271.84	275.60
净利润	元	-488.30	-921.55	-112.13	278.57
现金成本	元	881.05	872.95	1474.86	1426.68
现金收益	元	937.26	493.94	2086.37	2430.46
成本利润率	%	-21.17	-40.27	-3.05	7.78
每50公斤主产品					
平均出售价格	元	738.12	595.15	1311.05	1337.00
总成本	元	936.34	996.40	1352.33	1240.44
生产成本	元	813.67	874.36	1236.18	1130.93
净利润	元	-198.22	-401.25	-41.28	96.56
现金成本	元	357.65	380.09	542.96	494.53
现金收益	元	380.47	215.06	768.09	842.47
附:					
每亩用工数量	日	16.50	17.05	28.14	28.22
每亩主产品出售数量	千克	91.55	84.97	135.60	144.01
每亩主产品出售产值	元	1347.29	1005.43	3556.03	3851.31
商品率	%	99.83	99.81	100.00	100.00
每亩成本外支出	元	0.66	0.42		

10-1 续表 5

指　　标	单位	甘　蔗		甜　菜	
		2016年	2015年	2016年	2015年
每亩					
主产品产量	千克	5352.20	5176.71	3799.43	3739.57
产值合计	元	2658.47	2321.37	1781.06	1848.50
主产品产值	元	2632.72	2296.29	1763.31	1833.13
副产品产值	元	25.75	25.08	17.75	15.37
总成本	元	2248.02	2203.57	1697.94	1619.83
生产成本	元	1967.93	1947.28	1430.20	1318.89
物质与服务费用	元	795.36	778.07	671.90	609.25
人工成本	元	1172.57	1169.21	758.30	709.64
家庭用工折价	元	618.97	660.27	606.43	533.60
雇工费用	元	553.60	508.94	151.87	176.04
土地成本	元	280.09	256.29	267.74	300.94
流转地租金	元	27.04	18.36	30.62	46.02
自营地折租	元	253.05	237.93	237.12	254.92
净利润	元	410.45	117.80	83.12	228.67
现金成本	元	1376.00	1305.37	854.39	831.31
现金收益	元	1282.47	1016.00	926.67	1017.19
成本利润率	%	18.26	5.35	4.90	14.12
每50公斤主产品					
平均出售价格	元	24.59	22.18	23.20	24.51
总成本	元	20.79	21.05	22.12	21.48
生产成本	元	18.20	18.61	18.63	17.49
净利润	元	3.80	1.13	1.08	3.03
现金成本	元	12.73	12.47	11.13	11.02
现金收益	元	11.86	9.71	12.07	13.49
附:					
每亩用工数量	日	13.62	14.10	8.78	8.36
每亩主产品出售数量	千克	5352.20	5176.71	3799.43	3739.57
每亩主产品出售产值	元	2632.72	2295.90	1763.31	1833.13
商品率	%	100.00	100.00	100.00	100.00
每亩成本外支出	元		0.32	0.24	0.22

10-1 续表 6

指 标	单位	桑蚕茧		苹 果	
		2016年	2015年	2016年	2015年
每亩					
主产品产量	千克	102.24	103.30	2018.83	2078.95
产值合计	元	3885.66	3477.57	6285.53	7490.40
主产品产值	元	3840.06	3431.27	6282.64	7486.64
副产品产值	元	45.60	46.30	2.89	3.76
总成本	元	4417.40	4488.48	5388.73	5362.06
生产成本	元	4197.14	4264.30	5051.00	5021.56
物质与服务费用	元	671.52	703.37	1681.85	1767.76
人工成本	元	3525.62	3560.93	3369.15	3253.80
家庭用工折价	元	3424.82	3467.49	2049.90	1939.47
雇工费用	元	100.80	93.44	1319.25	1314.33
土地成本	元	220.26	224.18	337.73	340.50
流转地租金	元	37.87	35.64	62.08	69.13
自营地折租	元	182.39	188.54	275.65	271.37
净利润	元	-531.74	-1010.91	896.80	2128.34
现金成本	元	810.19	832.45	3063.18	3151.22
现金收益	元	3075.47	2645.12	3222.35	4339.18
成本利润率	%	-12.04	-22.52	16.64	39.69
每50公斤主产品					
平均出售价格	元	1877.96	1660.83	155.60	180.06
总成本	元	2134.95	2143.62	133.40	128.90
生产成本	元	2028.50	2036.56	125.04	120.71
净利润	元	-256.99	-482.79	22.20	51.16
现金成本	元	391.57	397.56	75.83	75.75
现金收益	元	1486.39	1263.27	79.77	104.31
附:					
每亩用工数量	日	43.19	45.43	37.55	37.39
每亩主产品出售数量	千克	102.24	103.27	1690.58	1716.05
每亩主产品出售产值	元	3840.03	3430.38	5026.89	5814.60
商品率	%	100.00	99.98	99.18	99.20
每亩成本外支出	元	1.40	1.65	3.34	2.91

10-2 全国饲养业产品成本与收益

项　　目	单位	生猪平均		规模养猪平均		农户散养生猪	
		2016年	2015年	2016年	2015年	2016年	2015年
每头(百只、亩)							
主产品产量	千克	118.79	116.92	119.26	117.70	118.31	116.13
产值合计	元	2219.11	1824.69	2223.68	1822.19	2214.54	1827.19
主产品产值	元	2204.27	1809.93	2210.58	1809.22	2197.96	1810.64
副产品产值	元	14.84	14.76	13.10	12.97	16.58	16.55
总成本	元	1930.41	1720.35	1809.99	1605.15	2050.61	1835.35
生产成本	元	1929.05	1718.84	1807.39	1602.35	2050.49	1835.14
物质与服务费用	元	1586.18	1376.13	1627.98	1427.84	1544.26	1324.32
人工成本	元	342.87	342.71	179.41	174.51	506.23	510.82
家庭用工折价	元	316.65	317.85	126.98	124.80	506.23	510.82
雇工费用	元	26.22	24.86	52.43	49.71		
土地成本	元	1.36	1.51	2.60	2.80	0.12	0.21
净利润	元	288.70	104.34	413.69	217.04	163.93	-8.16
成本利润率	%	14.96	6.07	22.86	13.52	7.99	-0.44
每50公斤主产品							
平均出售价格	元	927.80	774.00	926.79	768.57	928.90	779.57
总成本	元	807.09	729.74	754.37	677.03	860.14	783.05
生产成本	元	806.53	729.10	753.29	675.85	860.09	782.96
净利润	元	120.71	44.26	172.42	91.54	68.76	-3.48
附:							
每核算单位用工数量	日	4.18	4.36	2.13	2.16	6.22	6.55
平均饲养天数	日	154.43	152.29	147.27	145.30	161.59	159.27

10-2 续表 1

项　目	单位	规模养殖蛋鸡平均		规模养殖肉鸡平均	
		2016年	2015年	2016年	2015年
每头(百只、亩)					
主产品产量	千克	1762.28	1749.24	235.15	230.91
产值合计	元	14919.79	15960.03	2658.18	2671.64
主产品产值	元	12878.05	13863.66	2629.75	2642.43
副产品产值	元	2041.74	2096.37	28.43	29.21
总成本	元	14545.49	15129.47	2505.01	2589.52
生产成本	元	14523.64	15109.53	2499.64	2583.36
物质与服务费用	元	13237.11	13875.48	2219.47	2318.73
人工成本	元	1286.53	1234.05	280.17	264.63
家庭用工折价	元	914.12	876.95	237.69	214.27
雇工费用	元	372.41	357.10	42.48	50.36
土地成本	元	21.85	19.94	5.37	6.16
净利润	元	374.30	830.56	153.17	82.12
成本利润率	%	2.57	5.49	6.11	3.17
每50公斤主产品					
平均出售价格	元	365.38	396.28	559.16	572.18
总成本	元	356.21	375.66	526.94	554.59
生产成本	元	355.68	375.16	525.81	553.27
净利润	元	9.17	20.62	32.22	17.59
附:					
每核算单位用工数量	日	14.98	15.07	3.37	3.25
平均饲养天数	日	356.23	356.29	70.41	69.06

10-2 续表 2

项　目	单位	奶牛平均		规模奶牛平均		农户散养奶牛	
		2016年	2015年	2016年	2015年	2016年	2015年
每头(百只、亩)							
主产品产量	千克	5722.76	5612.41	6253.60	6091.00	5191.91	5133.81
产值合计	元	23784.94	23559.63	26544.74	25781.53	21025.12	21337.73
主产品产值	元	21532.81	21355.52	24072.74	23387.43	18992.87	19323.61
副产品产值	元	2252.13	2204.11	2472.00	2394.10	2032.25	2014.12
总成本	元	18543.77	18445.62	20717.34	20559.86	16369.50	16331.15
生产成本	元	18489.77	18393.18	20647.68	20493.52	16331.17	16292.62
物质与服务费用	元	14982.47	15044.74	17510.26	17492.15	12454.58	12597.27
人工成本	元	3507.30	3348.44	3137.42	3001.37	3876.59	3695.35
家庭用工折价	元	2412.70	2256.15	994.71	882.96	3830.11	3629.18
雇工费用	元	1094.60	1092.29	2142.71	2118.41	46.48	66.17
土地成本	元	54.00	52.44	69.66	66.34	38.33	38.53
净利润	元	5241.17	5114.01	5827.40	5221.67	4655.62	5006.58
成本利润率	%	28.26	27.72	28.13	25.40	28.44	30.66
每50公斤主产品							
平均出售价格	元	188.13	190.25	192.47	191.98	182.91	188.20
总成本	元	146.67	148.95	150.22	153.10	142.41	144.04
生产成本	元	146.25	148.53	149.71	152.60	142.07	143.70
净利润	元	41.46	41.30	42.25	38.88	40.50	44.16
附:							
每核算单位用工数量	日	39.94	39.82	32.32	32.44	47.54	47.20
平均饲养天数	日	365.00	365.00	365.00	365.00	365.00	365.00

11

收入与消费

11-1 农村居民可支配收入及构成

指　　标	2014年	2015年	2016年
可支配收入(元/人)	**10488.9**	**11421.7**	**12363.4**
一、工资性收入	**4152.2**	**4600.3**	**5021.8**
二、经营净收入	**4237.4**	**4503.6**	**4741.3**
(一)第一产业净收入	2998.6	3153.8	3269.6
1.农业	2306.8	2412.2	2439.7
2.林业	177.3	170.6	165.9
3.牧业	443.0	488.7	573.7
4.渔业	71.4	82.3	90.3
(二)第二产业经营净收入	259.1	276.1	287.9
(三)第三产业经营净收入	979.6	1073.7	1183.8
三、财产净收入	**222.1**	**251.5**	**272.1**
四、转移净收入	**1877.2**	**2066.3**	**2328.2**
可支配收入构成(%)	**100.0**	**100.0**	**100.0**
一、工资性收入	**39.6**	**40.3**	**40.6**
二、经营净收入	**40.4**	**39.4**	**38.3**
(一)第一产业净收入	28.6	27.6	26.4
1.农业	22.0	21.1	19.7
2.林业	1.7	1.5	1.3
3.牧业	4.2	4.3	4.6
4.渔业	0.7	0.7	0.7
(二)第二产业经营净收入	2.5	2.4	2.3
(三)第三产业经营净收入	9.3	9.4	9.6
三、财产净收入	**2.1**	**2.2**	**2.2**
四、转移净收入	**17.9**	**18.1**	**18.8**

11-2 农村居民消费支出及构成

指　　标	2014年	2015年	2016年
消费支出(元/人)	**8382.6**	**9222.6**	**10129.8**
(一)食品烟酒	2814.0	3048.0	3266.1
(二)衣着	510.4	550.5	575.4
(三)居住	1762.7	1926.2	2147.1
(四)生活用品及服务	506.5	545.6	595.7
(五)交通通信	1012.6	1163.1	1359.9
(六)教育文化娱乐	859.5	969.3	1070.3
(七)医疗保健	753.9	846.0	929.2
(八)其他用品及服务	163.0	174.0	186.0
消费支出构成(%)	**100.0**	**100.0**	**100.0**
(一)食品烟酒	33.6	33.0	32.2
(二)衣着	6.1	6.0	5.7
(三)居住	21.0	20.9	21.2
(四)生活用品及服务	6.0	5.9	5.9
(五)交通通信	12.1	12.6	13.4
(六)教育文化娱乐	10.3	10.5	10.6
(七)医疗保健	9.0	9.2	9.2
(八)其他用品及服务	1.9	1.9	1.8

11-3　农村居民现金消费支出及构成

指　　标	2014年	2015年	2016年
现金消费支出(元/人)	**6716.7**	**7392.1**	**8127.3**
(一)食品烟酒	2301.3	2540.0	2763.4
(二)衣着	509.7	549.9	575.0
(三)居住	758.5	779.0	832.8
(四)生活用品及服务	500.1	538.3	589.7
(五)交通通信	1012.5	1162.6	1357.8
(六)教育文化娱乐	859.2	969.0	1069.9
(七)医疗保健	614.9	681.4	755.8
(八)其他用品及服务	160.5	172.0	183.0
现金消费支出构成(%)	**100.0**	**100.0**	**100.0**
(一)食品烟酒	34.3	34.4	34.0
(二)衣着	7.6	7.4	7.1
(三)居住	11.3	10.5	10.2
(四)生活用品及服务	7.4	7.3	7.3
(五)交通通信	15.1	15.7	16.7
(六)教育文化娱乐	12.8	13.1	13.2
(七)医疗保健	9.2	9.2	9.3
(八)其他用品及服务	2.4	2.3	2.3

11-4 农村居民主要食品消费量

单位：公斤/人

指　　标	2014年	2015年	2016年
一、粮食(原粮)	**167.6**	**159.5**	**157.2**
(一)谷物	159.1	150.2	147.1
(二)薯类	2.4	2.7	2.9
(三)豆类	6.2	6.6	7.3
二、食用油	**9.8**	**10.1**	**10.2**
#食用植物油	9.0	9.2	9.3
三、蔬菜及食用菌	**88.9**	**90.3**	**91.5**
#鲜菜	87.5	88.7	89.7
四、肉类	**22.5**	**23.1**	**22.7**
#猪肉	19.2	19.5	18.7
牛肉	0.8	0.8	0.9
羊肉	0.7	0.9	1.1
五、禽类	**6.7**	**7.1**	**7.9**
六、水产品	**6.8**	**7.2**	**7.5**
七、蛋类	**7.2**	**8.3**	**8.5**
八、奶类	**6.4**	**6.3**	**6.6**
九、干鲜瓜果类	**30.3**	**32.3**	**36.8**
#鲜瓜果	28.0	29.7	33.8
坚果类	1.9	2.1	2.4
十、食糖	**1.3**	**1.3**	**1.4**

11-5 农村居民年末主要耐用消费品拥有量

单位：平均每百户

指　　标	单　位	2014年	2015年	2016年
家用汽车	辆	11.0	13.3	17.4
摩托车	辆	67.6	67.5	65.1
电动助力车	辆	45.4	50.1	57.7
洗衣机	台	74.8	78.8	84.0
电冰箱(柜)	台	77.6	82.6	89.5
微波炉	台	14.7	15.0	16.1
彩色电视机	台	115.6	116.9	118.8
空调	台	34.2	38.8	47.6
热水器	台	48.2	52.5	59.7
排油烟机	台	13.9	15.3	18.4
移动电话	部	215.0	226.1	240.7
计算机	台	23.5	25.7	27.9
照相机	台	4.5	4.1	3.4

11-6 农村居民第一产业生产经营收支情况

单位：元/人

指 标	2014年	2015年	2016年
一、生产经营收入	**5731.6**	**6077.1**	**6385.1**
(一)农业	3896.6	4057.9	4128.0
(二)林业	218.2	204.0	204.9
(三)牧业	1473.6	1627.7	1835.2
(四)渔业	143.1	187.5	217.0
二、生产经营现金收入	**4586.2**	**4925.0**	**5329.0**
(一)农业	2992.2	3137.0	3291.9
(二)林业	141.0	139.6	152.8
(三)牧业	1313.6	1464.8	1672.0
(四)渔业	139.4	183.6	212.3
三、生产经营费用支出	**2506.4**	**2716.9**	**2909.9**
(一)农业	1439.8	1506.6	1547.9
(二)林业	38.7	32.3	38.1
(三)牧业	961.8	1078.0	1200.5
(四)渔业	66.0	100.0	123.3
四、生产经营现金费用支出	**2351.7**	**2547.7**	**2742.9**
(一)农业	1408.8	1472.6	1512.9
(二)林业	38.5	32.2	37.9
(三)牧业	838.9	943.3	1071.7
(四)渔业	65.5	99.7	120.4

11-7 2016年分地区农村居民可支配收入

单位：元/人

地　区	可支配收入	一、工资性收入	二、经营净收入	三、财产净收入	四、转移净收入
全　国	**12363.4**	**5021.8**	**4741.3**	**272.1**	**2328.2**
北　京	22309.5	16637.5	2061.9	1350.1	2260.0
天　津	20075.6	12048.1	5309.4	893.7	1824.4
河　北	11919.4	6263.2	3970.0	257.5	1428.6
山　西	10082.5	5204.4	2729.9	149.0	1999.1
内蒙古	11609.0	2448.9	6215.7	452.6	2491.7
辽　宁	12880.7	5071.2	5635.5	257.6	1916.4
吉　林	12122.9	2363.1	7558.9	231.8	1969.1
黑龙江	11831.9	2430.5	6425.9	572.7	2402.6
上　海	25520.4	18947.9	1387.9	859.6	4325.0
江　苏	17605.6	8731.7	5283.1	606.0	2984.8
浙　江	22866.1	14204.3	5621.9	661.8	2378.1
安　徽	11720.5	4291.4	4596.1	186.7	2646.2
福　建	14999.2	6785.2	5821.5	255.7	2136.9
江　西	12137.7	4954.7	4692.3	204.4	2286.4
山　东	13954.1	5569.1	6266.6	358.7	1759.7
河　南	11696.7	4228.0	4643.2	168.0	2657.6
湖　北	12725.0	4023.0	5534.0	158.6	3009.3
湖　南	11930.4	4946.2	4138.6	143.1	2702.5
广　东	14512.2	7255.3	3883.6	365.8	3007.5
广　西	10359.5	2848.1	4759.2	149.2	2603.0
海　南	11842.9	4764.9	5315.7	139.1	1623.1
重　庆	11548.8	3965.6	4150.1	295.8	3137.3
四　川	11203.1	3737.6	4525.2	268.5	2671.8
贵　州	8090.3	3211.0	3115.8	67.1	1696.3
云　南	9019.8	2553.9	5043.7	152.2	1270.1
西　藏	9093.8	2204.9	5237.9	148.7	1502.3
陕　西	9396.4	3916.0	3057.9	159.0	2263.6
甘　肃	7456.9	2125.0	3261.4	128.4	1942.0
青　海	8664.4	2464.3	3197.0	325.2	2677.8
宁　夏	9851.6	3906.1	3937.5	291.8	1716.3
新　疆	10183.2	2527.1	5642.0	222.8	1791.3

11-8 2016年分地区农村居民可支配收入构成

单位：%

地 区	可支配收入	一、工资性收入	二、经营净收入	三、财产净收入	四、转移净收入
全 国	**100.0**	**40.6**	**38.3**	**2.2**	**18.8**
北 京	100.0	74.6	9.2	6.1	10.1
天 津	100.0	60.0	26.4	4.5	9.1
河 北	100.0	52.5	33.3	2.2	12.0
山 西	100.0	51.6	27.1	1.5	19.8
内蒙古	100.0	21.1	53.5	3.9	21.5
辽 宁	100.0	39.4	43.8	2.0	14.9
吉 林	100.0	19.5	62.4	1.9	16.2
黑龙江	100.0	20.5	54.3	4.8	20.3
上 海	100.0	74.2	5.4	3.4	16.9
江 苏	100.0	49.6	30.0	3.4	17.0
浙 江	100.0	62.1	24.6	2.9	10.4
安 徽	100.0	36.6	39.2	1.6	22.6
福 建	100.0	45.2	38.8	1.7	14.2
江 西	100.0	40.8	38.7	1.7	18.8
山 东	100.0	39.9	44.9	2.6	12.6
河 南	100.0	36.1	39.7	1.4	22.7
湖 北	100.0	31.6	43.5	1.2	23.6
湖 南	100.0	41.5	34.7	1.2	22.7
广 东	100.0	50.0	26.8	2.5	20.7
广 西	100.0	27.5	45.9	1.4	25.1
海 南	100.0	40.2	44.9	1.2	13.7
重 庆	100.0	34.3	35.9	2.6	27.2
四 川	100.0	33.4	40.4	2.4	23.8
贵 州	100.0	39.7	38.5	0.8	21.0
云 南	100.0	28.3	55.9	1.7	14.1
西 藏	100.0	24.2	57.6	1.6	16.5
陕 西	100.0	41.7	32.5	1.7	24.1
甘 肃	100.0	28.5	43.7	1.7	26.0
青 海	100.0	28.4	36.9	3.8	30.9
宁 夏	100.0	39.6	40.0	3.0	17.4
新 疆	100.0	24.8	55.4	2.2	17.6

11-9 2016年分地区农村居民消费支出

单位：元/人

地区	消费支出	一、食品烟酒支出	二、衣着支出	三、居住支出
全国	**10129.8**	**3266.1**	**575.4**	**2147.1**
北京	17329.0	4667.1	1095.0	5198.8
天津	15912.1	4980.9	1088.4	3198.3
河北	9798.3	2745.4	650.2	2206.9
山西	8028.8	2272.4	565.3	1798.3
内蒙古	11462.6	3362.9	814.0	1995.9
辽宁	9953.1	2678.6	636.7	1906.5
吉林	9521.4	2721.9	606.2	1817.1
黑龙江	9423.8	2609.1	647.5	1618.4
上海	17070.8	5731.9	877.1	4170.7
江苏	14428.2	4254.7	815.7	3257.7
浙江	17358.9	5520.2	952.8	3881.8
安徽	10287.3	3523.0	538.8	2248.3
福建	12910.8	4818.3	567.5	3203.9
江西	9128.3	3221.7	453.7	2319.5
山东	9518.9	2832.8	576.4	1766.8
河南	8586.6	2447.3	677.4	1767.8
湖北	10938.3	3295.3	568.7	2407.9
湖南	10629.9	3370.7	508.3	2369.4
广东	12414.8	5010.5	412.0	2761.9
广西	8351.2	2880.4	252.0	1903.8
海南	8921.2	3854.3	299.4	1652.3
重庆	9954.4	3850.7	591.1	1660.2
四川	10191.6	3886.6	640.6	1918.5
贵州	7533.3	2316.5	378.2	1746.9
云南	7330.5	2586.0	302.6	1396.1
西藏	6070.3	3183.3	642.6	851.5
陕西	8567.7	2307.0	510.9	2026.5
甘肃	7487.0	2342.6	482.5	1341.1
青海	9222.2	2715.4	635.6	1486.6
宁夏	9138.4	2419.1	672.9	1631.4
新疆	8277.0	2624.2	710.3	1643.4

11-9 续表

单位：元/人

地　区	四、生活用品及服务支出	五、交通通信支出	六、教育文化娱乐支出	七、医疗保健支出	八、其他用品及服务支出
全　国	**595.7**	**1359.9**	**1070.3**	**929.2**	**186.0**
北　京	1156.5	2305.9	1341.7	1347.0	217.0
天　津	1091.0	2646.6	1298.9	1334.5	273.5
河　北	597.2	1511.1	952.8	928.2	206.5
山　西	385.9	961.8	1132.3	769.6	143.2
内蒙古	506.8	1790.3	1553.0	1187.7	252.1
辽　宁	459.2	1663.9	1274.2	1139.2	194.9
吉　林	375.6	1334.5	1231.7	1230.5	203.9
黑龙江	386.7	1468.1	1249.4	1269.9	174.7
上　海	794.9	2366.6	1123.1	1707.1	299.5
江　苏	910.2	2333.6	1352.2	1148.0	356.0
浙　江	870.3	3076.0	1610.8	1173.2	273.9
安　徽	643.2	1276.3	949.1	931.9	176.8
福　建	687.9	1452.1	1071.3	866.9	242.8
江　西	519.7	893.9	922.2	650.0	147.5
山　东	604.4	1545.1	1012.9	1027.3	153.3
河　南	588.1	1210.9	948.8	797.8	148.5
湖　北	669.0	1381.4	1156.6	1213.5	245.9
湖　南	639.9	1083.1	1477.3	986.5	194.6
广　东	718.6	1370.5	1057.8	803.9	279.8
广　西	455.8	972.0	1000.8	781.8	104.7
海　南	422.2	835.7	1108.5	593.0	155.7
重　庆	702.5	1066.6	1072.5	852.3	158.5
四　川	692.7	1174.0	707.2	972.5	199.5
贵　州	437.4	961.0	1063.4	527.8	102.1
云　南	388.7	1032.2	920.0	620.1	85.0
西　藏	346.0	602.1	192.9	152.6	99.4
陕　西	542.9	879.8	1102.9	1044.1	153.5
甘　肃	458.7	954.6	965.5	821.3	120.9
青　海	464.4	1577.0	851.4	1278.8	212.9
宁　夏	578.6	1509.6	1077.5	1040.6	208.7
新　疆	400.6	1226.5	716.4	846.8	108.8

11-10 2016年分地区农村居民消费支出构成

单位：%

地 区	消费支出	一、食品烟酒支出	二、衣着支出	三、居住支出
全 国	**100.0**	**32.2**	**5.7**	**21.2**
北 京	100.0	26.9	6.3	30.0
天 津	100.0	31.3	6.8	20.1
河 北	100.0	28.0	6.6	22.5
山 西	100.0	28.3	7.0	22.4
内 蒙 古	100.0	29.3	7.1	17.4
辽 宁	100.0	26.9	6.4	19.2
吉 林	100.0	28.6	6.4	19.1
黑 龙 江	100.0	27.7	6.9	17.2
上 海	100.0	33.6	5.1	24.4
江 苏	100.0	29.5	5.7	22.6
浙 江	100.0	31.8	5.5	22.4
安 徽	100.0	34.2	5.2	21.9
福 建	100.0	37.3	4.4	24.8
江 西	100.0	35.3	5.0	25.4
山 东	100.0	29.8	6.1	18.6
河 南	100.0	28.5	7.9	20.6
湖 北	100.0	30.1	5.2	22.0
湖 南	100.0	31.7	4.8	22.3
广 东	100.0	40.4	3.3	22.2
广 西	100.0	34.5	3.0	22.8
海 南	100.0	43.2	3.4	18.5
重 庆	100.0	38.7	5.9	16.7
四 川	100.0	38.1	6.3	18.8
贵 州	100.0	30.8	5.0	23.2
云 南	100.0	35.3	4.1	19.0
西 藏	100.0	52.4	10.6	14.0
陕 西	100.0	26.9	6.0	23.7
甘 肃	100.0	31.3	6.4	17.9
青 海	100.0	29.4	6.9	16.1
宁 夏	100.0	26.5	7.4	17.9
新 疆	100.0	31.7	8.6	19.9

11-10 续表 单位：%

地区	四、生活用品及服务支出	五、交通通信支出	六、教育文化娱乐支出	七、医疗保健支出	八、其他用品及服务支出
全国	**5.9**	**13.4**	**10.6**	**9.2**	**1.8**
北京	6.7	13.3	7.7	7.8	1.3
天津	6.9	16.6	8.2	8.4	1.7
河北	6.1	15.4	9.7	9.5	2.1
山西	4.8	12.0	14.1	9.6	1.8
内蒙古	4.4	15.6	13.5	10.4	2.2
辽宁	4.6	16.7	12.8	11.4	2.0
吉林	3.9	14.0	12.9	12.9	2.1
黑龙江	4.1	15.6	13.3	13.5	1.9
上海	4.7	13.9	6.6	10.0	1.8
江苏	6.3	16.2	9.4	8.0	2.5
浙江	5.0	17.7	9.3	6.8	1.6
安徽	6.3	12.4	9.2	9.1	1.7
福建	5.3	11.2	8.3	6.7	1.9
江西	5.7	9.8	10.1	7.1	1.6
山东	6.3	16.2	10.6	10.8	1.6
河南	6.8	14.1	11.0	9.3	1.7
湖北	6.1	12.6	10.6	11.1	2.2
湖南	6.0	10.2	13.9	9.3	1.8
广东	5.8	11.0	8.5	6.5	2.3
广西	5.5	11.6	12.0	9.4	1.3
海南	4.7	9.4	12.4	6.6	1.7
重庆	7.1	10.7	10.8	8.6	1.6
四川	6.8	11.5	6.9	9.5	2.0
贵州	5.8	12.8	14.1	7.0	1.4
云南	5.3	14.1	12.5	8.5	1.2
西藏	5.7	9.9	3.2	2.5	1.6
陕西	6.3	10.3	12.9	12.2	1.8
甘肃	6.1	12.8	12.9	11.0	1.6
青海	5.0	17.1	9.2	13.9	2.3
宁夏	6.3	16.5	11.8	11.4	2.3
新疆	4.8	14.8	8.7	10.2	1.3

11-11 2016年分地区农村居民现金消费支出

单位：元/人

地　区	现金消费支出	一、食品烟酒支出	二、衣着支出	三、居住支出
全　国	**8127.3**	**2763.4**	**575.0**	**832.8**
北　京	13379.0	4497.6	1094.9	1697.3
天　津	13879.9	4877.5	1088.3	1417.7
河　北	8426.8	2636.4	649.5	1091.5
山　西	6562.3	1942.9	565.0	796.0
内蒙古	9666.2	2802.5	813.8	939.6
辽　宁	8539.1	2384.1	636.6	937.9
吉　林	7867.7	2428.2	606.2	641.9
黑龙江	8351.4	2474.3	647.5	792.6
上　海	13510.1	5406.9	876.4	1570.1
江　苏	11919.2	3913.1	815.6	1336.9
浙　江	14011.0	5048.3	952.4	1252.7
安　徽	8299.6	3164.4	537.9	765.1
福　建	9949.5	4279.1	567.4	972.3
江　西	6732.3	2583.8	453.5	685.0
山　东	8134.5	2673.2	575.0	819.5
河　南	7167.2	2296.0	677.3	645.2
湖　北	8364.8	2547.7	568.0	888.8
湖　南	8271.4	2612.5	507.8	929.3
广　东	9835.6	4380.5	411.8	977.7
广　西	6277.2	2150.5	251.9	737.7
海　南	7354.4	3510.0	299.4	526.8
重　庆	7669.9	2833.8	591.0	528.9
四　川	7474.8	2693.6	640.1	638.2
贵　州	5648.7	1648.5	376.7	633.1
云　南	5460.6	1781.6	302.5	482.2
西　藏	4165.6	1893.2	642.3	288.5
陕　西	6983.2	2089.2	510.6	828.3
甘　肃	6065.7	1834.6	482.4	628.6
青　海	7594.5	2011.7	635.6	849.9
宁　夏	7764.9	2118.1	672.7	894.7
新　疆	6855.6	2084.8	707.4	929.9

11-11 续表 单位：元/人

地区	四、生活用品及服务支出	五、交通通信支出	六、教育文化娱乐支出	七、医疗保健支出	八、其他用品及服务支出
全国	**589.7**	**1357.8**	**1069.9**	**755.8**	**183.0**
北京	1150.3	2304.2	1341.7	1081.6	211.4
天津	1087.1	2644.7	1298.7	1197.0	268.8
河北	591.4	1511.0	952.8	788.2	206.0
山西	378.0	961.7	1131.5	649.5	137.6
内蒙古	506.7	1790.3	1553.0	1009.4	251.0
辽宁	453.1	1662.9	1267.8	1006.9	189.8
吉林	371.8	1334.4	1231.7	1049.8	203.7
黑龙江	386.6	1468.1	1249.4	1158.2	174.7
上海	789.5	2365.5	1122.8	1088.6	290.4
江苏	897.5	2332.5	1351.5	918.6	353.5
浙江	857.0	3073.3	1609.5	948.8	268.9
安徽	639.9	1275.4	949.0	792.0	175.9
福建	678.8	1451.9	1071.3	690.0	238.8
江西	518.5	893.9	922.2	528.5	146.7
山东	592.3	1544.2	1012.7	765.6	152.0
河南	587.1	1210.4	948.7	654.2	148.4
湖北	665.2	1350.2	1156.5	944.3	244.2
湖南	638.3	1083.1	1477.2	830.7	192.6
广东	713.5	1369.8	1056.9	646.2	279.1
广西	448.6	964.8	1000.5	622.5	100.7
海南	415.2	835.0	1108.2	507.6	152.2
重庆	695.7	1066.5	1072.5	725.6	155.9
四川	681.6	1173.3	706.9	749.4	191.8
贵州	431.5	960.9	1063.4	438.7	96.1
云南	382.6	1032.1	919.6	479.3	80.7
西藏	345.4	602.1	192.9	102.3	98.9
陕西	538.8	879.5	1102.5	882.9	151.3
甘肃	453.9	954.5	964.9	627.7	119.1
青海	460.5	1577.0	851.4	995.8	212.7
宁夏	563.4	1509.1	1077.4	768.5	160.9
新疆	398.5	1226.5	716.4	696.9	95.2

11-12 2016年分地区农村居民现金消费支出构成

单位：%

地　　区	现金消费支出	一、食品烟酒支出	二、衣着支出	三、居住支出
全　　国	**100.0**	**34.0**	**7.1**	**10.2**
北　　京	100.0	33.6	8.2	12.7
天　　津	100.0	35.1	7.8	10.2
河　　北	100.0	31.3	7.7	13.0
山　　西	100.0	29.6	8.6	12.1
内 蒙 古	100.0	29.0	8.4	9.7
辽　　宁	100.0	27.9	7.5	11.0
吉　　林	100.0	30.9	7.7	8.2
黑 龙 江	100.0	29.6	7.8	9.5
上　　海	100.0	40.0	6.5	11.6
江　　苏	100.0	32.8	6.8	11.2
浙　　江	100.0	36.0	6.8	8.9
安　　徽	100.0	38.1	6.5	9.2
福　　建	100.0	43.0	5.7	9.8
江　　西	100.0	38.4	6.7	10.2
山　　东	100.0	32.9	7.1	10.1
河　　南	100.0	32.0	9.4	9.0
湖　　北	100.0	30.5	6.8	10.6
湖　　南	100.0	31.6	6.1	11.2
广　　东	100.0	44.5	4.2	9.9
广　　西	100.0	34.3	4.0	11.8
海　　南	100.0	47.7	4.1	7.2
重　　庆	100.0	36.9	7.7	6.9
四　　川	100.0	36.0	8.6	8.5
贵　　州	100.0	29.2	6.7	11.2
云　　南	100.0	32.6	5.5	8.8
西　　藏	100.0	45.4	15.4	6.9
陕　　西	100.0	29.9	7.3	11.9
甘　　肃	100.0	30.2	8.0	10.4
青　　海	100.0	26.5	8.4	11.2
宁　　夏	100.0	27.3	8.7	11.5
新　　疆	100.0	30.4	10.3	13.6

11-12 续表 单位：%

地区	四、生活用品及服务支出	五、交通通信支出	六、教育文化娱乐支出	七、医疗保健支出	八、其他用品及服务支出
全国	**7.3**	**16.7**	**13.2**	**9.3**	**2.3**
北京	8.6	17.2	10.0	8.1	1.6
天津	7.8	19.1	9.4	8.6	1.9
河北	7.0	17.9	11.3	9.4	2.4
山西	5.8	14.7	17.2	9.9	2.1
内蒙古	5.2	18.5	16.1	10.4	2.6
辽宁	5.3	19.5	14.8	11.8	2.2
吉林	4.7	17.0	15.7	13.3	2.6
黑龙江	4.6	17.6	15.0	13.9	2.1
上海	5.8	17.5	8.3	8.1	2.1
江苏	7.5	19.6	11.3	7.7	3.0
浙江	6.1	21.9	11.5	6.8	1.9
安徽	7.7	15.4	11.4	9.5	2.1
福建	6.8	14.6	10.8	6.9	2.4
江西	7.7	13.3	13.7	7.8	2.2
山东	7.3	19.0	12.4	9.4	1.9
河南	8.2	16.9	13.2	9.1	2.1
湖北	8.0	16.1	13.8	11.3	2.9
湖南	7.7	13.1	17.9	10.0	2.3
广东	7.3	13.9	10.7	6.6	2.8
广西	7.1	15.4	15.9	9.9	1.6
海南	5.6	11.4	15.1	6.9	2.1
重庆	9.1	13.9	14.0	9.5	2.0
四川	9.1	15.7	9.5	10.0	2.6
贵州	7.6	17.0	18.8	7.8	1.7
云南	7.0	18.9	16.8	8.8	1.5
西藏	8.3	14.5	4.6	2.5	2.4
陕西	7.7	12.6	15.8	12.6	2.2
甘肃	7.5	15.7	15.9	10.3	2.0
青海	6.1	20.8	11.2	13.1	2.8
宁夏	7.3	19.4	13.9	9.9	2.1
新疆	5.8	17.9	10.4	10.2	1.4

11-13 农村居民按收入五等份分组的人均可支配收入

单位：元/人

组　别	2013年	2014年	2015年	2016年
低收入户(20%)	2877.9	2768.1	3085.6	3006.5
中等偏下户(20%)	5965.6	6604.4	7220.9	7827.7
中等收入户(20%)	8438.3	9503.9	10310.6	11159.1
中等偏上户(20%)	11816.0	13449.2	14537.3	15727.4
高收入户(20%)	21323.7	23947.4	26013.9	28448.0

11-14 农村居民按东、中、西部及东北地区分组的人均可支配收入

单位：元/人

组　别	2013年	2014年	2015年	2016年
东部地区	11856.8	13144.6	14297.4	15498.3
中部地区	8983.2	10011.1	10919.0	11794.3
西部地区	7436.6	8295.0	9093.4	9918.4
东北地区	9761.5	10802.1	11490.1	12274.6

11-15 农村贫困状况

年 份	贫困人口(万人)	贫困发生率(%)
1978	77039	97.5
1980	76542	96.2
1985	66101	78.3
1990	65849	73.5
1995	55463	60.5
2000	46224	49.8
2005	28662	30.2
2010	16567	17.2
2011	12238	12.7
2012	9899	10.2
2013	8249	8.5
2014	7017	7.2
2015	5575	5.7
2016	4335	4.5

注：现行农村贫困标准为每人每年2300元，2010年不变价。

11-16 农村居民纯收入和指数

年 份	纯收入 (元/人)	比上年实际增长 (%)	指 数 1978年=100
1978	133.6		100.0
1980	191.3	16.6	139.0
1985	397.6	7.8	268.9
1990	686.3	1.8	311.2
1991	708.6	2.0	317.4
1992	784.0	5.9	336.2
1993	921.6	3.2	346.9
1994	1221.0	5.0	364.3
1995	1577.7	5.3	383.6
1996	1926.1	9.0	418.1
1997	2090.1	4.6	437.3
1998	2162.0	4.3	456.1
1999	2210.3	3.8	473.5
2000	2253.4	2.1	483.4
2001	2366.4	4.2	503.7
2002	2475.6	4.8	527.9
2003	2622.2	4.3	550.6
2004	2936.4	6.8	588.0
2005	3254.9	6.2	624.5
2006	3587.0	7.4	670.7
2007	4140.4	9.5	734.4
2008	4760.6	8.0	793.2
2009	5153.2	8.5	860.6
2010	5919.0	10.9	954.4
2011	6977.3	11.4	1063.2
2012	7916.6	10.7	1176.9
2013	8895.9	9.3	1286.4
2014	9892.0	9.2	1404.7
2015	10772.0	7.5	1510.1

注：①本表1978-2012年数据来源于分别开展的城镇住户调查和农村住户调查，2013-2015年数据是为满足“十二五”规划需要，根据全国住户收支与生活状况调查数据，按可比口径推算获得。2016年起不再推算。

②收入绝对数按当年价格，指数按可比价计算。

12

农村文化、教育、卫生及社会服务

12-1 农村教育情况

指 标	单位	1995年	2000年	2013年	2014年	2015年	2016年
一、高 中							
学校数	所	3112	2629	708	667	668	652
班 数	万个	2.3	2.9	1.5	1.5	1.5	1.5
毕业生数	万人	33.1	39.2	26.0	25.2	24.7	23.3
招生数	万人	44.7	64.4	28.1	27.0	27.0	27.0
学生数	万人	113.2	157.8	81.5	78.6	77.0	75.7
专任教师	万人	9.4	10.4	5.5	5.5	5.5	5.5
二、初 中							
学校数	所	45626	39313	18485	17707	16991	16171
班 数	万个	50.9	60.1	17.8	16.6	15.7	15.1
毕业生数	万人	684.6	903.8	313.9	251.1	235.3	224.7
招生数	万人	1017.3	1265.9	274.5	249.7	232.3	227.1
学生数	万人	2659.8	3428.5	814.5	748.5	702.5	667.0
专任教师	万人	149.9	168.2	73.1	68.5	64.5	60.8
三、小 学							
学校数	万所	55.9	44.0	14.0	12.9	11.8	10.6
班 数	万个	309.4	274.6	113.9	109.7	106.9	104.8
毕业生数	万人	1328.7	1567.6	560.3	474.3	440.9	432.3
招生数	万人	1791.1	1253.7	591.8	534.7	539.1	517.2
学生数	万人	9306.2	8503.7	3217.0	3049.9	2965.9	2891.7
专任教师	万人	382.7	367.8	219.9	211.6	203.6	197.5

注：1.高中包括完全中学在内。
2.2011年，教育事业统计报表进行了全面改革，实施了国家统计局首次颁布的《统计用城乡划分代码》。新的城乡划分标准，将原来的城市、县镇、农村的三个分类调整为三大类七小类，即城区(含主城区、城乡结合部)、镇区(含镇中心区、镇乡结合区、特殊区域)、乡村(含乡中心区、村庄)。因城乡划分口径发生了变化，故城乡数据不与往年做比较。

12-2 农村乡(镇)卫生院情况

指 标	单 位	1995年	2000年	2013年	2014年	2015年	2016年
乡(镇)卫生院	个	51797	49229	37015	36902	36817	36795
卫生人员	人	1051752	1169826	1233858	1247299	1277697	1320841
床 位	张	733064	734807	1136492	1167245	1196122	1223891

12-3　各地区乡(镇)卫生院、床位数和卫生人员数

地　　区	乡(镇)卫生院(个)	卫生人员数(人)	床　位(张)
全国平均	**36795**	**1320841**	**1223891**
北　　京			
天　　津	145	4915	4093
河　　北	1970	56227	66624
山　　西	1353	24762	30068
内 蒙 古	1321	21043	20002
辽　　宁	1014	24886	30424
吉　　林	774	24257	17429
黑 龙 江	988	23625	22469
上　　海			
江　　苏	1039	79755	58768
浙　　江	1194	54245	17096
安　　徽	1371	50646	51305
福　　建	880	35649	29449
江　　西	1585	46432	47672
山　　东	1621	109767	97894
河　　南	2059	104647	99994
湖　　北	1139	78963	71546
湖　　南	2269	84753	96111
广　　东	1192	88140	56075
广　　西	1267	70858	60565
海　　南	297	10705	5432
重　　庆	894	32692	40045
四　　川	4490	104671	120279
贵　　州	1399	42420	39905
云　　南	1366	39176	46225
西　　藏	678	3801	3285
陕　　西	1561	42108	32722
甘　　肃	1375	27970	24600
青　　海	405	4700	4062
宁　　夏	219	4889	2913
新　　疆	930	24139	26839

12-4　各地区农村村卫生室和人员情况

地　区	村卫生室（个）	设卫生室的村数占行政村数比重（%）	乡村医生和卫生员（人）	平均每千农村人口村卫生室人员（人）
全国平均	**638763**	**92.9**	**1000324**	**1.49**
北　京	2729	69.2	3364	
天　津	2528	68.7	5140	8.06
河　北	60371	100.0	82281	2.00
山　西	29027	100.0	38593	2.04
内蒙古	13632	100.0	17944	1.56
辽　宁	20120	100.0	25095	1.45
吉　林	10172	100.0	17248	1.30
黑龙江	11384	100.0	23464	1.41
上　海	1218	76.6	806	7.85
江　苏	15475	100.0	32520	1.38
浙　江	11677	42.4	8000	0.81
安　徽	15276	100.0	43290	1.37
福　建	18945	100.0	26502	1.36
江　西	30394	100.0	45079	1.53
山　东	53226	71.7	118280	2.17
河　南	56774	100.0	113804	1.78
湖　北	24792	98.9	40396	1.58
湖　南	44339	100.0	47058	1.26
广　东	26886	100.0	24996	0.88
广　西	21011	100.0	34981	1.04
海　南	2670	100.0	3312	0.98
重　庆	11240	100.0	21644	1.72
四　川	55958	100.0	65450	1.33
贵　州	20652	100.0	34690	1.12
云　南	13432	100.0	36038	1.04
西　藏	5360	100.0	10905	4.34
陕　西	25412	100.0	32706	1.68
甘　肃	16748	100.0	21121	1.67
青　海	4518	100.0	6528	1.90
宁　夏	2365	100.0	3559	1.40
新　疆	10432	100.0	15530	1.23

12-5 各地区农村养老服务和文化机构情况

地区	机构数(个)	年末收养人数(人)	乡镇文化站(个)
全国平均	**15398**	**1132253**	**34240**
北京	267	17421	182
天津	37	2147	132
河北	435	32450	1988
山西	293	14198	1196
内蒙古	308	13903	894
辽宁	399	23586	952
吉林	595	28467	626
黑龙江	139	24299	900
上海	197	23429	108
江苏	1271	115464	909
浙江	806	49744	958
安徽	706	53857	1290
福建	88	2248	962
江西	1048	89800	1620
山东	953	105503	1231
河南	594	43788	1898
湖北	1128	98902	1030
湖南	1331	62597	2235
广东	941	25806	1175
广西	123	2704	1127
海南	19	379	199
重庆	300	23277	819
四川	1925	182818	4306
贵州	623	31595	1411
云南	224	15047	1302
西藏	5	552	684
陕西	323	32427	1298
甘肃	138	5326	1229
青海	18	764	359
宁夏	57	3954	200
新疆	107	5801	1020

12-6 各地区农村社会救济情况(2016年)

单位：万人、亿元

地区	农村居民最低生活保障人数	农村最低生活保障支出	农村特困人员集中供养人数	农村特困人员分散供养人数
全国	**4586.5**	**1014.5**	**139.7**	**357.2**
北京	4.7	3.9	0.2	0.3
天津	10.2	6.7	0.1	1.1
河北	189.5	38.2	3.8	19.6
山西	118.5	29.2	2.0	13.1
内蒙古	112.8	32.2	1.1	7.6
辽宁	77.9	19.2	2.7	10.8
吉林	78.7	16.0	2.1	9.0
黑龙江	120.9	25.9	2.9	9.3
上海	3.4	2.1	0.1	0.1
江苏	109.9	39.0	7.1	12.7
浙江	71.4	28.7	3.1	0.1
安徽	149.8	41.5	12.2	28.8
福建	46.1	13.1	0.8	6.7
江西	180.1	43.3	12.5	9.6
山东	217.7	54.8	12.3	8.7
河南	328.0	60.3	10.8	37.1
湖北	138.2	39.0	5.1	19.7
湖南	290.2	49.8	8.4	34.1
广东	145.1	43.9	2.3	20.9
广西	290.6	42.3	2.3	24.7
海南	18.3	4.3	0.2	2.6
重庆	59.0	15.4	5.9	11.0
四川	356.7	72.4	25.6	23.0
贵州	304.8	66.5	4.7	5.7
云南	422.9	75.0	2.8	14.5
西藏	25.7	3.5	1.0	0.5
陕西	130.4	35.4	4.4	8.1
甘肃	324.7	59.9	0.9	10.8
青海	51.6	8.6	0.5	1.9
宁夏	42.2	12.2	0.3	0.9
新疆	166.5	32.4	1.2	4.2

13

国有农场

13-1 农垦系统国有农场基本情况

指　　标	单位	2003年	2015年	2016年	2016年比2015年增加	
					绝对数	%
一、农 场 数	**个**	**1967.0**	**1785.0**	**1781.0**	**-4.0**	**-0.2**
二、职工人数	**万人**	**353.7**	**287.6**	**276.7**	**-11.0**	**-3.8**
三、耕 地 面 积	**千公顷**	**4690.1**	**6325.4**	**6446.9**	**121.5**	**1.9**
四、农用机械总动力	**亿瓦**	**129.9**	**283.8**	**296.5**	**12.7**	**4.5**
大中型农用拖拉机	万台	7.0	19.7	21.6	1.9	9.6
小型及手扶拖拉机	万台	24.5	30.9	26.8	-4.1	-13.3
农用排灌动力机械	万台	17.7	28.0	29.4	1.4	5.0
联合收割机	万台	1.8	5.7	9.4	3.7	64.9
农用化肥施用量(折纯量)	万吨	143.9	269.87	273.9	4.0	1.5
农场用电量	亿千瓦小时	64.2	142.7	173.6	31.0	21.7
五、农业总产值						
按当年价格计算	亿元	846.3	3449.7	3457.8	8.1	0.2
六、主要农产品产量						
粮食总产量	万吨	1342.6	3665.1	3483.2	-181.9	-5.0
棉花总产量	万吨	103.4	175.0	187.7	12.7	7.3
油料总产量	万吨	71.9	80.8	81.7	0.9	1.1
肉类总产量	万吨	108.4	254.6	251.0	-3.6	-1.4

13-2 各地区农垦系统国有农场基本情况

地区	农场数(个)		职工人数(万人)		耕地面积(千公顷)	
	2015年	2016年	2015年	2016年	2015年	2016年
全国总计	**1785**	**1781**	**287.6**	**276.7**	**6325.4**	**6446.9**
北　京	9	9	3.6	3.4	1.4	1.4
天　津	15	13	0.7	1.1	2.6	2.9
河　北	33	33	6.5	6.3	97.8	96.7
山　西	26	26	0.4	0.4	6.7	6.6
内蒙古	104	104	9.0	10.8	663.4	669.1
辽　宁	109	106	23.7	21.8	161.2	157.7
吉　林	88	92	4.1	3.8	125.3	130.1
黑龙江	113	113	30.5	29.1	2902.0	2908.9
上　海	19	19	10.0	9.4	35.8	35.8
江　苏	19	19	5.9	5.6	70.8	65.5
浙　江	56	50	0.2	0.3	4.1	3.8
安　徽	20	20	2.4	2.1	29.6	30.2
福　建	113	112	2.6	2.7	10.7	9.4
江　西	156	156	35.7	36.2	83.2	83.4
山　东	14	14	0.4	0.4	14.5	14.0
河　南	97	96	3.5	3.3	29.8	29.6
湖　北	53	53	36.9	37.0	135.0	132.0
湖　南	69	69	14.9	14.8	67.1	67.1
广　东	48	48	5.1	4.9	37.9	37.9
广　西	41	41	2.8	2.7	33.9	34.0
海　南	41	41	11.4	8.5	37.3	36.4
重　庆	17	17	0.7	0.7	0.3	0.3
四　川	35	34	0.2	0.2	0.9	0.9
贵　州	37	37	0.5	0.4	1.8	1.8
云　南	43	43	6.1	5.9	12.8	13.1
陕　西	12	12	0.4	0.4	9.2	9.6
甘　肃	25	26	1.6	1.4	65.5	67.3
青　海	20	19	0.8	0.8	37.8	152.3
宁　夏	14	14	1.4	1.3	43.0	43.3
新　疆	339	345	65.7	60.8	1604.0	1605.9

13-2 续表 1

地　区	农业机械总动力(万千瓦)		大中型拖拉机(台)		农用载重汽车(辆)	
	2015年	2016年	2015年	2016年	2015年	2016年
全国总计	**2838.3**	**2965.4**	**197213**	**216240**	**83576**	**90672**
北　京	1.2	3.1	67	73	25	26
天　津	2.3	2.5	120	84	94	92
河　北	119.4	116.3	4749	6229	7649	9452
山　西	2.7	2.7	52	51	190	190
内蒙古	195.7	203.0	13257	14655	5929	7421
辽　宁	120.1	124.9	5051	5516	12910	15626
吉　林	110.8	117.1	5535	5599	4074	4088
黑龙江	980.4	1045.1	76502	80934	5802	6283
上　海	19.9	20.3	1403	1474	28	30
江　苏	49.1	51.8	3796	3538	620	536
浙　江	1.1	1.1	39	44	35	39
安　徽	45.4	46.5	2886	2945	1192	1203
福　建	7.7	7.1	85	115	662	657
江　西	53.4	53.0	1828	1890	1750	1883
山　东	5.7	4.9	500	508	185	138
河　南	29.6	29.8	1306	1281	1015	996
湖　北	189.4	192.0	8481	8767	9278	9344
湖　南	97.7	97.7	3880	3885	2210	2299
广　东	38.5	43.1	534	608	936	1374
广　西	31.8	33.2	1425	1798	1195	1167
海　南	32.3	32.1	435	466	1801	2569
重　庆	0.7	0.7	7	7	5	
四　川	0.3	0.2				
贵　州	2.0	2.0	56	56		
云　南	23.4	20.5	764	918	1067	982
陕　西	4.3	4.9	221	194	699	705
甘　肃	30.7	34.2	6175	7129	1185	1149
青　海	6.1	5.7	498	343	904	992
宁　夏	31.7	33.2	2487	2599	2624	2665
新　疆	604.7	636.6	55074	64534	19512	18851

13-2 续表 2

地 区	化肥施用量(万吨)		现价农业总产值(万元)	
	2015年	2016年	2015年	2016年
全国总计	**269.9**	**273.9**	**34496657**	**34577886**
北 京	0.2	0.2	717585	478156
天 津	0.1	0.1	131532	110499
河 北	3.3	3.4	889766	954023
山 西	0.5	0.4	26632	26660
内蒙古	18.7	17.1	1408000	1263740
辽 宁	11.6	12.9	1772907	1740235
吉 林	4.0	3.9	373545	386482
黑龙江	58.7	57.0	9573789	8858226
上 海	2.2	1.9	602027	722543
江 苏	7.4	7.1	609826	600486
浙 江	0.4	0.5	43417	44896
安 徽	3.3	3.0	204563	190684
福 建	3.8	3.6	230232	244845
江 西	7.0	7.1	505055	539122
山 东	0.8	0.9	110321	105442
河 南	2.7	2.7	234795	252700
湖 北	15.8	15.7	2070136	2191727
湖 南	12.6	12.8	560640	570182
广 东	6.2	6.2	927511	1008818
广 西	5.3	5.6	865421	947569
海 南	8.7	18.5	1182385	1170146
重 庆	0.0		97822	121980
四 川	0.1	0.1	9116	9116
贵 州	0.3	0.4	34655	46537
云 南	6.7	7.2	545843	576352
陕 西	1.0	1.0	37484	38109
甘 肃	4.7	4.0	213161	206901
青 海	0.6	0.6	38409	40819
宁 夏	3.7	3.8	262094	273326
新 疆	79.4	76.3	10216418	10857565

13-3 农垦系统国有农场种植业生产情况

指　标	单位	2000年	2007年	2015年	2016年	2016年比2015年增加	
						绝对数	%
农作物总播种面积	**千公顷**	**4755.8**	**5633.4**	**6924.4**	**6930.1**	**5.8**	**0.1**
一、粮食播种面积	**千公顷**	**3163.9**	**3725.5**	**5038.0**	**4996.3**	**-41.7**	**-0.8**
每公顷产量	千克	4631.0	5804.0	7335.0	6971.0	-364.0	-5.0
总 产 量	万吨	1465.2	2162.3	3667.5	3483.2	-184.3	-5.0
1.谷 物	万吨	1252.1	1969.5	3465.0	3249.7	-215.3	-6.2
其中: 稻 谷	万吨	818.6	1180.9	1823.2	1841.5	18.3	1.0
小 麦	万吨	255.0	234.8	328.9	341.0	12.1	3.7
玉 米	万吨	147.4	479.8	1280.8	1035.8	-245.0	-19.1
2.豆 类	万吨	200.6	154.7	150.6	176.7	26.1	17.3
其中: 大 豆	万吨	184.8	133.2	143.2	166.0	22.8	15.9
3.薯 类	万吨	12.6	38.1	50.4	56.7	6.3	12.5
二、棉花播种面积	**千公顷**	**527.3**	**803.8**	**763.0**	**732.1**	**-30.9**	**-4.0**
每公顷产量	千克	1577.0	1960.0	2098.0	2564.0	466.0	22.2
总 产 量	吨	831595	1575568	1750354	1876946	126592.4	7.2
三、油料播种面积	**千公顷**	**461.2**	**338.9**	**356.2**	**361.2**	**5.0**	**1.4**
每公顷产量	千克	1545	1784	2294	2262	-32.0	-1.4
总 产 量	吨	712461	604419	808124	817078	8953.9	1.1
四、糖料播种面积	**千公顷**	**103.6**	**121.2**	**81.4**	**85.9**	**4.5**	**5.5**
每公顷产量	千克	56927.0	71327.0	88239.0	85530.0	-2709.0	-3.1
总 产 量	吨	5894802	8643443	7182559	7345254	162695.5	2.3
五、麻类播种面积	**千公顷**	**9.4**	**39.5**	**3236.0**	**5061.0**	**1825.0**	**56.4**
每公顷产量	千克	3175	3485	4697	5051	354.0	7.5
总 产 量	吨	29689	137611	15198	25561	10363.0	68.2

13-4 各地区农垦系统国有农场农作物主要产品产量

地 区	粮 食 (万吨)	棉 花 (吨)	油 料 (吨)	糖 料 (吨)	麻 类 (吨)
全国总计	**3483.2**	**1876946**	**817078**	**7345254**	**25561**
北 京	0.2		7		
天 津	1.5	40			
河 北	62.3	6831	1898	15888	
山 西	3.2	38	210	450	
内蒙古	179.0		215422	64141	801
辽 宁	142.4		14363	2037	
吉 林	84.9		21718		
黑龙江	2059.5		18593	7875	14367
上 海	26.9		2433		
江 苏	120.6	2	137		
浙 江	0.9	34	110		
安 徽	31.6	193	1587	9	2
福 建	5.3		3988	23119	
江 西	73.5	3511	28698	8135	
山 东	9.0	1692	169		
河 南	29.8	484	24653		
湖 北	99.8	11532	78832	10068	33
湖 南	63.8	14112	62247	62109	3003
广 东	5.6		7479	1856101	
广 西	1.6		3276	2268231	
海 南	14.5		4567	234745	
重 庆	0.4				
四 川	0.4		23		
贵 州	0.6		896		
云 南	6.4		91	406107	
陕 西	8.7	575	1255		
甘 肃	14.6	4542	23101	3729	
青 海	3.0		7956		
宁 夏	35.4		2802		
新 疆	397.9	1833361	290568	2382511	7355

13-5 农垦系统国有农场茶、桑、果、林业生产情况

指 标	单位	2000年	2010年	2015年	2016年	2016年比2015年增加	
						绝对数	%
一、年末实有茶园面积	**千公顷**	**34.1**	**31.3**	**29.4**	**28.9**	**-0.5**	**-1.7**
茶叶总产量	万吨	3.9	4.6	5.0	5.1	0.1	2.0
二、年末实有桑园面积	**千公顷**	**3.9**	**1.5**	**2.2**	**1.6**	**-0.6**	**-27.3**
三、年末实有果园面积	**千公顷**	**193.6**	**371.9**	**422.7**	**418.5**	**-4.2**	**-1.0**
水果总产量	万吨	118.6	323.4	649.2	677.5	28.3	4.4
其中：苹 果	万吨	24.1	40.6	68.1	91.3	23.2	34.1
梨	万吨	27.1	53.6	61.9	68.8	6.9	11.1
柑 桔	万吨	11.8	22.8	33.2	34.5	1.3	3.9
四、年末实有橡胶园面积	**千公顷**	**382.3**	**469.4**	**443.0**	**453.6**	**10.6**	**2.4**
当年橡胶平均开割面积	千公顷		320.6	306.0	297.2	-8.8	-2.9
每公顷产干胶	千克	1172.0	1023.0	1013.1	962.3	-50.8	-5.0
全年干胶总产量	万吨	34.7	32.8	31.0	28.6	-2.4	-7.7
五、当年造林面积	**千公顷**	**75.8**	**88.2**	**68.5**	**73.6**	**5.1**	**7.4**
用 材 林	千公顷	21.4	19.0	12.1	13.0	0.9	7.4
经 济 林	千公顷	6.1	11.6	19.5	28.7	9.2	47.2
防 护 林	千公顷	47.3	56.3	35.5	32.8	-2.7	-7.6
薪 炭 林	千公顷	0.3	0.3	0.2	0.2		
特种用材林	千公顷	0.7	1.0	0.3	0.2	-0.1	-33.3

13-6 各地区农垦系统国有农场茶、果、干胶、林业生产情况

地区	茶叶(吨)	水果(吨)	苹果(吨)	梨(吨)	干胶(吨)	造林面积(公顷)
全国总计	**50909**	**6774877**	**913038**	**688027**	**285871**	**73558**
北京		740	539	30		20
天津		3665	513	1594		20
河北		24209	9918	4055		4703
山西		2610	1269	1		
内蒙古		14542	2838	3581		4204
辽宁		169123	106888	15800		2151
吉林		20591	2610	17363		343
黑龙江		18381		370		1221
上海	1	846		99		496
江苏	4	2522		1960		208
浙江	4731	12024		492		
安徽	12776	36362		25527		56
福建	6304	115822		1184		1381
江西	4387	78925	25	6725		5139
山东		382	177			464
河南	6	60858	22302	25782		47
湖北	513	112276	175	15774		3974
湖南	3157	34198		1889		1546
广东	685	896783			12923	1623
广西	664	318697		286	140	408
海南	542	462381			120925	820
重庆		4778		8		
四川	1100	1398	324	25		1
贵州	5120	12965	40	53		
云南	10919	252093			151883	14
陕西		7819	1141	785		
甘肃		56591	18850	30453		864
青海						2978
宁夏		53102	18721	866		91
新疆		4000194	717142	533325		40766

13-7 农垦系统国有农场畜牧业、渔业生产情况

指　标	单位	2000年	2010年	2015年	2016年	2016年比2015年增加	
						绝对数	%
一、大牲畜年末头数	**万头**	**214.6**	**319.2**	**282.0**	**292.0**	**10.0**	**3.6**
#役畜	万头	55.0	18.9	9.7	8.3	-1.4	-14.1
牛	万头	173.1	292.0	249.8	258.1	8.3	3.3
#良种及改良奶牛	万头	51.0	143.1	146.4	137.6	-8.8	-6.0
马	万匹	25.8	17.4	22.7	25.1	2.5	10.8
驴	万头	9.8	5.7	5.6	4.8	-0.8	-15.0
骡	万头	1.8	1.1	0.4	0.3	-0.1	-25.1
骆驼	万头	4.1	3.0	3.5	3.7	0.2	6.1
二、猪年末头数	**万头**	**478.1**	**1134.2**	**1227.3**	**1239.0**	**11.7**	**1.0**
三、羊年末只数	**万只**	**1104.7**	**1298.8**	**1492.2**	**1437.2**	**-55.0**	**-3.7**
山　羊	万只	216.3	318.9	243.2	242.3	-0.9	-0.4
绵　羊	万只	888.4	979.9	1249.0	1195.0	-54.0	-4.3
四、家禽年末只数	**万只**	**4918.2**	**11811.2**	**16667.6**	**14512.5**	**-2155.1**	**-12.9**
五、兔年末只数	**万只**	**74.3**	**72.7**	**84.0**	**88.0**	**4.0**	**4.8**
六、畜产品产量							
肉猪出栏头数	万头	643.5	1943.8	1836.2	1818.2	-18.0	-1.0
猪牛羊肉产量	万吨	68.3	190.4	184.1	185.4	1.3	0.7
其中：猪肉产量	万吨	51.1	148.9	146.4	147.5	1.1	0.8
牛奶产量	万吨	116.5	366.1	369.1	379.0	9.9	2.7
禽蛋产量	万吨	20.4	39.7	48.3	50.5	2.2	4.6
鹿茸产量	吨	41.5	77.5	79.0	77.0	-2.0	-2.5
羊毛产量	吨	20866	27201.0	32796.0	33952.0	1156.0	3.5
七、水产品产量	**万吨**	**49.1**	**115.2**	**152.5**	**148.4**	**-4.1**	**-2.7**

13-8 各地区农垦系统国有农场畜牧业、渔业生产情况

地　区	大牲畜年末头数（万头）	牛年末头数（万头）		猪年末头数（万头）	羊年末只数（万只）	家禽年末只数（万只）
			其中：奶牛			
全国平均	**292.0**	**258.1**	**137.6**	**1239.0**	**1437.2**	**14512.5**
北　京	8.0	8.0	8.0	6.0		357.0
天　津	3.2	2.9	2.9	0.8		53.2
河　北	19.0	18.6	17.2	33.1	11.5	373.6
山　西	1.1	1.1	0.9	1.0	9.0	14.1
内蒙古	36.3	31.8	19.5	14.9	288.3	109.4
辽　宁	8.8	8.0	2.2	101.0	13.0	6445.0
吉　林	5.0	4.6	0.6	20.5	22.5	401.1
黑龙江	20.4	20.1	15.5	76.8	26.2	828.6
上　海	9.2	9.2	9.2	71.7		95.0
江　苏	0.8	0.8	0.8	9.3	1.3	603.0
浙　江				3.7		2.2
安　徽	0.2	0.2	0.1	4.3	1.0	114.7
福　建	1.1	1.1	0.3	48.3	1.2	210.7
江　西	4.1	4.1	0.4	62.5	1.9	243.5
山　东	0.8	0.8	0.8	1.8	1.0	14.1
河　南	1.2	1.2	0.7	46.7	1.4	65.5
湖　北	3.8	3.8	0.9	147.9	6.9	0.1
湖　南	5.2	5.2		127.0	3.0	363.0
广　东	3.5	3.5	1.8	70.4	0.5	498.0
广　西	1.1	1.1	0.3	145.1	0.2	307.9
海　南	4.0	4.0		62.3	22.1	1376.4
重　庆	3.1	3.1	3.1	8.6		115.0
四　川	7.3	6.9	0.1	0.3	2.5	0.1
贵　州	1.8	1.8	1.7	0.5	0.7	6.0
云　南	1.3	1.3		8.8	1.6	249.6
陕　西	0.2	0.2	0.1	1.3	4.0	0.8
甘　肃	1.5	1.4	0.8	1.2	19.7	23.7
青　海	11.3	11.2	3.1	0.5	22.5	6.9
宁　夏	5.3	5.2	4.6	4.1	8.5	46.2
新　疆	123.5	96.9	42.0	158.7	966.9	1588.1

13-8 续表

地区	肉猪出栏头数（万头）	肉类总产量（吨）	奶产量（吨）	水产品产量（吨）
全国平均	**1818.2**	**2509817**	**3789476**	**844320**
北京	6.3	86553	403453	
天津	1.3	2441	149197	917
河北	51.3	67409	559201	19928
山西	1.0	3301	28366	9
内蒙古	21.3	95955	267724	2943
辽宁	132.6	342986	131370	57886
吉林	24.6	47411	9370	1179
黑龙江	153.3	260116	426787	25810
上海	118.4	91965	423480	3840
江苏	19.8	45418	31516	4234
浙江	7.1	5346		776
安徽	7.4	15180	2310	580
福建	40.1	35635	4294	1950
江西	92.0	91505	12402	19936
山东	1.4	8209	9155	5706
河南	65.8	49208	17382	669
湖北	195.2	187537	32906	50293
湖南	185.0	164695	745	51026
广东	110.5	119812	74044	4142
广西	207.0	159067	5238	1280
海南	84.3	95316		3666
重庆	8.9	12080	103940	2150
四川	0.2	1748	4939	33
贵州	0.3	530	50112	124
云南	8.4	12443	616	1482
陕西	1.1	1291	3544	33
甘肃	1.8	4121	20552	460
青海	0.3	3312	253	
宁夏	4.9	8563	211100	7179
新疆	266.5	490665	805480	576089

14

西部大开发 12 省（区、市）农村经济情况

14-1　西部大开发12省(区、市)农业机械拥有量

指　　标	单位	1990年	1995年	2000年	2010年	2015年	2016年
农用机械总动力合计	万千瓦	5906.2	7534.3	10706.6	21318.5	28967.1	26228.2
大中型拖拉机	万混合台	20.3	16.3	30.2	134.0	218.6	230.2
小型拖拉机	万台	152.3	192.8	234.5	296.5	312.5	311.5
大中型拖拉机配套农具	万部	20.0	22.6	30.2	181.0	291.4	316.4
小型拖拉机配套农具	万部	108.9	165.2	253.0	409.7	486.6	490.1
农用排灌柴油机	万台	38.6	48.3	84.5	165.5	198.6	203.1
农用排灌电动机	万台	44.6	54.7	89.8	199.0	265.0	270.4
农用水泵	万台	78.0	97.9	164.9	375.3	468.0	474.3
节水灌溉机械	万套	2.4	2.8	7.1	18.4	42.6	42.6
联合收获机	万台	0.8	1.2	2.5	9.3	18.3	20.0
机动脱粒机	万台	34.7	56.9	115.7	351.3	532.0	551.2
农用运输车	万辆	5.3	13.9	39.1	216.3	233.5	

14-2　西部大开发12省(区、市)农村电力和农田水利建设情况

指　　标	单位	1990年	1995年	2000年	2010年	2015年	2016年
一、乡村办水电站	**个**	**17623**	**15320**	**10381**	**13137**	**14705**	**14838**
装机容量	万千瓦	138.4	161.7	179.4	2755.4	3984.6	4132.5
发电量	亿千瓦		48.4	63.5	968.0	1333.5	1381.9
二、农村用电量	**亿千瓦小时**	**145.7**	**237.6**	**331.5**	**652**	**870**	**911**
三、农田水利建设情况							
耕地灌溉面积	千公顷	12685.9	13639.3	15174.6	17747.3	19390.8	19699.2

14-3 西部大开发12省(区、市)农用化肥、农膜、柴油和农药使用量

指　　标	单位	1990年	1995年	2000年	2010年	2015年	2016年
一、化肥施用量							
(按折纯法计算)	**万吨**	**570.8**	**825.4**	**1008.6**	**1526.4**	**1806.5**	**1813.3**
氮肥	万吨	371.1	472.4	541.0	700.8	782.7	776.4
磷肥	万吨	105.5	161.2	182.6	247.4	298.0	300.2
钾肥	万吨	28.8	54.3	79.6	154.3	193.7	194.3
复合肥	万吨	65.4	137.8	205.4	407.0	532.1	542.3
二、农用塑料薄膜使用量	**吨**		**219243**	**396198**	**717557.9**	**1001725**	**1018575**
#地膜使用量	吨		167323	304539	511543.4	727417	747661
地膜覆盖面积	千公顷		2573.7	4983.7	7341.4	9746.6	9958.0
三、农用柴油使用量	**万吨**		**253.2**	**288.2**	**445.3**	**566.1**	**568.9**
四、农药使用量	**万吨**		**15.4**	**20.5**	**31.2**	**38.1**	**38.2**

14-4 西部大开发12省(区、市)自然灾害情况

指　　标	单位	1990年	1995年	2000年	2010年	2015年	2016年
一、受灾面积	**千公顷**	**11692.0**	**14531.0**	**15773.0**	**15532.0**	**8299.3**	**9054.8**
旱灾	千公顷	7209.3	8552.0	11225.0	9084.8	4707.0	4595.6
水灾	千公顷	2174.0	3182.0	2509.0	3882.6	1401.0	1690.8
风雹灾	千公顷	1560.7	1487.0	1104.0	1101.6	1535.7	1636.3
霜冻灾	千公顷	748.0	964.0	935.0	1375.5	493.7	1073.9
二、成灾面积	**千公顷**	**5484.0**	**7680.0**	**9358.0**	**8463.5**	**4962.4**	**5385.0**
旱灾	千公顷	3350.7	4573.0	7032.0	6269.9	2654.2	3020.9
水灾	千公顷	1080.0	1793.0	1492.0	1229.4	866.7	978.8
风雹灾	千公顷	652.0	755.0	536.0	413.2	1081.9	786.8
霜冻灾	千公顷	401.3	496.0	298.0	532.4	288.4	574.2
三、成灾面积占受灾							
面积的比重	%	46.9	52.9	59.3	54.5	59.8	59.5

14-5 西部大开发12省(区、市)农作物播种面积及构成

(以农作物总播种面积为100)　　单位：千公顷

指　标	1990年	1995年	2000年	2010年	2015年	2016年
农作物总播种面积	**43507.7**	**45890.4**	**49345.9**	**52038.4**	**56043.0**	**56650.6**
一、粮食作物	**33668.5**	**33920.3**	**34528.8**	**33796.4**	**34620.6**	**34632.9**
1.谷物		26225.8	25756.1	24685.0	25976.4	25751.0
稻谷	7823.5	7467.6	7452.3	6870.3	6820.6	6817.2
小麦	9302.8	9019.6	7999.1	6174.2	5806.0	5802.9
玉米	6458.5	6678.5	7542.1	9952.1	11644.7	11343.8
谷子	603.5	400.1	320.8	272.3	295.7	305.2
高粱	318.2	292.6	257.3	287.3	311.9	333.3
2.豆类		3407.1	3617.6	3437.4	2947.9	3090.6
#大豆	1333.0	1593.2	1960.1	1853.0	1473.9	1592.1
杂豆		1813.9	1657.6	1584.3	1473.9	1498.5
3.薯类	3743.9	4287.6	5155.0	5674.0	5696.3	5791.2
#马铃薯	1847.9	2181.3	2920.0	4025.6	4264.2	4341.0
二、油料作物	**3300.3**	**3687.7**	**4410.4**	**4443.8**	**4797.7**	**4971.7**
#花　生	415.1	496.3	652.0	621.1	688.5	703.0
油菜籽	1820.0	2132.3	2520.9	2779.2	3007.8	3004.1
芝　麻	39.9	38.6	61.7	40.2	39.5	28.2
胡麻籽	500.4	443.6	323.0	220.6	202.1	202.4
向日葵籽	312.5	404.1	609.2	684.4	777.9	929.7
三、棉花	**682.8**	**981.1**	**1154.3**	**1580.6**	**1971.7**	**1855.6**
四、麻类	**102.1**	**85.0**	**55.2**	**59.3**	**45.8**	**44.5**
#黄红麻	56.9	34.4	12.7	5.6	4.0	4.1
五、糖料	**693.9**	**932.0**	**945.4**	**1518.3**	**1442.0**	**1413.2**
甘蔗	492.6	673.5	818.8	1400.8	1327.9	1269.5
甜菜	201.3	258.8	126.6	117.5	114.1	140.4
六、烟叶	**761.7**	**942.8**	**814.4**	**841.2**	**832.3**	**799.8**
#烤烟	631.1	856.6	719.6	775.8	783.1	752.2
七、药材	**59.4**	**119.2**	**256.2**	**633.1**	**1330.8**	**1415.5**
八、蔬菜、瓜类	**1766.7**	**2538.1**	**3929.9**	**6265.0**	**7851.8**	**8112.1**
九、其他农作物	**2039.4**	**2684.5**	**3252.5**	**2900.7**	**3150.2**	**3405.3**

14-5 续表　　(以农作物总播种面积为100)　　单位：%

指　　标	1990年	1995年	2000年	2010年	2015年	2016年
农作物总播种面积	**100.0**	**100.0**	**100.0**	**100.0**	**100.0**	**100.0**
一、粮食作物	**77.4**	**73.9**	**70.0**	**64.9**	**61.8**	**61.1**
1.谷物		57.1	52.2	47.4	46.4	45.5
稻谷	18.0	16.3	15.1	13.2	12.2	12.0
小麦	21.4	19.7	16.2	11.9	10.4	10.2
玉米	14.8	14.6	15.3	19.1	20.8	20.0
谷子	1.4	0.9	0.7	0.5	0.5	0.5
高粱	0.7	0.6	0.5	0.6	0.6	0.6
2.豆类		7.4	7.3	6.6	5.3	5.5
#大豆	3.1	3.5	4.0	3.6	2.6	2.8
杂豆		4.0	3.4	3.0	2.6	2.6
3.薯类	8.6	9.3	10.4	10.9	10.2	10.2
#马铃薯	4.2	4.8	5.9	7.7	7.6	7.7
二、油料作物	**7.6**	**8.0**	**8.9**	**8.5**	**8.6**	**8.8**
#花　生	1.0	1.1	1.3	1.2	1.2	1.2
油菜籽	4.2	4.6	5.1	5.3	5.4	5.3
芝　麻	0.1	0.1	0.1	0.1	0.1	0.0
胡麻籽	1.2	1.0	0.7	0.4	0.4	0.4
向日葵籽	0.7	0.9	1.2	1.3	1.4	1.6
三、棉花	**1.6**	**2.1**	**2.3**	**3.0**	**3.5**	**3.3**
四、麻类	**0.2**	**0.2**	**0.1**	**0.1**	**0.1**	**0.1**
#黄红麻	0.1	0.1	0.0	0.0	0.0	0.0
五、糖料	**1.6**	**2.0**	**1.9**	**2.9**	**2.6**	**2.5**
甘蔗	1.1	1.5	1.7	2.7	2.4	2.2
甜菜	0.5	0.6	0.3	0.2	0.2	0.2
六、烟叶	**1.8**	**2.1**	**1.7**	**1.6**	**1.5**	**1.4**
#烤烟	1.5	1.9	1.5	1.5	1.4	1.3
七、药材	**0.1**	**0.3**	**0.5**	**1.2**	**2.4**	**2.5**
八、蔬菜、瓜类	**4.1**	**5.5**	**8.0**	**12.0**	**14.0**	**14.3**
九、其他农作物	**4.7**	**5.8**	**6.6**	**5.6**	**5.6**	**6.0**

14-6 西部大开发12省(区、市)主要农作物产量

单位：万吨

指　标	1990年	1995年	2000年	2010年	2015年	2016年
一、粮食作物	**11168.3**	**11729.9**	**12896.3**	**14436.4**	**16500.9**	**16503.4**
1.谷物		10135.3	10920.3	12179.5	14016.0	13953.6
稻谷	4506.9	4498.0	4735.7	4503.6	4548.4	4589.8
小麦	2512.2	2463.0	2307.1	2120.3	2295.1	2286.0
玉米	2372.9	2589.8	3351.1	5146.9	6699.9	6584.9
谷子	87.3	38.1	34.3	42.8	61.4	66.1
高粱	99.3	82.7	70.0	110.2	126.1	133.6
2.豆类		437.4	460.0	559.4	534.9	561.1
#大豆	166.6	187.2	250.4	339.8	267.3	288.2
杂豆		250.2	209.6	219.6	267.6	272.9
3.薯类	854.4	1157.3	1516.0	1697.5	9750.2	1988.8
#马铃薯	370.2	560.9	811.6	1163.2	7052.1	1440.1
二、油料作物	**433.3**	**508.6**	**671.3**	**829.3**	**1042.2**	**1097.0**
#花　生	64.0	84.8	134.6	142.6	175.4	183.3
油菜籽	239.6	296.4	366.5	466.1	599.3	605.5
芝　麻	2.1	2.4	5.4	4.4	4.7	3.8
胡麻籽	41.3	28.1	27.7	27.1	30.4	32.0
向日葵籽	67.0	83.9	116.5	176.7	218.0	251.7
三、棉花	**67.1**	**117.1**	**160.5**	**264.3**	**359.8**	**366.0**
四、麻类	**17.0**	**12.9**	**10.5**	**12.1**	**8.9**	**8.9**
#黄红麻	10.9	5.7	2.3	1.3	1.0	1.0
五、糖料	**3013.1**	**4528.1**	**5047.5**	**9698.4**	**10349.7**	**10216.1**
甘蔗	2423.7	3818.4	5600.9	9028.1	9655.0	9376.9
甜菜	589.4	709.7	446.6	670.3	694.7	838.0
六、烟叶	**117.7**	**143.3**	**142.8**	**183.4**	**171.3**	**162.6**
#烤烟	99.9	131.5	126.6	169.5	160.4	151.3
七、茶叶	**13.8**	**16.5**	**19.1**	**51.9**	**74.1**	**100.0**
八、水果	**462.9**	**1070.3**	**1613.4**	**6084.1**	**7910.4**	**9454.8**

14-7　西部大开发12省(区、市)主要农作物单位面积产量

单位：公斤/公顷

指　　标	1990年	1995年	2000年	2010年	2015年	2016年
一、粮食作物	**3317.1**	**3458.1**	**3734.9**	**4271.6**	**4766.2**	**4765.3**
1.谷物		3864.6	4239.9	4934.0	5395.7	5418.6
稻谷	5760.7	6023.4	6354.7	6555.2	6668.7	6732.6
小麦	2700.5	2730.7	2884.2	3434.2	3952.9	3939.4
玉米	3674.1	3877.8	4443.2	5171.6	5753.6	5804.9
谷子	1446.5	952.3	1068.4	1571.2	2077.4	2165.7
高粱	3120.7	2826.4	2719.4	3837.3	4043.7	4009.8
2.豆类		1283.8	1271.7	1627.4	1814.4	1815.4
#大豆	1249.8	1175.0	1277.6	1833.5	1813.3	1810.3
杂豆		1379.3	1264.6	1386.3	1815.5	1820.8
3.薯类	2282.1	2699.2	2940.8	2991.7	17116.6	3434.2
#马铃薯	2003.4	2571.4	2779.4	2889.6	16538.1	3317.4
二、油料作物	**1313.0**	**1379.1**	**1522.0**	**1866.3**	**2172.3**	**2206.5**
#花　生	1543.1	1709.2	2063.7	2295.6	2546.8	2607.7
油菜籽	1316.4	1389.9	1454.0	1677.3	1992.5	2015.8
芝　麻	538.0	615.4	886.3	1083.8	1196.5	1331.2
胡麻籽	825.0	634.1	857.4	1226.7	1504.4	1583.7
向日葵籽	2142.7	2076.9	1912.8	2581.2	2803.2	2707.2
三、棉花	**982.6**	**1193.5**	**1390.2**	**1671.9**	**1824.8**	**1972.6**
四、麻类	**1669.7**	**1520.1**	**1902.1**	**2034.3**	**1942.9**	**2007.8**
#黄红麻	1916.5	1654.3	1840.0	2311.3	2490.5	2572.2
五、糖料	**43425.3**	**48584.8**	**53392.3**	**63877.6**	**71772.5**	**72292.1**
甘蔗	49202.2	56695.1	56192.8	64449.6	72710.4	73865.1
甜菜	29286.2	27422.1	35276.4	57059.3	60861.0	59699.9
六、烟叶	**1544.7**	**1520.0**	**1753.4**	**2180.1**	**2058.6**	**2033.3**
#烤烟	1583.4	1535.1	1759.4	2184.5	2047.8	2011.8

14-8 西部大开发12省(区、市)林业生产情况

指　标	单 位	2015年	2016年	2016年为2015年百分比(%)
一、营林情况				
1.人工造林面积	千公顷	2304	2136	92.7
2.飞播造林面积	千公顷	115	116	100.4
3.当年新封山(沙)育林面积	千公顷	1098	1049	95.5
4.退化林修复面积	千公顷	299	405	135.6
5.人工更新面积	千公顷	62	88	143.0
6.森林抚育面积	千公顷	2670	3294	123.4
7.年末实有封山(沙)育林面积	千公顷	14513	15101	104.1
8.四旁(零星)植树	万株	70859	61859	87.3
9.育苗面积	千公顷	297	311	104.6
二、主要林产品产量				
板　栗	吨	500477	453736	90.7
竹笋干	吨	259858	238787	91.9
油茶籽	吨	315499	330393	104.7
核　桃	吨	2350999	2737506	116.4
生　漆	吨	14491	14032	96.8
油桐籽	吨	223069	212357	95.2
乌桕籽	吨	6569	4247	64.7
五倍子	吨	14347	13292	92.6
棕　片	吨	23976	23473	97.9
松　脂	吨	762790	768745	100.8
紫胶(原胶)	吨	2209	2183	98.8
三、木竹采伐				
木材(商品材)	万立方米	3042	3632	119.4
竹材	万根	86247	84159	97.6

14-9 西部大开发12省(区、市)畜牧业生产情况

指　标	单位	1999年	2000年	2004年	2010年	2015年	2016年
一、牲畜出栏量							
1.大牲畜出栏							
牛	万头	1071.1	1171.0	1579.8	1821.3	2054.4	2128.6
马	万头	67.6	74.4	81.8	94.0	112.1	126.5
驴	万头	65.6	68.1	86.0	106.8	110.6	114.7
骡	万头	14.4	16.5	19.7	24.2	21.0	20.7
骆驼	万头	6.7	6.7	6.6	7.2	9.4	9.8
2.猪	万头	15371.9	16111.1	17833.8	20262.5	21529.7	20837.4
3.羊	万只	7228.5	7890.7	11717.8	14302.9	15739.2	16547.7
4.家禽	万只	120780.6	136585.6	126901.8	204573.5	230864.7	237660.6
5.兔	万只	6845.0	8226.0	14717.6	23004.6	28943.0	30936.0
二、肉类总产量	**万吨**	**1639.2**	**1737.5**	**1991.6**	**2363.7**	**2621.6**	**2616.8**
#猪牛羊肉产量	万吨	1434.7	1504.0	1748.9	1973.4	2166.1	2144.3
1.猪肉产量	万吨	1194.0	1239.4	1370.1	1511.3	1640.7	1594.6
2.牛肉产量	万吨	123.0	135.7	184.2	230.5	267.4	278.7
3.羊肉产量	万吨	117.7	128.8	194.5	231.6	257.9	271.0
4.禽肉产量	万吨	183.3	207.0	197.1	330.3	374.7	386.0
5.兔肉产量	万吨	9.2	11.1	20.5	31.7	43.1	46.0
6.其他肉产量	万吨	12.0	15.5	25.1	28.3	13.5	13.9
三、其他畜产品产量	**万吨**						
奶类产量	万吨	320.1	356.7	988.8	1577.8	1561.9	1492.3
#牛奶产量	万吨	281.0	315.7	938.4	1482.6	1481.7	1413.8
山羊粗毛产量	吨	11718	12955	16999	23011.9	20955.1	20820.4
绵羊毛产量	吨	182044	183782	237855	267194.0	305519.5	313556.4
#细羊毛	吨	74101	74432	85510	94252.3	105863.9	107646.7
半细羊毛	吨	35706	38780	52876	49345.7	64816.0	70780.7
山羊绒产量	吨	6984	7138	9825	12882.4	14044.1	14129.9
蜂蜜产量	万吨	5.0	5.1	6.8	9.2	12.0	12.4
禽蛋产量	万吨	244.4	264.9	359.7	379.2	432.1	444.4

14-10 西部大开发12省(区、市)牲畜年末存栏量

指　　标	单位	1997年	2000年	2010年	2014年	2015年	2016年
一、大牲畜头数	**万头**	**6814.4**	**7070.6**	**6715.1**	**6657.2**	**6747.0**	**6674.6**
1.牛	万头	5489.9	5770.4	5589.1	5608.6	5716.9	5705.8
黄牛*	万头	3716.9	3865.6				
水牛*	万头	1161.2	1223.6				
肉牛*	万头			3488.8	3690.9	3847.1	3949.6
奶牛*	万头			649.9	659.1	671.3	632.4
2.马	万头	595.1	583.7	532.7	493.9	491.6	469.6
3.驴	万头	450.7	445.5	384.4	355.4	344.8	309.4
4.骡	万头	237.5	238.5	183.3	166.0	158.3	151.8
5.骆驼	万头	35.0	32.6	25.6	33.3	35.5	38.0
二、猪	**万头**	**14788.5**	**16322.7**	**15967.4**	**15832.0**	**15362.1**	**14936.7**
三、羊	**万只**	**14797.0**	**15699.6**	**17468.8**	**19147.4**	**19556.3**	**18961.7**
山羊	万只	5692.9	6081.2	6764.7	7057.8	7269.2	7081.2
绵羊	万只	9104.1	9618.4	10704.1	12089.7	12287.1	11880.5
四、家禽	**万只**	**50701.6**	**63932.1**	**115414.4**	**122838.6**	**127042.1**	**127050.9**

注：从2008年起牛的品种修正为肉牛、奶牛和役用牛。

14-11 西部大开发12省(区、市)渔业生产情况

指　　标	单位	1990年	1995年	2000年	2010年	2015年	2016年
一、水产品总产量	**吨**	**716131**	**1730062**	**3587609**	**4795320**	**6929445**	**7295806**
1.按海水、内陆分							
海水产品产量	吨	202672	645706	1594505	1544481	1797194	1873182
内陆水产品产量	吨	513459	1084356	1993104	3250839	5132251	5422624
2.按生产性质分							
捕捞产量	吨	283759	632198	1100582	933821	993477	1014971
养殖产量	吨	432372	1097864	2487027	3861499	5935968	6280835
3.按品种分							
鱼类	吨	673010	1459932	2509894	3586753	5431761	5720337
甲壳类	吨	30234	81959	197308	317027	420043	445388
贝类	吨	12286	178552	820903	751884	923821	972041
藻类	吨	7	110	15	1791	2412	2329
其他类	吨	594	9509	59489	133746	151408	155711
二、水产养殖面积	**千公顷**	**602.2**	**723.9**	**823.3**	**931.6**	**1097.1**	**1109.6**
1.海水养殖面积	千公顷	5.4	41.0	61.4	51.3	55.0	54.7
浅海养殖	千公顷		16.4	16.5			
滩涂养殖	千公顷		20.6	41.5			
其他养殖	千公顷		4.0	3.4			
2.内陆养殖面积	千公顷	596.8	682.9	761.9	880.4	1042.1	1054.9
池塘养殖	千公顷		226.2	262.2			
湖泊养殖	千公顷		88.4	102.7			
河沟养殖	千公顷		21.9	35.9			
水库养殖	千公顷		340.2	354.1			
其他养殖	千公顷		6.2	7.0			
三、稻田养殖面积	**千公顷**		**561.7**	**577.8**		**666.5**	**638.0**

注：因农业部门报表制度修改，故水产养殖面积2009年无法分出细项。

14-12 西部大开发12省(区、市)按人口平均的主要农产品产量

单位：千克/人

指　标	1990年	1995年	2000年	2010年	2015年	2016年
一、粮食作物	**348.0**	**342.1**	**363.0**	**396.8**	**449.2**	**442.8**
(一)谷物		295.6	307.3	334.8	381.5	374.4
#稻谷	140.4	131.2	133.3	123.8	123.8	123.1
小麦	78.3	71.8	64.9	58.3	62.5	61.3
玉米	73.9	75.5	94.3	141.5	182.4	176.7
谷子	2.7	1.1	1.0	1.2	1.7	1.8
高粱	3.1	2.4	2.0	3.0	3.4	3.6
(二)豆类		12.8	12.9	15.4	14.6	15.1
#大豆	5.2	5.5	7.0	9.3	7.3	7.7
杂豆		7.3	5.9	6.0	7.3	7.3
(三)薯类	26.6	33.8	42.7	46.7	265.4	53.4
#马铃薯	11.5	16.4	22.8	32.0	192.0	38.6
二、油料作物	**13.5**	**14.8**	**18.9**	**22.8**	**28.4**	**29.4**
#花生	2.0	2.5	3.8	3.9	4.8	4.9
油菜籽	7.5	8.6	10.3	12.8	16.3	16.2
芝麻	0.1	0.1	0.2	0.1	0.1	0.1
胡麻籽	1.3	0.8	0.8	0.7	0.8	0.9
向日葵籽	2.1	2.4	3.3	4.9	5.9	6.8
三、棉花	**2.1**	**3.4**	**4.5**	**7.3**	**9.8**	**9.8**
四、麻类	**0.5**	**0.4**	**0.3**	**0.3**	**0.2**	**0.2**
#黄红麻	0.3	0.2	0.1	0.0	0.0	0.0
五、糖料	**93.9**	**132.1**	**142.1**	**266.6**	**281.7**	**274.1**
(一)甘蔗	75.5	111.4	157.6	248.1	262.8	251.6
(二)甜菜	18.4	20.7	12.6	18.4	18.9	22.5
六、水果	**14.4**	**31.2**	**45.4**	**167.2**	**215.3**	**253.7**
七、烟叶	**3.7**	**4.2**	**4.0**	**5.0**	**4.7**	**4.4**
#烤烟	3.1	3.8	3.6	4.7	4.4	4.1

14-13 西部大开发12省(区、市)按人口平均的畜产品、水产品产量

单位：千克/人

指 标	1990年	1995年	2000年	2010年	2015年	2016年
一、猪牛羊肉产量	**37.3**	**39.2**	**41.5**	**54.2**	**58.6**	**57.5**
猪肉	31.4	32.8	34.6	41.5	44.4	42.8
牛肉	3.1	3.3	3.6	6.3	7.2	7.5
羊肉	2.8	3.1	3.4	6.4	7.0	7.3
二、奶类产量	**7.5**	**8.5**	**9.3**	**43.4**	**42.2**	**40.0**
#牛奶产量	6.5	7.4	8.1	40.7	40.1	37.9
三、禽蛋产量	**6.3**	**6.4**	**7.1**	**10.4**	**11.7**	**11.9**
四、水产品产量	**8.0**	**9.0**	**10.4**	**13.2**	**18.9**	**19.9**
鱼类	5.7	6.3	7.3	9.9	14.8	15.6
虾蟹类	0.4	0.5	0.6	0.9	1.1	1.2

14-14 西部大开发12省(区、市)农林牧渔业总产值及构成

(按当年价格计算)

指 标	1995年	2000年	2001年	2015年	2016年
一、绝对数(亿元)					
农林牧渔业总产值合计	4690.6	5753.0	5970.6	29478.2	31654.1
#农业	2890.8	3478.8	3525.3	17240.5	18443.0
林业	177.4	242.8	238.8	1313.2	1427.5
牧业	1516.5	1848.9	2012.7	9006.8	9647.6
渔业	105.9	182.5	193.8	949.9	1040.5
二、构成(%)					
(以农林牧渔业合计为100)	100.0	100.0	100.0	100.0	100.0
#农业	61.6	60.5	59.0	58.5	59.4
林业	3.8	4.2	4.0	4.5	4.6
牧业	32.3	32.1	33.7	30.6	29.3
渔业	2.3	3.2	3.2	3.2	3.3
三、占全国的比重(%)					
农林牧渔业总产值合计	23.1	23.1	23.2	27.5	28.2
#农业	24.3	25.1	24.6	29.9	31.1
林业	24.1	25.9	26.0	29.6	30.8
牧业	24.7	25.0	25.9	30.2	30.4
渔业	6.2	6.7	6.9	8.7	9.0

注：2003年起农林牧渔业总产值执行新国民经济行业分类标准,包括农林牧渔服务业产值。

14-15 西部大开发12省(区、市)农林牧渔业中间消耗及构成

(按当年价格计算)

指　　标	1995年	2000年	2006年	2014年	2015年	2016年
一、绝对数(亿元)						
农林牧渔业合计	1728.4	2081.3	3987.5	10776.5	11645.7	12504.7
1.农业	937.2	1148.8	1817.6	5582.4	6053.3	6610.8
2.林业	44.2	64.6	133.2	383.8	427.8	466.1
3.牧业	716.4	813.7	1818.1	4033.6	4330.8	4501.5
4.渔业	30.6	54.3	102.5	307.1	336.2	367.4
二、构成(%)						
(以农林牧渔业合计为100)	100.0	100.0	100.0	100.0	100.0	100.0
1.农业	54.2	55.2	69.4	51.8	52.0	52.9
2.林业	2.6	3.1	5.1	3.6	3.7	3.7
3.牧业	41.5	39.1	69.4	37.4	37.2	36.0
4.渔业	1.8	2.6	3.9	2.8	2.9	2.9

14-16 西部大开发12省(区、市)农林牧渔业增加值及构成

(按当年价格计算)

指　　标	1995年	2000年	2001年	2014年	2015年	2016年
一、绝对数(亿元)						
农林牧渔业合计	2962.2	3671.6	3798.2	16832.2	17832.4	19149.4
#农业	1953.6	2330.1	2353.3	10476.9	11187.2	11832.2
林业	133.2	178.2	175.1	835.8	885.4	961.4
牧业	800.1	1035.2	1133.6	4542.7	4676.0	5146.1
渔业	75.3	128.1	136.3	576.5	613.7	673.1
二、构成(%)						
(以农林牧渔业合计为100)	100.0	100.0	100.0	100.0	100.0	100.0
#农业	66.0	63.5	62.0	62.2	62.7	61.8
林业	4.5	4.9	4.6	5.0	5.0	5.0
牧业	27.0	28.2	29.8	27.0	26.2	26.9
渔业	2.5	3.5	3.6	3.4	3.4	3.5

15

各地区主要农村经济指标排序

15-1 粮食总产量与人均占有量

地区	粮食总产量(万吨)		平均每人占有量(千克/人)	
	指标值	位次	指标值	位次
全国总计	**61625.0**		**447.0**	
北京	53.7	31	24.7	31
天津	196.4	26	126.3	28
河北	3460.2	7	464.6	11
山西	1318.5	18	359.0	19
内蒙古	2780.3	10	1105.2	3
辽宁	2100.6	13	479.6	8
吉林	3717.2	4	1355.1	2
黑龙江	6058.5	1	1592.1	1
上海	99.2	30	41.0	30
江苏	3466.0	6	433.9	15
浙江	752.2	23	135.2	27
安徽	3417.4	8	553.9	6
福建	650.9	24	168.8	26
江西	2138.1	12	466.9	10
山东	4700.7	3	475.0	9
河南	5946.6	2	625.6	5
湖北	2554.1	11	435.2	13
湖南	2953.2	9	434.1	14
广东	1360.2	17	124.5	29
广西	1521.3	15	315.8	22
海南	177.9	27	194.6	24
重庆	1166.0	21	384.5	18
四川	3483.5	5	423.1	16
贵州	1192.4	20	336.6	20
云南	1902.9	14	400.1	17
西藏	101.9	29	311.4	23
陕西	1228.3	19	323.0	21
甘肃	1140.6	22	437.9	12
青海	103.5	28	175.1	25
宁夏	370.6	25	552.0	7
新疆	1512.3	16	635.7	4

15-1 续表 1

地　区	谷物总产量(万吨)		平均每人占有量(千克/人)	
	指标值	位次	指标值	位次
全国总计	**56538.1**		**410.1**	
北　京	52.3	31	24.1	31
天　津	194.2	26	124.9	26
河　北	3321.9	6	446.0	10
山　西	1232.9	17	335.7	17
内蒙古	2492.3	10	990.7	3
辽　宁	2017.1	13	460.5	8
吉　林	3601.6	4	1312.9	2
黑龙江	5435.2	2	1428.3	1
上　海	98.6	29	40.8	30
江　苏	3360.6	5	420.7	12
浙　江	656.0	23	117.9	27
安　徽	3252.5	7	527.2	6
福　建	496.1	24	128.6	25
江　西	2029.9	12	443.3	11
山　东	4505.2	3	455.2	9
河　南	5777.0	1	607.7	5
湖　北	2428.5	11	413.8	13
湖　南	2805.2	9	412.4	14
广　东	1170.8	18	107.2	28
广　西	1420.6	16	294.9	20
海　南	149.2	27	163.2	24
重　庆	806.2	22	265.9	22
四　川	2846.6	8	345.8	15
贵　州	855.5	21	241.5	23
云　南	1567.7	14	329.6	18
西　藏	99.8	28	305.0	19
陕　西	1114.2	19	293.0	21
甘　肃	883.1	20	339.0	16
青　海	61.1	30	103.4	29
宁　夏	331.8	25	494.2	7
新　疆	1474.8	15	619.9	4

15-1 续表 2

地 区	稻谷总产量(万吨)		平均每人占有量(千克/人)	
	指标值	位次	指标值	位次
全国总计	**20707.5**		**150.2**	
北 京	0.1	30	0.1	30
天 津	13.4	26	8.6	25
河 北	54.7	25	7.3	26
山 西	0.5	29	0.1	29
内蒙古	63.2	22	25.1	21
辽 宁	484.6	15	110.6	15
吉 林	654.1	11	238.4	6
黑龙江	2255.3	2	592.6	1
上 海	81.8	21	33.8	20
江 苏	1931.4	4	241.8	5
浙 江	593.8	12	106.7	16
安 徽	1401.8	7	227.2	8
福 建	471.5	16	122.3	13
江 西	2012.6	3	439.5	2
山 东	88.1	20	8.9	24
河 南	542.2	13	57.0	19
湖 北	1693.5	5	288.6	4
湖 南	2602.3	1	382.5	3
广 东	1087.1	9	99.5	17
广 西	1137.3	8	236.1	7
海 南	149.1	18	163.2	11
重 庆	510.6	14	168.4	10
四 川	1558.2	6	189.3	9
贵 州	430.5	17	121.5	14
云 南	671.9	10	141.3	12
西 藏	0.5	28	1.5	27
陕 西	91.9	19	24.2	23
甘 肃	3.1	27	1.2	28
青 海				
宁 夏	63.0	23	93.8	18
新 疆	59.7	24	25.1	22

15-1 续表 3

地　区	小麦总产量(万吨)		平均每人占有量(千克/人)	
	指标值	位次	指标值	位次
全国总计	**12884.5**		**93.5**	
北　京	8.5	23	3.9	23
天　津	60.9	14	39.2	16
河　北	1433.3	3	192.4	5
山　西	273.4	10	74.4	9
内蒙古	169.9	12	67.5	12
辽　宁	2.2	26	0.5	26
吉　林	0.1	30	0.0	29
黑龙江	29.0	18	7.6	19
上　海	12.1	22	5.0	21
江　苏	1119.6	5	140.2	6
浙　江	25.4	19	4.6	22
安　徽	1385.9	4	224.6	4
福　建	0.6	28	0.1	28
江　西	2.6	25	0.6	25
山　东	2344.6	2	236.9	3
河　南	3466.0	1	364.6	1
湖　北	428.2	8	73.0	10
湖　南	5.9	24	0.9	24
广　东	0.3	29	0.0	30
广　西	1.1	27	0.2	27
海　南		31		31
重　庆	19.6	21	6.5	20
四　川	413.4	9	50.2	15
贵　州	59.7	15	16.9	18
云　南	89.4	13	18.8	17
西　藏	23.1	20	70.4	11
陕　西	445.0	7	117.0	7
甘　肃	267.8	11	102.8	8
青　海	33.1	17	55.9	14
宁　夏	40.9	16	60.9	13
新　疆	723.1	6	303.9	2

15-1 续表 4

地 区	玉米总产量(万吨)		平均每人占有量(千克/人)	
	指标值	位次	指标值	位次
全国总计	**21955.2**		**159.2**	
北 京	43.2	24	19.9	24
天 津	118.1	22	76.0	17
河 北	1753.6	5	235.5	8
山 西	888.9	8	242.0	7
内蒙古	2139.8	3	850.6	2
辽 宁	1465.6	7	334.6	4
吉 林	2833.0	2	1032.7	1
黑龙江	3127.4	1	821.8	3
上 海	2.1	30	0.9	30
江 苏	233.9	19	29.3	22
浙 江	30.5	25	5.5	28
安 徽	462.0	14	74.9	18
福 建	21.8	26	5.6	27
江 西	13.0	28	2.8	29
山 东	2065.0	4	208.6	10
河 南	1745.9	6	183.7	11
湖 北	296.6	16	50.5	20
湖 南	188.7	21	27.7	23
广 东	81.0	23	7.4	26
广 西	278.6	17	57.8	19
海 南		31		31
重 庆	264.7	18	87.3	16
四 川	793.2	9	96.3	14
贵 州	324.4	15	91.6	15
云 南	756.5	10	159.1	12
西 藏	2.7	29	8.4	25
陕 西	545.4	13	143.4	13
甘 肃	560.6	12	215.2	9
青 海	18.1	27	30.6	21
宁 夏	216.2	20	322.0	5
新 疆	684.9	11	287.9	6

15-1 续表 5

地区	大豆总产量(万吨)		平均每人占有量(千克/人)	
	指标值	位次	指标值	位次
全国总计	**1293.7**		**9.4**	
北京	0.4	28	0.2	28
天津	1.1	26	0.7	26
河北	24.7	12	3.3	21
山西	23.9	13	6.5	7
内蒙古	100.5	3	40.0	2
辽宁	28.2	10	6.4	9
吉林	39.9	7	14.5	4
黑龙江	503.6	1	132.3	1
上海	0.3	29	0.1	29
江苏	47.1	6	5.9	11
浙江	21.7	14	3.9	18
安徽	125.3	2	20.3	3
福建	18.4	18	4.8	16
江西	24.9	11	5.4	12
山东	35.7	8	3.6	19
河南	50.6	5	5.3	13
湖北	20.9	17	3.6	20
湖南	21.2	16	3.1	23
广东	17.0	21	1.6	25
广西	14.9	23	3.1	24
海南	0.6	27	0.7	27
重庆	21.2	15	7.0	5
四川	53.3	4	6.5	8
贵州	17.8	20	5.0	15
云南	31.5	9	6.6	6
西藏	0.0	30	0.1	30
陕西	17.9	19	4.7	17
甘肃	13.6	24	5.2	14
青海		31		31
宁夏	2.2	25	3.3	22
新疆	15.2	22	6.4	10

15-2 棉花总产量与人均占有量

地区	棉花总产量(吨)		平均每人占有量(千克/人)	
	指标值	位次	指标值	位次
全国总计	**5299452**		**3.84**	
北京	58	23	0.00	21
天津	23297	11	1.50	8
河北	299500	3	4.02	3
山西	10324	14	0.28	14
内蒙古	219	19	0.01	19
辽宁	126	20	0.003	20
吉林				
黑龙江				
上海	345	18	0.01	18
江苏	73849	8	0.92	10
浙江	16524	13	0.30	13
安徽	184632	5	2.99	5
福建	81	22	0.002	23
江西	73296	9	1.60	7
山东	548260	2	5.54	2
河南	97500	7	1.03	9
湖北	188459	4	3.21	4
湖南	122730	6	1.80	6
广东				
广西	2526	16	0.05	16
海南				
重庆				
四川	8843	15	0.11	15
贵州	1219	17	0.03	17
云南	118	21	0.00	22
西藏				
陕西	33819	10	0.89	11
甘肃	19904	12	0.76	12
青海				
宁夏				
新疆	3593823	1	151.07	1

15-3 油料总产量与人均占有量

地区	油料总产量(吨)		平均每人占有量(千克/人)	
	指标值	位次	指标值	位次
全国总计	**36294966**		**26.3**	
北京	5570	31	0.3	31
天津	16002	29	1.0	29
河北	1565043	8	21.0	15
山西	154346	25	4.2	28
内蒙古	2200239	6	87.5	1
辽宁	813279	14	18.6	18
吉林	825407	13	30.1	9
黑龙江	217465	24	5.7	26
上海	8976	30	0.4	30
江苏	1319336	9	16.5	20
浙江	290915	23	5.2	27
安徽	2148295	7	34.8	7
福建	310317	21	8.0	25
江西	1220179	10	26.6	13
山东	3267838	3	33.0	8
河南	6190857	1	65.1	2
湖北	3297545	2	56.2	3
湖南	2428705	5	35.7	6
广东	1132919	11	10.4	24
广西	689471	17	14.3	22
海南	111770	27	12.2	23
重庆	627208	20	20.7	16
四川	3112929	4	37.8	5
贵州	1034267	12	29.2	11
云南	685002	18	14.4	21
西藏	62133	28	19.0	17
陕西	637968	19	16.8	19
甘肃	760153	15	29.2	12
青海	300353	22	50.8	4
宁夏	146533	26	21.8	14
新疆	713946	16	30.0	10

15-3 续表 1

地　区	花生总产量(吨)		平均每人占有量(千克/人)	
	指标值	位次	指标值	位次
全国总计	**17289811**		**12.5**	
北　京	4443	27	0.2	26
天　津	5607	25	0.4	25
河　北	1297096	3	17.4	5
山　西	13301	24	0.4	24
内蒙古	48989	21	1.9	19
辽　宁	777448	6	17.7	4
吉　林	668059	9	24.4	3
黑龙江	47604	22	1.3	21
上　海	1909	28	0.1	29
江　苏	366989	12	4.6	14
浙　江	52483	20	0.9	22
安　徽	907333	5	14.7	6
福　建	288845	14	7.5	13
江　西	465005	11	10.2	11
山　东	3215552	2	32.5	2
河　南	5091893	1	53.6	1
湖　北	717322	7	12.2	8
湖　南	305981	13	4.5	15
广　东	1119325	4	10.2	10
广　西	648597	10	13.5	7
海　南	110333	17	12.1	9
重　庆	123099	15	4.1	16
四　川	687672	8	8.4	12
贵　州	113223	16	3.2	17
云　南	82299	19	1.7	20
西　藏	383	29	0.1	28
陕　西	104029	18	2.7	18
甘　肃	4449	26	0.2	27
青　海				
宁　夏				
新　疆	20543	23	0.9	23

15-3 续表 2

地区	油菜籽总产量(吨)		平均每人占有量(千克/人)	
	指标值	位次	指标值	位次
全国总计	**14545604**		**10.6**	
北京				
天津	209	28	0.0	28
河北	30980	18	0.4	20
山西	8293	23	0.2	24
内蒙古	414625	12	16.5	8
辽宁	1412	26	0.0	26
吉林				
黑龙江	535	27	0.0	27
上海	6924	24	0.3	22
江苏	936013	5	11.7	13
浙江	229324	15	4.1	16
安徽	1168279	4	18.9	6
福建	19470	21	0.5	19
江西	718141	8	15.7	10
山东	22980	20	0.2	23
河南	816693	7	8.6	15
湖北	2416298	1	41.2	2
湖南	2105699	3	31.0	3
广东	8875	22	0.1	25
广西	27902	19	0.6	18
海南				
重庆	491912	10	16.2	9
四川	2411481	2	29.3	4
贵州	902474	6	25.5	5
云南	586553	9	12.3	12
西藏	61750	17	18.9	7
陕西	423917	11	11.1	14
甘肃	342315	13	13.1	11
青海	296198	14	50.1	1
宁夏	2552	25	0.4	21
新疆	93801	16	3.9	17

15-3 续表 3

地区	向日葵籽总产量(吨)		平均每人占有量(千克/人)	
	指标值	位次	指标值	位次
全国总计	**2989729**		**2.2**	
北京	1099	20	0.051	20
天津	10071	12	0.65	10
河北	193657	3	2.60	6
山西	54104	7	1.47	7
内蒙古	1661620	1	66.05	1
辽宁	11357	11	0.26	12
吉林	135293	5	4.93	5
黑龙江	39837	8	1.05	8
上海				
江苏	145	23	0.002	24
浙江				
安徽	284	22	0.00	22
福建	75	24	0.002	23
江西				
山东	6268	16	0.06	18
河南	10004	14	0.11	16
湖北	10020	13	0.17	14
湖南	578	21	0.01	21
广东				
广西	4123	19	0.09	17
海南				
重庆	5628	17	0.19	13
四川	4312	18	0.05	19
贵州	16185	10	0.46	11
云南	7811	15	0.16	15
西藏				
陕西	35872	9	0.94	9
甘肃	184888	4	7.10	4
青海				
宁夏	60176	6	8.96	3
新疆	536322	2	22.54	2

15-4 糖料总产量与人均占有量

地　区	糖料总产量(吨)		平均每人占有量(千克/人)	
	指标值	位次	指标值	位次
全国总计	**123406500**		**89.5**	
北　京				
天　津				
河　北	931417	8	12.5	9
山　西	33244	22	0.9	22
内蒙古	2674400	5	106.3	6
辽　宁	94017	20	2.1	20
吉　林	14133	23	0.5	23
黑龙江	113877	18	3.0	18
上　海	5545	24	0.2	24
江　苏	90251	21	1.1	21
浙　江	620824	11	11.2	10
安　徽	203607	16	3.3	16
福　建	370168	14	9.6	12
江　西	657504	10	14.4	8
山　东	182	27	0.002	27
河　南	234696	15	2.5	19
湖　北	375059	13	6.4	13
湖　南	661990	9	9.7	11
广　东	14792892	3	135.4	5
广　西	74613239	1	1549.0	1
海　南	2046015	6	223.9	4
重　庆	96990	19	3.2	17
四　川	496031	12	6.0	15
贵　州	1178082	7	33.3	7
云　南	17384010	2	365.5	2
西　藏				
陕　西	1632	25	0.04	26
甘　肃	166285	17	6.4	14
青　海	561	26	0.095	25
宁　夏				
新　疆	5549850	4	233.3	3

15-4 续表 1

地　区	甘蔗总产量(吨)		平均每人占有量(千克/人)	
	指 标 值	位 次	指 标 值	位 次
全国总计	**113824625**		**82.6**	
北　京				
天　津				
河　北				
山　西				
内蒙古				
辽　宁				
吉　林				
黑龙江				
上　海	5545	16	0.2	16
江　苏	90151	15	1.1	15
浙　江	620824	8	11.2	7
安　徽	202402	13	3.3	12
福　建	370168	11	9.6	9
江　西	657504	7	14.4	6
山　东				
河　南	234696	12	2.5	14
湖　北	373432	10	6.4	10
湖　南	661990	6	9.7	8
广　东	14792892	3	135.4	4
广　西	74613239	1	1549.0	1
海　南	2046015	4	223.9	3
重　庆	96990	14	3.2	13
四　川	495409	9	6.0	11
贵　州	1178070	5	33.3	5
云　南	17384010	2	365.5	2
西　藏				
陕　西	1288	17	0.03	17
甘　肃				
青　海				
宁　夏				
新　疆				

15-4　续表 2

地　　区	甜菜总产量(吨)		平均每人占有量(千克/人)	
	指 标 值	位 次	指 标 值	位 次
全国总计	**9566589**		**6.9**	
北　　京				
天　　津				
河　　北	931417	3	12.5	3
山　　西	33244	7	0.9	7
内 蒙 古	2661900	2	105.8	2
辽　　宁	94017	6	2.1	6
吉　　林	14133	8	0.5	8
黑 龙 江	113877	5	3.0	5
上　　海				
江　　苏	100	13	0.00	13
浙　　江				
安　　徽				
福　　建				
江　　西				
山　　东	182	12	0.002	12
河　　南				
湖　　北	45	14	0.001	14
湖　　南				
广　　东				
广　　西				
海　　南				
重　　庆				
四　　川	622	9	0.01	11
贵　　州	12	15	0.000	15
云　　南				
西　　藏				
陕　　西	344	11	0.009	10
甘　　肃	166285	4	6.4	4
青　　海	561	10	0.09	9
宁　　夏				
新　　疆	5549850	1	233.3	1

15-5 肉类总产量与人均占有量

地 区	肉类总产量(万吨)		平均每人占有量(千克/人)	
	指标值	位次	指标值	位次
全国总计	**8537.8**		**61.9**	
北 京	30.4	29	14.0	30
天 津	45.5	26	29.3	27
河 北	457.7	5	61.5	17
山 西	84.4	24	23.0	28
内蒙古	258.9	15	102.9	1
辽 宁	430.9	6	98.4	2
吉 林	260.4	14	94.9	3
黑龙江	231.2	16	60.7	19
上 海	17.4	31	7.2	31
江 苏	355.6	12	44.5	23
浙 江	118.1	21	21.2	29
安 徽	411.4	9	66.7	16
福 建	225.6	17	58.5	20
江 西	330.9	13	72.3	13
山 东	777.5	1	78.6	9
河 南	697.0	2	73.3	11
湖 北	425.2	7	72.5	12
湖 南	529.8	4	77.9	10
广 东	415.5	8	38.0	24
广 西	411.2	10	85.4	4
海 南	76.3	25	83.5	7
重 庆	210.8	18	69.5	14
四 川	696.3	3	84.6	6
贵 州	199.3	19	56.3	21
云 南	375.6	11	79.0	8
西 藏	27.7	30	84.7	5
陕 西	111.7	22	29.4	26
甘 肃	97.3	23	37.4	25
青 海	36.0	27	61.0	18
宁 夏	30.9	28	46.0	22
新 疆	161.0	20	67.7	15

15-6 水产品总产量与人均占有量

地 区	水产品总产量(吨)		平均每人占有量(千克/人)	
	指标值	位次	指标值	位次
全国总计	**69012522**		**260.6**	
北 京	54288	27	102.7	16
天 津	394360	19	560.4	8
河 北	1369267	14	98.3	17
山 西	52279	28	8.0	29
内蒙古	158298	26	28.8	25
辽 宁	5500694	5	841.4	4
吉 林	200683	22	38.6	23
黑龙江	572955	17	87.2	19
上 海	296201	20	702.9	5
江 苏	5207448	6	677.1	6
浙 江	6045404	4	1033.8	2
安 徽	2357964	11	167.9	13
福 建	7677846	3	1271.1	1
江 西	2716146	9	325.4	11
山 东	9501856	1	533.3	10
河 南	1283546	15	49.7	21
湖 北	4708394	7	542.8	9
湖 南	2695681	10	148.1	14
广 东	8737893	2	640.8	7
广 西	3617653	8	226.7	12
海 南	2146379	12	1007.6	3
重 庆	508427	18	90.3	18
四 川	1454388	13	71.5	20
贵 州	289890	21	27.4	26
云 南	743663	16	47.0	22
西 藏	912	31	1.0	31
陕 西	159000	25	20.5	27
甘 肃	15333	29	2.3	30
青 海	12050	30	10.4	28
宁 夏	174591	23	140.8	15
新 疆	161601	24	35.8	24
中农发集团	197432			

15-7 水果总产量与人均占有量

地区	水果总产量(万吨)		平均每人占有量(千克/人)	
	指标值	位次	指标值	位次
全国总计	**28358.1**		**205.7**	
北京	79.0	27	36.4	28
天津	61.5	28	39.6	27
河北	2138.5	3	287.1	8
山西	840.8	14	228.9	10
内蒙古	316.3	22	125.7	21
辽宁	802.3	15	183.2	12
吉林	241.1	26	87.9	24
黑龙江	259.9	24	68.3	26
上海	50.6	29	20.9	29
江苏	893.0	12	111.8	23
浙江	724.3	18	130.2	20
安徽	1043.5	9	169.1	14
福建	853.8	13	221.4	11
江西	617.4	19	134.8	18
山东	3255.4	1	328.9	6
河南	2871.3	2	302.0	7
湖北	1010.4	10	172.2	13
湖南	1048.2	8	154.1	17
广东	1717.0	7	157.2	16
广西	1882.5	5	390.8	5
海南	395.4	21	432.6	4
重庆	408.7	20	134.8	19
四川	979.3	11	119.0	22
贵州	250.9	25	70.8	25
云南	759.1	16	159.6	15
西藏	1.5	31	4.7	31
陕西	2017.8	4	530.6	2
甘肃	738.0	17	283.3	9
青海	4.0	30	6.8	30
宁夏	305.8	23	455.4	3
新疆	1790.9	6	752.8	1

15-7 续表 1

地 区	园林水果总产量(万吨)		平均每人占有量(千克/人)	
	指标值	位次	指标值	位次
全国总计	**18119.4**		**131.4**	
北 京	62.2	24	28.6	24
天 津	32.4	28	20.8	26
河 北	1524.6	5	204.7	6
山 西	753.9	10	205.3	5
内蒙古	61.0	25	24.2	25
辽 宁	570.0	14	130.1	13
吉 林	51.0	27	18.6	27
黑龙江	53.2	26	14.0	28
上 海	28.8	29	11.9	29
江 苏	296.3	20	37.1	23
浙 江	437.3	16	78.6	20
安 徽	305.3	19	49.5	21
福 建	761.6	9	197.5	7
江 西	405.4	17	88.5	18
山 东	1728.5	1	174.7	9
河 南	922.7	7	97.1	17
湖 北	649.7	12	110.7	15
湖 南	590.9	13	86.9	19
广 东	1581.0	3	144.7	12
广 西	1525.2	4	316.6	4
海 南	291.5	21	319.0	3
重 庆	355.7	18	117.3	14
四 川	850.5	8	103.3	16
贵 州	162.3	22	45.8	22
云 南	697.0	11	146.6	10
西 藏	1.4	30	4.1	30
陕 西	1714.0	2	450.7	2
甘 肃	506.4	15	194.4	8
青 海	1.3	31	2.2	31
宁 夏	97.8	23	145.7	11
新 疆	1100.6	6	462.7	1

15-7 续表 2

地区	苹果总产量(万吨)		平均每人占有量(千克/人)	
	指标值	位次	指标值	位次
全国总计	**4388.2**		**31.8**	
北京	7.3	17	3.3	18
天津	5.3	19	3.4	17
河北	365.6	5	49.1	8
山西	428.6	4	116.7	3
内蒙古	17.5	14	6.9	13
辽宁	256.6	7	58.6	6
吉林	13.6	16	5.0	15
黑龙江	15.0	15	3.9	16
上海				
江苏	56.4	11	7.1	12
浙江				
安徽	37.4	13	6.1	14
福建				
江西				
山东	978.1	2	98.8	4
河南	438.6	3	46.1	9
湖北	1.3	20	0.2	22
湖南				
广东				
广西				
海南				
重庆	0.5	22	0.2	23
四川	62.7	9	7.6	11
贵州	5.9	18	1.7	20
云南	42.1	12	8.8	10
西藏	0.6	21	1.9	19
陕西	1100.8	1	289.5	1
甘肃	360.1	6	138.3	2
青海	0.4	23	0.7	21
宁夏	57.2	10	85.2	5
新疆	136.6	8	57.4	7

15-7 续表 3

地 区	梨总产量(万吨)		平均每人占有量(千克/人)	
	指标值	位次	指标值	位次
全国总计	**1870.4**		**13.6**	
北 京	10.1	23	0.2	27
天 津	4.0	25	0.1	28
河 北	499.2	1	13.4	9
山 西	79.1	9	7.2	15
内蒙古	6.5	24	3.0	21
辽 宁	121.0	4	77.8	1
吉 林	12.6	21	1.7	23
黑龙江	3.3	26	0.9	26
上 海	3.0	27	1.2	24
江 苏	75.8	10	17.3	7
浙 江	38.7	15	14.1	8
安 徽	114.2	6	30.0	4
福 建	24.1	18	10.0	13
江 西	16.2	20	2.0	22
山 东	133.9	2	24.1	5
河 南	117.5	5	19.0	6
湖 北	47.4	12	12.3	11
湖 南	18.3	19	4.0	19
广 东	10.9	22	1.1	25
广 西	34.0	16	3.6	20
海 南		31		31
重 庆	41.1	13	6.0	17
四 川	99.7	8	9.1	14
贵 州	32.1	17	6.7	16
云 南	52.6	11	57.5	2
西 藏	0.1	30	0.05	30
陕 西	104.2	7	12.7	10
甘 肃	40.4	14	11.4	12
青 海	0.4	29	0.1	29
宁 夏	1.9	28	5.8	18
新 疆	128.0	3	33.7	3

15-7 续表 4

地 区	瓜果类总产量(万吨)		平均每人占有量(千克/人)	
	指标值	位次	指标值	位次
全国总计	**10231.7**		**74.2**	
北 京	16.8	29	7.7	29
天 津	29.1	27	18.7	23
河 北	613.9	5	82.4	9
山 西	86.9	23	23.7	21
内蒙古	255.3	12	101.5	7
辽 宁	232.2	13	53.0	17
吉 林	190.1	18	69.3	13
黑龙江	206.7	17	54.3	16
上 海	21.8	28	9.0	28
江 苏	596.7	6	74.7	11
浙 江	287.1	11	51.6	18
安 徽	738.2	3	119.7	5
福 建	92.2	22	23.9	20
江 西	212.0	15	46.3	19
山 东	1526.9	2	154.3	4
河 南	1948.5	1	205.0	3
湖 北	360.7	8	61.5	15
湖 南	457.3	7	67.2	14
广 东	136.0	19	12.5	27
广 西	357.3	9	74.2	12
海 南	103.9	21	113.6	6
重 庆	53.0	26	17.5	24
四 川	128.8	20	15.6	25
贵 州	81.6	24	23.0	22
云 南	62.1	25	13.1	26
西 藏	0.2	31	0.53	31
陕 西	303.9	10	79.9	10
甘 肃	231.5	14	88.9	8
青 海	2.7	30	4.6	30
宁 夏	208.0	16	309.7	1
新 疆	690.2	4	290.1	2

15-7 续表 5

地　区	西瓜总产量(万吨)		平均每人占有量(千克/人)	
	指标值	位次	指标值	位次
全国总计	**7940.3**		**57.6**	
北　京	15.3	28	7.0	28
天　津	23.4	27	15.0	24
河　北	437.0	5	58.7	8
山　西	67.8	22	18.5	22
内蒙古	170.6	14	67.8	6
辽　宁	130.2	17	29.7	19
吉　林	136.3	16	49.7	15
黑龙江	123.1	18	32.4	18
上　海	15.3	29	6.3	29
江　苏	445.1	4	55.7	12
浙　江	215.4	11	38.7	17
安　徽	607.2	3	98.4	5
福　建	74.7	21	19.4	20
江　西	179.5	13	39.2	16
山　东	1179.3	2	119.2	4
河　南	1716.1	1	180.5	2
湖　北	300.6	9	51.2	14
湖　南	399.0	6	58.7	9
广　东	106.7	20	9.8	27
广　西	323.8	8	67.2	7
海　南	47.1	26	51.6	13
重　庆	50.5	25	16.7	23
四　川	110.8	19	13.5	25
贵　州	67.5	23	19.1	21
云　南	52.5	24	11.0	26
西　藏	0.1	31	0.37	31
陕　西	216.6	10	57.0	10
甘　肃	147.4	15	56.6	11
青　海	1.3	30	2.2	30
宁　夏	186.2	12	277.3	1
新　疆	393.8	7	165.6	3

15-7 续表 6

地　区	蔬菜总产量(万吨)		平均每人占有量(千克/人)	
	指标值	位次	指标值	位次
全国总计	**79779.7**		**578.7**	
北　京	183.6	29	84.5	31
天　津	450.4	27	289.7	26
河　北	8193.4	2	1100.2	1
山　西	1294.5	22	352.4	21
内蒙古	1502.3	20	597.2	13
辽　宁	2257.5	11	515.4	16
吉　林	852.4	24	310.7	24
黑龙江	936.8	23	246.2	28
上　海	334.2	28	138.3	30
江　苏	5593.9	4	700.3	7
浙　江	1865.1	19	335.2	22
安　徽	2774.7	10	449.7	19
福　建	1951.6	14	506.1	17
江　西	1420.2	21	310.1	25
山　东	10327.0	1	1043.5	2
河　南	7807.6	3	821.3	5
湖　北	4001.7	7	681.9	8
湖　南	4196.4	6	616.9	11
广　东	3569.1	8	326.7	23
广　西	2928.8	9	608.0	12
海　南	579.8	26	634.3	9
重　庆	1875.1	18	618.3	10
四　川	4388.6	5	533.0	14
贵　州	1878.5	17	530.3	15
云　南	1968.6	12	413.9	20
西　藏	70.7	31	216.01	29
陕　西	1896.2	16	498.6	18
甘　肃	1951.5	15	749.2	6
青　海	170.0	30	287.7	27
宁　夏	593.1	25	883.4	3
新　疆	1966.5	13	826.6	4

15-8 奶类总产量与人均占有量

地区	奶类总产量(万吨)		平均每人占有量(千克/人)	
	指标值	位次	指标值	位次
全国总计	**3712.1**		**26.9**	
北京	45.7	16	21.0	14
天津	68.0	11	43.8	9
河北	448.0	3	60.2	6
山西	95.9	10	26.1	13
内蒙古	741.3	1	294.7	1
辽宁	144.2	8	32.9	11
吉林	53.4	15	19.5	15
黑龙江	548.6	2	144.2	3
上海	26.0	21	10.8	18
江苏	59.0	14	7.4	20
浙江	15.3	24	2.8	25
安徽	32.7	20	5.3	21
福建	15.9	23	4.1	22
江西	13.5	25	2.9	23
山东	276.8	5	28.0	12
河南	336.6	4	35.4	10
湖北	16.9	22	2.9	24
湖南	10.1	27	1.5	29
广东	13.0	26	1.2	30
广西	9.7	28	2.0	26
海南	0.2	31	0.2	31
重庆	5.5	30	1.8	28
四川	62.8	13	7.6	19
贵州	6.4	29	1.8	27
云南	64.1	12	13.5	17
西藏	34.7	18	106.0	4
陕西	189.1	6	49.7	8
甘肃	40.7	17	15.6	16
青海	34.2	19	57.9	7
宁夏	139.5	9	207.7	2
新疆	164.4	7	69.1	5

15-9 各地区农村居民人均可支配收入位次

单位：元/人

地区	2015年		2016年	
	实际数	位次	实际数	位次
全国总计	**11421.7**		**12363.4**	
北京	20568.7	3	22309.5	3
天津	18481.6	4	20075.6	4
河北	11050.5	14	11919.4	14
山西	9453.9	23	10082.5	24
内蒙古	10775.9	19	11609.0	19
辽宁	12056.9	9	12880.7	9
吉林	11326.2	11	12122.9	12
黑龙江	11095.2	13	11831.9	16
上海	23205.2	1	25520.4	1
江苏	16256.7	5	17605.6	5
浙江	21125.0	2	22866.1	2
安徽	10820.7	18	11720.5	17
福建	13792.7	6	14999.2	6
江西	11139.1	12	12137.7	11
山东	12930.4	8	13954.1	8
河南	10852.9	17	11696.7	18
湖北	11843.9	10	12725.0	10
湖南	10992.5	15	11930.4	13
广东	13360.4	7	14512.2	7
广西	9466.6	22	10359.5	22
海南	10857.6	16	11842.9	15
重庆	10504.7	20	11548.8	20
四川	10247.4	21	11203.1	21
贵州	7386.9	30	8090.3	30
云南	8242.1	28	9019.8	28
西藏	8243.7	27	9093.8	27
陕西	8688.9	26	9396.4	26
甘肃	6936.2	31	7456.9	31
青海	7933.4	29	8664.4	29
宁夏	9118.7	25	9851.6	25
新疆	9425.1	24	10183.2	23

注：本表数据来源于国家统计局开展的全国住户收支与生活状况调查。

16

国外主要农业指标

16-1 总人口与农村人口

国家或地区	总人口(万人)			农村人口(万人)			农村人口占总人口的比重(%)		
	2010年	2014年	2015年	2010年	2014年	2015年	2010年	2014年	2015年
世　界	**692973**	**726579**	**734947**	**334491**	**336366**	**336750**	**48.3**	**46.3**	**45.8**
印　度	123098	129529	131105	83272	85720	86245	67.6	66.2	65.8
美　国	30988	31945	32177	6004	5985	5977	19.4	18.7	18.6
印度尼西亚	24161	25445	25756	12052	11881	11829	49.9	46.7	45.9
巴　西	19861	20608	20785	3058	2943	2915	15.4	14.3	14.0
巴基斯坦	17004	18504	18892	10978	11422	11522	64.6	61.7	61.0
尼日利亚	15942	17748	18220	9027	9472	9584	56.6	53.4	52.6
孟加拉国	15162	15908	16100	10509	10539	10543	69.3	66.2	65.5
俄罗斯联邦	14316	14343	14346	3779	3715	3694	26.4	25.9	25.7
墨西哥	11862	12539	12702	2614	2603	2599	22.0	20.8	20.5
日　本	12732	12679	12657	1207	886	825	9.5	7.0	6.5
菲律宾	9304	9914	10070	5116	5557	5663	55.0	56.0	56.2
埃塞俄比亚	8756	9696	9939	7201	7814	7968	82.2	80.6	80.2
越　南	8836	9242	9345	6198	6205	6202	70.2	67.1	66.4
埃　及	8204	8958	9151	4449	4747	4817	54.2	53.0	52.6
德　国	8044	8065	8069	2134	2059	2039	26.5	25.5	25.3
伊　朗	7425	7814	7911	2187	2130	2116	29.5	27.3	26.7
土耳其	7231	7752	7867	2113	2056	2040	29.2	26.5	25.9
刚果共和国	6594	7488	7727	3735	4025	4097	56.6	53.7	53.0
泰　国	6669	6773	6796	3713	3417	3345	55.7	50.4	49.2
英　国	6272	6433	6472	1161	1121	1111	18.5	17.4	17.2
法　国	6296	6412	6440	1369	1339	1331	21.7	20.9	20.7
意大利	5959	5979	5980	1917	1904	1898	32.2	31.8	31.7
南　非	5162	5397	5449	1944	1897	1883	37.7	35.2	34.6
缅　甸	5173	5344	5390	3562	3570	3570	68.9	66.8	66.2
坦桑尼亚	4565	5182	5347	3233	3507	3576	70.8	67.7	66.9
韩　国	4909	5007	5029	875	873	872	17.8	17.4	17.3
哥伦比亚	4592	4779	4823	1159	1167	1167	25.2	24.4	24.2
西班牙	4660	4626	4612	996	972	964	21.4	21.0	20.9
肯尼亚	4033	4486	4605	3127	3407	3477	77.5	75.9	75.5
乌克兰	4565	4500	4482	1442	1372	1353	31.6	30.5	30.2
阿根廷	4122	4298	4342	365	351	348	8.8	8.2	8.0
阿尔及利亚	3604	3893	3967	1204	1193	1190	33.4	30.6	30.0
乌干达	3315	3778	3903	2906	3272	3368	87.7	86.6	86.3
波　兰	3857	3862	3861	1494	1507	1508	38.7	39.0	39.1
伊拉克	3087	3527	3642	959	1065	1092	31.1	30.2	30.0
加拿大	3413	3559	3594	651	652	652	19.1	18.3	18.1
摩洛哥	3211	3392	3438	1339	1350	1352	41.7	39.8	39.3
阿富汗	2796	3163	3253	2139	2306	2346	76.5	72.9	72.1
沙特阿拉伯	2809	3089	3154	488	502	504	17.4	16.2	16.0
秘　鲁	2937	3097	3138	676	668	667	23.0	21.6	21.2

资料来源：联合国FAO数据库。

16-2 农业生产指数

(2004-2006年=100)

国家或地区	2010年	2012年	2013年	2014年
世　界	**113**	**118**	**122**	**124**
孟加拉国	129	134	137	141
印　度	124	135	140	143
印度尼西亚	123	135	137	139
伊　朗	106	103	104	106
以 色 列	104	112	112	112
日　本	97	97	97	96
哈萨克斯坦	107	111	126	126
朝　鲜	98	102	104	104
韩　国	101	99	103	104
马来西亚	111	120	122	122
蒙　古	114	133	144	147
缅　甸	135	124	128	130
巴基斯坦	110	116	121	123
菲 律 宾	113	119	121	122
斯里兰卡	123	123	135	120
泰　国	113	132	130	129
越　南	120	133	134	136
埃　及	109	119	116	120
尼日利亚	105	109	106	116
南　非	118	121	123	125
加 拿 大	102	105	116	109
墨 西 哥	108	113	116	120
美　国	106	103	108	111
阿 根 廷	112	107	118	119
巴　西	122	126	135	135
委内瑞拉	109	117	120	118
白俄罗斯	117	122	116	122
捷　克	91	89	92	102
法　国	97	97	98	103
德　国	103	105	105	111
意 大 利	97	91	90	89
荷　兰	112	111	113	115
波　兰	101	107	107	113
罗马尼亚	91	79	96	100
俄罗斯联邦	94	108	117	120
西 班 牙	103	93	113	102
土 耳 其	110	122	126	120
乌 克 兰	106	121	138	137
英　国	102	98	101	108
澳大利亚	100	116	115	111
新 西 兰	104	109	110	116

资料来源：联合国FAO数据库。

16-3 谷物总产量、收获面积与单产

国家或地区	总产量(万吨)			收获面积(千公顷)			单产(千克/公顷)		
	2010年	2013年	2014年	2010年	2013年	2014年	2010年	2013年	2014年
世　界	**247532**	**275901**	**280067**	**693090**	**707957**	**720669**	**3571**	**3897**	**3886**
孟加拉国	5186	5425	5507	12094	12451	12499	4288	4357	4406
印　度	26784	29394	29399	100076	99190	98618	2676	2963	2981
印度尼西亚	8480	8979	8985	17385	17657	17634	4878	5085	5096
伊　朗	2225	1643	1706	9435	8901	8690	2358	1846	1963
以色列	24	31	36	80	82	81	3024	3793	4448
日　本	1137	1179	1160	1942	1931	1908	5854	6105	6080
哈萨克斯坦	1212	1816	1710	15068	15583	14583	804	1165	1173
朝　鲜	453	523	553	1320	1307	1283	3431	4006	4308
韩　国	602	581	585	970	897	884	6204	6480	6619
马来西亚	251	269	273	686	681	699	3660	3948	3906
蒙　古	36	39	52	259	293	315	1370	1320	1647
缅　甸	3455	2861	2878	8943	7878	7763	3863	3632	3707
巴基斯坦	3481	3645	3811	13332	13390	13870	2611	2722	2747
菲律宾	2215	2582	2674	6853	7310	7351	3232	3532	3637
斯里兰卡	447	484	363	1125	1262	955	3974	3834	3801
泰　国	3964	4204	3784	13316	13062	12194	2977	3219	3103
越　南	4461	4923	5018	8617	9075	8997	5177	5425	5577
埃　及	1946	2412	2205	2993	3315	3078	6504	7276	7162
尼日利亚	2466	1963	2583	16132	15874	16207	1528	1236	1594
南　非	1470	1487	1727	3548	3993	3998	4143	3725	4320
加拿大	4566	6641	5130	13120	15938	13981	3480	4167	3670
墨西哥	3493	3321	3653	9977	9806	10198	3501	3387	3582
美　国	40167	43655	44293	57483	59473	57996	6988	7340	7637
阿根廷	4714	5179	5551	9511	10962	12186	4957	4725	4555
巴　西	7516	10090	10140	18600	20906	21851	4041	4826	4641
委内瑞拉	299	369	356	1009	922	874	2968	4007	4074
白俄罗斯	673	723	903	2390	2405	2428	2814	3008	3721
捷　克	688	752	878	1465	1416	1412	4696	5310	6220
法　国	6563	6750	5615	9763	9534	9633	6722	7079	5829
德　国	4431	4776	5201	6596	6526	6461	6718	7318	8050
意大利	1850	1821	1937	3476	3460	3393	5323	5265	5709
荷　兰	180	176	170	210	203	187	8569	8630	9074
波　兰	2665	2846	3195	7865	7479	7485	3389	3804	4268
罗马尼亚	1671	2090	2208	5020	5413	5426	3330	3862	4069
俄罗斯联邦	5962	9038	10315	32357	40344	42221	1843	2240	2443
西班牙	1983	2523	2036	6001	6183	6259	3304	4081	3253
土耳其	3276	3748	3271	12015	11507	11553	2727	3257	2831
乌克兰	3868	6269	6338	14185	15550	14401	2727	4031	4401
英　国	2095	2008	2451	3013	3029	3180	6953	6630	7707
澳大利亚	3351	3560	3841	19437	17871	17973	1724	1992	2137
新西兰	100	111	110	136	136	137	7387	8131	8054

资料来源：联合国FAO数据库。

16-4 小麦总产量、收获面积与单产

国家或地区	总产量(万吨)			收获面积(千公顷)			单产(千克/公顷)		
	2010年	2013年	2014年	2010年	2013年	2014年	2010年	2013年	2014年
世　界	**64932**	**71114**	**72897**	**217082**	**218288**	**221616**	**2991**	**3258**	**3289**
孟加拉国	90	126	130	376	416	410	2396	3014	3176
印　度	8080	9351	9448	28457	29650	31188	2840	3154	3030
伊　朗	1350	930	865	7035	6400	5920	1919	1454	1462
以色列	11	15	13	64	64	62	1751	2372	2050
日　本	57	81	85	207	210	213	2761	3862	4009
哈萨克斯坦	964	1394	1300	13138	12954	11923	734	1076	1090
朝　鲜	16	8	5	73	50	34	2192	1500	1324
韩　国	4	2	2	13	7	7	3117	2585	3260
蒙　古	35	37	49	250	276	291	1381	1337	1680
缅　甸	18	19	19	101	100	98	1814	1860	1896
巴基斯坦	2331	2421	2598	9132	8687	9199	2553	2787	2824
泰　国	0	0	0	1	1	1	1038	1250	1137
埃　及	718	946	928	1288	1419	1425	5574	6668	6512
尼日利亚	11	8	9	66	80	85	1667	1000	1059
南　非	143	188	176	558	520	486	2562	3614	3619
加拿大	2317	3753	2928	8269	10442	9462	2802	3594	3095
墨西哥	368	336	367	679	634	707	5419	5293	5194
美　国	6006	5797	5540	19271	18274	18818	3117	3172	2944
阿根廷	1588	919	1393	4532	3452	4957	3503	2662	2810
巴　西	617	574	626	2182	2087	2835	2829	2749	2209
委内瑞拉	0	0	0	1	0	0	484	2982	2982
白俄罗斯	174	210	292	603	686	742	2885	3061	3941
捷　克	416	470	544	834	829	836	4992	5668	6510
法　国	3821	3861	3897	5931	5323	5297	6442	7254	7357
德　国	2411	2502	2778	3298	3128	3220	7310	7998	8630
意大利	685	731	714	1830	1902	1874	3742	3844	3811
荷　兰	137	134	130	154	153	142	8909	8741	9170
波　兰	949	949	1163	2406	2138	2339	3943	4437	4972
罗马尼亚	581	730	758	2153	2097	2108	2700	3479	3598
俄罗斯联邦	4151	5209	5971	21640	23371	23908	1918	2229	2498
西班牙	594	760	647	1948	2122	2171	3050	3583	2981
土耳其	1967	2205	1900	8063	7750	7821	2440	2845	2429
乌克兰	1685	2228	2411	6284	6566	6011	2682	3393	4012
英　国	1488	1192	1662	1939	1615	1936	7673	7381	8585
澳大利亚	2214	2286	2530	13507	12979	12613	1639	1761	2006
新西兰	44	45	41	55	49	48	8124	9106	8627

资料来源：联合国FAO数据库。

16-5 稻谷总产量、收获面积与单产

国家或地区	总产量(万吨)			收获面积(千公顷)			单产(千克/公顷)		
	2010年	2013年	2014年	2010年	2013年	2014年	2010年	2013年	2014年
世　界	**70165**	**73806**	**74096**	**161195**	**164085**	**163247**	**4353**	**4498**	**4539**
孟加拉国	5006	5150	5223	11529	11770	11820	4342	4376	4419
印　度	14396	15920	15720	42862	43950	43400	3359	3622	3622
印度尼西亚	6647	7128	7085	13253	13835	13797	5015	5152	5135
伊　朗	301	245	260	564	565	590	5346	4336	4407
日　本	1060	1076	1055	1628	1599	1575	6514	6728	6698
哈萨克斯坦	37	34	38	94	89	95	3970	3851	3960
朝　鲜	243	290	263	570	547	500	4256	5304	5252
韩　国	581	563	564	892	833	816	6514	6764	6913
马来西亚	246	260	265	678	672	690	3636	3876	3835
缅　甸	3258	2637	2642	8012	6872	6790	4067	3837	3892
巴基斯坦	724	680	701	2365	2789	2891	3059	2437	2423
泰　国	3441	3676	3262	11932	11684	10835	2884	3146	3011
埃　及	433	572	600	460	597	630	9422	9587	9530
尼日利亚	447	482	673	2433	2931	3096	1839	1645	2175
南　非	0	0	0	1	1	1	2561	2609	2617
墨西哥	22	18	23	42	33	41	5190	5425	5712
美　国	1103	861	1003	1463	999	1181	7538	8624	8487
阿根廷	124	156	158	216	233	243	5765	6719	6504
巴　西	1124	1178	1218	2722	2353	2341	4127	5007	5201
委内瑞拉	81	108	116	188	215	227	4291	5044	5111
法　国	11	8	8	21	20	17	5359	4039	4994
意大利	152	143	139	248	216	220	6122	6634	6315
罗马尼亚	6	5	5	12	12	13	4966	4719	3551
俄罗斯联邦	106	93	105	201	189	196	5280	4947	5362
西班牙	93	85	86	122	113	110	7594	7522	7851
土耳其	86	90	83	99	111	111	8690	8138	7486
乌克兰	15	15	5	29	24	10	5051	5994	4988
澳大利亚	20	116	82	19	114	75	10407	10218	10920

资料来源：联合国FAO数据库。

16-6 玉米总产量、收获面积与单产

国家或地区	总产量(万吨)			收获面积(千公顷)			单产(千克/公顷)		
	2010年	2013年	2014年	2010年	2013年	2014年	2010年	2013年	2014年
世　界	**85127**	**101754**	**102162**	**164046**	**185672**	**183320**	**5189**	**5480**	**5573**
孟加拉国	89	149	153	152	224	229	5838	6624	6659
印　度	2173	2329	2367	8553	9430	8600	2540	2470	2752
印度尼西亚	1833	1851	1901	4132	3822	3837	4436	4844	4954
伊　朗	214	185	260	240	290	395	8930	6386	6582
以 色 列	9	11	16	3	5	5	29236	22556	34098
日　本	0	0	0	0	0	0	2397	2727	2714
哈萨克斯坦	46	57	66	96	108	126	4833	5276	5257
朝　鲜	168	200	259	503	527	560	3346	3799	4632
韩　国	7	8	8	16	16	16	4787	5059	5178
马来西亚	5	9	9	9	10	10	5535	8899	8899
缅　甸	138	160	169	389	435	399	3537	3681	4246
巴基斯坦	371	494	470	974	1168	1130	3805	4231	4155
泰　国	486	488	480	1163	1154	1132	4180	4224	4245
埃　及	704	796	580	969	1030	750	7270	7722	7733
尼日利亚	768	842	1079	4149	5763	5850	1850	1462	1845
南　非	1282	1249	1498	2742	3250	3300	4674	3842	4540
加 拿 大	1171	1419	1149	1203	1480	1227	9739	9588	9365
墨 西 哥	2330	2266	2327	7148	7096	7060	3260	3194	3296
美　国	31616	35370	36109	32960	35478	33644	9592	9970	10733
阿 根 廷	2266	3212	3300	2904	4864	5000	7804	6604	6600
巴　西	5536	8027	7988	12679	15280	15432	4367	5254	5176
委内瑞拉	180	246	227	610	641	586	2946	3833	3873
白俄罗斯	55	112	60	112	201	112	4931	5566	5355
捷　克	69	68	83	103	97	99	6705	6970	8428
法　国	1397	1503	185	1582	1840	1848	8831	8170	1003
德　国	407	439	514	464	497	481	8785	8828	10684
意 大 利	850	790	924	927	908	870	9167	8699	10621
荷　兰	20	19	17	17	16	13	11767	11945	13742
波　兰	172	404	447	299	614	678	5746	6576	6588
罗马尼亚	904	1131	1199	2094	2516	2504	4318	4494	4787
俄罗斯联邦	308	1163	1133	1025	2322	2600	3009	5011	4359
西 班 牙	332	493	469	315	435	418	10555	11326	11238
土 耳 其	431	590	595	594	659	656	7261	8950	9075
乌 克 兰	1195	3095	2850	2648	4827	4627	4515	6412	6159
澳大利亚	33	51	39	59	79	52	5559	6444	7500
新 西 兰	19	20	24	18	19	22	10760	10821	10989

资料来源：联合国FAO数据库。

16-7 大豆总产量、收获面积与单产

国家或地区	总产量(万吨)			收获面积(千公顷)			单产(千克/公顷)		
	2010年	2013年	2014年	2010年	2013年	2014年	2010年	2013年	2014年
世　界	**2402**	**2370**	**2509**	**30987**	**29093**	**30139**	**775**	**815**	**833**
孟加拉国	5	5	5	59	65	63	816	792	816
印　度	489	363	411	11000	9100	10000	445	399	411
印度尼西亚	29	20	21	258	182	185	1130	1124	1135
伊　朗	27	19	20	91	114	92	2948	1661	2174
日　本	8	8	10	42	41	41	1818	2012	2356
哈萨克斯坦	0	0	0	0	0	0	2367	3288	4286
朝　鲜	30	31	32	380	360	367	801	861	861
韩　国	1	1	1	6	10	8	1061	1028	1134
缅　甸	353	370	374	2710	2700	2634	1303	1370	1419
巴基斯坦	9	10	11	162	152	148	540	679	726
泰　国	10	11	10	137	146	138	745	719	732
埃　及	5	9	9	20	34	27	2690	2652	3449
南　非	5	5	5	44	40	40	1185	1200	1233
加拿大	25	21	27	127	85	120	1995	2425	2282
墨西哥	116	129	127	1630	1755	1681	709	738	758
美　国	144	111	132	746	533	674	1934	2093	1965
阿根廷	34	10	21	268	145	249	1261	665	836
巴　西	316	289	329	3424	2814	3186	923	1028	1034
委内瑞拉	4	2	1	50	19	17	824	874	784
白俄罗斯	15	22	35	67	93	115	2196	2378	3012
法　国	1	1	1	3	4	4	2263	1852	1875
意大利	1	1	1	7	5	5	1883	2222	2253
荷　兰	1	1	1	2	2	2	3190	2949	3149
波　兰	3	3	4	18	15	17	1875	2111	2200
罗马尼亚	2	2	2	25	21	22	844	889	899
俄罗斯联邦	1	1	1	4	4	4	1618	1710	1747
西班牙	1	1	1	7	7	7	1715	1569	1845
土耳其	21	20	22	103	85	91	2061	2301	2360
乌克兰	3	4	4	23	25	29	1274	1432	1510
澳大利亚	4	5	5	45	65	61	969	812	868

资料来源：联合国FAO数据库。

16-8 薯类作物总产量、收获面积与单产

国家或地区	总产量(万吨)			收获面积(千公顷)			单产(千克/公顷)		
	2010年	2013年	2014年	2010年	2013年	2014年	2010年	2013年	2014年
世　界	**75531**	**81788**	**83851**	**54271**	**60978**	**60625**	**13917**	**13413**	**13831**
孟加拉国	824	886	969	466	469	520	17673	18900	18636
印　度	4573	5371	5562	2186	2311	2358	20919	23242	23587
印度尼西亚	2739	2787	2714	1492	1368	1236	18356	20374	21953
伊　朗	427	460	474	146	159	160	29216	28995	29560
以色列	57	62	66	19	21	20	29777	29957	32944
日　本	356	374	367	148	143	139	24077	26148	26458
哈萨克斯坦	255	334	341	179	184	183	14296	18152	18677
朝　鲜	214	226	236	164	179	191	13018	12598	12370
韩　国	92	106	91	44	50	42	20757	21294	21735
马来西亚	6	12	11	5	7	7	11954	15754	16033
蒙　古	17	19	16	14	16	13	12158	12360	12229
缅　甸	123	112	108	90	92	85	13590	12126	12682
巴基斯坦	357	426	352	165	202	163	21626	21069	21547
菲律宾	292	315	331	364	343	332	8006	9164	9964
斯里兰卡	38	43	43	33	35	35	11494	12494	12515
泰　国	2246	3068	3022	1201	1417	1364	18695	21651	22146
越　南	1031	1143	1193	685	703	706	15039	16265	16899
埃　及	414	476	524	158	176	191	26243	27123	27386
尼日利亚	8722	9061	10784	8231	13821	14670	10596	6556	7351
南　非	216	231	232	82	85	84	26454	27153	27482
加拿大	442	462	459	140	142	139	31606	32512	33030
墨西哥	180	189	175	66	72	65	27187	26255	26741
美　国	1942	2084	2140	453	471	480	42918	44225	44562
阿根廷	253	259	244	114	114	108	22200	22691	22545
巴　西	2924	2579	2770	1994	1718	1765	14665	15010	15695
委内瑞拉	122	99	101	87	69	70	13988	14433	14533
白俄罗斯	783	591	628	367	305	308	21352	19354	20393
捷　克	67	54	70	27	23	24	24546	23118	29073
法　国	662	695	805	157	161	168	42157	43269	47944
德　国	1020	967	1161	255	243	245	39976	39826	47415
意大利	157	128	137	63	51	53	24925	25235	26056
荷　兰	684	658	710	157	156	156	43598	42208	45660
波　兰	877	729	769	491	346	277	17859	21062	27766
罗马尼亚	328	329	352	247	208	203	13296	15846	17366
俄罗斯联邦	2114	3020	3150	2109	2088	2101	10024	14464	14990
西班牙	236	223	249	81	73	77	29190	30662	32372
土耳其	455	395	417	141	126	130	32207	31444	31993
乌克兰	1871	2226	2369	1412	1394	1343	13248	15966	17645
英　国	606	569	421	138	139	140	43884	40899	30093
澳大利亚	132	132	121	38	35	31	34627	37841	38798
新西兰	54	58	45	12	13	10	45664	43346	43338

资料来源：联合国FAO数据库。

16-9 油菜籽总产量、收获面积与单产

国家或地区	总产量(吨)			收获面积(公顷)			单产(千克/公顷)		
	2000年	2013年	2014年	2000年	2013年	2014年	2000年	2013年	2014年
世　界	**60091858**	**72844046**	**70954407**	**32229357**	**36295982**	**35785227**	**1865**	**2007**	**1983**
孟加拉国	221928	294000	272000	242101	260000	265000	917	1131	1026
印　度	6608100	7820000	7877000	5580000	6340000	7200000	1184	1233	1094
伊　朗	340000	350000	340000	160000	170000	160000	2125	2059	2125
日　本	1570	1770	1780	1300	1590	1470	1208	1113	1211
哈萨克斯坦	109170	241800	271000	304600	254300	243000	358	951	1115
韩　国	1600	2000	1000	1500	1600	1000	1067	1250	1000
巴基斯坦	236000	232000	237400	254139	247000	252500	929	939	940
南　非	36900	112000	121000	34820	72000	95000	1060	1556	1274
加拿大	12773300	17954800	15555100	6848300	8008700	8074600	1865	2242	1926
墨西哥		3000	4000		2000	2000		1500	2000
美　国	1113390	1003550	1140140	579880	512420	630430	1920	1959	1809
阿根廷	23335	111900	104848	12405	69305	54600	1881	1615	1920
巴　西	70000	36000	72000	46000	45000	47000	1522	800	1532
白俄罗斯	374522	675546	729671	307028	403119	400481	1220	1676	1822
捷　克	1042400	1443210	1537320	368824	418808	389298	2826	3446	3949
法　国	4811086	4370075	5522980	1463791	1437736	1503000	3287	3040	3675
德　国	5697595	5784300	6247400	1461197	1465600	1394200	3899	3947	4481
意大利	50300	40242	41633	20400	18734	16636	2466	2148	2503
荷　兰	11521	10275	10221	2632	3477	3086	4377	2955	3312
波　兰	2228676	2677665	3275806	946147	920705	951108	2356	2908	3444
罗马尼亚	943033	666097	1059121	527175	275934	404715	1789	2414	2617
俄罗斯联邦	670080	1393263	1464008	607400	1108710	1061550	1103	1257	1379
西班牙	35500	107700	105600	19600	42000	43000	1811	2564	2456
土耳其	106450	102000	110000	31232	31127	32133	3408	3277	3423
乌克兰	1469700	2351730	2198020	862500	996090	865300	1704	2361	2540
英　国	2230000	2128000	2460000	642000	715000	675000	3474	2976	3644
澳大利亚	1907300	4141731	3832000	1695000	3271649	2721000	1125	1266	1408
新西兰	2684	2800	2290	2516	2600	2250	1067	1077	1018

资料来源：联合国FAO数据库。

16-10 花生总产量、收获面积与单产

国家或地区	总产量(万吨)			收获面积(千公顷)			单产(千克/公顷)		
	2000年	2013年	2014年	2000年	2013年	2014年	2000年	2013年	2014年
世 界	**3474**	**4584**	**4392**	**23265**	**26881**	**26542**	**1493**	**1705**	**1655**
印 度	648	947	656	6559	5505	4685	988	1721	1400
尼日利亚	290	247	341	1934	2733	2770	1500	906	1232
美 国	148	189	235	541	422	535	2740	4485	4398
苏 丹		177	177		2162	2104		817	840
坦桑尼亚	5	143	164	117	944	1620	444	1510	1010
阿根廷	42	103	117	219	404	409	1914	2539	2849
缅 甸	63	85	87	560	479	484	1132	1780	1789
乍 得	36	97	79	438	891	775	819	1083	1021
塞内加尔	106	68	67	1095	917	879	969	739	762
印度尼西亚	129	70	64	684	519	499	1890	1352	1280
喀麦隆	20	64	61	204	463	440	964	1373	1396
马 里	19	52	51	200	373	352	967	1380	1447
越 南	36	49	45	245	216	208	1451	2276	2178
加 纳	21	41	43	218	329	334	959	1243	1276
刚果共和国	38	41	42	491	513	524	778	805	804
尼日尔	11	34	40	360	760	779	314	451	518
巴 西	18	39	40	103	121	143	1793	3222	2817
布基纳法索	17	35	34	237	449	375	714	779	894
几内亚	20	36	30	153	298	215	1301	1220	1381
马拉维	12	38	30	169	363	374	723	1050	793
乌干达	14	30	30	199	422	422	699	700	700
安哥拉	1	19	25	39	335	336	331	574	752
尼加拉瓜	10	21	22	22	45	40	4345	4718	5534
埃 及	19	20	18	60	62	57	3103	3300	3200
中非共和国	10	16	16	96	105	100	1094	1543	1570
贝 宁	12	15	14	139	162	163	874	922	888
赞比亚	5	11	14	132	207	237	393	515	605
莫桑比克	12	12	14	269	398	417	461	294	336
南苏丹		12	14		226	235		531	575
土耳其	8	13	12	28	36	33	2756	3569	3709
科特迪瓦	7	10	12	80	80	78	899	1190	1509
埃塞俄比亚	1	11	10	14	80	65	880	1406	1604
墨西哥	14	10	10	92	56	59	1550	1771	1632
巴基斯坦	9	10	9	82	94	96	1122	1075	900
塞拉利昂	1	9	9	19	79	76	773	1100	1138
津巴布韦	19	7	8	268	159	200	712	435	420
冈比亚	14	9	8	118	100	81	1169	936	995
南 非	14	4	7	83	47	52	1648	885	1429
中国台湾	8	5	7	30	19	22	2673	2515	3166
老 挝	1	5	6	13	25	25	1031	2228	2341
孟加拉国	3	5	6	29	29	30	1098	1732	1909
肯尼亚	3	9	6	17	17	22	1765	5434	2598
几内亚比绍	2	4	4	19	35	35	1110	1168	1172
多 哥	3	4	4	54	61	61	482	640	665
泰 国	13	4	4	83	26	24	1593	1662	1677
摩洛哥	4	4	4	18	16	16	2133	2380	2385
海 地	2	5	4	26	53	42	808	873	876
马达加斯加	4	3	3	47	55	53	742	600	604
菲律宾	3	3	3	27	26	25	999	1136	1166
刚 果	2	3	3	39	49	50	600	529	519

资料来源：联合国FAO数据库。

16-11 籽棉总产量、收获面积与单产

国家或地区	总产量(万吨)			收获面积(千公顷)			单产(千克/公顷)		
	2010年	2013年	2014年	2010年	2013年	2014年	2010年	2013年	2014年
世　界	**6871**	**7294**	**7687**	**32028**	**32095**	**33535**	**2145**	**2272**	**2292**
印　度	1776	1891	1900	11142	11700	11800	1594	1617	1610
美　国	947	763	930	4330	3053	3783	2188	2498	2458
巴基斯坦	561	624	635	2689	2806	2800	2088	2225	2268
巴　西	295	342	429	830	944	1149	3555	3621	3732
乌兹别克斯坦	344	336	340	1343	1309	1301	2565	2568	2613
澳大利亚	94	268	270	208	444	450	4508	6027	6000
土耳其	215	225	235	480	451	468	4475	4990	5020
阿根廷	75	54	102	441	361	513	1709	1502	1988
希　腊	70	87	92	250	272	283	2800	3195	3257
布基纳法索	53	77	89	463	629	651	1144	1217	1374
墨西哥	44	59	86	113	124	184	3900	4735	4694
土库曼斯坦	68	57	57	550	550	550	1244	1036	1036
埃　及	38	44	53	155	140	200	2435	3107	2625
马　里	29	48	50	250	484	570	1143	1000	877
缅　甸	40	47	49	350	227	234	1143	2070	2106
科特迪瓦	17	41	41	187	250	250	934	1621	1640
哈萨克斯坦	24	40	40	134	138	140	1790	2875	2857
贝　宁	14	31	38	137	347	405	999	886	941
塔吉克斯坦	31	39	37	162	191	178	1912	2057	2098
坦桑尼亚	27	36	36	421	450	455	634	794	791
津巴布韦	27	29	30	340	397	400	794	731	750
尼日利亚	60	27	30	399	415	439	1512	650	682
喀麦隆	19	24	25	145	210	200	1310	1143	1250
伊　朗	23	19	23	91	81	100	2554	2337	2250
西班牙	12	15	22	63	64	74	1821	2275	2961
马拉维	3	16	20	47	185	190	618	861	1053
阿拉伯叙利亚共和国	47	17	16	172	62	73	2740	2713	2234
赞比亚	11	14	12	85	172	125	1258	811	963
玻利维亚	11	12	12	121	126	127	882	921	921
埃塞俄比亚	6	11	11	75	85	87	773	1235	1287
乍　得	5	11	11	150	190	200	347	553	540
多　哥	4	8	11	60	100	130	713	779	815
莫桑比克	6	7	10	130	143	157	477	472	618
秘　鲁	6	8	9	28	31		2280	2632	
哥伦比亚	8	6	7	45	31	32	1753	2092	2367
吉尔吉斯斯坦	7	7	7	26	23	23	2795	2925	2956
乌干达	8	6	6	80	52	52	1044	1212	1221
孟加拉国	4	6	6	14	17	17	3097	3247	3294
阿富汗	3	4	4	33	36	35	1000	1162	1224
几内亚	4	4	4	38	43	43	964	977	977
阿塞拜疆	4	5	4	30	23	23	1267	1932	1788
朝　鲜	3	4	4	19	19	20	1653	2053	2000
伊拉克	5	4	4	21	15	15	2201	2483	2533
以色列	2	3	3	4	6	7	4646	4696	4880
刚果共和国	3	3	3	62	67	68	411	418	412
塞内加尔	3	3	3	28	32	25	944	893	1060
南　非	2	2	2	6	7	7	3477	3286	3429
中非共和国	1	2	2	20	39	40	535	539	550
也　门	3	2	2	20	15	14	1260	1206	1175

资料来源：联合国FAO数据库。

16-12 麻类总产量、收获面积与单产

国家或地区	总产量(万吨)			收获面积(千公顷)			单产(千克/公顷)		
	2000年	2012年	2013年	2000年	2012年	2013年	2000年	2012年	2013年
世　界	**2806**	**3140**	**2949**	**34979**	**37843**	**35221**	**802**	**830**	**837**
印　度	759	784	810	11997	12867	12600	633	610	643
美　国	394	377	284	4330	3772	3053	910	999	931
巴基斯坦	187	222	217	2691	2880	2807	695	769	774
孟加拉国	94	147	141	436	781	702	2162	1885	2010
巴　西	132	183	138	1105	1638	1128	1191	1117	1223
乌兹别克斯坦	116	115	112	1344	1310	1311	860	875	851
澳大利亚	39	97	90	208	596	444	1857	1632	2023
土耳其	80	86	83	480	489	451	1656	1757	1846
布基纳法索	19	21	28	463	531	629	411	388	445
希　腊	18	25	28	250	291	272	735	861	1028
土库曼斯坦	23	20	20	550	525	550	409	377	360
阿根廷	25	24	19	445	533	366	565	447	531
哈萨克斯坦	9	13	19	134	145	138	690	907	1383
墨西哥	20	25	19	138	178	148	1445	1393	1283
坦桑尼亚	12	11	16	481	381	482	254	287	336
缅　甸	15	15	15	364	227	245	404	666	626
科特迪瓦	8	11	13	187	225	250	440	498	534
马　里	8	14	13	253	524	487	326	276	264
塔吉克斯坦	10	14	13	162	199	191	585	679	670
埃　及	15	12	12	166	131	151	889	915	775
贝　宁	5	8	11	137	335	347	350	251	308
阿拉伯叙利亚共和国	17	10	10	172	168	62	959	589	1588
津巴布韦	9	11	10	344	424	401	267	253	243
俄罗斯联邦	8	10	9	59	67	63	1323	1462	1447
越　南	10	9	9	23	18	14	4245	5001	6385
法　国	7	9	8	56	68	61	1219	1260	1370
印度尼西亚	6	8	8	181	174	171	326	461	460
喀麦隆	6	7	8	145	195	210	427	354	372
尼日利亚	22	11	8	400	324	416	554	348	184
菲律宾	7	8	7	142	146	146	517	520	496
比利时	6	6	7	11	11	10	5822	6087	6730
伊　朗	7	5	7	91	125	81	791	417	826

资料来源：联合国FAO数据库。

16-13 甜菜总产量、收获面积与单产

国家或地区	总产量(万吨)			收获面积(千公顷)			单产(千克/公顷)		
	2000年	2013年	2014年	2000年	2013年	2014年	2000年	2013年	2014年
世　界	**22858**	**24738**	**26683**	**4700**	**4350**	**4477**	**48632**	**56872**	**59601**
法　国	3187	3361	3763	384	394	407	83059	85401	92425
俄罗斯联邦	2226	3932	3351	924	890	905	24092	44206	37015
德　国	2343	2283	2975	367	357	373	63847	63874	79861
美　国	2906	2975	2847	468	467	464	62114	63694	61330
土耳其	1794	1649	1657	329	291	290	54593	56663	57148
乌克兰	1375	1079	1573	492	270	330	27945	39894	47650
波　兰	997	1123	1349	206	194	198	48315	58007	68250
埃　及	784	1004	1105	135	193	212	58276	51934	52150
英　国	653	843	843	118	117	116	55314	72051	72672
中国大陆	930	926	842	219	182	172	42448	50923	48974
荷　兰	528	573	682	71	73	75	74836	78250	90843
白俄罗斯	377	434	481	96	99	104	39500	43680	46287
比利时	446	481	479	59	60	59	75288	80423	81753
捷　克	307	374	442	56	62	63	54356	59995	70278
奥地利	313	347	424	45	51	51	69839	68224	83870
意大利	355	216	378	63	41	52	56620	53040	72797
西班牙	353	247	361	43	31	38	81474	78621	93958
日　本	309	344	357	63	58	57	49361	59021	62143
塞尔维亚	332	318	351	66	67	64	50038	47800	54708
伊　朗	410	347	331	99	83	78	41168	42021	42587
摩洛哥	244	214	238	43	36	41	56387	60085	58685
丹　麦	241	199	227	39	39	36	61454	51541	63195
瑞　典	197	233	206	38	36	34	52077	64201	59773
瑞　士	130	138	192	18	20	21	72977	69185	91457
智　利	142	189	173	16	18	18	87326	104530	94466
斯洛伐克	98	114	155	18	20	22	54522	56293	69793
罗马尼亚	84	103	140	22	28	31	38743	36708	44729
克罗地亚	125	105	139	24	20	22	52415	51900	63562
摩尔多瓦	84	101	136	26	28	27	31957	35563	49882
匈牙利	82	99	107	14	19	15	59091	52669	69180
立陶宛	71	97	101	15	18	17	46190	54638	59671
芬　兰	54	48	63	15	12	14	37130	40033	45715
加拿大	56	60	58	11	9	8	49558	67270	71679
希　腊	76	45	53	13	7	8	57689	60594	66494
土库曼斯坦	23	24	24	21	23	23	11143	10348	10435
阿塞拜疆	25	19	18	8	5	6	29774	34557	31239
吉尔吉斯斯坦	14	20	17	8	7	7	16574	29337	23867
巴基斯坦	5	13	11	1	3	3	41028	52000	41482
阿拉伯叙利亚共和国	149	32	7	28	6	2	54291	49540	40666
亚美尼亚	3	5	5	2	4	4	15294	15139	15000
阿尔巴尼亚	4	4	4	2	2	2	20000	20000	20000
哥伦比亚	2	4	4	1	2	2	19579	23333	25000
突尼斯		3	4		1	1		56667	53846
哈萨克斯坦	15	6	2	9	2	1	17269	26921	23900
委内瑞拉	3	2	2	2	1	1	18833	19643	19966
伊拉克	2	2	1	2	2	1	10000	10313	9832

资料来源：联合国FAO数据库。

16-14 甘蔗总产量、收获面积与单产

国家或地区	总产量(万吨)			收获面积(千公顷)			单产(千克/公顷)		
	2000年	2013年	2014年	2000年	2013年	2014年	2000年	2013年	2014年
世　界	**169359**	**189821**	**189999**	**23723**	**26875**	**27182**	**71392**	**70631**	**69900**
巴　西	71746	76809	73716	9077	10195	10438	79045	75339	70625
印　度	29230	34120	35214	4175	5060	5012	70019	67431	70260
泰　国	6881	10010	10370	978	1322	1353	70359	75739	76641
巴基斯坦	4937	6375	6746	943	1129	1173	52368	56476	57511
墨西哥	5042	6118	5667	704	783	762	71627	78158	74390
哥伦比亚	3330	3488	3816	349	406	404	95544	85958	94332
菲律宾	2800	3187	3246	355	437	432	78900	72927	75144
澳大利亚	3146	2714	3052	405	329	375	77672	82405	81381
印度尼西亚	2660	2840	2860	437	471	473	60925	60305	60507
美　国	2482	2791	2800	355	369	352	69895	75710	79511
危地马拉	2231	2633	2736	235	262	264	94944	100699	103685
阿根廷	1889	2370	2460	350	370	387	53971	64054	63632
越　南	1616	2013	1982	269	310	305	60058	64884	65000
南　非	1602	1800	1829	267	325	313	59984	55385	58498
古　巴	1150	1610	1780	431	403	405	26657	39950	43918
埃　及	1571	1578	1600	135	138	141	116762	114146	113556
秘　鲁	985	1099	1139	77	82	90	128015	133717	126051
缅　甸	940	1031	1113	150	167	176	62644	61647	63086
厄瓜多尔	835	716	825	107	101	113	78064	70828	72885
玻利维亚	640	820	787	136	163	158	46943	50397	49968
伊　朗	569	654	721	68	87	96	83174	75495	75436
尼加拉瓜	489	704	712	54	71	72	89916	99372	98762
萨尔瓦多	513	716	678	63	77	80	81336	92843	85001
肯尼亚	571	667	648	69	87	72	83063	76820	89742
巴拉圭	513	554	637	100	116	118	51309	47800	54000
委内瑞拉	611	706	619	81	112	99	75252	62760	62650
洪都拉斯	649	608	611	76	72	72	85463	84064	84410
斯威士兰	500	545	543	52	56	56	96154	97321	97002
多米尼加共和国	458	477	503	80	107	106	57491	44763	47467
哥斯达黎加	415	441	449	56	63	63	74466	69668	71072
孟加拉国	449	443	412	118	109	103	38220	40581	40118
毛里求斯	437	382	404	59	53	51	74364	71371	79781
赞比亚	350	400	402	33	39	39	106061	102564	103457
莫桑比克	272	317	362	38	46	46	70695	68604	78179
津巴布韦	269	388	353	41	45	43	66203	86607	81695
乌干达	355	335	342	52	50	54	68269	67000	63602
马达加斯加	300	325	325	95	103	104	31579	31553	31250
尼泊尔	259	293	300	61	64	66	42500	45438	45649
马拉维	250	290	288	23	27	27	108696	107407	107963
坦桑尼亚	300	299	280	50	59	54	60000	51148	52035
埃塞俄比亚	240	275	275	23	23	23	102819	119565	119262
圭亚那	276	246	250	42	46	46	66324	53525	54348
巴拿马	223	228	248	32	36	38	68874	62692	64813
刚果共和国	195	200	205	45	45	45	43333	44444	45332
科特迪瓦	180	197	198	25	26	26	72094	77058	76635
老　挝	82	87	184	15	14	34	53317	60626	54020
留尼汪	188	172	179	24	25	25	77519	68707	71396
牙买加	139	140	178	28	29	30	50366	48034	59909
斐　济	175	161	158	45	38	38	38911	42368	42010

资料来源：联合国FAO数据库。

16-15 烟叶总产量、收获面积与单产

国家或地区	总产量(吨)			收获面积(公顷)			单产(千克/公顷)		
	2000年	2013年	2014年	2000年	2013年	2014年	2000年	2013年	2014年
世界	**6735892**	**7548021**	**7176650**	**4166161**	**4206914**	**3963630**	**1617**	**1794**	**1811**
巴西	578451	850673	862396	309989	405253	415842	1866	2099	2074
印度	520000	774567	720725	433400	445807	432679	1200	1737	1666
美国	477753	328210	397535	189970	143937	153117	2515	2280	2596
印度尼西亚	204329	260200	196300	168300	270200	209400	1214	963	937
巴基斯坦	107700	108307	129878	56400	49775	49040	1910	2176	2648
马拉维	98675	132849	126348	118752	120172	123110	831	1106	1026
阿根廷	114509	112348	119434	59612	59162	62247	1921	1899	1919
赞比亚	9533	106691	112049	9000	63690	65668	1059	1675	1706
莫桑比克	9470	76000	97075	9000	61182	76317	1052	1242	1272
孟加拉国	35000	79000	85000	31161	48562	50180	1123	1627	1694
朝鲜	63000	80000	80416	44000	53000	54117	1432	1509	1486
泰国	60624	71586	79618	31363	26419	24665	1933	2710	3228
津巴布韦	227726	72914	76618	90769	74410	79634	2509	980	962
坦桑尼亚	26384	86359	75726	44000	106881	86694	600	808	874
土耳其	200280	93158	74696	236569	133073	99262	847	700	753
老挝	39926	56755	63355	6700	6025	6250	5959	9420	10137
菲律宾	49529	53753	61418	44042	34451	36082	1125	1560	1702
意大利	129937	49770	53925	38788	16035	18436	3350	3104	2925
越南	27100	50604	49246	24400	26254	23215	1111	1928	2121
缅甸	50900	38000	36000	33185	28000	28000	1534	1357	1286
波兰	29545	30781	34893	14057	14686	14612	2102	2096	2388
希腊	136593	26690	34290	61000	16640	21770	2239	1604	1575
乌干达	22837	30890	31700	14115	23536	24469	1618	1312	1296
保加利亚	32296	36446	29996	28523	20400	17306	1132	1787	1733
韩国	68198	29590	29320	24300	12044	11917	2807	2457	2460
西班牙	42908	31330	29140	14078	9690	10220	3048	3233	2851
哥伦比亚	27767	22604	28600	14692	12084	15461	1890	1871	1850
前南斯拉夫马其顿共和国	22175	27859	27578	22785	19178	17756	973	1453	1553
危地马拉	18630	26735	27084	8374	13698	13908	2225	1952	1947
加拿大	53010	28216	26092	23800	10116	9323	2227	2789	2799
也门	11613	23089	22277	5347	10017	10116	2172	2305	2202
日本	60803	19800	20000	23991	8800	8600	2534	2250	2326
古巴	32237	24000	19800	45323	12906	10741	711	1860	1843
伊朗	20980	18927	17749	19685	9312	9594	1066	2033	1850
乌兹别克斯坦	19000	15014	15214	6700	7638	7688	2836	1966	1979
墨西哥	45164	15145	15119	22674	7393	7312	1992	2049	2068
柬埔寨	7665	14644	15068	9669	8382	8404	793	1747	1793
阿拉伯叙利亚共和国	26112	15817	14731	18100	11117	10473	1443	1423	1407
南非	29700	15200	12900	15600	5200	4700	1904	2923	2745
匈牙利	10485	8680	9460	5764	4890	4820	1819	1775	1963
法国	25252	9670	9450	9282	4419	4260	2721	2188	2218
黎巴嫩	10800	9436	9344	8726	7984	7915	1238	1182	1181
塞尔维亚		7977	9341		4939	4899		1615	1907
厄瓜多尔	5080	9006	9190	4174	4379	4447	1217	2057	2067
克罗地亚	9714	9834	9164	5678	5172	5196	1711	1901	1764
多米尼加共和国	17229	9072	9163	13250	6252	6285	1300	1451	1458
肯尼亚	17960	9621	8991	14160	12042	11511	1268	799	781
科特迪瓦	10200	9059	8912	20000	17562	17333	510	516	514
阿尔及利亚	7153	7918	8707	6450	4047	4427	1109	1957	1967
秘鲁	12249	9669	6492	4900	564	410	2500	17144	15834

资料来源：联合国FAO数据库。

16-16 茶叶总产量、收获面积与单产

国家或地区	总产量(吨)			收获面积(公顷)			单产(千克/公顷)		
	2000年	2013年	2014年	2000年	2013年	2014年	2000年	2013年	2014年
世　界	**3014439**	**5349088**	**5561339**	**2365729**	**3616412**	**3799831**	**1274**	**1479**	**1464**
印　度	826000	1208780	1207310	490000	563980	604000	1686	2143	1999
肯尼亚	236286	432400	445105	120390	198600	203006	1963	2177	2193
斯里兰卡	305840	340230	338032	188970	221969	221969	1619	1533	1523
越　南	69900	217700	228360	70300	114827	115436	994	1896	1978
土耳其	138770	212400	226800	76750	76425	76049	1808	2779	2982
印度尼西亚	162586	145800	154400	121200	122500	118900	1342	1190	1299
伊　朗	49874	116818	119388	32107	18058	16903	1553	6469	7063
缅　甸	19000	96300	98600	66908	80800	82800	284	1192	1191
阿根廷	74256	80423	85401	38620	36763	35986	1923	2188	2373
日　本	85000	84800	83600	50400	45400	44800	1687	1868	1866
孟加拉国	46000	66259	63780	48600	58300	59925	947	1137	1064
乌干达	29236	60969	61376	15701	29090	28968	1862	2096	2119
布隆迪	34060	41817	53893	7906	9070	9180	4308	4611	5871
马拉维	42400	46460	45480	18162	17580	16923	2335	2643	2688
泰　国	32327	68013	40324	6058	7941	8315	5336	8565	4850
坦桑尼亚	23600	33700	33500	16639	21407	21338	1418	1574	1570
莫桑比克	10466	25428	28840	5631	27000	31579	1859	942	913
津巴布韦	22000	24726	25068	6500	6649	6665	3385	3719	3761
卢旺达	14481	22185	24751	12300	15620	17220	1177	1420	1437
尼泊尔	5085	20588	21394	8700	19036	19271	585	1082	1110
中国台湾	20349	14718	15200	18512	11818	11785	1099	1245	1290
马来西亚	5642	12094	11923	3003	2299	2304	1879	5261	5175
埃塞俄比亚	3776	10293	10572	4297	9500	9600	879	1084	1101
老　挝	307	6105	7935	560	3440	3990	548	1775	1989
巴布亚新几内亚	6200	5757	5716	4000	3858	3855	1550	1492	1483
喀麦隆	4004	5389	5467	1546	1936	1949	2590	2784	2804
秘　鲁	6259	4319	3874	2541	2229	2231	2463	1938	1736
刚果共和国	1879	3075	3299	2723	19508	27712	690	158	119
韩　国	1434	2250	2315	1179	2009	2060	1216	1120	1124
南　非	12514	2337	2201	6636	1226	1155	1886	1906	1906
格鲁吉亚	24000	3300	1800	24000	3186	1765	1000	1036	1020
毛里求斯	1312	1563	1504	670	672	672	1958	2326	2238
巴　西	8400	763	1421	3911	372	822	2148	2051	1729
玻利维亚	840	1339	1358	415	269	268	2024	4974	5074
厄瓜多尔	1211	1318	1294	815	532	509	1486	2479	2544
赞比亚	850	900	915	650	650	647	1308	1385	1414
萨尔瓦多	300	475	675	150	250	415	2000	1900	1627
阿塞拜疆	1082	568	474	5391	473	472	201	1201	1004
危地马拉	450	435	440	450	1048	1118	1000	415	394
马达加斯加	490	387	389	241	1388	1460	2033	279	266
俄罗斯联邦	1520	90	222	1500	456	479	1013	197	464
巴拿马	135	164	156	180	220	210	750	746	744
哥伦比亚	72	125	144	60	52	60	1200	2400	2400
马　里	81	89	89	92	89	89	877	1000	1000

资料来源：联合国FAO数据库。

16-17　水果总产量、收获面积与单产

（不包括瓜类）

国家或地区	总产量(万吨)			收获面积(千公顷)			单产(千克/公顷)		
	2000年	2013年	2014年	2000年	2013年	2014年	2000年	2013年	2014年
世　界	**47947**	**67452**	**68939**	**689387**	**49328**	**58201**	**9720**	**115895**	**117846**
印　度	4300	8260	8848	88475	3808	6943	11292	118967	123766
巴　西	3708	3777	3741	37410	2454	2295	15110	164601	166153
美　国	3280	2767	2595	25952	1303	1153	25173	240081	227226
墨西哥	1331	1759	1785	17851	1078	1287	12353	136653	137017
西班牙	1615	1816	1776	17764	1833	1580	8807	114934	114221
印度尼西亚	841	1707	1737	17365	501	710	16807	240329	236547
菲律宾	1080	1588	1623	16233	947	1275	11403	124492	123721
意大利	1799	1648	1564	15645	1370	1176	13133	140155	136631
土耳其	1086	1534	1429	14291	1008	1183	10777	129703	119247
伊　朗	1229	1281	1277	12774	1117	1004	10999	127593	129729
埃　及	697	1073	1168	11682	415	523	16791	205292	216812
尼日利亚	939	1116	1127	11269	1731	1871	5423	59677	60275
泰　国	1047	1056	1118	11183	1012	1100	10344	96010	102432
哥伦比亚	732	933	923	9226	658	749	11119	124604	121543
法　国	1128	821	870	8703	1030	876	10953	93643	100222
厄瓜多尔	767	736	836	8365	429	451	17890	163035	210225
阿根廷	717	782	803	8028	432	463	16620	168717	166520
越　南	457	712	734	7338	466	562	9805	126716	127171
南　非	511	695	692	6922	296	283	17282	245954	229329
巴基斯坦	519	597	621	6213	617	767	8399	77865	81976
智　利	388	607	605	6055	307	382	12664	159041	159707
喀麦隆	199	569	599	5990	311	468	6418	121545	126074
哥斯达黎加	381	571	593	5935	132	172	28885	331013	302653
秘　鲁	319	573	591	5906	282	423	11283	135456	135524
加　纳	239	528	545	5453	320	408	7469	129481	127733
坦桑尼亚	188	475	529	5288	643	928	2921	51156	54477
乌干达	1009	499	522	5222	1741	1112	5797	44891	46525
危地马拉	196	458	486	4859	74	170	26524	269056	280848
安哥拉	45	392	439	4391	54	216	8263	181100	212183
摩洛哥	269	357	430	4303	284	385	9450	92657	110201
波　兰	228	419	425	4254	395	427	5756	98104	106169
阿尔及利亚	143	412	408	4082	297	531	4815	77583	83770
乌兹别克斯坦	142	358	393	3932	238	351	5950	102002	103059
希　腊	412	339	392	3922	301	266	13694	127404	144198
孟加拉国	136	377	388	3881	178	359	7626	105072	112237
多米尼加共和国	141	347	376	3757	109	132	12914	262672	276378
俄罗斯联邦	340	337	351	3509	821	448	4141	75249	74744
肯尼亚	218	285	345	3455	148	194	14730	146686	165835
日　本	382	295	301	3013	232	186	16459	158762	164616
澳大利亚	308	338	301	3011	234	267	13167	126714	121777
韩　国	263	275	292	2918	181	169	14521	163248	172078
苏　丹		269	288	2885		183		146854	144255
德　国	529	234	282	2819	297	180	17835	130099	155324
委内瑞拉	319	272	265	2645	212	186	15038	145951	144090
中国台湾	225	253	257	2569	151	137	14836	185071	190869
刚果共和国	243	251	250	2497	410	408	5930	61518	61296
巴布亚新几内亚	167	241	234	2343	168	214	9902	112580	105011
乌克兰	192	276	233	2332	463	275	4144	100363	96802
科特迪瓦	235	230	229	2289	558	588	4203	39081	39228

资料来源：联合国FAO数据库。

16-18 牲畜存栏数

(2014年)　　单位：万头、万只

国家或地区	牛	马	山羊	绵羊	猪
世　界	**167724**	**5891**	**100679**	**120991**	**98665**
孟加拉国	2499		5590	193	
印　度	29700	63	13300	6300	1000
印度尼西亚	1651	46	1922	1572	787
伊　朗	879	14	2212	5023	
以色列	46	0	11	57	19
日　本	396	2	2	1	954
哈萨克斯坦	586	178	236	1520	92
朝　鲜	58	5	367	17	210
韩　国	319	3	27	0	1009
马来西亚	88	0	46	14	183
蒙　古	341	300	2201	2321	5
缅　甸	1897	12	578	116	1393
巴基斯坦	7430	36	6660	2910	
菲律宾	535	24	369	3	1180
斯里兰卡	143	0	30	1	11
泰　国	592	1	45	4	759
越　南	775	7	160		2676
埃　及	870	7	426	557	1
尼日利亚	1945	10	7100	4055	685
南　非	1425	31	63	2550	163
加拿大	1222	41	3	87	1305
墨西哥	3294	636	869	858	1610
美　国	8853	1026	261	525	6773
阿根廷	5165	360	440	1470	511
巴　西	21366	545	885	1761	3793
委内瑞拉	1682	52	143	60	381
白俄罗斯	436	7	7	7	292
捷　克	137	3	2	23	162
法　国	1925	41	128	721	1332
德　国	1275	37	12	160	2834
意大利	649	39	94	717	868
荷　兰	417	14	41	108	1224
波　兰	592	21	8	22	1172
罗马尼亚	202	55	131	914	518
俄罗斯联邦	1957	137	209	2225	1908
西班牙	608	25	270	1543	2657
土耳其	1424	13	1035	3112	0
乌克兰	453	35	67	107	792
英　国	984	40	9	3374	482
澳大利亚	2910	27	357	7261	231
新西兰	1037	5	10	2980	29

资料来源：联合国FAO数据库。

16-19 肉类产量

(2014年) 单位：万吨

国家或地区	肉类总产量	#猪肉	#牛肉	#羊肉	#禽肉
世　　界	**31785.5**	**11531.4**	**6840.5**	**1448.4**	**11293.3**
美　　国	4256.5	1036.8	1145.3	7.3	2039.2
巴　　西	2605.3	319.2	972.3	11.6	1299.7
俄罗斯联邦	907.0	297.4	165.4	20.4	377.0
德　　国	835.6	552.8	114.3	3.1	155.0
大 洋 洲	679.0	50.7	323.2	123.6	135.5
印　　度	660.1	35.0	257.2	74.0	275.9
墨 西 哥	622.4	129.1	182.7	9.8	292.0
西 班 牙	574.2	355.6	58.5	12.2	139.4
法　　国	548.9	213.0	141.1	12.2	176.7
阿 根 廷	519.3	44.2	267.4	7.1	197.9
澳大利亚	486.4	36.3	258.6	74.7	114.0
越　　南	448.8	333.1	38.7	0.8	73.6
加 拿 大	438.4	196.2	109.9	2.0	127.4
波　　兰	415.1	186.5	41.3	0.1	184.9
日　　本	390.3	126.4	50.2	0.0	212.8
英　　国	369.6	86.3	87.7	29.8	164.8
意 大 利	362.0	132.8	70.9	2.7	124.7
印度尼西亚	338.0	75.9	53.3	10.9	197.7
南　　非	322.2	23.4	100.1	22.0	172.4
菲 律 宾	321.1	169.1	30.1	5.5	114.7
巴基斯坦	318.2		169.4	47.3	99.2
土 耳 其	316.9	0.0	88.3	37.6	190.8
泰　　国	295.6	94.9	19.2	0.2	181.4
荷　　兰	279.4	137.1	37.6	1.4	103.1
缅　　甸	271.6	83.4	28.0	7.5	152.8
伊　　朗	255.7		17.2	29.3	208.1
哥伦比亚	247.6	26.3	83.7	1.0	135.9
乌 克 兰	236.2	74.3	41.3	1.4	116.7
韩　　国	222.8	119.7	31.7	0.1	70.7
埃　　及	221.2	0.1	80.1	12.8	116.5
丹　　麦	187.3	159.4	12.6	0.2	14.7
马来西亚	182.4	21.8	3.1	0.2	157.3
比 利 时	181.5	111.8	25.8	0.3	43.3
秘　　鲁	173.1	13.5	19.6	4.1	131.7
委内瑞拉	161.4	19.6	52.4	0.8	88.5
尼日利亚	148.6	26.2	38.1	38.4	29.3
中国台湾	147.9	81.5	0.7	0.2	65.4
智　　利	143.1	52.0	22.4	1.6	66.4
新 西 兰	137.5	4.8	62.6	48.8	18.4

资料来源：联合国FAO数据库。

16-20 鸡蛋产量

单位：万吨

国家或地区	2000年	2005年	2010年	2012年	2013年	2014年
世　界	**5509.2**	**6118.1**	**6949.0**	**7243.9**	**7399.1**	**7552.4**
美　国	499.8	533.3	541.2	558.8	577.7	597.4
印　度	203.5	256.8	337.8	365.5	383.5	396.5
墨西哥	178.8	202.5	238.1	231.8	251.6	256.7
日　本	253.5	248.1	251.5	250.7	252.2	250.2
巴　西	156.9	174.6	208.7	225.5	237.7	247.6
俄罗斯联邦	190.3	206.5	227.4	236.5	231.7	234.9
印度尼西亚	78.3	105.2	136.7	141.6	151.4	173.2
乌克兰	50.5	75.6	101.8	111.0	113.9	113.7
泰　国	80.7	77.9	100.8	108.2	109.2	113.0
土耳其	81.0	75.3	74.0	93.2	103.1	107.2
法　国	103.8	93.0	94.7	84.5	94.6	95.6
伊　朗	57.9	75.8	68.7	72.6	78.3	80.0
西班牙	66.1	71.0	81.4	72.0	74.3	78.8
德　国	90.1	79.5	66.2	75.9	78.1	78.7
马来西亚	40.1	45.3	60.1	66.0	69.9	74.3
荷　兰	66.8	60.7	67.0	67.2	69.9	72.6
意大利	68.6	72.2	73.7	76.5	71.0	71.4
巴基斯坦	35.1	40.8	56.4	62.7	66.1	69.9
英　国	58.4	62.5	67.1	65.8	68.6	69.5
哥伦比亚	38.6	49.2	58.5	63.6	66.8	69.2
尼日利亚	40.0	50.0	62.2	64.0	65.0	66.0
韩　国	50.0	54.3	62.0	62.9	64.4	65.7
阿根廷	32.7	38.9	55.4	60.0	56.5	63.6
波　兰	42.4	53.6	63.7	53.0	55.8	57.0
南　非	31.8	36.6	47.3	53.5	51.4	49.9
埃　及	17.7	23.5	29.1	47.2	47.1	48.1
加拿大	37.2	39.9	45.2	46.8	47.3	47.5
菲律宾	29.7	37.4	42.4	46.1	46.9	45.7
缅　甸	12.2	20.7	38.1	42.4	43.0	44.4
孟加拉国	17.8	26.4	26.8	34.1	39.2	40.6
越　南	18.5	19.7	32.1	36.5	37.8	38.5
中国台湾	39.1	34.4	36.4	36.6	36.6	36.9
秘　鲁	16.2	18.2	28.5	31.4	35.0	35.9
阿尔及利亚	10.1	17.5	26.0	30.9	34.7	35.2
罗马尼亚	28.6	36.6	31.0	32.0	31.9	33.2
大洋洲	20.2	20.8	24.7	28.5	31.5	30.7
乌兹别克斯坦	6.9	11.0	17.2	21.7	24.6	27.7
危地马拉	8.1	19.2	22.0	23.2	23.9	24.6
哈萨克斯坦	9.5	14.1	20.9	20.6	21.8	24.0
澳大利亚	14.3	13.9	17.4	21.5	24.1	23.2
沙特阿拉伯	12.8	17.0	21.9	22.3	22.2	23.0
白俄罗斯	18.4	17.4	19.8	21.2	21.6	21.6
智　利	11.0	12.6	19.1	20.8	20.9	21.4
委内瑞拉	17.5	17.4	24.2	22.2	21.0	20.7
厄瓜多尔	7.2	7.5	11.0	15.6	17.7	18.2
比利时	19.4	18.0	16.9	15.4	17.4	17.5
巴拉圭	6.8	10.8	12.9	13.1	13.3	13.9
匈牙利	18.0	16.9	15.6	13.8	14.2	13.9

资料来源：联合国FAO数据库。

16-21 禽蛋产量

单位：万吨

国家或地区	2000年	2005年	2010年	2012年	2013年	2014年
世　界	**5509.2**	**6118.1**	**6949.0**	**7243.9**	**7399.1**	**7552.4**
美　国	1053.4	1175.6	1324.1	1373.4	1432.6	1480.4
印　度	954.8	998.9	1064.4	1063.8	1086.7	1103.3
日　本	499.8	533.3	541.2	558.8	577.7	597.4
墨西哥	203.5	256.8	337.8	365.5	383.5	396.5
巴　西	190.2	224.1	277.3	316.7	301.6	306.2
俄罗斯联邦	178.8	202.5	238.1	231.8	251.6	256.7
印度尼西亚	253.5	248.1	251.5	250.7	252.2	250.2
乌克兰	156.9	174.6	208.7	225.5	237.7	247.6
泰　国	190.3	206.5	227.4	236.5	231.7	234.9
土耳其	78.3	105.2	136.7	141.6	151.4	173.2
法　国	50.5	75.6	101.8	111.0	113.9	113.7
德　国	80.7	77.9	100.8	108.2	109.2	113.0
意大利	81.0	75.3	74.0	93.2	103.1	107.2
西班牙	103.8	93.0	94.7	84.5	94.6	95.6
荷　兰	57.9	75.8	68.7	72.6	78.3	80.0
英　国	66.1	71.0	81.4	72.0	74.3	78.8
马来西亚	90.1	79.5	66.2	75.9	78.1	78.7
哥伦比亚	40.1	45.3	60.1	66.0	69.9	74.3
伊　朗	66.8	60.7	67.0	67.2	69.9	72.6
巴基斯坦	68.6	72.2	73.7	76.5	71.0	71.4
尼日利亚	35.1	40.8	56.4	62.7	66.1	69.9
韩　国	58.4	62.5	67.1	65.8	68.6	69.5
波　兰	38.6	49.2	58.5	63.6	66.8	69.2
南　非	40.0	50.0	62.2	64.0	65.0	66.0
阿根廷	50.0	54.3	62.0	62.9	64.4	65.7
菲律宾	32.7	38.9	55.4	60.0	56.5	63.6
加拿大	42.4	53.6	63.7	53.0	55.8	57.0
缅　甸	31.8	36.6	47.3	53.5	51.4	49.9
孟加拉国	17.7	23.5	29.1	47.2	47.1	48.1
越　南	37.2	39.9	45.2	46.8	47.3	47.5
秘　鲁	29.7	37.4	42.4	46.1	46.9	45.7
阿尔及利亚	12.2	20.7	38.1	42.4	43.0	44.4
罗马尼亚	17.8	26.4	26.8	34.1	39.2	40.6
埃　及	18.5	19.7	32.1	36.5	37.8	38.5
委内瑞拉	39.1	34.4	36.4	36.6	36.6	36.9
摩洛哥	16.2	18.2	28.5	31.4	35.0	35.9
乌兹别克斯坦	10.1	17.5	26.0	30.9	34.7	35.2
澳大利亚	28.6	36.6	31.0	32.0	31.9	33.2
危地马拉	20.2	20.8	24.7	28.5	31.5	30.7
白俄罗斯	6.9	11.0	17.2	21.7	24.6	27.7
沙特阿拉伯	8.1	19.2	22.0	23.2	23.9	24.6
哈萨克斯坦	9.5	14.1	20.9	20.6	21.8	24.0
智　利	14.3	13.9	17.4	21.5	24.1	23.2
比利时	12.8	17.0	21.9	22.3	22.2	23.0
匈牙利	18.4	17.4	19.8	21.2	21.6	21.6
厄瓜多尔	11.0	12.6	19.1	20.8	20.9	21.4
巴拉圭	17.5	17.4	24.2	22.2	21.0	20.7
瑞　典	7.2	7.5	11.0	15.6	17.7	18.2
葡萄牙	19.4	18.0	16.9	15.4	17.4	17.5

资料来源：联合国FAO数据库。

16-22 奶类产量

单位：万吨

国家或地区	2000年	2005年	2010年	2012年	2013年	2014年
世　　界	**57931**	**64822**	**72147**	**75658**	**76506**	**79179**
印　　度	7966	9562	12185	13243	13769	14631
美　　国	7602	8025	8747	9101	9128	9346
巴基斯坦	2557	2944	3549	3786	3911	4028
巴　　西	2053	2553	3086	3245	3441	3528
德　　国	2835	2848	2965	3071	3136	3243
俄罗斯联邦	3228	3115	3184	3175	3052	3076
法　　国	2574	2571	2425	2488	2457	2620
新 西 兰	1224	1464	1701	1913	1947	2132
土 耳 其	979	1111	1354	1740	1822	1863
英　　国	1449	1447	1407	1384	1394	1505
波　　兰	1189	1195	1230	1268	1274	1300
荷　　兰	1116	1085	1181	1189	1244	1273
意 大 利	1330	1186	1113	1122	1100	1164
墨 西 哥	944	1003	1084	1104	1112	1129
乌 克 兰	1266	1371	1125	1138	1149	1113
阿 根 廷	1012	991	1063	1134	1097	1101
澳大利亚	1085	1013	902	948	952	954
乌兹别克斯坦	361	455	617	731	789	843
加 拿 大	816	781	824	856	839	840
西 班 牙	694	725	746	750	740	786
日　　本	850	829	772	763	751	733
哥伦比亚	615	632	629	661	677	687
白俄罗斯	449	568	662	677	663	670
伊　　朗	589	703	678	651	627	636
爱 尔 兰	516	538	533	539	558	582
埃　　及	378	481	576	584	555	560
罗马尼亚	462	555	506	498	502	521
丹　　麦	472	458	491	500	510	519
哈萨克斯坦	373	475	538	485	493	507
肯 尼 亚	271	421	482	494	486	493
苏　　丹				432	436	439
阿尔及利亚	151	180	265	374	404	424
瑞　　士	391	396	411	411	403	410
比 利 时	369	303	308	308	348	370
埃塞俄比亚	103	233	443	409	383	370
孟加拉国	214	262	340	352	353	370
奥 地 利	336	314	329	341	342	352
南　　非	254	287	323	337	326	334
南 苏 丹				319	322	329
瑞　　典	335	321	290	290	291	297
捷　　克	281	283	269	282	286	294
缅　　甸	62	99	162	202	234	256
摩 洛 哥	125	147	200	261	241	252
索玛利亚	211	221	245	249	249	250
芬　　兰	245	243	234	230	233	240
沙特阿拉伯	95	130	184	196	234	236
阿拉伯叙利亚共和国	167	236	224	245	236	231
土库曼斯坦	99	187	215	218	220	230
乌 拉 圭	142	162	182	224	224	223
坦桑尼亚	81	150	176	196	203	217
智　　利	200	231	254	266	216	216

注：资料来源：联合国FAO数据库。

16-23 羊毛产量

单位：吨

国家或地区	2000年	2005年	2010年	2012年	2013年	2014年
世　界	**2311429**	**2209791**	**2020033**	**2089519**	**2093605**	**2126898**
澳大利亚	671000	465700	352740	368330	362100	360520
新西兰	257200	215500	176300	163700	165000	165000
英　国	64000	60000	67000	67500	68000	68000
伊　朗	75000	74292	60000	61000	61500	61500
摩洛哥	40000	53993	55300	55500	56000	56000
前苏丹	45500	64853	55000	55000	56000	56000
俄罗斯联邦	39241	48033	53521	52575	55253	54651
土耳其	43139	46176	42823	46586	51180	51180
印　度	48400	44900	42991	44700	46100	46500
阿根廷	58000	63696	54000	48000	45000	45000
巴基斯坦	38900	40000	42000	42500	43000	43600
南　非	52671	44000	41091	41197	39904	39904
土库曼斯坦	23000	34000	38000	38000	38000	38000
哈萨克斯坦	22924	30444	37600	38500	38437	37638
乌拉圭	57218	42009	34700	34700	36000	36000
乌兹别克斯坦	15834	20081	26510	28687	31065	32400
印度尼西亚	22281	24981	30750	30750	30750	30750
阿尔及利亚	17709	25296	25900	26000	27000	27000
西班牙	32104	30888	22688	22333	22935	22935
阿拉伯	32000	44000	18670	21069	20285	19926
罗马尼亚	17997	17600	20457	19026	18600	18600
伊拉克	15800	16500	17200	17000	17000	17000
阿塞拜疆	10916	13134	15626	16203	16464	16776
蒙　古	21700	15000	15000	16000	16500	16500
阿富汗	18000	12900	15900	17100	16600	15800
爱尔兰	11707	10986	14000	14200	14500	14500
法　国	14438	14000	14000	14000	14000	14000
美　国	20662	16865	13776	13286	14000	14000
德　国	9799	9500	12800	13000	13500	13500
埃　及	7373	6200	12000	12000	12500	12500
巴　西	13301	10777	11646	11805	11994	12041
吉尔吉斯斯坦	11250	9980	10857	11095	10803	11601
沙特阿拉伯	10000	12500	10500	10800	11500	11500
秘　鲁	12729	10882	10200	10300	11000	11000
突尼斯	8935	10151	10400	10600	11000	11000
利比亚	9518	9500	9400	9450	9450	9450
意大利	11000	9049	8939	8558	8432	8432
也　门	4391	6496	7693	7940	8040	8065
智　利	17000	10300	7808	7808	8000	8000
埃塞俄比亚	12000	9652	8000	8000	8000	8000
希　腊	9645	8982	7600	7750	7800	7800
保加利亚	6976	6500	7000	7000	7000	7000
坦桑尼亚	2821	4315	6600	6750	6800	6800
玻利维亚	8752	8816	6641	6641	6641	6641
塔吉克斯坦	2059	4353	5771	6027	6361	6565
葡萄牙	8731	7829	6369	5864	6000	6000
墨西哥	4176	4234	4683	4696	5042	4516
挪　威	4957	5064	4368	4368	4351	4351
哥伦比亚	2975	4333	4000	4000	4000	4000
莱索托	2600	3800	3700	4000	4000	4000

资料来源：联合国FAO数据库。

16-24 鱼类产量

单位：吨

国家或地区	鱼类总计		海域		内陆水域	
	2014年	2015年	2014年	2015年	2014年	2015年
印　　度	9602842	10100057	3902080	4122292	5700762	5977765
秘　　鲁	3714469	4929850	3651104	4846593	63365	83257
印度尼西亚	20883669	22214661	17590645	18796493	3293024	3418168
智　　利	3820176	3190079	3751484	3189431	68692	648
俄罗斯联邦	4396267	4617068	4033023	4193955	363244	423113
越　　南	6330591	6207517	3623502	3626180	2707089	2581337
美　　国	5410351	5471416	5146893	5208562	263458	262854
缅　　甸	5047526	2953140	2763790	1145584	2283736	1807556
挪　　威	3788336	3821979	3787940	3821485	396	494
日　　本	4773492	4656708	4708790	4587425	64702	69283
菲 律 宾	4691972	4503102	4179162	3996536	512810	506566
孟加拉国	3548115	3684245	769735	780502	2778380	2903743
泰　　国	2704304	2590146	2071331	2002605	632973	587541
韩　　国	3304772	3333308	3274994	3300252	29778	33056
墨 西 哥	1722665	1691121	1514803	1474834	207862	216287
马来西亚	1989165	2003019	1875989	1884450	113176	118569
冰　　岛	1103629	1342609	1102815	1341389	814	1220
巴　　西	1329559	1275260	619339	566654	710220	708606
摩 洛 哥	1369030	1370981	1353378	1355395	15652	15586
埃　　及	1481883	1518944	107800	102934	1374083	1416010
西 班 牙	1393936	1265453	1372399	1242811	21537	22642
丹　　麦	784545	904932	762764	883082	21781	21850
尼日利亚	1073059	1027058	405362	372457	667697	654601
阿 根 廷	833943	817963	815373	795440	18570	22523
巴基斯坦	623457	643164	346956	359653	276501	283511
加 拿 大	1010508	1050066	974442	1012945	36066	37121
英　　国	960307	912079	946155	900499	14152	11580
土 耳 其	536516	670873	392143	535242	144373	135631
厄瓜多尔	1031747	1068292	1003444	1044785	28303	23507
南　　非	615673	578450	613018	575795	2655	2655
柬 埔 寨	200943	751193	124770	123658	76173	627535
乌 干 达	572219	513795			572219	513795
塞内加尔	459792	426650	429245	396124	30547	30526
新 西 兰	552581	524588	550580	522089	2001	2499
法　　国	784992	712013	740101	664826	44891	47187
法罗群岛	629290	666164	629290	666164		
纳米比亚	444848	510739	441983	507874	2865	2865
荷　　兰	430176	447396	424978	439942	5198	7454
斯里兰卡	572044	544334	467252	452900	104792	91434
加　　纳	331534	390785	202999	256185	128535	134600
安 哥 拉	442379	497088	423257	457702	19122	39386
德　　国	268775	291653	232349	251350	36426	40303
爱 尔 兰	337624	304023	336662	303097	962	926
波　　兰	228374	242399	169575	187052	58799	55347
乌 克 兰	138662	142244	94778	101226	43884	41018
巴布亚新几内亚	261394	241494	245759	225859	15635	15635
意 大 利	344584	346961	301929	308292	42655	38669
巴 拿 马	169891	151465	169262	150971	629	494
瑞　　典	195558	225486	176131	206390	19427	19096

资料来源：联合国FAO数据库。

16-25 土地利用情况

(2014年) 单位：千公顷

国家或地区	国土面积	陆地面积	农业用地	耕地与多年生作物			永久性草场
					耕地面积	多年生作物	
世　界	**13466561**	**13009010**	**4900105**	**1581803**	**1417153**	**164650**	**3315542**
孟加拉国	14763	13017	9099	8499	7669	830	600
印　度	328726	297319	179600	169360	156360	13000	10240
印度尼西亚	191093	181157	57000	46000	23500	22500	11000
伊　朗①	174515	162876	45953	16476	14687	1789	29477
以色列②	2207	2164	538	398	301	97	140
日　本③	37796	36456	4519	4519	4223	296	
哈萨克斯坦	272490	269970	216992	29527	29395	132	187465
朝　鲜	12054	12041	2630	2580	2350	230	50
韩　国	10028	9748	1748	1691	1476	215	57
马来西亚	33080	32855	7839	7554	954	6600	285
蒙　古	156412	155356	112937	572	567	5	112364
缅　甸	67659	65308	12645	12339	10789	1550	306
巴基斯坦	79610	77088	36252	31252	30440	812	5000
菲律宾	30000	29817	12440	10940	5590	5350	1500
斯里兰卡	6561	6271	2740	2300	1300	1000	440
泰　国	51312	51089	22110	21310	16810	4500	800
越　南	33097	31007	10874	10232	6410	3822	642
埃　及	100145	99545	3745	3745	2670	1075	
尼日利亚	92377	91077	70800	40500	34000	6500	30300
南　非	121909	121309	96841	12913	12500	413	83928
加拿大	998467	909351	65256	50656	46015	4641	14600
墨西哥	196438	194395	106705	25670	22993	2677	81035
美　国	983151	914742	408205	157205	154605	2600	251000
阿根廷	278040	273669	148700	40200	39200	1000	108500
巴　西	851577	835814	282589	86589	80017	6572	196000
委内瑞拉	91205	88205	21600	3400	2700	700	18200
白俄罗斯	20760	20291	8632	5788	5670	118	2844
捷　克	7887	7721	4216	3219	3143	76	997
法　国	54909	54756	28767	19328	18333	995	9438
德　国	35738	34890	16725	12074	11871	203	4651
意大利	30134	29414	13162	9121	6728	2393	4041
荷　兰	4154	3369	1839	1081	1045	36	758
波　兰④	31268	30619	14424	11304	10928	376	3120
罗马尼亚	23839	23008	13830	9203	8778	425	4627
俄罗斯⑤	1709825	1637687	217722	124722	123122	1600	93000
西班牙	50594	50021	26578	17188	12278	4910	9390
土耳其	78535	76963	38561	23944	20706	3238	14617
乌克兰⑥	60355	57929	41272	33424	32531	893	7848
英　国	24361	24193	17232	6278	6234	45	10954
澳大利亚	774122	768230	406269	47307	46957	350	358962
新西兰	26771	26331	11116	657	590	67	10459

注：①永久性草场是指条件好及条件一般的牧场，不包括条件差的牧场。②国土面积和陆地面积均包括戈兰高地。③永久性草场包括在耕地中。④农业用地仅包括被农业相关物品占用土地。⑤国土面积不包括白海和亚速海面下土地。⑥国土面积不包括亚速海面下土地。

资料来源：联合国FAO数据库。

16-26 农业机械拥有量

(2008年)　　单位：台

国家或地区	农用拖拉机	挤奶机	联合收割机
世　界①	**29320418**		**4382366**
孟加拉国①	3000		2
印　度①	3149000		477000
印度尼西亚①	5200		108000
伊　朗①	308422	24065	10880
以 色 列	21591②	1600①	238①
日　本①	1877000	160000	957000
哈萨克斯坦①	40228	559	18802
朝　鲜①	64200		
韩　国	253531		85338
马来西亚①		44	
蒙　古	3232		700
缅　甸	160506②		24391②
巴基斯坦①	470000		1572
菲 律 宾①	63000		1360
斯里兰卡①	21500		10
泰　国	830000①	620①	48175
越　南①	163000		223000
埃　及	110304②		3161
尼日利亚①	24800	35	4
南　非①	63000		10500
加 拿 大①	733314		81258
墨 西 哥①	238830		22500
美　国①	4389812		346935
阿 根 廷①	254011	8200	50000
巴　西①	776905		53621
委内瑞拉①	49000		5800
白俄罗斯	48100②	13500②	12200②
捷　克①	83813	6794	10442
法　国①	1135000	200000	76500
德　国①	681200②	250000	85480
意 大 利①	1913000	150000	54800
荷　兰①	144000	37500	5600
波　兰	1577290②	272000①	160000①
罗马尼亚	176841②		25679②
俄罗斯联邦	329980②	33164②	86122②
西 班 牙	1320599②	130000①	52042②
土 耳 其	1052975	183846	13084
乌 克 兰	369131②	10547②	56580②
英　国①	443000	157000	40000
澳大利亚①	315000	200000	56500
新 西 兰①	76611	13800	3100

注：①2007年数据。②2009年数据。
资料来源：联合国FAO数据库。

16-27 化肥施用量

(2014年) 单位：万吨

国家或地区	化肥施用总量			
		氮肥	磷肥	钾肥
世　界	**19329.0**	**10893.7**	**4669.8**	**3765.5**
孟加拉国	214.1	123.0	56.5	34.6
印　度	2581.9	1693.5	636.7	251.7
印度尼西亚	497.7	290.9	76.8	130.0
伊　朗	46.4	26.2	17.0	3.2
以色列	7.2	4.0	0.5	2.7
日　本	101.6	40.1	33.7	27.8
哈萨克斯坦	10.0	6.3	2.5	1.2
韩　国	59.0	25.4	16.8	16.9
马来西亚	196.9	50.8	46.0	100.0
缅　甸	22.1	15.9	2.7	3.4
巴基斯坦	409.1	313.4	92.6	3.0
菲律宾	102.4	69.0	17.4	16.0
斯里兰卡	31.9	22.7	5.5	3.6
泰　国	256.0	152.1	45.2	58.7
越　南	254.7	139.3	59.2	56.2
埃　及	176.9	131.1	40.6	5.2
尼日利亚	37.0	27.2	5.7	4.1
南　非	75.8	43.7	19.3	12.8
加拿大	411.5	283.5	90.1	38.0
墨西哥	192.2	136.2	38.3	17.7
美　国	2127.4	1242.8	425.1	459.4
阿根廷	140.9	78.0	59.5	3.4
巴　西	1401.9	387.2	475.2	539.5
委内瑞拉	48.5	28.5	9.0	11.0
白俄罗斯	121.9	45.6	15.3	60.9
捷　克	40.5	32.9	4.2	3.4
法　国	277.7	220.0	18.8	38.9
德　国	258.4	182.3	30.1	46.0
意大利	88.1	60.0	17.1	11.0
荷　兰	25.2	22.0	0.6	2.6
波　兰	253.1	163.2	35.2	54.7
罗马尼亚	45.2	30.4	11.9	3.0
俄罗斯联邦	193.4	119.4	46.6	27.4
西班牙	185.8	110.2	39.9	35.8
土耳其	218.0	149.2	57.0	11.7
乌克兰	146.9	102.0	24.1	20.9
英　国	151.7	104.9	19.6	27.2
澳大利亚	254.4	140.5	90.8	23.2
新西兰	88.0	32.8	51.2	4.0

资料来源：联合国FAO数据库。

16-28 中国农业主要指标占世界的比重

单位：%

指标	1978年	1980年	1990年	2000年	2005年	2010年	2014年
农村人口	30.13	29.75	28.46	25.30	23.04	20.82	19.05
耕地面积	7.20	7.17	8.81	8.75	8.51	8.02	7.50
谷物产量	17.26	18.08	20.72	19.77	18.93	20.46	19.90
小麦产量	12.13	12.54	16.58	17.00	15.55	17.70	17.31
稻谷产量	36.35	36.00	36.95	31.67	28.70	29.35	27.87
玉米产量	14.24	15.81	20.11	17.92	19.55	21.03	21.10
大豆产量	10.09	9.83	10.15	9.56	7.62	6.62	4.12
油菜籽产量	17.71	22.18	28.48	28.80	26.10	22.15	16.35
花生产量	13.37	21.82	27.86	41.80	37.45	41.73	37.69
籽棉产量	16.80	19.72	25.05	25.05	24.59	26.22	23.97
甘蔗产量	3.80	4.35	6.02	5.51	6.67	6.61	6.61
茶叶产量	16.27	17.35	22.28	23.77	26.30	32.48	37.95
水果产量①	2.82	2.77	5.93	13.62	17.02	20.06	23.32
肉类产量②	8.70	10.81	16.88	26.60	27.43	27.57	27.20
牛奶产量	0.28	0.28	0.91	1.76	5.12	5.66	5.77
羊毛产量	5.19	6.30	7.15	12.66	17.41	18.93	22.15

注：①不包括瓜类。②1990年以前为猪、牛、羊肉产量的比重。③2011年数据。
资料来源：联合国FAO数据库。

16-29 中国农业主要指标居世界的位次

指标	1978年	1980年	1990年	2000年	2005年	2010年	2014年
农村人口			1	1	1	1	1
耕地面积	4	4	4	3	3	4	4
谷物产量	2	1	1	1	1	1	1
小麦产量	2	3	2	1	1	1	1
稻谷产量	1	1	1	1	1	1	1
玉米产量	2	2	2	2	2	2	3
大豆产量	3	3	3	4	4	4	6
油菜籽产量	2	2	1	1	1	1	2
花生产量	2	2	2	1	1	1	1
籽棉产量	2	2	1	1	1	1	2
甘蔗产量	7	5	4	3	3	3	3
茶叶产量	2	2	2	2	1	1	1
水果产量①	9	8	4	1	1	1	1
肉类产量②	3	3	1	1	1	1	1
牛奶产量	34	35	20	17	5	3	3
羊毛产量	5	4	4	2	2	1	1

注：①不包括瓜类。②1990年以前为猪、牛、羊肉产量的位次。③2011年数据。
资料来源：联合国FAO数据库。

如何使用《中国农村统计年鉴》

如何使用《中国农村统计年鉴》

为了使广大读者更好地使用《中国农村统计年鉴》，我们编写了《如何使用农村统计年鉴》一章，主要对农村统计改革和发展进行了概述，对各章资料的来源进行说明，对主要统计指标的统计含义和口径作了诠注。

一、农村统计制度方法改革概述

改革开放以来，我国农村统计适应农村经济改革的要求，取得了长足的发展和进步，农村统计范围由农业统计向农村统计转变；农村统计制度方法由以全面统计为主向以普查为基础、抽样调查为主体、辅之以全面报表、重点调查、科学核算等多种方法综合运用的方法体系转变。

1．抽样调查得到恢复和全面发展。1978 年以后，中国进入改革开放的新时期，国家统计局和地方统计局陆续恢复。从农村开始的中国经济体制改革，带来了两方面的巨大变化。一是在经济结构上，由过去单一的农业经济向农业、工业、商业、建筑业、运输业、服务业等全面发展，农业统计面临向农村统计的转变。二是在经营体制上，由三级所有、队为基础的“一大二公”式的集体经营向以家庭联产承包责任制为主要形式的双层经营体制转变，农村统计的对象由600多万个生产队变为2亿多农户。面对大量分散的、小规模经营的农户，继续实行全面统计的方法，依靠层层报表的形式搜集数据，越来越困难。1983年，国务院办公厅转发了国家统计局《关于加强农村统计工作等问题的报告》。提出“根据农村多种经营的新情况，农村统计首先要认真搞准粮食产量和经济作物产量；同时还要调查农村工业、交通运输业、商业等情况，调查农村的人口、教育、文化、卫生等社会情况。今后，除了改进全面报表制度外，一定要大力推行抽样调查”。随后，全国农村抽样调查队在原有 1600 人的基础上扩大到6100人，正式成为国家统计局直属的事业单位，并于1985年底完成了全国857个抽样调查县的建队工作。在进行组织建设的同时，业务建设也加快了步伐。一是农村住户调查由以前的收支调查扩展为全面反映农民社会经济活动，增加了农户生产经营情况、主要生活消费品实物消费量，以及农民家庭基本情况等方面的内容。二是农产量抽样调查增加了“农作物种植意向调查”，“播种面积调查”和“夏收、早稻、秋粮预测和实测产量调查”等，到1988年由粮食产量调查发展为种植业调查，全面调查反映粮、棉、油、麻、糖、烟、蔬菜和瓜果的生产情况。三是增加了农村社会经济抽样调查，内容包括农村劳动力、固定资产投资等生产要素和农村社区状况等。

抽样调查网点的抽选也逐步实现了科学化。1979年采用多阶段、半距起点、等距抽样方法，住户调查抽样框按各单位人均从集体分配的收入排队，参加分配的人口作辅助资料进行编制。农产量调查抽样框按平均亩产排队，以平均播种面积作为辅助资料进行编制。1984年开始启用多阶段、随机起点、对称等距抽样方法。为了克服样本老化的问题，从1990年开始在县以下实施样本轮换制度，每四年轮换一次样本。

2．全面统计不断完善并发挥了独特的作用。由于全面统计在满足我国政府分层决策和分层管理方面具有优势，所以对于行政记录比较健全、起报单位较高或一时还不具备实施抽样调查条件的统计项目，如农村基层组织状况，农业自然资源、人力资源和机械、电力、化学肥料等物质、技术装备情况，农田水利建设和农业灾害情况等，继续采用全面统计的方法取得数据。此外，还有一部分综合性内容，如农村社会总产值、农业总产值、农业增加值、农业商品产值、经济收益分配等，主要是由县以上综合统计部门根据相关基础资料，按照全国统一方案测算的。

全面统计的源头数据按照村、乡（镇）、县（市）、省（区、市）、国家的顺序层层汇总并逐级上报，它的基础是乡镇统计网络。

3．第二次全国农业普查取得了圆满成功。根据国务院决定，我国开展了第二次全国农业普查。这次普查的标准时点为2006年12月31日，时期资料为2006年度。普查对象为我国境内的农村住户、城镇农业生产经营户、农业生产经营单位、村民委员会和乡镇人民政府。本次普查共调查了40656个乡级行政单位，656026个村级组织，22592万个住户。普查主要内容包括：农业生产条件、农业生产经营活动、农业土地利用、农村劳动力及就业、农村基础设施、农村社会服务、农村居民生活，以及乡镇、村民委员会和社区环境等方面的情况。农业普查采用全面调查的方法，对所有普查对象由普查员进行逐个查点和填报。全国共组织动员了普查员、普查指导员和各级普查机构的工作人员近700万人，填报普查表近5亿张。通过普查获得了大量数据，掌握了我国有关农业、农村、农民的基本情况，填补了反映我国基本国情国力数据的缺陷和空白，矫正了常规统计数据因各种原因引起的系统性偏差。它不仅为党和政府的决策提供了科学依据，而且为农村统计改革与发展打下了很好的基础。第二次全国农业普查的成功，标志着我国农村统计事业进入了新的发展阶段。

二、资料来源

《中国农村统计年鉴》资料绝大部分是由国家统计局农村司根据《农林牧渔业综合统计报表制度》、《乡村社会经济调查方案》、《农产量抽样调查制度》、《农村住户调查方案》和《县（市）社会经济调查卡片》的有关资料整理提供。

部分章节资料来自于部门统计。农业生态与环境资料主要来源于国家环保总局、水利部和国家林业局统计报表；农村市场与价格资料主要是根据国家工商行政管理局统计报表和国家统计局城市司的价格统计资料整理而成；农产品生产成本资料主要是根据国家发改委农产品成本调查报表整理而成；农产品进出口主要依据海关总署有关资料加工整理的；农村文化、教育、卫生资料是国家统计局社会科技统计司根据文化部、教育部、卫生部有关资料加工整理而成的；国外农业统计资料是国家统计局国际统计中心根据联合国粮农组织提供的资料加工整理而成的。

三、主要统计指标解释

国内生产总值(GDP)：指一个国家（或地区）所有常住单位在一定时期内生产活动的最终成果。国内生产总值有三种表现形态，即价值形态、收入形态和产品形态。从价值形态看，它是所有常住单位在一定时期内生产的全部货物和服务价值超过同期中间投入的全部非固定资产货物和服务价值的差额，即所有常住单位的增加值之和；从收入形态看，它是所有常住单位在一定时期内创造并分配给常住单位和非常住单位的初次收入分配之和；从产品形态看，它是所有常住单位在一定时期内最终使用的货物和服务价值与货物和服务净出口价值之和。在实际核算中，国内生产总值有三种计算方法，即生产法（总产出减中间投入）、收入法（由劳动者报酬、生产税净额、固定资产折旧、营业盈余组成）和支出法（由最终消费、资本形成总额、货物和服务净出口组成）。三种方法分别从不同的方面反映国内生产总值及其构成。

劳动者报酬：指劳动者因从事生产活动所获得的全部报酬。包括劳动者获得的工资、奖金和津贴，既包括货币形式的，也包括实物形式的；还包括劳动者所享受的公费医疗和医药卫生费、上下班交通补贴和单位支付的社会保险费等。对于个体经济来说，其所有者所获得的劳动报酬和经营利润不易区分，这两部分统一作为劳动者报酬处理。

生产税净额：指生产税减生产补贴后的余额。生产税指政府对生产单位生产、销售和从事经营活动以及因从事生产活动使用某些生产要素（如固定资产、土地、劳动力）所征收的各种税、附加费和规费。生产补贴与生产税相反，指政府对生产单位的单方面收入转移，因此视为负生产税，包括政策亏损补贴、粮食系统价格补贴、外贸企业出口退税收入等。

固定资产折旧：指为弥补固定资产损耗按照核定的固定资产折旧率提取的固定资产折旧，或按国民经济核算统一规定的折旧率虚拟计算的固定资产折旧。各类企业和企业化管理的事业单位的固定资产折旧是指实际计提并计入成本费中的折旧费；不计提折旧的政府机关、非企业化管理的事业单位和居民住房的固定资产折旧是按照统一规定的折旧率和固定资产原值计算其虚拟折旧。原则上，固定资产折旧应按固定资产的重置价值计算，但是目前我国尚不具备对全社会固定资产进行重新估价的基础，所以暂时只能采用上述办法。

营业盈余：指常住单位创造的增加值扣除劳动者报酬、生产税净额和固定资产折旧后的余额。它相当于企业的营业利润加上生产补贴，但要扣除从利润中开支的工资和福利等。

支出法国内生产总值：指一个国家(或地区)所有常住单位在一定时期内用于最终消费、资本形成总额，以及货物和服务的净出口总额，它反映本期生产的国内生产总值的使用及构成。

最终消费：指常住单位在一定时期内对于货物和服务的全部最终消费支出，也就是常住单位为满足物质、文化和精神生活的需要，从本国经济领土和国外购买的货物和服务的支出；不包括非常住单位在本国经济领土内的消费支出。最终消费分为居民消费和政府消费。

资本形成总额：指常住单位在一定时期内获得的减去处置的固定资产加存货的变动，包括固定资本形成总额和存货增加。

货物和服务净出口：指货物和服务出口减货物和服务进口的差额。出口包括常住单位向非常住单位出售或无偿转让的各种货物和服务的价值；进口包括常住单位从非常住单位购买或无偿得到的各种货物和服务的价值。由于服务活动的提供与使用同时发生，因此服务的进出口业务并不发生出入境现象，一般把常住单位从国外得到的服务作为进口，非常住单位从本国得到的服务作为出口。货物的出口和进口都按离岸价格计算。

三次产业：指根据社会生产活动历史发展的顺序对产业结构的划分，产品直接取自自然界的部门称为第一产业，对初级产品进行再加工的部门称为第二产业，为生产和消费提供各种服务的部门称为第三产业。我国的三次产业划分是：第一产业为农业（包括种植业、林业、牧业和渔业），第二产业为工业（包括采掘业，制造业，电力、煤气及水的生产和供应业）和建筑业，第三产业为除第一、第二产业以外的其他各业。

当年价格：也称现行价格，指报告期内的实际市场价格。按现行价格计算的各种综合指标可以反映当年国民经济发展水平及比例关系，但因其变化受实物数量增减和价格升降因素的影响，在不同时期之间缺乏可比性。

可比价格：指计算各种总量指标所采用的扣除了价格变动因素的价格，可进行不同时期总量指标的对比。按可比价格计算总量指标有两种方法：一种是直接用产品产量乘某一年的不变价格计算；另一种是用价格指数进行缩减。

不变价格：指以同类产品某年的平均价格作为固定价格，用于计算各年的产品价值。按不变价格计算的产品价值消除了价格变动因素，不同时期对比可以反映生产的发展速度。新中国成立后，随着工农业产品价格水平的变化，国家统计局先后五次制定了全国统一的工业产品不变价格和农业产品不变价格。从 1952 年到 1957 年使用 1952 年工（农）业产品不变价格，从 1957 年到 1970 年使用 1957 年不变价格，从 1971 年到 1980 年使用 1970 年不变价格，从 1981 年到 1990 年使用 1980 年不变价格，从 1991 年开始使用 1990 年不变价格。从 2003 年起使用可比价计算产值，取消不变价产值。

人口数：指一定时点、一定地区范围内有生命的个人总和。年度统计的年末人口数指每年 12 月 31 日 24 时的人口数。年度统计的全国人口总数内未包括台湾省和港澳同胞以及海外华侨人数。

从业人员：指从事一定社会劳动并取得劳动报酬或经营收入的人员，包括全部职工、再就业的离退休人员、私营业主、个体户主、私营和个体从业人员、乡镇企业从业人员、农村从业人员和其他从业人员(包括民办教师、宗教职业者、现役军人等)。

固定资产投资额：指以货币表现的建造和购置固定资产活动的工作量，分为基本建设投资、更新改造投资、房地产开发投资和其他固定资产投资四个部分。

财政收入：指国家财政参与社会产品分配所取得的收入，是实现国家职能的财力保证。财政收入所包括的内容几经变化，目前主要包括各项税收、专项收入、其他收入（如基本建设贷款归还收入、基本建设收入、捐赠收入等）和国有企业计划亏损补贴。

财政收入按财政体制划分为中央本级收入和地方本级收入。1994 年分税制财政体制以后，属于中央财政的收入包括关税、海关代征消费税和增值税，消费税，中央企业所得税，地方银行和外资银行及非银行金融企业所得税，铁道、银行总行、保险总公司等集中缴纳的营业税、所得税、利润和城市维护建设税，增值税的75%部分，证券交易税(印花税)50%部分和海洋石油资源税。属于地方财政的收入包括营业税，地方企业所得税，个人所得税，城镇土地使用税，固定资产投资方向调节税，城镇维护建设税，房产税，车船使用税，印花税，耕地占用税，契税，增值税25%部分，证券交易税(印花税)50%部分和除海洋石油资源税以外的其他资源税。

财政支出：国家财政将筹集起来的资金进行分配使用，以满足经济建设和各项事业的需要，主要包括基本建设支出、企业挖潜改造资金、地质勘探费用、科技三项费用、支援农村生产支出、农林水利气象等部门的事业费用、工业交通商业等部门的事业费、文教科学卫生事业费、抚恤和社会福利救济费、国防支出、行政管理费和价格补贴支出。

财政支出按照政府在经济和社会活动中的不同职权，划分为中央财政支出和地方财政支出。中央财政支出包括国防支出，武装警察部队支出，中央级行政管理费和各项事业费，重点建设支出以及中央政府调整国民经济结构、协调地区发展、实施宏观调控的支出。地方财政支出主要包括地方行政管理和各项事业费，地方统筹的基本建设、技术改造支出，支援农村生产支出，城市维护和建设经费，价格补贴支出等。

城镇居民家庭可支配收入：指被调查的城镇居民家庭在支付个人所得税、财产税及其他经常性转移支出后所余下的实际收入。

社会消费品零售总额：指国民经济各行业直接售给城乡居民和社会集团的消费品总额。社会消费品零售总额包括售给城乡居民作为生活用的商品和修建房屋用的建筑材料；售给社会集团的各种办公用品和公用消费品；售给机关、团体、学校、部队、企业、事业单位的职工食堂和旅店(招待所)附设专门供本店旅客食用，不对外营业的食堂的各种食品、燃料；企业、单位和国营农场直接售给本单位职工和职工食堂的自己生产的产品；售给部队干部、战士生活用的粮食、副食品、衣着品、日用品、燃料；售给来华的外国人、华侨、港澳台同胞的消费品；居民自费购买的中、西药品，中药材及医疗用品；报社、出版社直接售给居民和社会集团的报纸、图书、杂志，集邮公司出售的新、旧纪念邮票、特种邮票、首日封、集邮册、集邮工具等；旧货寄售商店自购、自销部分的商品；煤气公司、液化石油气站售给居民和社会集团的煤气灶具和罐装液化石油气；农民售给非农业居民和社会集团的商品。

海关进出口总额：指实际进出我国国境的货物总金额。包括对外贸易实际进出口货物，来料加工装配进出口货物，国家间、联合国及国际组织无偿援助物资和赠送品，华侨、港澳台同胞和外籍华人捐赠品，租赁期满归承租人所有的租赁货物，进料加工进出口货物，边境地方贸易及边境地区小额贸易进出口货物(边民互市贸易除外)，中外合资、中外合作、外商独资经营企业进出口货物和公用物品，到、离岸价格在规定限额以上的进出口货样和广告品(无商业价值、无使用价值和免费提供出口的除外)，从保税仓库提取在中国境内销售的进口货物，以及其他进出口货物。我国规定出口货物按离岸价格统计，进口货物按到岸价格统计。

农业机械总动力：指用于农、林、牧、渔业生产的各种动力机械的动力之和，包括耕作机械、农用排灌机械、收获机械、植保机械、林业机械、渔业机械、农产品加工机械、农用运输机械、其他农用机械。按能源又分为柴油、汽油、电力和其他动力。总动力按法定计量单位千瓦计算（注：1马力=735.5瓦特=0.735千瓦）。

农用大中型拖拉机：指发动机额定功率为14.7千瓦及以上的专门用于农作物田间作业和以农作物田间作业为主进行综合利用的拖拉机，包括轮式和履带式两种。不包括用于森工、基建、营林等方面的拖拉机。

小型拖拉机：指专门或主要用于农作物田间作业的不足14.7千瓦的拖拉机。包括四轮拖拉机和手扶拖拉机。

农用载重汽车：指主要用于农林牧渔业生产运输的载重汽车。

耕地灌溉面积：指具有一定的水源，地块比较平整，灌溉工程或设备已经配套，在一般年景下当年能够进行正常灌溉的耕地面积。在一般情况下，耕地灌溉面积应等于灌溉工程或设备已经配备，能够进行正常灌溉的水田和水浇地面积之和。

（1）灌溉工程或设备已经配套，可以灌溉，但由于雨水及时或所种作物不需要灌溉等原因，当年没有进行灌溉的，应统计为耕地灌溉面积。

（2）灌溉工程或设备不配套（如只有深水井，

没有安装机器)、渠系不健全（如只有水库，没有修渠)、地块不平整，当年不能发挥灌溉效益的灌溉面积，不应统计为耕地灌溉面积。

（3）北方地区没有灌溉工程或设备的引洪淤灌的耕地面积，不应统计为耕地灌溉面积。

（4）南方地区没有灌溉工程或设备，完全靠雨蓄水的“冬水田”、“屯水田”、“望天田”、“雷响田”等水田面积，不应统计为耕地灌溉面积。

（5）没有灌溉工程或设备，遇到旱年临时抗旱点种的耕地面积，不应统计为耕地灌溉面积。

（6）原有的灌溉工程或设备，由于受到破坏等原因不能起灌溉作用，这部分耕地面积不应统计为耕地灌溉面积。

旱涝保收面积：指在耕地灌溉面积中，灌溉设施齐全，抗灾能力较强，土地肥力较高，遇到较大的旱涝灾害能保证遇旱能灌、遇涝能排的耕地面积。灌溉设施的抗旱能力和排涝能力，全国各地根据当地的气候执行不同的标准。一般抗旱能力：南方在50-100天，北方在30-50天；排涝能力达到5年至10年一遇的标准，防洪一般达到20年一遇的标准。旱涝保收面积应小于或等于耕地灌溉面积。

化肥施用量：指本年度内实际用于农业生产的化学肥料数量，包括氮肥、磷肥、钾肥和复合肥。施用量要求按折纯量计算数量，即各类化学肥料的实际施用数量按其含氮、含五氧化二磷、含氧化钾的比例折成百分之百计算。

农村用电量：指本年度内，扣除在农村中的国有工业、交通、基建等单位的用电量以后的农村生产和生活的全年用电总量。包括国家电网供电和农村自办电站供电量。

农作物总播种面积：指本日历年度内收获农产品的作物播种面积之和，包括实际播种或移植有农作物面积。凡是实际种植有作物面积，不论种植在耕地上还是种植在非耕地上，均包括在农作物播种面积中。在播种季节基本结束后，因遭受灾害而重新改种和补种的农作物面积也包括在内。

农作物包括范围

（1）**谷物**　包括稻谷、小麦、玉米、谷子、高粱和其他谷物，不包括豆类和薯类。谷类作物一律按脱粒后的原粮计算。

（2）**豆类作物**　是以食用种籽及其制成品的豆科植物，包括大豆和杂豆。大豆包括黄豆、黑豆、青豆三类。产量按去荚后的干豆计算。

（3）**薯类作物**　包括甘薯和马铃薯。不包括芋头、木薯等。芋头一般应作为“蔬菜”计算，木薯作为其他作物计算。城市郊区以蔬菜种植为主把马铃薯产量统计在蔬菜内。

（4）**油料作物**　是以榨取油脂为主要用途的一类作物。种子含油率约达20-60%。包括花生、油菜籽、芝麻、胡麻籽、向日葵籽等。不包括木本油料和野生油料。花生以带壳干花生计算。

（5）**棉花**　不包括木棉，按去籽后的皮棉计算，3公斤籽棉折1公斤皮棉。棉花产量从1999年起在主产区实行抽样调查（河北、江苏、安徽、山东、河南、湖北、湖南、新疆)，非主产区仍按全面统计。

（6）**糖料**　包括甘蔗和甜菜。甘蔗以蔗杆计算，甜菜以块根计算。

（7）**药材**　指人工栽培的各种药材作物，不包括野生药材。

（8）**蔬菜**　包括菜用瓜、茭白、芋头、生姜等在内。

（9）**瓜类作物**　指果用瓜，如西瓜、甜瓜（香瓜)、白兰瓜、哈密瓜、脆瓜等，但不包括菜用瓜。

（10）**其他作物**　包括饲料作物、苇子、莲子、席草等。

（11）**饲料作物**　指人工栽培的主要用于喂养牲畜的作物，如苜蓿等。有些地方在饲料地上种植粮食作物，除了种植目的就是作为青饲料用的可作为饲料作物统计以外，收获主产品以后，副产品不管是否作为饲料的，仍应分别列入谷物，豆类作物，薯类等项下统计产量，不得列入饲料作物内。

粮食总产量：指全社会的产量。包括国营农场等国有经济的、集体统一经营的和农民家庭经营的产量，还包括工矿企业办的农场和其他生产单位的产量。粮食除包括稻谷、小麦、玉米、高粱、谷子、其他杂粮外，还包括薯类和大豆。其产量计算方法，豆类按去豆荚后的干豆计算，薯类（包括甘薯和马铃薯，不包括芋头和木薯）1963年以前按每4千克鲜薯折1千克粮食计算，从1964年以后按5千克鲜薯折1千克粮食计算。其他粮食一律按脱粒后的原粮计算。

粮食比国际上通行的谷物口径大，相当于谷物+薯类+大豆。

茶叶产量：指本年度内生产的全部茶叶产量。

包括从成片茶园和零星种植的茶树以及荒芜未垦复的茶树上所采摘的全部产量。不论自食的或出售的，都应统计在内。茶叶的产量按经过初步加工的干毛茶的重量计算。由于加工毛茶的方法不同，以分为红毛茶、绿毛茶、乌龙茶、紧压茶、其他茶。紧压茶是指作紧压茶原料的茶叶产量。其他茶是上述四种毛茶之外的毛茶。

水果产量：指本年度内从果树上收获的全部水果产量。不论自食的或出售的，都应计算在内。但不包括果用瓜（如西瓜、甜瓜、白兰瓜、哈密瓜、脆瓜等）和主要作蔬菜食用的藕、西红柿等。不包括采集的野生水果。水果的产量按鲜果计算，干枣、葡萄干、柿饼、桔饼等应统一折成鲜果计算。香蕉不包括大蕉、龙牙蕉、粉蕉、西贡蕉等。

林产品产量：指从人工栽培的竹木上，不经砍伐竹木的根而取得的各种林产品数量。包括生漆、棕片、五倍子、松脂、笋干、油桐籽、油茶籽、乌柏籽、核桃、板栗等各种林木果实以及修剪竹木所获得的枝叶（如荆条、柳条、蒲葵叶）等。不包括桑叶、茶叶、水果，也不包括野生的林产品。如果某些林产品人工栽培和野生的混在一起，不易划分，则应根据它的主要来源决定其应计入林产品产量统计中还是其他农业内采集野生植物果实产量统计中，但不要两方面都算，以免重复。

林产品产量的计算方法为：

（1）油茶籽、油桐籽、乌柏籽、核桃、文冠果按去掉果皮、外壳的干籽计算产量。

（2）五倍子　以干籽计算产量。

（3）生漆、松脂　按从树上割下来的生漆、松脂计算产量。

（4）棕片和竹笋　按干片和笋干计算产量。

（5）板栗　按除去毛荚的果实计算产量。

（6）油橄榄　按果实计算产量。

（7）紫胶（虫胶）　按原胶计算产量。

畜牧业生产

猪、牛、羊、禽等主要畜禽的存栏、出栏及产品产量。1999年畜牧调查和数据采集方式发生变化。非农户生产经营单位按全面统计的组织方式逐级上报；农户（含规模饲养农户）采取抽样调查，全部调查工作在国家调查（行政）村进行。抽中村中规模饲养农户（制定的规模养殖参照标准）要进行逐个调查。非规模饲养农户，应按随机原则，抽选10个有代表性的农户进行入户调查访问。同时，在调查村要建立畜牧业统计台账，并按要求定期填报有关资料。根据1996年农业普查结果，国家统计局农调总队对猪、牛、羊等主要畜产品存栏、出栏及肉产量等指标常规年报数据与农业普查数据进行衔接。2000年以后的生猪存栏、出栏和肉产量均为抽样调查数据。

当年出栏的畜禽数：指当年（报告期内）乡村各种合作经济和农民、国有农场、机关、团体、学校、工矿企业、部队等单位及城镇居民饲养的，已屠宰或出售的全部畜禽数，包括交售给国家，集市上出售和农民自食的部分。不包括个别地区习惯吃的“烤小猪”或出口的“乳猪”。

期初（末）畜禽存栏头（只数）：指本期（报告期）期初（末），农村与城市的全部畜禽存栏头（只）数。除科学研究单位专门用于试验研究的牲畜和军马以外，农村各种合作经济组织和国营农场、农民个人、机关、团体、学校、工矿企业、部队等单位以及城镇居民饲养的各种畜禽，不分大小、公母、品种、用途一律包括在内。专业运输组织的运输用牲畜也应包括在内。但商业部门库存的和运输途中的活牲畜不进行统计。

肉类总产量：指当年出栏并已屠宰的畜禽肉产量，即屠宰后除去头蹄下水后带骨肉的重量，也叫酮体重。

牛奶产量、羊奶产量：指全社会产量。包括出售给国家、农贸市场交易和农牧民自食部分。无论是纯种牛、杂种牛、黄牛或兼用牛产的奶；无论是奶山羊、绵羊或其他改良羊所产的奶都要计算为产量。牛犊、羊羔直接吮食部分，不统计产量。

细羊毛：指细毛及其改良羊所产的羊毛量。

半细羊毛：指半细毛羊及其改良羊所产的羊毛产量。

禽蛋产量：指鸡、鸭、鹅三种家禽的禽蛋产量，包括出卖和农民自食以及种蛋。

蚕茧产量：指本年度内生产的全部蚕茧产量，无论自用的或出售的，都应计算在内。在计算产量时，要把土茧、改良茧和种茧包括在内，桑蚕茧、柞蚕茧均按鲜茧计算，木薯蚕茧和蓖麻蚕茧等的产量均按茧壳的重量计算。

渔业生产

水产品产量：指当年捕捞的水产品（包括人工

养殖并捕捞的水产品和捕捞天然生长的水产品）产量。

海水产品产量：指从海洋和海水养殖水域中捕捞的海水产品产量。包括海水中的鱼类、虾蟹类、贝类、藻类。

内陆水域水产品产量：指淡（咸）水湖泊、水库、河沟和池塘以及其他内陆水域内捕捞的水产品产量。包括鱼类、虾蟹类、贝类，不包括淡水水生植物。

养殖产量：指从海水养殖面积和内陆水域养殖面积中捕捞的产量。

捕捞产量：指捕捞天然生长的水产品产量。

农林牧渔业总产值：指以货币表现的农、林、牧、渔业全部产品和对农林牧渔业生产活动进行的各种支持性服务活动的价值总量，它反映一定时期内农业生产总规模和总成果。1957年以前的农业总产值中包括了厩肥和农民自给性手工业（如农民自制衣服、鞋、袜，自己从事粮食初步加工等)。1958年及以后的农业总产值，林业中增加了村及村以下竹木采伐产值；牧业中取消了厩肥产值；副业中取消了农民自给性手工业产值，增加了村及村以下办的工业产值；渔业中增加了海洋捕捞水产品产值。1980年及以后，在副业中增加了农民家庭兼营工业商品部分产值。从1984年起村及村以下工业产值划归工业。从1993年起取消副业，将野生动物的捕猎划入牧业、野生植物采集和农民家庭兼营商品性工业划归农业。从2003年起，执行新的国民经济行业分类标准，农林牧渔业总产值中包括了农林牧渔服务业产值。林业中增加了森林采运业产值。农业中取消了家庭兼营商品性工业产值，将野生林产品的采集划归林业。第一次农业普查以后，由于畜牧业产品年报数据与普查数据之间存在一定的差距，国家统计局农村司对畜牧业年报数据与普查数据进行衔接，相应的畜牧业产值进行调整。

农林牧渔业总产值的计算方法通常是按农、林、牧、渔业产品及其副产品的产量分别乘以各自单位产品价格求得；少数生产周期较长，当年没有产品或产品产量不易统计的，则采用间接方法匡算其产值；然后将四业产品产值相加即为农林牧渔业总产值。

农林牧渔业增加值：用生产法计算的一定时期内农业生产活动的最终成果。其计算方法是用现价计算的农林牧渔业产值扣除各项中间投入。

1996年第一次农业普查以后，由于畜牧业产品产量年报数据与普查数据之间存在一定的差距，国家统计局农村司对畜牧业年报数据与普查数据进行衔接，相应的畜牧业产值、增加值进行调整。

农村固定资产：是指使用年限在一年以上，单位价值在规定的标准以上，并在使用过程中保持原来物质形态的资产。企事业单位所有的使用期限在一年以上、单位价值在200元以上的房屋建筑物、机器设备、器具、工具等资产应作为固定资产统计；不属于生产经营的物品，单位价值在200元以上，并且使用期限超过两年的也应作为固定资产统计。农户所有的使用年限在一年以上、单位价值在50元以上的房屋建筑物、机器设备、器具等资产应作为固定资产统计。

农村固定资产统计调查方式由全面统计改为抽样调查。九十年代初，农村固定资产投资统计进行了初步改革，即集体部分的投资由统计部门中负责投资统计的单位通过全面统计的方式，逐级汇总、层层上报取得数据；农户部分则以抽样调查方式取得数据。由于全面统计数据存在行政干扰，农户抽样调查不太规范等原因，从1999年年报开始，农村固定资产投资全面实行抽样调查。根据农村固定资产投资调查的现实情况，本着“不重不漏、方便调查”的原则，界定了调查范围，即城关镇以下（不包括城关镇，但包括城关镇所辖的行政村）属于农村固定资产投资调查的范围。但为了保持工作的衔接，在此范围内的大中型工矿企业、县级以上直属单位所属的企业和单位的投资活动不列入农村固定资产投资调查的范围。统计原则由按所属统计改革为按所在地原则调查。具体划分为三个层次：一是乡政府所在地或镇区所在地范围内的非农户投资单位；二是行政村范围内的非农户投资单位；三是农户投资。

除涝

（1）易涝耕地面积：是指抗涝能力标准低的低洼涝耕地面积。即经过治理的“除涝面积”和尚未经过治理的或虽经过治理，但抗涝标准尚未达到三年一遇的“现有易涝面积”之和。

（2）除涝面积：指由于兴修治涝工程或安装排涝机械等水利设施（或进行改种），使易涝耕地免除淹涝，除涝标准达到三年一遇以上者。易涝面积虽经过治理，但标准尚未达到三年一遇标准的，不做为除涝面积统计。

易涝面积=除涝面积+现有易涝面积（即尚未治理面积+虽经过治理，标准尚未达到三年一遇的标准）

除涝面积=三年至五年治理面积+五年至十年治理面积+十年以上治理面积

除涝面积=上年除涝面积（上年基数）+本年新增除涝面积-本年减少面积

治碱

（1）**盐碱耕地面积**：是指土壤中含有盐碱，影响农作物生长，成苗率（促苗率）不足 70%的耕地面积。盐碱耕地面积包括未改良的老盐碱耕地以及未改良的次生盐碱耕地和盐碱耕地改良面积之和。

（2）**盐碱耕地改良面积**：是指在老盐碱地、次生盐碱地上进行水利、农业、土壤改良等措施，在正常年景使作物成苗率（促苗率）达到 70%以上的盐碱耕地面积。在同一块耕地上，除涝、治碱并举，应分别统计除涝面积和盐碱耕地改良面积。

（3）**本年新增改良面积**：是指在报告期当年（日历年度），对尚未经过治理的盐碱耕地，采取水利、农业、化学等改碱措施，使其脱盐（碱），达到盐碱地改良标准的面积。不包括在已改良过（已被统计除涝面积）的面积上，采取治碱措施，而被改善、提高的面积。

（4）**本年减少改良面积**：是指已被改良的盐碱地面积中由于建设占地、退耕养殖、工程老化失修或不合理的人为措施重又退化积盐，沦为严重影响农作物生长的盐碱耕地的面积。

盐碱耕地改良面积=上年盐碱耕地改良面积（上年基数）+本年新增改良面积-本年减少改良面积

水土保持

（1）**水土流失面积**：是指自然因素和人为因素，使山丘地区地表土壤及母质受到各种破坏和移动，造成水土流失的面积。水土流失面积应为解放初期实有的水土流失面积和解放后发展的水土流失面积之和。

（2）**水土流失治理面积（又称水土保持面积）**：是指在山丘地区水土流失面积上，按照综合治理的原则，采取各种治理措施，如：水平梯田、淤地坝、谷坊、造林种草、封山育林育草（指有造林、种草补植任务的）等，以及按小流域综合治理措施所治理的水土流失面积总和。

（3）**小流域治理面积**：是以小流域为单元，根据流域内的自然条件，按照土壤侵蚀的类型特点和农业区划，在全面规划的基础上，合理安排农、林、牧各业用地，布置水土保持农业技术措施，林草措施与工程措施，相互协调、相互促进形成综合的水土流失防治体系。凡列入县级以上治理规划，并进行重点治理的，流域面积在 5 平方公里以上的小流域治理面积均进行统计。

（4）**本年新增治理面积（也称本年新增水土保持面积）**：是指在山丘水土流失区，由于采取各种水土措施，或进行小流域综合治理，在报告期年度，新增加的水土流失治理面积。不包括已治理的水土流失面积，以往年度已经统计，而在本年度内又增建或更新改造水保措施，而得到提高改善的面积。

（5）**本年减少的治理面积**：是指在报告期内，由于各种原因，如基建占地、人为破坏、自然灾害、各类生产活动、工程老化失修等，使原已治理的水土流失面积重又产生水土流失的面积。

水土流失治理面积=上年累计达到治理面积+本年新增治理面积-本年减少治理面积

水库

（1）**已建成水库**：是指主、副坝、溢洪道、输水洞和专门建筑物，如电站、过船过水建筑物等，已全部建成或基本建成，无重大遗留问题达到设计蓄水能力，经过验收鉴定合格，正式交付使用的水库。

（2）**总库容**：即校核水位以下的库容。包括死库容、兴利库容、防洪库容（减掉和兴利库容重复部分）之总和，称总库容，它是水库兴建的总规模。

大、中、小型水库的划分标准

大型水库：总库容在一亿立方米及以上；

中型水库：总库容在一千（含一千）万立方米至一亿立方米；

小型水库：库容在十万立方米至一千万立方米。

堤防总长度：指建成或基本建成的河堤、江堤、海堤、湖堤、围堤，包括防洪墙等各类防洪，防潮堤防之总和，包括建国前建成或需要加固加高培厚的老堤防。但不包括单纯除涝河道的堤防和弃土形成的堤防，也不包括子埝和生产堤。所谓基本建成，是指按设计标准已经完成，已能发挥设计效益，但还留有少量尾工的工程。

农场个数：指报告期末实有农场个数。包括农垦系统内全民所有制、集体所有制和合资经营的农、林、牧、渔场个数，不包括家庭农场个数。农场应具备三个条件：进行农林牧渔业生产；设有场部组织结构；实行独立核算。

农村居民家庭基本情况

常住人口：是指全年经常在家或在家居住六个月以上，而且经济生活和本户连成一体的人口。在外劳动的合同工、临时工和其他副业工，他们在外劳动虽然超过六个月，但其收入主要带回家中，仍要计算在内。在家居住，生活和本户连成一体的国家职工、退休人员也要计算在内。但是参军、在外居住的职工等，则不应计入。

常住人口中整半劳动力：整劳动力是指男子18周岁到50周岁，女子18周岁到45周岁；半劳动力是指男子16周岁到17周岁，51周岁到60周岁；女子16周岁到17周岁，46周岁到55周岁，同时具有劳动能力的人。虽然在劳动年龄之内，但已丧失劳动能力的人，不应算为劳动力；在劳动年龄以外，但能经常参加劳动，能顶上一个整劳动力或半劳动力的人，应计入劳动力数内。常住人口中的职工，若这些职工为劳动力，就包括在本户的整半劳动力中。

总支出：指农村住户用于生产、生活和再分配的全部支出。包括家庭经营费用支出、购置生产性固定资产支出、生产性固定资产折旧、税费支出、生活消费支出、财产性支出和转移性支出。

家庭经营费用支出：指农村住户以家庭为基本生产经营单位从事生产经营活动而消费的商品和服务、自产自用产品。所消费的未计算为住户收入的自产自用产品，不计算为费用支出。库存的化肥、农药也不应该计算费用支出。

现金收入：指农村居民家庭年内所有家庭成员的全部现金收入。包括基本收入（即以工资形式支付的劳动报酬收入和家庭经营现金收入）、财产性收入、转移性收入和储蓄借贷现金收入。

现金支出：指农村居民家庭年内全部现金支出。包括用于承包经营生产的家庭经营费用支出的各项现金，向国家缴纳的各种税金，按承包合同上交的集体提留或承包任务的现金，购买生产用固定资产支付的现金，用于生活消费支出，转移性支出和储蓄借贷支出的现金等。

农村居民家庭平均每人总收入和纯收入

总收入：是指调查期内农村住户和住户成员从各种来源渠道得到的收入总和。按收入的性质划分为工资性收入、家庭经营收入、转移性收入和财产性收入。

（1）**工资性收入**：指农村住户成员受雇于单位或个人，靠出卖劳动而获得的收入。

（2）**家庭经营收入**：指农村住户以家庭为生产经营单位进行生产筹划和管理而获得的收入。农村住户家庭经营活动按行业划分为农业、林业、牧业、渔业、工业、建筑业、交通运输邮电业、批发和零售贸易餐饮业、社会服务业、文教卫生业和其他家庭经营。

家庭经营产品的计价：凡是出售部分，按实际出售价格计算；非出售部分（包括自用的和结存的）按出售该产品的综合平均价计算。

转移性收入：指农村住户和住户成员无需付出任何对应物而获得的货物、服务、资金或资产所有权等，不包括无偿提供的用于固定资本形成的资金。一般情况下，指农村住户在二次分配中的所有收入。

财产性收入：指金融资产或有形非生产性资产的所有者向其他机构单位提供资金或将有形非生产性资产供其支配，作为回报而从中获得的收入。

纯收入：是农村住户当年从各个来源得到的总收入相应地扣除所发生的费用后的收入总和。纯收入主要用于再生产投入和当年生活消费支出，也可用于储蓄和各种非义务性支出。“农民人均纯收入”按人口平均的纯收入水平，反映的是一个地区或一个农户农村居民的平均收入水平，反映的是一个地区或一个农户农村居民的平均收入水平。计算方法为：

纯收入＝总收入－家庭经营费用支出－税费支出－生产性固定资产折旧－赠送农村亲友支出。

农村居民家庭平均每人生活消费支出

生活消费支出：指农村住户用于物质生活和精神生活方面的支出。生活消费支出包括：食品，衣着，居住，家庭设备、用品及服务，医疗保健，交通和通讯，文化教育娱乐用品及服务，其他商品和服务等消费支出。各消费类别的具体内容如下：

（1）**食品消费支出**：指农村居民年内消费各类食品支出。包括主食、副食、其他食品、在外饮食支出和食品加工费支出。其中的**主食**：是指各种粮食和粮食复制品的消费量折价。粮食复制品：指利用原粮加工而成的食品，如挂面、年糕等。但不包括用粮食加工成豆油、豆腐、粉条、酒。**副食**：包括蔬菜、豆制品、油脂类、食糖、肉、禽及其制品、蛋类、水产品、调味品等。**其他食品**：包括烟草类、酒类、饮料类、干鲜果品、糖果糕点、奶和奶制品、罐头类等。**在外饮食**：包括在外面饭馆、小吃部、小卖部、茶馆、饮食摊内吃饭、喝茶、吃冷饮时消费的各种食品。开会和住院的伙食费也应包括在内。**食品加工费**：指加工食品所需的费用，包括把原粮加工成副食品和其他食品的费用。

（2）**衣着**：指农村住户各种穿着用品及加工穿用品的各种材料等支出。包括棉花、丝棉、化纤棉、驼毛、棉布、各种化纤布、绸、缎、呢绒、各类成衣、棉、毛、丝、麻纺织品，背心、汗衫、棉毛衫裤、卫生衫裤、袜子等针织品，毛线、毛线织品、各种鞋、帽等消费品及衣着的加工修理费。但不包括用各种布料做的床上用品，室内装饰品。

（3）**居住**：指农村住户与居住有关的所有支出，包括新建（购）房屋、房屋维修、居住服务、租赁服务、租赁住户所付的租金、生活用水、生活用电、用于生活的燃料等支出。

（4）**家庭设备、用品及服务**：指农村住户消费的各种家庭设备、用品及设备、用品的加工修理费用。包括耐用消费品、室内装饰品、床上用品、家庭日用杂品等。

（5）**医疗保健**：指农村住户用于医疗和保健的药品、医疗器械和服务费用。包括医药卫生保健用品、医疗保健服务费和医疗卫生设备、用品加工修理费等。

（6）**交通和通讯**：指农村住户用于交通和通讯的工具、各种服务费、维修费用支出。

（7）**文化教育娱乐用品及服务**：指农村住户用于文化、教育、娱乐方面的支出。包括文化教育娱乐用品支出和文化教育娱乐服务支出。

（8）**其他商品和服务**：是指上述各类支出以外的商品的服务支出。其中商品性支出：包括化装品、金银珠宝饰品和其他商品。服务支出：指生活消费的服务。包括旅店住宿费、洗澡费、照相费、殡殓费等。

农村居民家庭房屋使用情况

房屋：是指有顶有墙，能遮风避雨，可用于住人放物从事生产等用的房屋。包括住房、仓库、牧区的蒙古包、帐棚，但不包括船屋。它是反映农村住户生活水平的重要标志。

新建房屋：是指全年从无到有“平地起家”的新建筑房屋。包括新址上新建和旧址上新建的房屋。在原来的房屋基础上按原有规模对房屋进行翻修或一般维修的不包括在内。新建房屋仅包括年内建成的新建房屋，未完工的在建房屋不要统计在内。

房屋面积：是指室内面积，从房屋的内墙线算起的面积，不包括房屋结构（如墙、柱）占用的面积。多层建筑，按各层面积总和计算。其中：**砖（石）木结构**：是指房屋的梁、柱、承重墙等主要部分是用砖、石、木料建造的，如木房架、砖、石墙、木柱、砖柱建造的房屋。**钢筋混泥土结构**：是指房屋的梁、柱、承重墙等主要部分是用钢筋混泥土建造的。

房屋的价值：购买房屋按购买价格计算。新建房屋价值，可按实际消耗的建筑材料和人工的报酬计算，有的地方，人工不要报酬，只管吃喝，可将吃喝的费用，当作报酬，计入房价内。原有房屋，按房屋质量和新旧程度，根据当地实际情况进行估价。对原有房屋进行大翻修的，也应考虑在内。

生活用房屋面积：指实际住人或可以用来住人的房屋面积。与住房连成一体的起居室或放置灶具的地方、专用厨房，均应包括在内。但不包括专用仓库等生产用房面积。其中的**楼房面积**：是指二层和二层以上的多层建筑的房屋面积，楼房面积按各层面积总和计算。

农村居民家庭平均每户生产性固定资产原值

生产性固定资产：是指在生产过程中使用年限较长、单位价值较高，并在使用过程中保持原有物质形态的资产，包括厂房、机器设备等。农村家庭使用的固定资产，需同时具备两个条件，即使用年限在两年以上，单位价值在 50 元以上。在乡村企业及其他部门中，规定单位价值在 200 元以上，使用年限在一年以上。如果企业的主要设备虽低于 200 元，但使用年限在一年以上，也划为固定资产。

生产用固定资产原值：是以购入该项固定资产的原始价值量，反映农村住户拥有的生产规模和能力。各类固定资产的原值，也可按开始占有这项固定资产的重新估计的价值计算。

农村居民家庭平均每人经营耕地情况

经营耕地面积：是指农村住户年末经营的全部耕地面积，包括承包集体生产的耕地面积和家庭自营地面积（自留地、饲料地和零星开荒地），经营耕地面积中，应包括因各种原因休闲和抛荒的耕地面积、改种植为养殖的耕地面积。还包括经营他人的转包耕地面积，但不包括代为他人临时耕种的承包地面积。

经营山地面积：是指农村住户年末经营的全部山地面积，包括承包集体的山地面积和家庭自留山面积。还包括经营他人的转包山地面积，但不包括代为他人临时经营承包的山地面积。

经营山地面积中植树造林面积：是按当年造林面积计算。当年造林面积按年末实际成活率达到80%以上的面积，有一亩算一亩。

经营水面面积：是指农村住户年末经营的全部水面面积，包括承包集体的水面和家庭自营水面面积。经营水面面积，包括原水面面积、新挖塘养殖面积，未挖深但已停止种植粮食作物的蓄水养殖面积。

四大地区划分：分为东部、中部、西部和东北四个地区。东部地区：北京、天津、河北、上海、江苏、浙江、福建、山东、广东和海南共10个省市。中部地区：山西、安徽、江西、河南、湖北和湖南共6个省。西部地区：内蒙古、广西、重庆、四川、贵州、云南、西藏、陕西、甘肃、青海、宁夏和新疆共12个省区市。东北地区：辽宁、吉林和黑龙江共3个省。